성공적인
스마트워크를 위한

Office
365

| 오피스튜터 지음 |

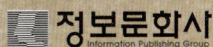
정보문화사

성공적인 스마트워크를 위한
오피스 365

초판 1쇄 인쇄 | 2011년 10월 21일
초판 1쇄 발행 | 2011년 10월 28일

지은이 | 오피스튜터
발행인 | 이상만
발행처 | 정보문화사
주　소 | 서울 종로구 동숭동 1-81
전　화 | (02)3673-0037~9(편집부), (02)3673-0114(대)
팩　스 | (02)3673-0260
등　록 | 제1-1013호
ISBN | 978-89-5674-541-1
가　격 | 13,000원

도서 문의 및 A/S 지원
정보문화사 홈페이지 | http://www.infopub.co.kr
저자 홈페이지 | http://www.officetutor.co.kr

이 책은 저작권법에 따라 보호받는 저작물이므로 무단 전재와 무단 복제를 금지하며,
이 책 내용의 전부 또는 일부를 사용하려면 반드시 저작권자와 정보문화사의 서면동의를 받아야 합니다.

정보문화사는 독자 여러분의 의견에 항상 귀를 기울이고 있습니다.
잘못된 책은 구입처에서 교환해 드립니다.

오피스튜터는 2000년대 초반부터 협업과 재택 근무에 대한 다양한 경영 혁신을 시도해왔다. 그러나 궁극적 목표였던 모바일 오피스에 도달하는 데에는 언제나 모자람이 있었다. 그러던 것이 스마트폰의 인터넷 요금이 합리적인 수준이 되고, 거의 모든 업무를 수행하고 정리하는 도구인 Microsoft Office의 최신 버전이 협업과 웹 지향적인 모습으로 등장하면서 꿈을 실현할 수 있게 되었다. 또한 2010년 초 Office 365의 이전 버전인 BPOS(Business Productivity Online Standard Suite)를 도입하면서부터는 협업과 커뮤니케이션이 더욱 자유로워지면서 본격적으로 모바일 오피스 환경을 구현할 수 있는 계기가 되었다.

전 직원에게 스마트폰과 넷북을 제공하면서 모든 직원들이 자유롭게 원하는 시간에 원하는 곳에서 근무할 수 있도록 유연성 높은 근로 환경을 구축한 오피스튜터는 생산성 향상과 업무 만족도 제고란 두 마리 토끼를 잡을 수 있었고, 여러 가지 앞선 경험을 할 수 있었다.

모바일 오피스 경험을 통해 개인적으로는 시간 관리 및 역량 관리, 업무적으로는 업무 생산성, 협업, 커뮤니케이션이 어느 때보다 중요함을 알게 되었다. 따라서 오피스튜터에서는 아웃룩과 원노트를 활용해 시간과 역량을 관리할 수 있는 교육에 많은 노력을 쏟았고, 또한 Office 365를 활용하여 업무 생산성을 높이는 방법과 협업 및 커뮤니케이션의 효율적인 방법에 대한 교육에 노력을 기울이고 있다. 이런 교육을 계기로 조직과 개인의 역량이 한 단계 성장해 나갈 때마다 가슴 깊이 보람을 느낀다.

2011년은 오피스튜터가 모바일 오피스 환경을 구현한지 2년이 되는 해이고, 오피스튜터 업무에서 가장 중요한 역할을 하는 BPOS가 Office 365라는 이름으로 런칭되는 해이기도 하다. Office 365 런칭은 오피스튜터가 내부 및 외부 변화에 한 단계 도약할 수 있는 멋진 도전이 되리라 생각한다. Office 365 도입을 고려하는 기업들에게 Office 365는 좀 더 안정된 클라우드 환경에서 마음 놓고 공유하고, 협업하고, 소통할 수 있는 환경을 만들어 줄 것이다. 또한 Office 365를 통해 일과 삶의 균형(Work & Life Balance)으로 가족 친화 경영에 대한 이해의 폭을 넓힐 수 있는 기회가 되리라 생각한다.

Office 365 런칭 시점에 맞춰 오피스튜터에서 책을 출간하게 되어 매우 뜻 깊게 생각한다.

이 책의 기획 단계부터 수고해주신 마이크로소프트 이승식 부장님, 정보문화사 김우진 팀장님, 꼼꼼히 감수를 보느라 고생하신 이선주님, 정인경님께 감사 드리고, 바쁜 업무 가운데 틈틈이 원고를 집필한 황은정 팀장, 이하영 팀장, 김영주 팀장, 묵묵히 함께하는 권은정 팀장 그리고 미국 벨뷰에 있는 오피스튜터 전경수 사장님, 새로 입사한 원경태님께 깊은 감사를 전한다.

늘 좋은 사람들과 함께 같은 꿈을 꾸며 산다는 건 최고의 행운이다. 지속적인 가족 친화 경영을 통해 건강하고 행복하게 멋진 성공을 이뤄나가길 소망한다.

(주)오피스튜터 이희진

이 책에서는 Office 365의 기본 기능과 활용 방법에 대해 공부할 것이다. 각 파트에서 배울 내용을 미리 알아보도록 하자.

PART 01_Office 365 시작하기

Office 365란 무엇인지에 대해 알아보고, Office 365를 통해 경험할 수 있는 새로운 기능들을 개괄적으로 알아본다.

PART 02_Office 365 활용 시나리오

Office 365를 실생활에 도입한다면 기업 환경에서 어떤 형식으로 사용할 수 있을지 상황별로 살펴보고 이해한다.

PART 03_Exchange로 공유하기

Exchange Online 환경에서 Outlook을 사용하여 일정, 계획 등을 공유하고 모임을 만드는 방법에 대해 살펴본다.

PART 04_SharePoint로 협업하기

SharePoint Online에서는 팀 구성원들간의 효율적인 공동 작업과 정보 공유 등을 돕는 단일 통합 환경을 제공한다.

PART 05_Lync로 소통하기

Lync Online을 통해 커뮤니케이션 하는 방법과 실시간으로 서로의 의견을 들으며 자료를 공유하는 방법에 대해 알아본다.

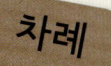

01 | 처음 만나는 Microsoft Office 365 — **10**
02 | Office 365 화면 살펴보기 — **15**
03 | Office 365 대표기능 찜하기 — **18**

PART 01 Office 365 시작하기 *26*

01 | Office 365 평가판으로 시작하기 — **28**
02 | Office 365 구성 및 설치하기 — **31**
03 | Office 365 사용자 화면 둘러보기 — **33**
04 | Office 365 관리자 화면 둘러보기 — **37**

365 100배 즐기기　Office 365에 대해 궁금하다면? — **46**

PART 02 Office 365 활용 시나리오

01 | 주간 업무 보고서 한 번에 취합하자 — 52
02 | 팀원들과 동시에 보고서 작성하자 — 55
03 | 업로드된 정보를 실시간으로 확인하자 — 57
04 | 클릭 한 번으로 팀 일정 확인하자 — 59
05 | 회의 일정 한 번에 잡자 — 61
06 | 시간과 공간의 제약없이 회의하자 — 63
07 | IM으로 효율적인 팀 커뮤니케이션 하자 — 65
08 | SharePoint에 Office 문서를 저장하자 — 67
09 | 오프라인에서도 문서 작업을 하자 — 69
10 | 웹에서 Office 문서를 편집하자 — 71
11 | Office 문서 Lync 공유로 커뮤니케이션하자 — 73
12 | 자동 회신 설정으로 마음 놓고 휴가가자 — 75
13 | Lync로 아이디어 회의를 하자 — 77
14 | 공동 작업을 위한 사이트를 손쉽게 개설하자 — 79
15 | 스마트폰에서도 Office 365 사용하자 — 82

365 100배 즐기기 Office 365 구독 및 대금 청구 — 85

PART 03 Exchange로 공유하기

- 01 | Exchange Online 화면 살펴보기 — 92
- 02 | Outlook Web App의 구성 살펴보기 — 96
- 03 | 사서함에 연결하는 여러 가지 방법 — 103
- 04 | 내 계정 살펴 보기 — 105
- 05 | Outlook Web App에서 전자 메일 보내기 — 107
- 06 | 대화 사용 설정하기 — 110
- 07 | 자동 회신 설정하기 — 113
- 08 | 받은 편지함 규칙으로 메시지 정리하기 — 114
- 09 | 일정 관리하기 — 116
- 10 | 일정 공유와 공유 권한 설정하기 — 118
- 11 | 구성원의 일정 확인하고 모임 이끌기 — 120
- 12 | 연락처 관리하기 — 123
- 13 | 연락처 가져오기 — 126
- 14 | 기타 옵션 설정하기 — 128
- 15 | 사용자 추가하기 — 130
- 16 | 라이선스 할당과 제거 — 132
- 17 | 사서함 관리 — 134
- 18 | 관리자용 메일 그룹 만들기 — 136
- 19 | 외부 연락처 만들기 — 137
- 20 | 규칙과 고지사항 — 138
- 21 | 배달 보고서로 관리하기 — 140
- 22 | 관리자 역할 만들기 — 141
- 23 | 사용자 역할 할당하기 — 142
- 24 | 감사 보고서 활용하기 — 143

365 100배 즐기기 Outlook Web App과 Outlook의 기능 차이점 — 144

SharePoint로 협업하기

- 01 | 팀 사이트 접속과 화면 구성 살펴보기 — 150
- 02 | 목록과 라이브러리 만들기 — 152
- 03 | 라이브러리에서 오피스 문서 작업하기 — 154
- 04 | 목록에 새로운 게시물 올리기 — 158
- 05 | 사이트 모음 관리하기 — 160
- 06 | 공용 웹 사이트 만들기 — 163
- 07 | InfoPath Forms Services 설정하기 — 166
- 08 | 사용자 프로필 관리하기 — 168
- 09 | 대상 그룹 관리하기 — 170
- 10 | 내 사이트 설정하기 — 173
- 11 | 용어 저장소 설정하기 — 175
- 12 | 새 사이트 만들기 — 178
- 13 | 페이지에 그림 변경 및 추가하기 — 180
- 14 | 빠른 실행 편집하기 — 183
- 15 | 목록 및 라이브러리에서 제목, 탐색, 버전 관리하기 — 186
- 16 | 사용 권한 관리하기 — 189
- 17 | 워크플로 설정하기 — 191
- 18 | 목록 또는 라이브러리의 열 편집하기 — 194
- 19 | 목록과 라이브러리의 보기 만들기와 편집하기 — 196
- 20 | 자주 사용하는 서식 파일을 사이트 콘텐츠 형식에 등록하기 — 199
- 21 | 문서 집합을 이용해서 문서 모음을 콘텐츠 형식에 등록하기 — 201
- 22 | 관리되는 메타데이터 열 만들기 — 205
- 23 | Office Web Apps 사용하기 — 207
- 24 | 라이브러리에서 파일 체크 아웃, 체크 인 활용하기 — 209
- 25 | InfoPath 2010 양식 서식 파일 사용하기 — 211
- 26 | Outlook과 SharePoint Online을 연동하기 — 215

365 100배 즐기기 중요한 문서를 실수로 지웠다면 휴지통을 확인하자 — 218

PART 05 Lync로 소통하기 220

- 01 | Lync 사용을 위한 기본 환경 구성하기 — 224
- 365 100배 즐기기 Lync 도움말 활용하기 — 227
- 02 | Lync 옵션 설정하기 — 228
- 03 | 커뮤니케이션을 위한 대화 상대 설정하기 — 232
- 04 | 대화 상대의 공개 범위 설정하기 — 235
- 05 | 대화 상대 카드 보기 및 정렬하기 — 238
- 06 | 현재 상태 상대방에게 알려주기 — 240
- 07 | 작업 피드 살펴보기 — 246
- 08 | 인스턴트 메시지로 의사 전달하기 — 247
- 09 | 음성 및 비디오 조정하기 — 250
- 10 | Lync 통화하기 — 252
- 11 | 부재 중 메시지 확인하기 — 257
- 12 | 온라인 모임 주최하기 — 260
- 13 | 발표자가 예약된 모임 참여하기 — 264
- 14 | 참가자 초대받은 모임 참여하기 — 270
- 15 | 내 컴퓨터 및 자료 공유하기 — 273
- 16 | PowerPoint 발표 자료 공유하기 — 277
- 17 | 화이트보드에서 공동 작업하기 — 281
- 18 | 설문지 활용하기 — 285
- 19 | Office 2010에서 Lync 사용하기 — 288
- 20 | Lync Online 관리자 구성 살펴보기 — 291
- 365 100배 즐기기 Lync Web App 및 Lync 2010 Attendee 살펴보기 — 296

처음 만나는 Microsoft Office 365

기업에서 가장 많이 하는 고민은 무엇일까? 3가지 키워드로 정리한다면 생산성(Productivity), 협업(Collaboration), 커뮤니케이션(Communication)일 것이다. Microsoft Office 365는 공동 작업 및 커뮤니케이션 등의 비즈니스 업무를 효율적으로 처리할 수 있는 최상의 업무 환경을 제공하기 때문에, 위의 3가지 키워드에 대한 해결책을 제시해 줄 것이다. Microsoft Office 365는 소규모 기업에서 대규모 기업까지 모든 조직의 필요사항을 충족시킬 수 있으며, 업무 시간 및 비용을 단축시키고 주요 리소스 사용을 최적화 한다. 이는 기업의 IT 운영에 대한 부담을 많이 경감해줄 것이다.

1 Microsoft Office 365란 무엇인가?

전문가 및 소기업용으로 제공되는 Microsoft Office 365는 사용자에게 친숙한 Microsoft Office Web Apps에 기초한 가입형(Subscription) 서비스이다. 또한 스마트 워크 환경을 구현할 수 있는 최고의 커뮤니케이션 및 협업 솔루션을 제공한다.

Office 365는 우리에게 친숙한 Office 데스크톱 제품군을 차세대 커뮤니케이션 및 협업 솔루션의 온라인 버전인 Exchange Online, SharePoint Online 및 Lync Online과 결합한 서비스이다. 따라서 Microsoft Office 365을 통해 얻을 수 있는 가치는 생산성과 효율성, 신뢰성과 편리성, 그리고 언제 어디서든 접속 가능한 접근성이다.

Microsoft Office 365 서비스는 관리와 사용이 웹 브라우저를 통해 이루어지므로 초보자도 쉽게 사용할 수 있고, 기존의 하드웨어와 연동되며 비즈니스 운영에 필수적인 높은 보안성과 신뢰성이 보장된다. 따라서 Microsoft Office 365를 통해 모든 규모의 기업이 시간과 비용을 절약하고 귀중한 리소스를 확보할 수 있도록 클라우드의 뛰어난 생산성을 제공 받을 수 있다.

2 Microsoft Office 365가 왜 필요한가?

기업의 규모와 상관없이 조직을 이끄는 리더라면 조직 구성원들간의 협업과 커뮤니케이션을 어떤 방법으로 조화롭게 처리할 것인지를 고민할 수밖에 없다. 그리고 외부적으로는 경쟁이 치열한 오늘날의 글로벌 시장에서 기업의 유연성을 실현하고, 조직에 경제적으로 가치를 더할 수 있는 기술에 대한 고민이 많을 것이다. 국내의 많은 소프트웨어 회사들이 제시하는 다양한 기술을 도입하여 구축하기에는 비용 및 리소스가 생각보다 만만치 않다. 또한 도입한다 하더라도 조직 구성원들에게 전파하기까지의 시간과 활용율에 대해 확신할 수 없다.

Microsoft Office 365는 커뮤니케이션 및 협업 플래폼을 우리 기업에 구축하지 않고, Microsoft로부터 빌려 쓰기 때문에 비즈니스 시스템을 유지 관리하는 부담을 줄일 수 있다. IT 부서 및 경영 부서는 진정한 경쟁력을 높일 수 있는 전략에 집중할 여유를 가질 수 있을 것이다.

그렇다면 Microsoft Office 365을 도입함으로써 기업에서 얻을 수 있는 이점은 무엇일까?

첫째, 조직 내에서 이루어지는 문서 공동 작업 및 문서 관리, 커뮤니케이션 및 회의와 같은 다양한 업무에 협업 및 편리한 의사 소통 수단을 지원함으로 의견 취합을 효율적으로 할 수 있다.
둘째, Microsoft Office 365는 데스크톱, 웹 브라우저, 모바일을 통해 언제 어디서나 업무 처리가 가능하고, 동일한 정보를 장소에 구애받지 않고 볼 수 있다. 따라서 다양한 업무에 적용 가능하고 실시간으로 업무를 처리할 수 있다.
셋째, IT 관리에 대한 운영 부담 및 비용을 절감 할 수 있고, 관리에 대한 운영 시간도 많이 단축할 수 있다.

3 Office 365의 구성요소는?

Microsoft Office 365는 클라우드 기반의 최신 통합 커뮤니케이션 및 협업 솔루션으로 Office Professional Plus, Exchange Online, SharePoint Online, Lync Online의 4가지 구성요소로 이루어져 있다.

서비스	내용
Office Professional Plus	Office Professional Plus 및 Office 웹 응용 프로그램을 제공하며 클라우드 서비스와 연동되어 최고의 생산성을 제공한다.
Exchange Online	전자 메일, 일정 및 연락처, 최신 바이러스 백신 및 스팸 방지 솔루션, 음성 메일, 통합 메시징 및 보관에 대한 모든 서비스를 클라우드 기반으로 제공한다.
SharePoint Online	사내/외 협업, 파트너 및 고객의 사이트 제작을 위한 클라우드 기반의 서비스다. 엔터프라이즈 소셜 네트워킹 및 사용자 지정 옵션을 제공한다.
Lync Online	최신 통합 커뮤니케이션 서비스인 화면 공유, 음성 및 비디오 회의, 온라인 회의 등을 원활하게 지원한다.

Office 365의 시스템 환경

Office 365 서비스를 설치하기 위해 지원되는 운영체제, 웹 브라우저 및 소프트웨어 요구사항은 다음과 같다.

| 지원되는 운영 체제와 웹 브라우저 |

운영 체제	웹 브라우저
Windows 7	Windows Internet Explorer 8 및 이상 버전 Firefox 3 및 이상 버전 Chrome 6 및 이상 버전
Windows Vista 서비스 팩 2	Internet Explorer 7 및 이상 버전 Firefox 3 및 이상 버전 Chrome 6 및 이상 버전
Windows XP 서비스 팩 3	Internet Explorer 7 및 이상 버전 Firefox 3 및 이상 버전 Chrome 6 및 이상 버전
Windows Server 2008 및 Windows Server 2008 R2	Internet Explorer 8 및 이상 버전 Firefox 3 및 이상 버전 Chrome 6 및 이상 버전

> **POINT** Office 365는 다음 Office 소프트웨어를 지원한다.
> Microsoft Office 2010, Microsoft Office 2007 서비스 팩 2, Microsoft Office for Mac 2011 서비스 팩 1, Microsoft Office 2008 for Mac 버전 12.2.9

| Outlook Web App에서 지원되는 브라우저 |

운영 체제	웹 브라우저
Windows XP, Windows 2003, Windows Vista 또는 Windows 7	Internet Explorer 7 이상 버전 Firefox 3.0.1 이상 버전 Chrome 3.0.195.27 이상 버전
Mac OS X 10.5 이상 버전	Safari 3.1 이상 버전 Firefox 3.0.1 이상 버전
Linux	Firefox 3.0.1 이상 버전

> **POINT** 전체 기능 집합을 지원하지 않는 웹 브라우저를 사용하면 Outlook Web App이 Light 버전으로 열린다.

Microsoft Lync 2010 시스템 요구 사항

시스템 구성요소	최소사양
운영체제	Windows 7, Windows Vista Windows XP 서비스팩 3(SP3) (필수) 또는 최근의 서비스팩이 설치되어 있어야 함(권고사항). Windows Installer 3.1 : Lync 2010 설치되기 전에 설치되어야 함 Windows Server 2008 with Service Pack 2(SP2) Windows Server 2003 with Service Pack 2(SP2)
컴퓨터/프로세서	Intel Pentium 4, AMD Athlon 64, or equivalent Data and voice : 1.6 GHz or the latest processor; 2 GHz 32-bit or 64-bit processor recommended Video : Dual Core 1.9 GHz processor or the latest version for VGA; Quad Core 2.0 GHz or the latest version for high definition Microsoft RoundTable conferencing device : 2 GHz processor or the latest version
해상도	1024×768
그래픽 하드웨어	Support for Microsoft DirectX 9 application programming interface 128MB of graphics memory(최소) Windows Display Driver Model driver Pixel Shader 2.0 in hardware 32 bits per pixel
메모리	Windows 7 or Windows Vista: 2 GB of RAM Windows XP: 1 GB of RAM
전화통신	Microphone and speakers, headset with microphone, or equivalent device Recommended: Microsoft unified communications (UC) device or a phone running Microsoft Lync 2010 Phone Edition
비디오 소스	USB 2.0 video camera or RoundTable device
대역폭 요건	For network requirements, see Media Traffic Network Usage.
설치 및 업데이트	Administrator rights and permissions
웹 브라우저	Windows Internet Explorer 9 Internet browser Windows Internet Explorer 8 Internet browser Windows Internet Explorer 7 Internet browser Windows Internet Explorer 6 Internet browser Mozilla Firefox web browser
다른 요구 사항	Microsoft Outlook 2010 messaging and collaboration client and Microsoft Exchange Server 2010(required for the full set of new Microsoft Outlook integration features) Microsoft Silverlight browser plug-in version 4.0
Lync 2010에서 온라인 미팅을 위한 다른 요구사항	Office 응용 프로그램은 아래 버전이 설치되어 있어야 한다. Microsoft Office 2010 suites Microsoft Office 2007 suites Microsoft Office 2003 suites

| Mac 운영 체제의 시스템 요구 사항 |

데스크톱 응용 프로그램	지원되는 운영 체제
Mac 2011용 Office 서비스 팩 1 또는 상위 버전	Mac OS X 10.5.8 또는 상위 버전
Mac용 Office 2008 12.2.9 업데이트 또는 상위 버전 및 Entourage 2008, Web Services Edition	Mac OS X 10.5.8 또는 상위 버전

서비스	지원되는 운영 체제	지원되는 브라우저
Outlook Web App	Mac OS X 10.5 또는 Mac OS X 10.6	Safari 4 또는 5
Microsoft Office Web Apps	Mac OS X 10.5 또는 Mac OS X 10.6	Safari 4 또는 5, Firefox 3.5 또는 4, Chrome 3
Microsoft SharePoint Online에서 작동하는 팀 사이트	Mac OS X 10.5 또는 Mac OS X 10.6	Safari 4
Lync Web App	Mac OS 10.4.8 이상 버전(Intel 기반)	Safari 4 또는 5, Firefox 3

| Office Web Apps 계획 (SharePoint 2010 제품에 설치됨) |

구성요소	웹 브라우저
SharePoint 버전	SharePoint Server 2010 Standard Edition SharePoint Server 2010 Enterprise Edition SharePoint Foundation 2010
지원되는 브라우저	Internet Explorer 7.0, Internet Explorer 8.0, Firefox 3. x Safari 4. Macintosh용 X, Google Chrome
모바일 장치 지원	Windows Mobile, BlackBerry, iPhone, iPod Touch, Nokia S60 NTT DOCOMO, SoftBank 및 au by KDDI를 포함하는 일본 일반 휴대폰

Office 365 화면 살펴보기

Office 365의 계정은 관리자와 사용자로 나뉜다. 관리자는 Office 365에 직접 계정을 신청한 사람으로 Office 365 계정의 관리를 담당한다. 관리자는 협업이 필요한 동료들을 사용자로 추가한다. 관리자가 사용자 계정을 추가하면 해당하는 사람의 메일로 Microsoft Office 365 계정이 전송된다. 메일에 포함된 Office 365 포털의 홈 주소를 클릭한 후 Microsoft Online Services ID(전자 메일 주소)와 암호를 입력하여 Microsoft Office 365 포털에 접속한다.

| 로그인 화면 |

Microsoft Office 365 포털에 접속하게 되면 [로그인] 창이 나타난다. Microsoft Office 365는 웹 서비스이므로 인터넷이 연결된 곳이라면 언제든 접속하여 사용할 수 있다.

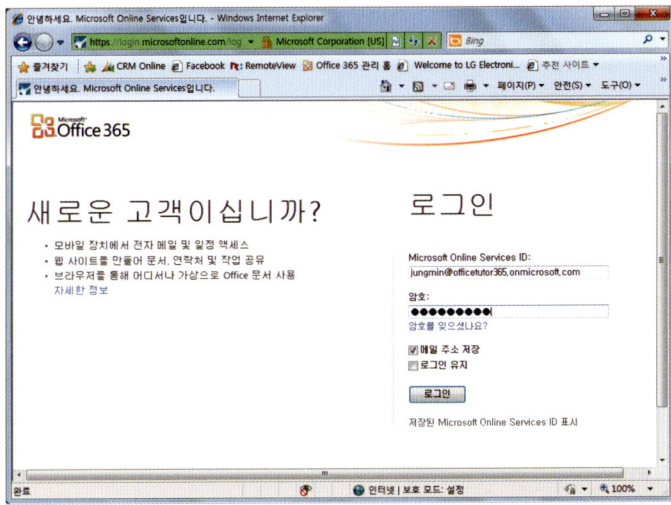

- **Microsoft Online Services ID** : Microsoft Office 365 전자 메일 계정 주소를 입력한다.
- **암호** : 비밀 번호를 입력한다.

> **POINT**
> 로그인시 관리자 계정인 경우에는 Microsoft Online Services ID와 암호를 입력하면 바로 접속이 된다. 하지만 사용자 계정으로 로그인한 경우에는 처음 접속 시 임시 암호를 입력한다. 로그인 되면 변경할 암호를 입력하라는 창이 나오고, 새 비밀번호로 변경한 후 다시 Office 365 포털의 홈 화면에 접속하면 된다.

| 사용자 화면 |

Microsoft Office 365 사용자 계정으로 로그인하게 되면 상단에 [홈], [Outlook], [팀 사이트] 메뉴가 나타난다. [홈]-[여기에서 시작]을 통해 Office 365를 구성하고 응용 프로그램을 설치할 수 있다. 또한 [사용자 둘러보기 확인], [빠른 시작 가이드 읽기]를 눌러 Office 365에 대한 내용을 미리 학습할 수 있다.

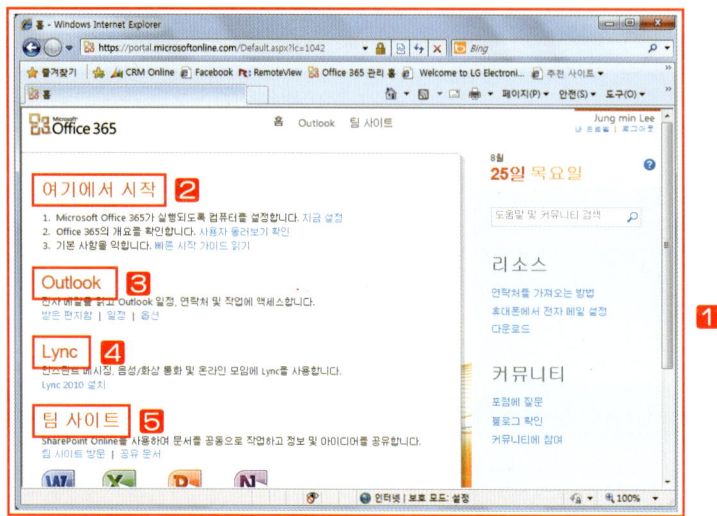

1 Office 365 포털의 홈 화면

[홈], [Outlook], [팀 사이트]를 눌러 Office 365 해당 서비스를 이용할 수 있다.

2 여기에서 시작

Office 365 포털의 홈 화면에 처음 접속했을 때 해당 링크를 통해 프로그램을 설치하고 Office 365 환경을 구성할 수 있다. [지금 설정]을 눌러 Office 365 메뉴가 실행되도록 컴퓨터를 설정해준다. [사용자 둘러보기 확인], [빠른 시작 가이드 읽기]를 눌러 Office 365에 대한 학습을 시작한다.

3 Outlook

Outlook Web App으로 이동하여 받은 편지함, 일정, 연락처를 활용할 수 있다.

4 Lync

Lync 2010을 설치하게 되면 [Lync] 창이 열린다. Microsoft Online Services ID와 암호를 입력하여 Lync에 로그인하면 인스턴트 메시지, 음성/화상/통화 및 온라인 모임, PowerPoint 프레젠테이션 공유 등을 활용할 수 있다.

5 팀 사이트

SharePoint Online으로 이동하여 문서를 공동으로 작업하고 아이디어를 공유할 수 있다.

| 관리자 화면 |

Microsoft Office 365 관리자 계정으로 로그인하게 되면 상단에 [홈], [Outlook], [팀 사이트], [관리자] 메뉴가 나타난다. [관리자 개요] 화면에서 [팀 시작하기], [관리자 바로 가기]를 통해 관리자가 처음 수행해야 할 내용들(사용자 추가, 라이선스 할당)을 진행하면 된다. 개별 제품에 대한 관리는 [일반 설정]을 눌러 관리한다.

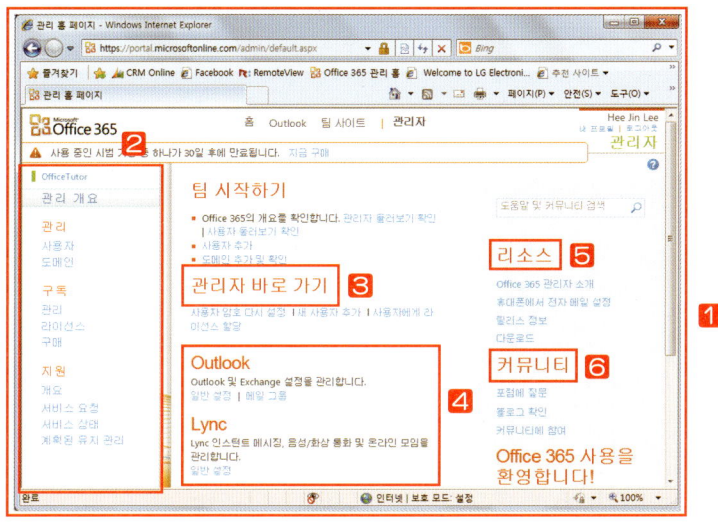

1 Office 365 포털의 홈 화면

[홈], [Outlook], [팀 사이트], [관리자]를 클릭하여 [Outlook Web Apps], [팀 사이트], [관리자] 화면으로 이동할 수 있다.

2 탐색창

[관리자] 좌측 메뉴에는 설치, 관리, 구독, 지원에 대한 내용을 설정할 수 있다.

3 관리자 바로 가기

관리자가 많이 사용하는 메뉴를 모아 놓은 곳이다. 사용자 암호 다시 설정, 새 사용자 추가, 사용자에게 라이선스 할당, 서비스 요청 만들기에 대한 내용을 빠르게 처리할 수 있다.

4 Microsoft Office 365

Exchange Online, SharePoint Online, Lync Online에 대한 세부 관리를 할 수 있다.

5 리소스

[다운로드]를 눌러 Office 365에 대한 설정 및 Microsoft Office 2010 및 Lync 2010 프로그램을 다운로드 받아 설치할 수 있다.

6 커뮤니티

Microsoft Office 365에 대한 궁금한 사항을 포럼에 질문, 블로그에 확인, 커뮤니티에 참여를 통해 파악하고 질문할 수 있다.

Office 365 대표기능 찜하기

Office 365를 활용하여 사용할 수 있는 대표 기능으로는 SharePoint 팀 사이트를 통한 공동 및 동시 작업, Office Web Apps에서 Microsoft Office 문서 만들기 및 편집, Outlook Web App에서 메일, 일정, 연락처 활용, Lync를 활용해 인스턴트 메시지, 프레젠테이션 공유 및 공동 작업, 화이트보드를 활용한 공동 작업이 있다.

| 전자메일, 일정, 연락처 - Exchange Online, Outlook Web App |

Office 365는 어느 장소에서나 전자 메일, 일정, 연락처 및 기타 정보에 액세스할 수 있도록 도와준다. 대부분의 사람들이 매일 직장에서 전자 메일을 사용하고 있을 것이다. 회사에 따라서 Outlook을 사용하는 곳도 있을테고 Outlook Web App을 사용하는 곳도 있을 것이며 물론 둘 다 사용하는 경우도 있을 것이다(Outlook Web App은 Exchange Online으로 작동되는 Outlook 전자 메일 프로그램의 온라인 버전이다). Outlook은 일정, 미팅 요청, 받은 편지함 규칙, 작업 등 가장 자주 사용하는 기능을 효율적으로 집중 구성하였다.

인터넷이 연결된 곳이라면 직장에 있거나 집에 있을 때, 혹은 이동할 때에도 언제 어디서나 Outlook에 접속할 수 있으며 지원되는 단말기와 브라우저를 지니고 있다면 모바일 장치를 통해서도 정보를 확인할 수 있다. 이것이 바로 Office 365의 가장 큰 의미 중에 하나라고 할 수 있다.

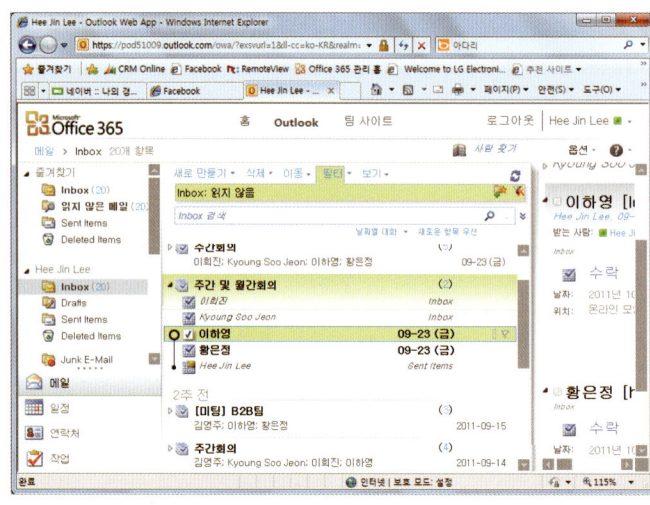

■ 웹 브라우저에서 Outlook 사용하기

Office 365 포털에 로그인 한 후 상단 메뉴에서 [Outlook]을 클릭한다. Outlook Web App으로 이동하면 Outlook과 동일한 환경으로 구성된 인터페이스를 확인할 수 있다. 왼쪽에 있는 탐색창을 통해 메일, 일정, 연락처, 작업으로 이동한다.

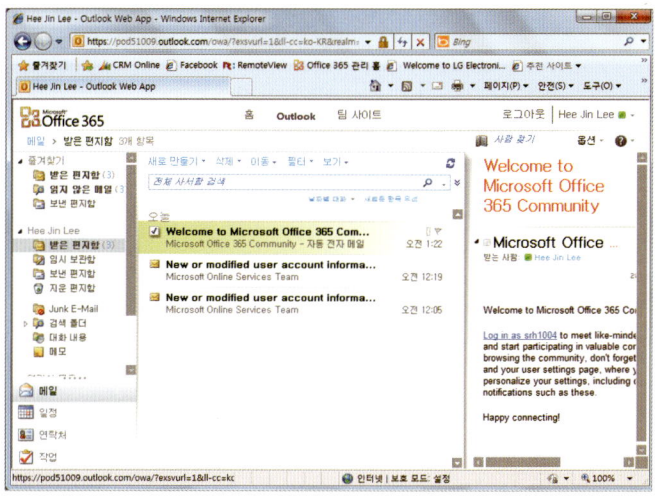

■ Office 365 계정을 Outlook에 등록하기

Outlook 2010 또는 Outlook 2007에 Office 365 전자 메일 계정을 설정하면 Outlook 응용 프로그램에서 메일, 일정, 연락처를 확인할 수 있다. Outlook 2010에서는 [파일] 탭-[계정 추가]-[전자 메일 계정]을 누른 후 사용자 이름, 전자 메일 주소와 암호를 입력하면 된다. Outlook 2007에서는 [도구]-[계정 설정]-[Exchange]를 선택한 후 사용자 이름, 전자 메일 주소와 암호를 입력하면 된다.

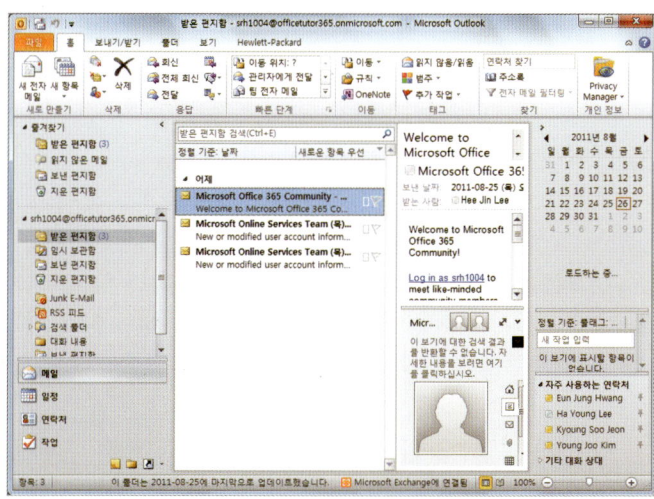

■ 일정 공유를 활용해 모임 요청하기

Outlook에서 상대방과 일정을 공유하면 상대방의 일정을 확인할 수 있다. 일정 탐색창에서 공유된 일정을 클릭하면 내 일정과 상대방의 일정을 나란히 볼 수 있다. 또한 모임 요청 시 등록된 일정을 참고하여 상대방에게 미팅 시간을 요청하게 되면 내 일정과 상대방 일정에 함께 등록된다. 일정 공유 기능은 Outlook 웹 버전인 Outlook의 Web App에서도 동일하게 사용할 수 있다.

Outlook

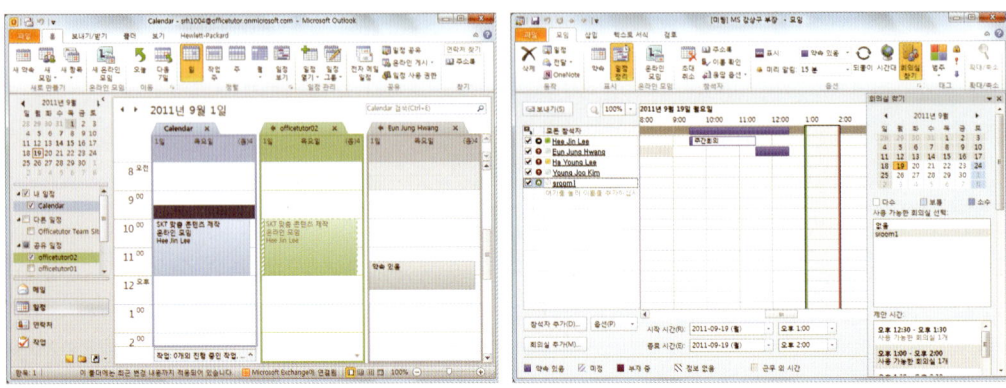

Outlook Web App

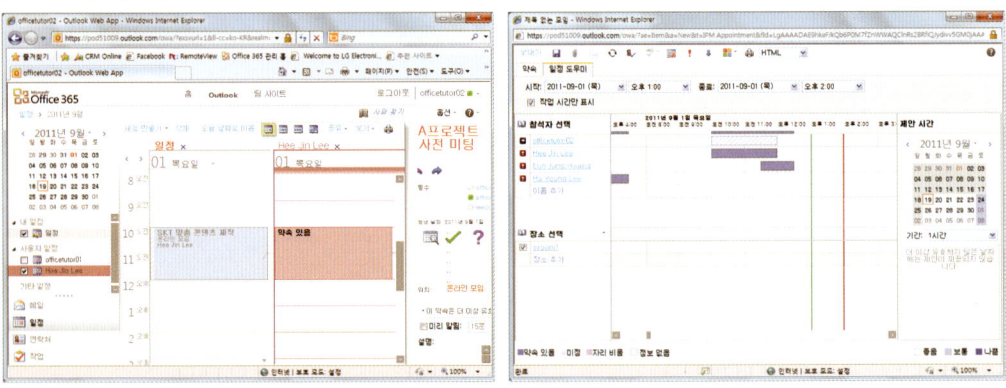

| 팀 사이트를 통해 공동 및 동시 작업하기 – SharePoint Online, Office Web Apps |

팀 사이트는 회사가 사용하는 내부 웹 사이트이다. Office 365 팀 사이트를 사용하면 문서, 연락처, 일정 및 작업을 하나의 지점에서 공유할 수 있어 보다 편리한 공동 작업이 가능하다.
또한 팀 사이트는 온라인이기 때문에 컴퓨터와 모바일 장치에서 액세스 할 수 있다. 그룹이나 프로젝트용 사이트를 생성하면 프로젝트 상태, 공유 연락처 목록, 고객 정보 등 자신과 관련된 정보를 찾기가 쉬워지고, 파일을 온라인 문서 라이브러리에 업로드 하면 다른 조직 구성원이 쉽게 액세스 할 수 있다.

■ 체크 아웃/체크 인을 활용한 공동 작업하기

Office 문서에 대한 공동 작업이 필요한 경우에는 팀 사이트의 라이브러리에 문서를 업로드 한 후 체크 아웃/체크 인을 통해 문서를 공동 편집할 수 있다. 체크 아웃을 설정하게 되면 다른 구성원이 라이브러에서 동일한 문서를 열기 전 체크 아웃된 상태를 확인할 수 있고, 문서를 열면 [읽기 전용]으로 열리게 된다. 문서를 열어 편집한 후 [저장 후 닫기] 하면 [체크 인] 대화상자가 나타나고 편집에 대한 기록도 남길 수 있다. 공동 작업으로 문서를 편집하는 경우에는 버전 관리도 함께 할 수 있어 문서를 효율적으로 관리할 수 있다.

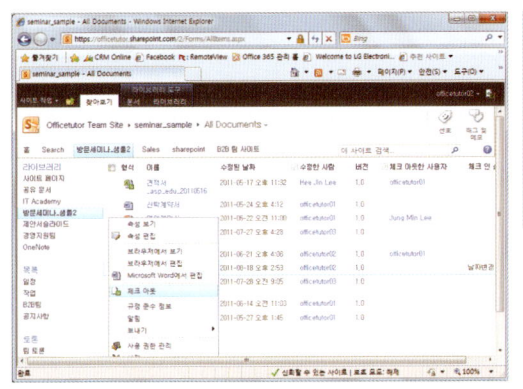
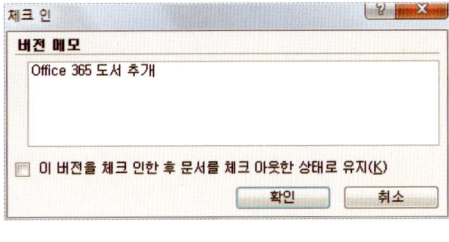

■ 동일한 문서를 여러 사람이 동시 작업하기

팀 사이트 라이브러리에 업로드된 문서를 클릭하게 되면 웹 브라우저에서 문서가 열리게 된다. 동시에 편집하고자 하는 문서가 Excel인 경우 [Excel에서 열기] 버튼을 클릭하게 되면 상태표시줄에 현재 편집중인 사용자 정보를 확인할 수 있다. 동시에 편집이 이루어지는 경우 현재 사용자가 편집하는 정보가 나타나게 되고 [저장] 버튼을 누르면 현재 편집된 내용이 반영된다. 다른 구성원이 편집한 영역에 대해서는 팀 사이트에 업로드되기 전까지는 편집할 수 없고, 문서를 닫은 후 다시 열어 편집해야 한다. Office 2010에서는 Word, PowerPoint, OneNote 문서에 대해서만 동시 작업이 가능하고, Office Web App에서는 Word, Excel, OneNote 문서에 대해서 동시 작업이 가능하다.

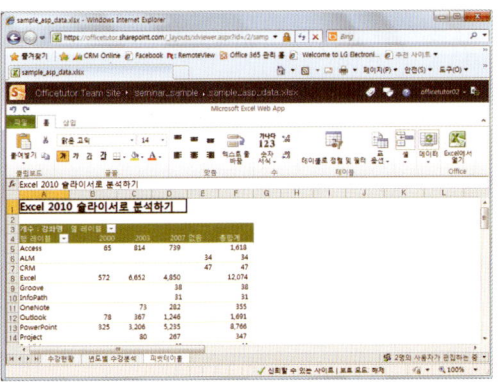

| 웹 브라우저에서 Office 문서 편집하기 - Office Web Apps |

Office 365는 Office 데스크톱 응용 프로그램 및 Office Web Apps와 함께 작동한다. Office Web Apps는 Word, Excel, PowerPoint 및 OneNote의 온라인 친구이다. Office Web Apps는 Office와 비슷하기 때문에, 어려움 없이 바로 사용할 수 있다. Office와 똑같은 편집 및 서식 기능이 많이 있기 때문이다. Office Web Apps를 통해 Word, Excel, PowerPoint 및 OneNote와 같은 데스크톱 응용 프로그램을 사용하면 Office 365의 팀 사이트에 파일을 바로 저장하여 본인 또는 동료들이 어디서나 이 문서에 액세스할 수 있다.

팀 사이트에 저장된 문서를 열면 해당 데스크톱 응용 프로그램에서 해당 문서가 열린다. 온라인으로 저장된 문서라 해도, 컴퓨터에 저장한 것과 전혀 차이를 못 느낄 것이다. Office Web Apps의 가장 큰 차이점은 공용 컴퓨터처럼 Office가 설치되지 않은 컴퓨터를 사용하더라도 소프트웨어를 설치할 필요 없이 브라우저에서 문서를 열 수 있다는 점이다. Office Web Apps 외에도 Microsoft Office Professional Plus가 포함된 Office 365 Plan을 구입했다면 Word, Excel, Access, PowerPoint 및 OneNote 같은 Office의 데스크톱 응용 프로그램을 설치할 수 있다.

■ 웹 브라우저에서 Office 문서 편집하기

팀 사이트에서 문서를 클릭하거나 드롭다운 단추를 눌러 [브라우저에서 보기]를 클릭하게 되면 Office Web Apps 화면이 열린다. 상단 메뉴에서 [브라우저에서 편집]을 클릭하면 리본 메뉴가 나타나서 문서에 대한 기본 편집을 할 수 있다.

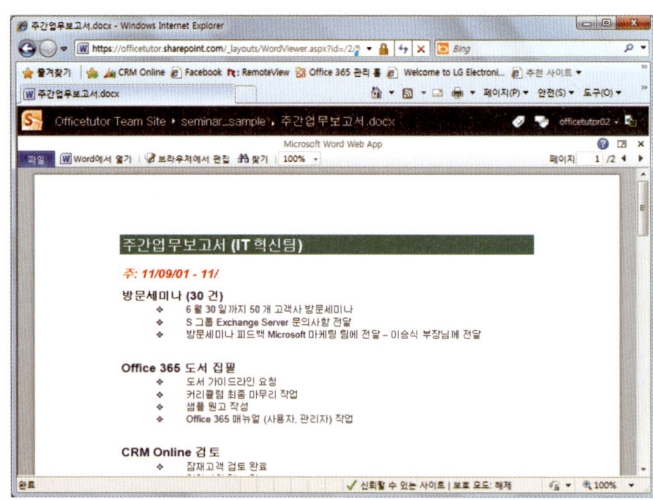

■ **Office 응용 프로그램에서 열기**

Office Web Apps에서 열린 Office 문서를 세부적으로 편집하기 위해 Word 문서인 경우 [Word에서 열기]를 클릭한다. Microsoft Office 응용 프로그램이 설치되어 있다면 해당 프로그램이 실행되면서 문서가 열리게 된다. [문서 편집] 버튼을 클릭한 후 문서를 편집하면 된다. 문서 편집이 완료된 후 [저장] 버튼을 클릭하면 팀 사이트로 저장된다.

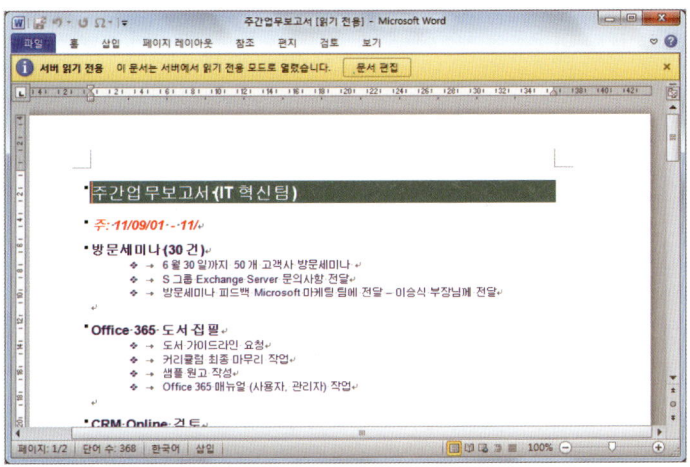

■ **웹에서 프레젠테이션 발표하기**

Office Web Apps를 활용하면 업로드된 PowerPoint 문서를 웹에서 발표가 가능하다. 외부에서 발표시 USB에 파일을 복사하지 않아도 인터넷이 연결된 곳이라면 발표할 수 있다. 또한 언제든지 발표 전에 슬라이드 추가 및 오타 수정과 같은 간단한 편집도 할 수 있어 발표 자료에 대한 완성도를 높일 수 있다.

| 인스턴트 메시지와 원격회의 실행하기 – Lync Online |

Lync 2010은 새로운 방식으로 언제 어디서나 사람들을 연결하는 커뮤니케이션 서비스이다. 현재 상태 표시로 동료들의 온오프라인 여부를 알 수 있으며 상대방의 상태가 작업 중, 회의 중, 통화 중 또는 자리 비움에 따라 표시의 색깔이 달라지기 때문에 회사 내부 및 외부 사람들과 커뮤니케이션 할 수 있다.

몇 번의 마우스 클릭만으로 인스턴트 메시지에서 오디오, 비디오 채팅을 포함한 온라인 회의로 간편하게 이동할 수 있다. PowerPoint 프리젠테이션을 열 수도 있고 회의 참가자들과 공동으로 작업할 수도 있다.

이 모든 기능이 커뮤니케이션을 더욱 편리하게 만들어 준다. 예를 들어, 동료의 전자 메일 메시지를 받았을 때 상대방이 온라인 상태인지 Lync를 통해 알 수 있다. 이름이나 아이콘을 가리키면 상대방의 연락처 카드가 나타나는데, 여기서 채팅이나 전화 통화를 선택할 수 있다. 원할 경우 대화하는 동시에 데스크톱을 공유할 수도 있다.

■ Lync를 활용해 프레젠테이션 발표 자료 공유하기

온라인 프레젠테이션을 하는 일반적인 방법은 PowerPoint 프리젠테이션을 사용하는 것이다. Office 365에서 Lync를 설치하게 되면 프레젠테이션 발표 자료를 상대방과 공유해 프레젠테이션을 진행할 수 있다.

■ Lync를 활용한 모임 예약하기

Lync가 설치되어 있는 경우 Outlook에서 온라인 모임을 예약하고 접속할 수 있다. 온라인 모임을 설정하게 되면 일정에 약속으로 등록된다. 모임 참가시 등록된 일정을 열어 [온라인 모임 참가] 문구를 클릭해 참석한다.

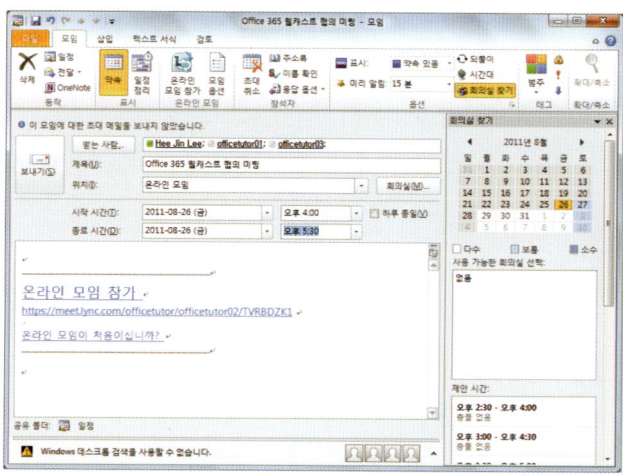

■ 화이트보드에서 공동 작업하기

화이트보드는 모임 참가자가 메모, 그림 또는 가져온 이미지를 작성하기 위해 함께 사용할 수 있는 빈 화면이다. 화이트보드 하단에 있는 아이콘으로 의사를 전달할 수도 있고, 모임이 종료되면 공동 작업 결과를 저장할 수 있다.

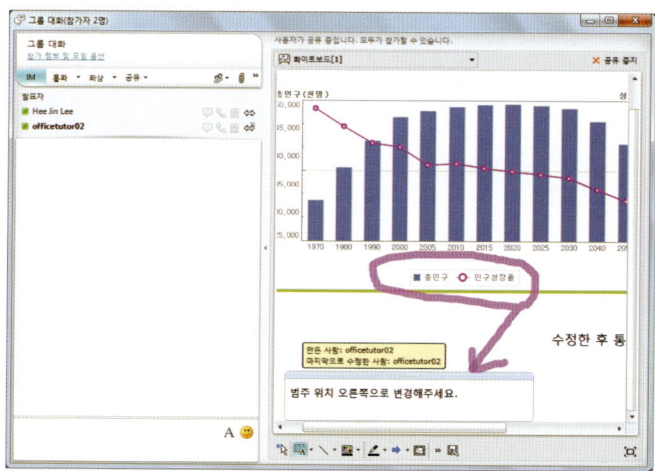

PART 01_**Office 365 시작하기**

PART 02_Office 365 활용 시나리오

PART 03_Exchange로 공유하기

PART 04_SharePoint로 협업하기

PART 05_Lync로 소통하기

PART 01

Office 365 시작하기

Microsoft Office 365는 http://www.office365.com에서 30일 평가판을 신청하여 사용해볼 수 있다. Office 365 평가판 신청시 서비스 버전에 따라 제공되는 프로그램이 다르므로 확인 후 신청해야 한다. 평가판 신청이 완료되면 Microsoft Office Professional Plus나 Microsoft Lync 2010은 다운로드 받아 별도로 설치하여 실행해야 하고, Microsoft Office 365 와 함께 작동하기 위해서 반드시 Office 데스크톱 응용 프로그램 설치 및 구성을 설정해야 한다.

평가판 01

Office 365 평가판으로 시작하기

Microsoft Office 365는 우리에게 친숙한 Microsoft Office의 Web Apps와 온라인 버전의 차세대 커뮤니케이션 및 협업 서비스가 통합된 일종의 가입형 서비스이다. Office 365 평가판을 신청하기 위해서는 http://www.office365.com에 접속하면 된다. 평가판을 사용한 후 지속적으로 서비스를 사용하고 싶다면 Office 365 관리자 화면에서 구독 구매하여 이용할 수 있다.

1 Office 365 홈페이지에 접속하기

1 인터넷 익스플로러에서 http://www.office365.com에 접속한다. **2** 화면이 나오면 [Office 365 평가판] 탭을 클릭한다. **3** 화면 우측에 있는 [지금 바로 Office 365 평가판(30일)을 사용할 수 있습니다.]라는 배너를 클릭한다.

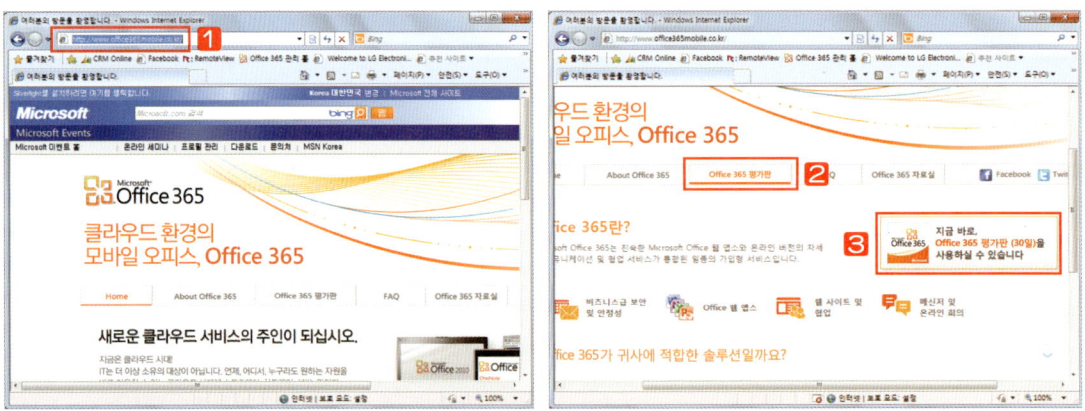

POINT 한국은 Office 365 평가판을 지원하지 않아 목록에 나오지 않기 때문에 Office 365 평가판 신청시 [Country or region] 목록에서는 미국을 선택해야 한다. [Email address]에 현재 사용하는 이메일을 입력하면 Office 365 평가판 정보를 메일로도 받아 볼 수 있다.

2 Office 365 평가판 신청하기

1 평가판 화면으로 이동하면 Office 365의 버전을 선택한다. [Professionals small businesses] 탭을 클릭한 후 [GET THE PLAN P TRIAL] 버튼을 클릭한다. **2** [Sign up] 화면이 나오면 내용을 입력한다. [New domain name]을 입력한 후 도메인 신청이 가능한지 [Check availability] 버튼을 클릭하여 확인한다. **3** 관련 내용을 모두 입력했으면 [I accept and continue] 버튼을 클릭한다.

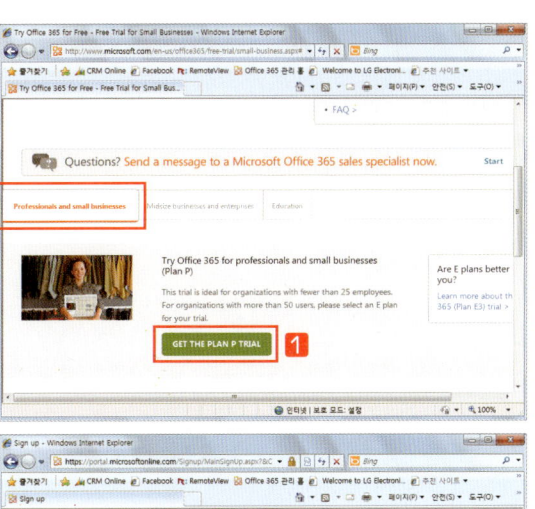

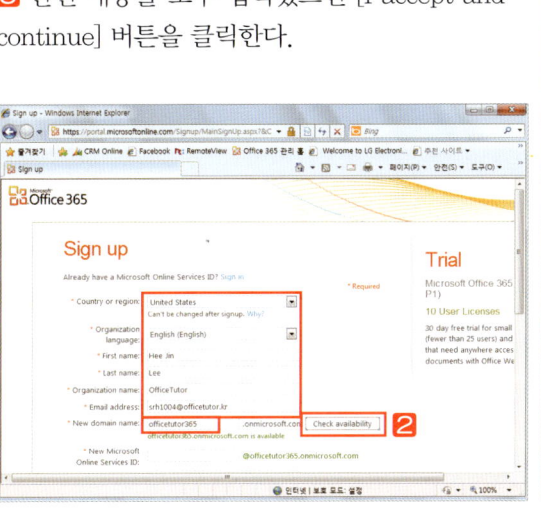

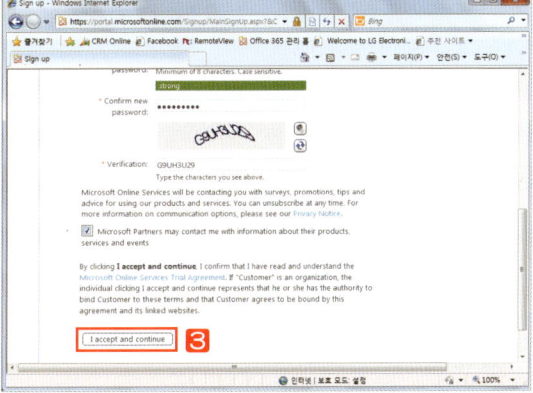

3 Office 365 로그인하기

1 [Microsoft Online Services ID]와 [Password]가 입력된 화면이 나오면 [Continue] 버튼을 클릭한다. **2** Microsoft Office 365 포털의 홈 화면이 나타난다.

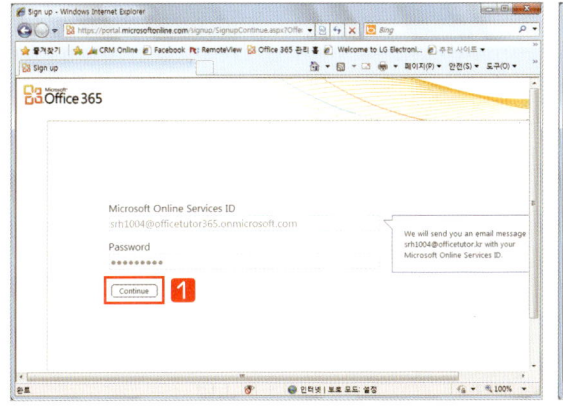

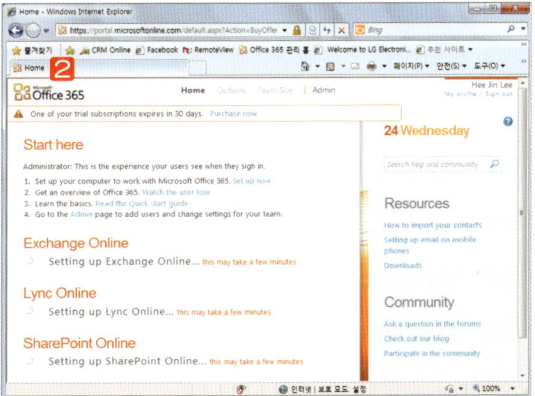

4 내 프로필에서 언어 변경하기

1 Microsoft Office 365 포털의 홈 화면 우측 상단에서 [My Profile]을 클릭한다. **2** [My Profile] 화면이 나오면 [Language]의 드롭다운 버튼을 눌러 [한국어]를 선택하고 [Save] 버튼을 클릭한다.

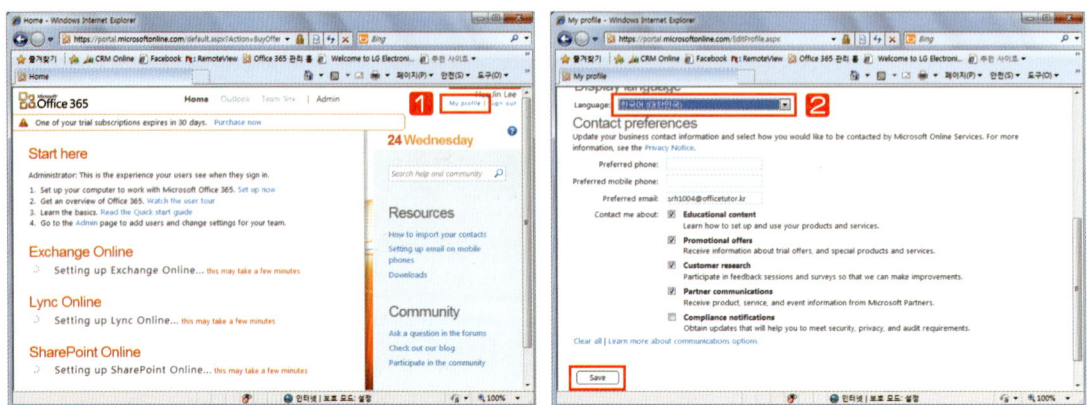

3 상단에 있는 [홈]을 클릭하면 Office 365 포털의 홈 화면이 한글로 변경된 것을 알 수 있다.

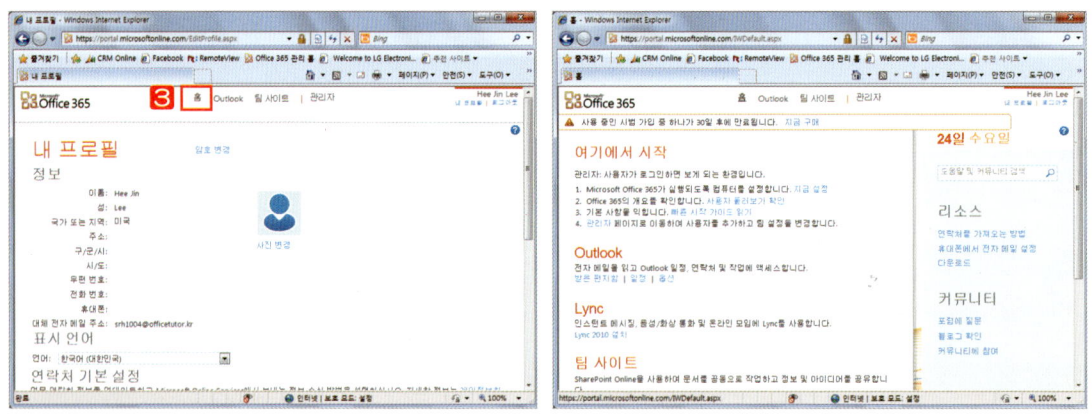

> **POINT** Office 365 평가판을 처음 신청하게 되면 관리자로 등록되기 때문에 Office 365 포털의 홈 화면에 [관리자] 메뉴가 나타난다. 관리자는 Office 365를 구성한 후 사용자를 추가하거나, Office 365 서비스를 이용할 수 있는 사용자에게 라이선스를 할당할 수 있다.

구성 설치 02

Office 365 구성 및 설치하기

Office 365를 사용하기 위해서는 내용을 구성하고 설치하는 단계를 거쳐야 한다. Office 365 포털의 홈 화면에서 [지금 설정]을 눌러 Office 365을 구성하게 되면 Windows에서 [시작] - [모든 프로그램] - [Microsoft Office 365] - [Microsoft Office 365 포털] 메뉴가 생성되고, Outlook 2010, 2007 버전에서 메일을 발송하고, SharePoint에 바로 저장할 수 있는 기능을 사용할 수 있다. 설치 단계에서는 등록된 응용 프로그램 중 필요한 내용을 다운로드 받아 설치하면 된다.

1 Office 365 구성하기

1 Office 365 포털의 홈 화면에서 [여기에서 시작] - [지금 설정]을 클릭한다. **2** [다운로드] 화면이 나오면 [설정] 버튼을 클릭한다. 이 단계는 Outlook 2007, 2010에서 메일을 보내고 SharePoint Office 문서를 저장하는 등의 기능을 사용하기 위한 것이다. **3** [Microsoft Office 365 데스크톱 설치] 창이 나오면 [Microsoft Online Services ID]와 [암호]를 입력한 후 [로그인] 버튼을 클릭한다. [데스크톱 응용 프로그램 구성 및 업데이트 설치] 대화상자가 나오면 [계속] 버튼을 눌러 진행한 후 [마침] 버튼을 클릭해 종료한다.

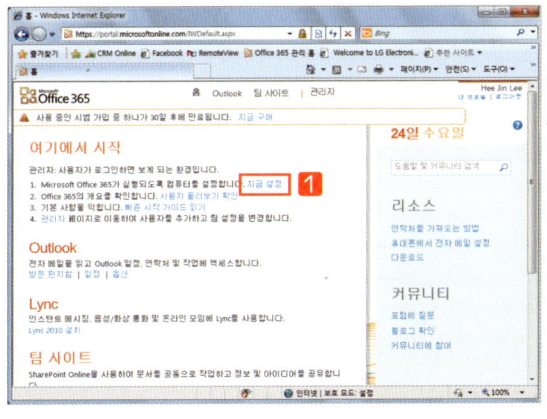
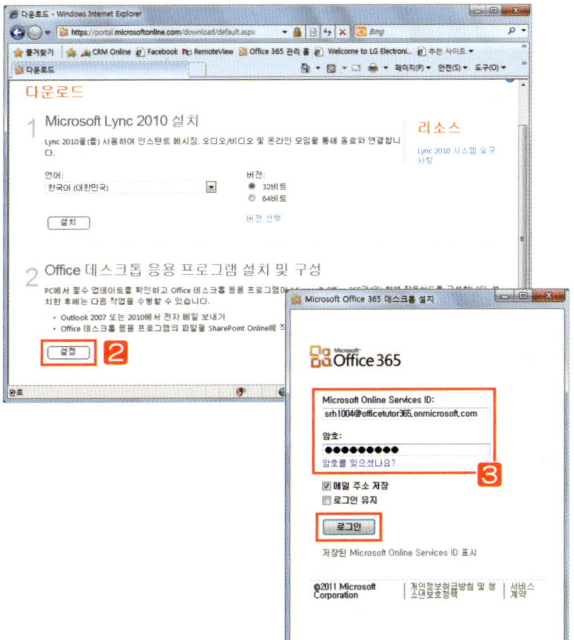

② Office 365 실행하기

Windows에서 [시작]-[모든 프로그램]을 클릭하면 [Microsoft Office 365]-[Microsoft Office 365 포털] 메뉴가 생성되었음을 확인할 수 있다.

> **POINT** 현재 Office 365 평가판 신청시 Professionals small businesses 버전에는 Microsoft Office Professional Plus 제품군이 빠져 있어 [다운로드] 화면에 나타나지 않는다. Office 365 평가판 신청 및 구매시 Office 제품이 포함된 버전을 선택하게 되면 [다운로드] 화면에서 Microsoft Office Professional Plus 제품을 다운로드 받아 설치할 수 있다.

③ Microsoft Lync 2010 설치하기

❶ Office 365 포털의 홈 화면에서 [여기에서 시작]-[지금 설정]을 클릭한다. [다운로드] 화면이 나오면 [한국어], [32비트]를 선택한 후 [설치] 버튼을 클릭한다. 대화상자가 나오면 [실행] 버튼을 눌러 프로그램을 설치한다. ❷ [Lync] 창이 나오면 [로그인 주소]와 [사용자 이름], [암호]를 입력한 후 [로그인] 버튼을 눌러 Lync 2010 프로그램을 실행한다.

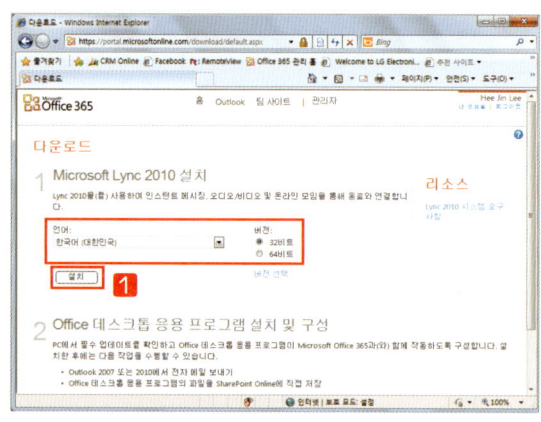  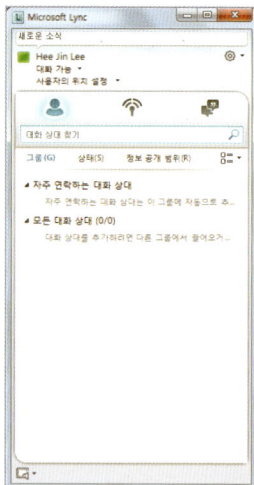

> **POINT** Office 365 포털의 홈 화면 우측에 있는 [리소스]-[다운로드]를 클릭하여 다운로드 화면으로 이동해도 해당 프로그램을 설치할 수 있다.

사용자 화면 03

Office 365 사용자 화면 둘러보기

Office 365 포털의 홈 화면에 링크된 [사용자 둘러보기 확인]과 [빠른 시작 가이드 읽기]를 통해 Office 365에서 알아야 할 기본 기능 및 설정 방법에 대해 손쉽게 학습할 수 있다.

1 Office 365 개요 살펴보기

❶ Office 365 포털의 홈 화면에서 [홈]을 클릭한다. [여기에서 시작] - [사용자 둘러보기 확인]을 클릭한다. ❷ [Office 365: 사용자용 둘러보기] 화면이 나오면 해당 동영상을 클릭하여 기본 기능을 배울 수 있다.

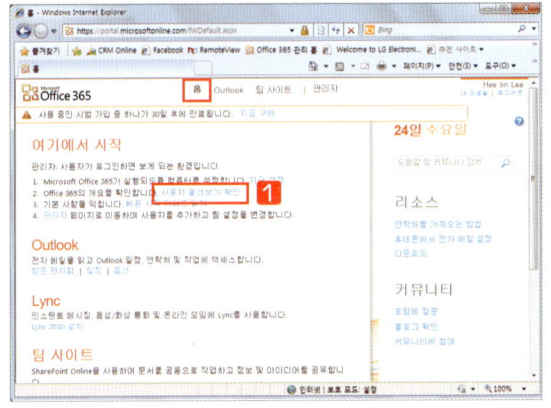
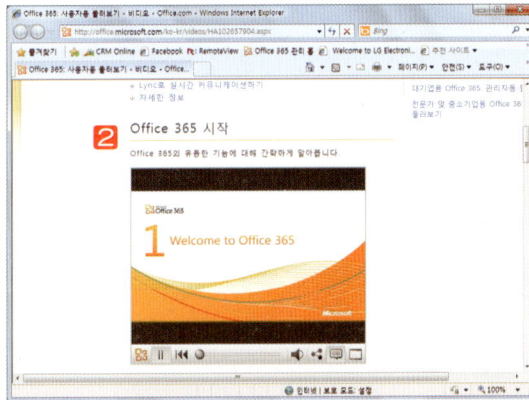

2 Office 365 빠른 시작 가이드 살펴보기

1 Office 365 포털의 홈 화면에서 [홈]을 클릭한다. [여기에서 시작]-[빠른 시작 가이드 읽기]를 클릭한다.
2 [Office 365의 빠른 시작 가이드] 화면이 나오면 내용을 살펴볼 수 있다.

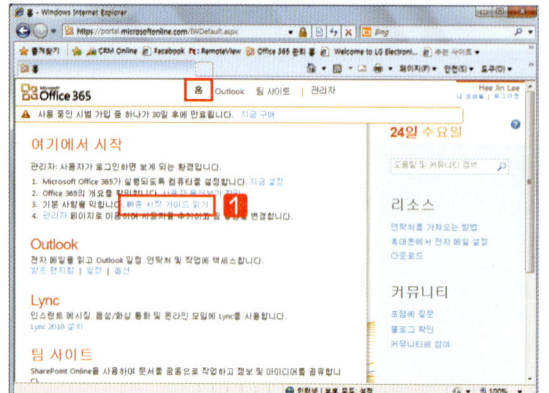
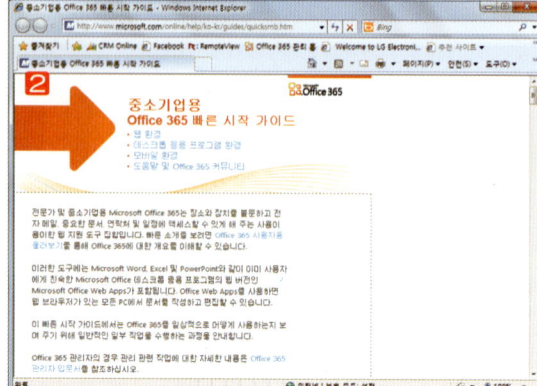

3 팀 사이트로 이동하기

1 Office 365 포털의 홈 화면에서 [팀 사이트]-[팀 사이트 방문]을 클릭한다. **2** [팀 사이트] 화면이 나온다.

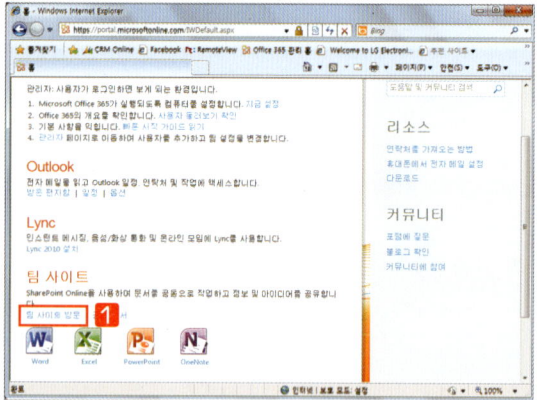
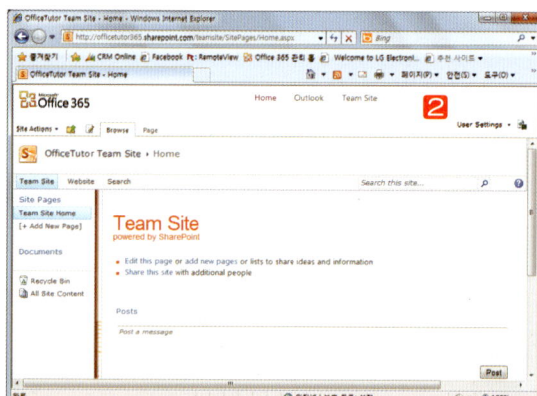

4 팀 사이트 화면 언어 변경하기

1 [팀 사이트] 화면의 언어는 추가하여 변경할 수 있다. 언어를 변경하고 싶다면 [User Settings]-[My Settings]-[My Regional Settings]에서 [Locale], [Time Zone], [Calendar]를 아래의 그림과 같이 변경한 후 [OK] 버튼을 클릭한다. 그 다음 [Site Administration]-[Language settings]에서 [Alternate language]를 [Korean]으로 선택하고 [OK] 버튼을 클릭하면 된다. **2** 그럼 [팀 사이트] 화면이 한글로 변경된 것을 확인할 수 있다.

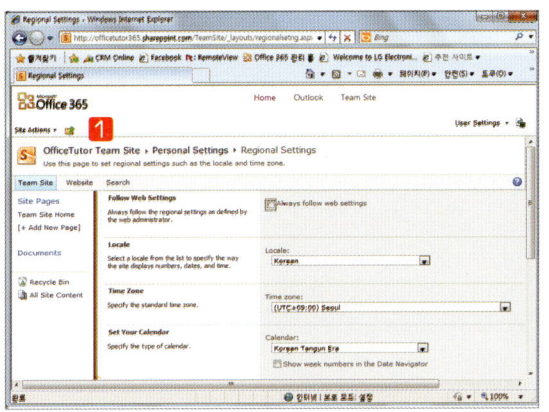
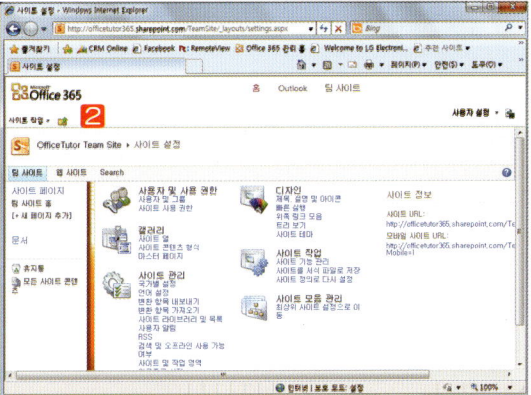

POINT 팀 사이트에 언어를 설정해 놓으면 [표시 언어 선택]에서 언제든지 팀 사이트 언어를 변경할 수 있다.

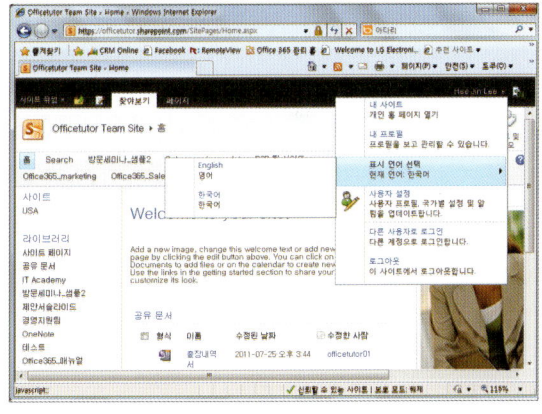

5 Outlook Web App으로 이동하기

1 Office 365 포털의 홈 화면에서 [Outlook]-[받은 편지함]을 클릭한다. **2** [Outlook Web App] 화면에 처음 접속하는 거라면 언어와 표준 시간대를 설정해야 한다. [한국어(대한민국)], [서울]로 설정한 후 [확인] 버튼을 클릭한다.

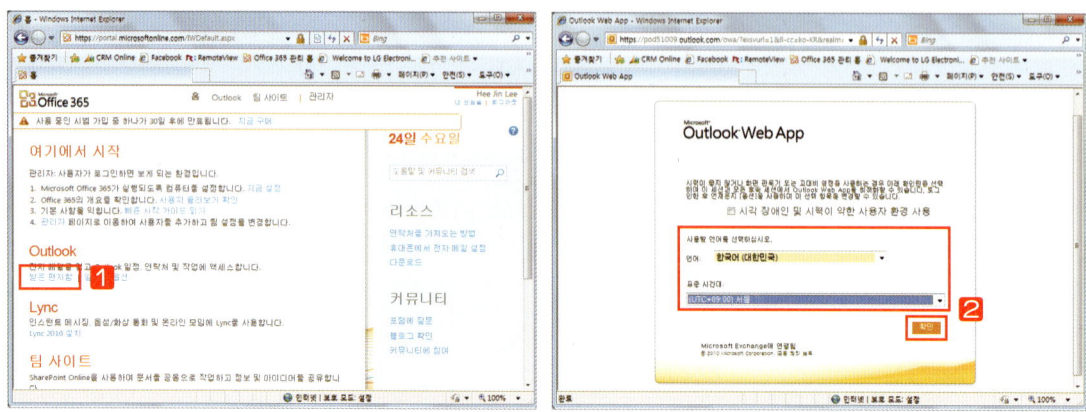

3 이제 [Outlook Web App] 화면이 나타난다. Microsoft Outlook과 동일한 인터페이스로 구성되어 있고, 메일, 일정, 연락처, 작업을 활용할 수 있다. Outlook Web App에서 옵션 설정을 하려면 화면 좌측 상단에 있는 [옵션]-[모든 옵션 보기]를 클릭한다. **4** 여기서 [계정], [전자 메일 구성], [그룹], [설정], [전화], [차단 또는 허용]에 대한 내용을 설정할 수 있다.

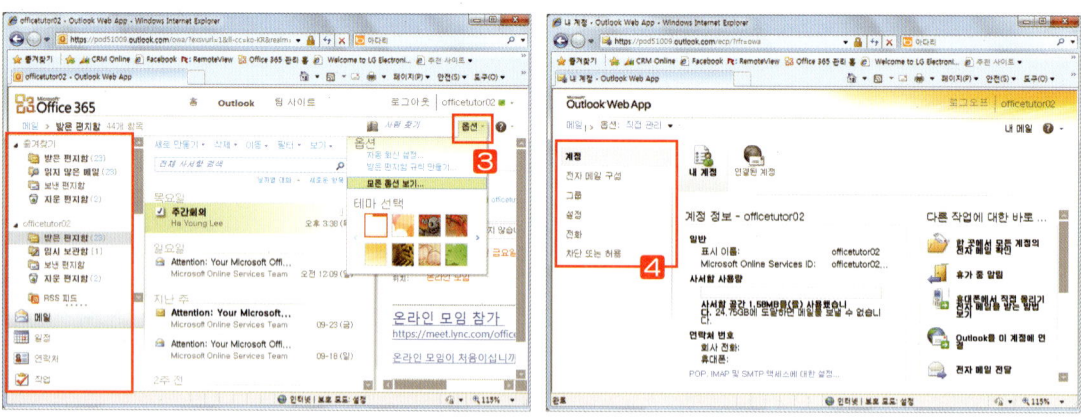

관리자 화면 04

Office 365 관리자 화면 둘러보기

관리자 권한이 있는 경우 Office 365 포털의 홈 화면 상단에 [관리자]라는 메뉴가 나타난다. 관리자는 화면 상단에 표시되는 [팀 시작하기]와 [관리자 바로 가기]를 이용하면 사용자 및 팀에서 이루어지는 반복되는 작업들을 빠르게 수행할 수 있다.

1 관리자 둘러보기

1 Office 365 포털에서 [관리자]를 클릭하거나 [여기에서 시작]-[관리자]를 클릭한다. **2** [관리 개요] 화면이 나오면 [팀 시작하기]-[관리자 둘러보기]를 클릭한다.

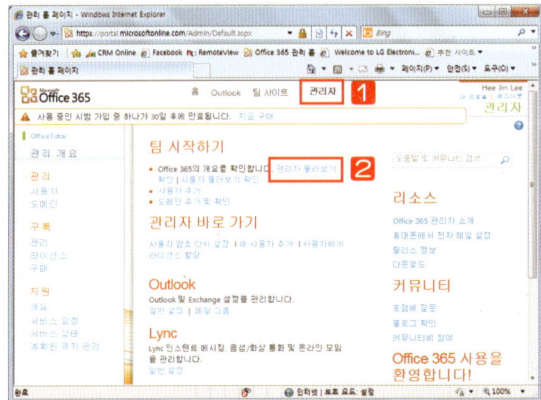
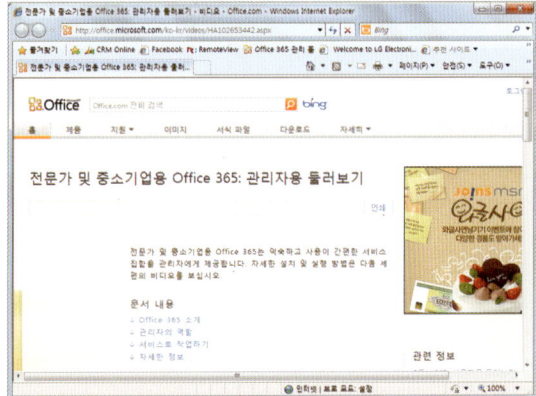

2 사용자 추가하기

1 Office 365 포털의 홈 화면에서 [관리자]를 클릭한다. [관리 개요] 화면이 나오면 [팀 시작하기] - [사용자 추가]를 클릭한다. 정보를 입력한 후 [다음] 버튼을 누르고 관리자 권한을 설정할지 여부와 위치를 설정한 후 [다음] 버튼을 누른다. **2** 라이선스를 할당한 후 [다음] 버튼을 클릭한다.

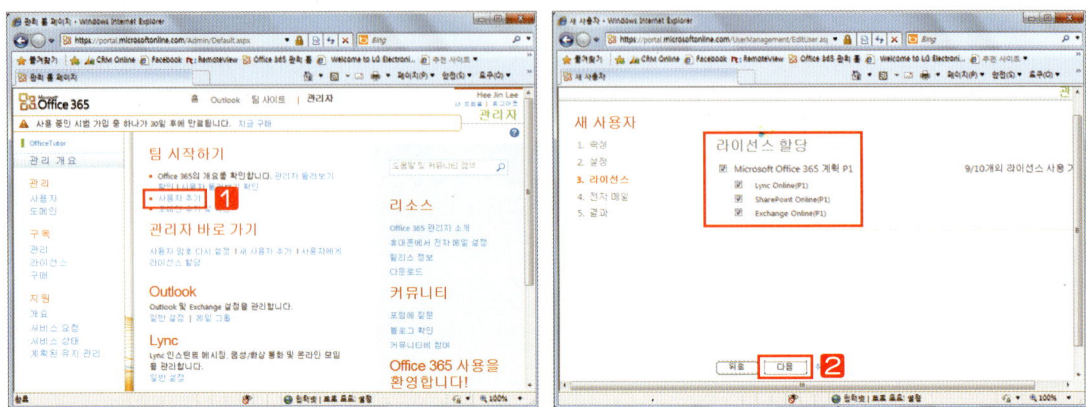

3 Office 365 정보를 받아볼 전자 메일 주소를 입력한 후 [만들기] 버튼을 클릭한다. **4** [결과] 화면에 전자 메일 주소와 임시 암호가 나타난다. 확인 후 [마침] 버튼을 클릭한다. 사용자 목록에 새 사용자가 추가되어 나타난다.

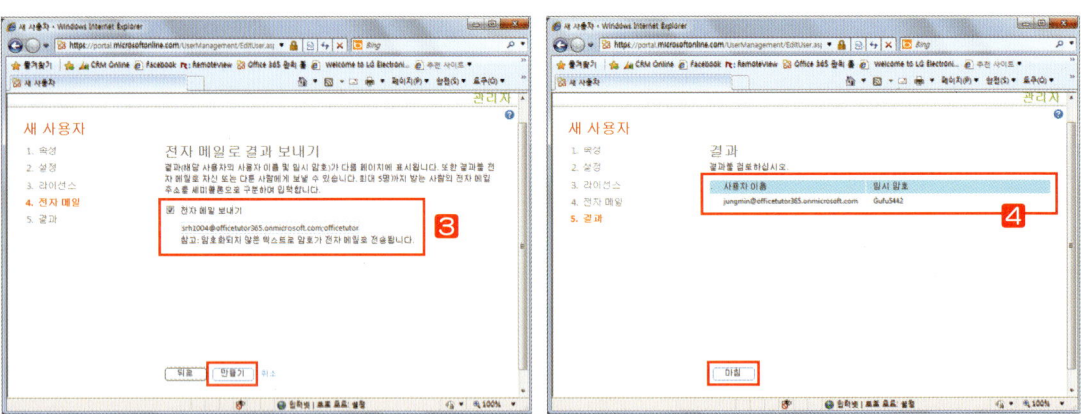

3 도메인 추가 및 확인하기

1 Office 365 포털의 홈 화면에서 [관리자]를 클릭하거나 [여기에서 시작]-[관리자]를 클릭한다. **2** [관리 개요] 화면이 나오면 [팀 시작하기]-[도메인 추가 및 확인]을 클릭한다. **3** [도메인 추가] 화면에서 [도메인 지정]이 나오면 도메인을 입력한 후 [도메인 확인] 버튼을 클릭한다. **4** [도메인 확인]에서 내용을 확인한 후 [다음] 버튼을 누른다. 도메인이 확인되면 다음 화면으로 넘어가고 [레코드 편집], [마침] 순으로 진행되어 도메인 추가 및 확인이 종료된다.

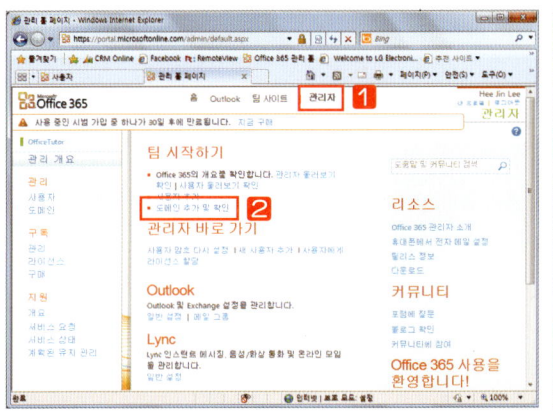
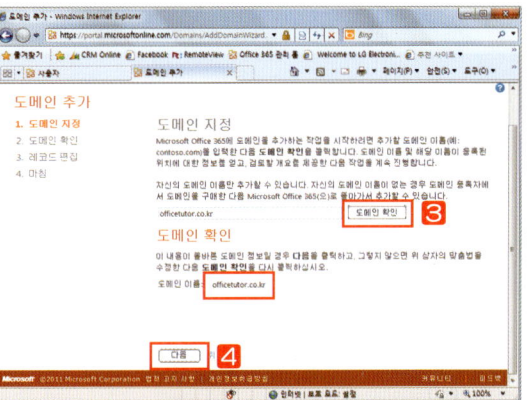

> **POINT** Microsoft Online Services 계정은 도메인 이름 – contoso.onmicrosoft.com – 과 함께 제공되지만 사용자 자신의 도메인 이름이 이미 있는 경우 해당 도메인 이름도 Microsoft Online Services와 함께 사용할 수 있다. 자신의 도메인 이름이 없는 경우 도메인 등록자에서 도메인 이름을 구매한 다음 Microsoft Online Services로 다시 돌아와 추가할 수 있다. Office 365에서 베니티 도메인을 사용하려면 Office 365에 도메인을 추가한 다음 도메인 이름 등록자(또는 DNS 호스팅 공급자)에서 특정 DNS 레코드를 만든다. 예를 들어, 인바운드 전자 메일을 Microsoft Exchange Online으로 라우팅 하는데 필요한 DNS 레코드와 같이 도메인 트래픽을 Office 365 서비스로 라우팅하는데 필요한 DNS 레코드를 만든다.

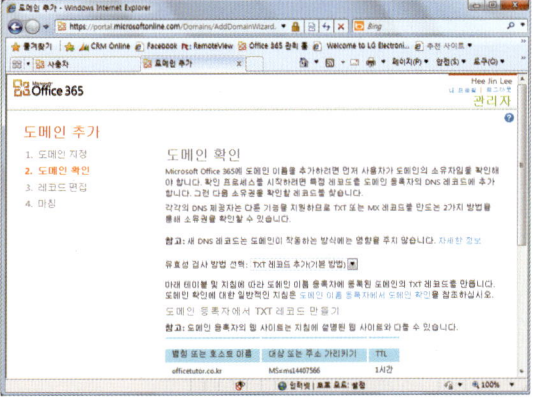

4 사용자 암호 다시 설정하기

1 [관리자] 화면에서 [관리자 바로 가기] – [사용자 암호 다시 설정]을 클릭한다. **2** [사용자] 화면이 나오면 암호를 다시 설정할 사용자를 선택하고, [암호 다시 설정]을 클릭한다.

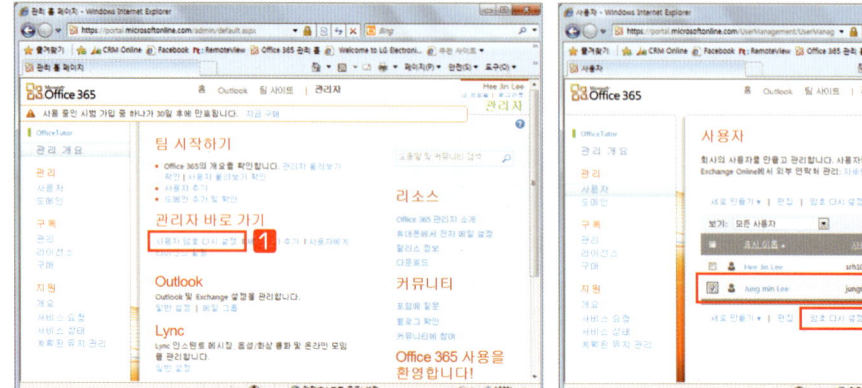

3 [사용자 암호 다시 설정] 화면이 나오면 전자 메일 주소를 입력하고 [암호 다시 설정] 버튼을 클릭한다. **4** [결과] 화면이 나오면 [마침] 버튼을 클릭한다.

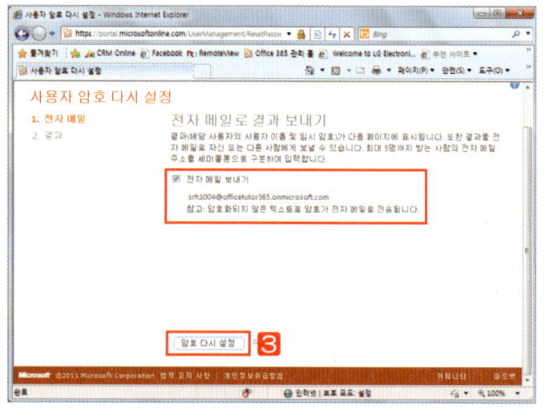 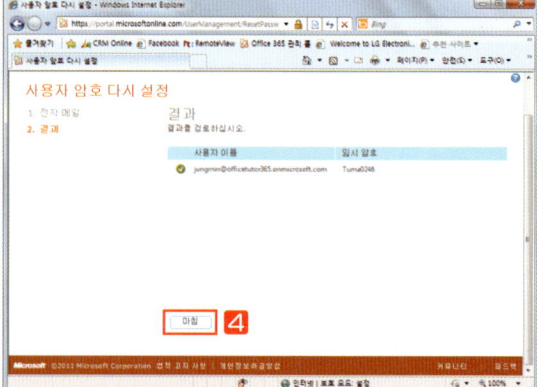

5 사용자에게 라이선스 할당하기

1 [관리자] 화면에서 [관리자 바로 가기] - [사용자에게 라이선스 할당]을 클릭한다. [사용자] 화면이 나오면 라이선스를 할당할 사용자를 선택하고 [편집]을 클릭한다. **2** [라이선스 할당] 화면이 나오면 해당 라이선스를 설정하고 [저장] 버튼을 클릭한다.

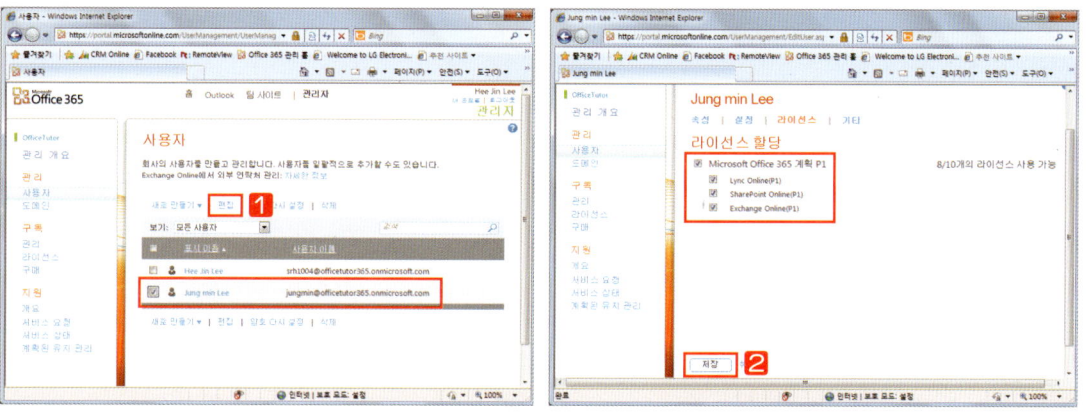

6 Exchange Server 설정하기

1 [관리자] 화면에서 [Outlook]의 [일반 설정]을 클릭한다. **2** [Exchange Server 2010] 화면이 나타난다. 관리자는 [사용자 및 그룹], [역할 및 감사], [메일 제어], [전화 및 음성]에 대한 설정을 할 수 있다.

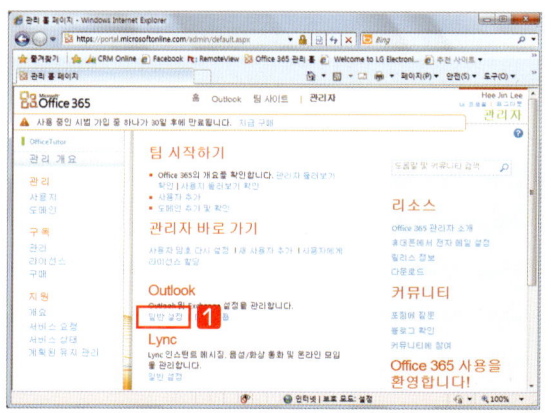 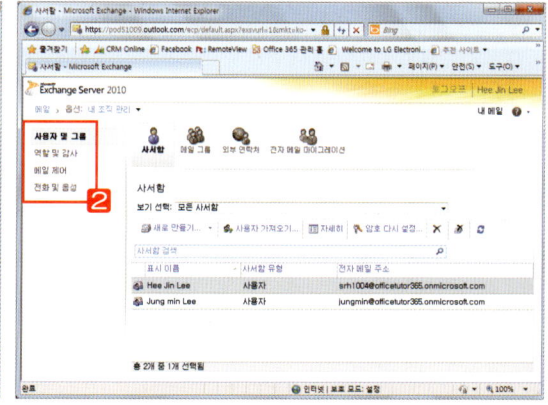

7 Lync 설정하기

1 [관리자] 화면에서 [Lync]의 [일반 설정]을 클릭한다. **2** [Lync Online 제어판] 화면이 나타난다. 관리자는 [외부 통신 설정] 및 [사용자 정보]를 설정하고 편집할 수 있다.

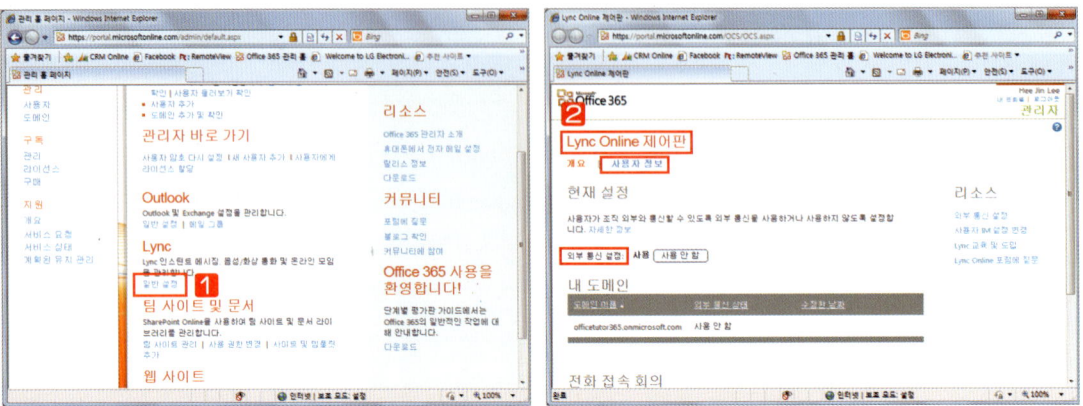

POINT Lync 사용자 정보에서 [편집] 버튼을 클릭하면 사용자에 대한 [파일 전송 사용] 및 [비디오 사용], [외부 통신 사용]에 대한 설정을 할 수 있다.

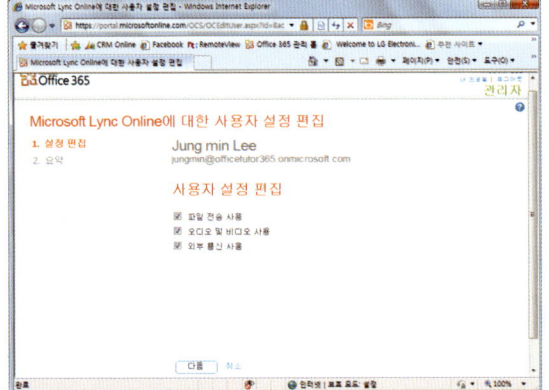

8 팀 사이트 관리하기

1 [관리자] 화면에서 [팀 사이트 및 문서] – [팀 사이트 관리]를 클릭한다. 2 팀 사이트 관리 화면이 나오면 [사용자 및 사용 권한], [갤러리], [디자인], [사이트 관리] 등과 같은 내용을 설정할 수 있다.

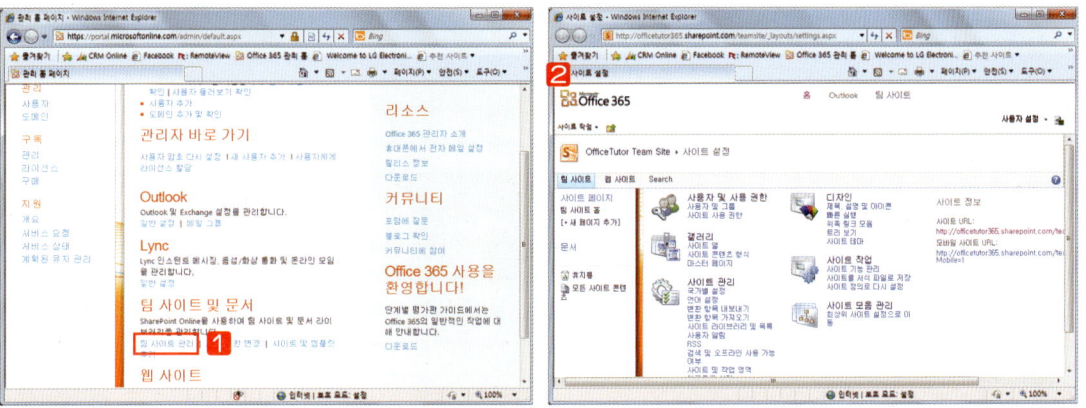

9 팀 사이트 문서 관리하기

1 [팀 사이트]를 클릭한다. 2 팀 사이트 화면이 나오면 탐색창에서 [문서]를 클릭한다. Microsoft Office 아이콘을 클릭하면 새 문서를 작성할 수 있고, [문서 추가]를 클릭하면 업로드 된 Office 문서를 팀 내에서 공동으로 관리할 수 있다.

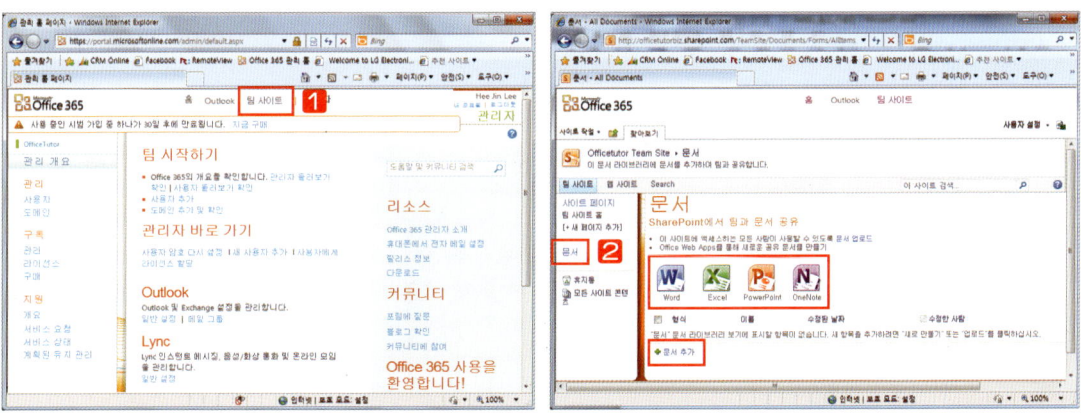

10 팀 사이트 사용 권한 변경하기

1 [관리자] 화면에서 [사용 권한 도구]의 [편집] 탭-[수정] 그룹-[사용자의 사용 권한 편집]을 클릭한다. 또는 Office 365 포털의 홈 화면에서 [팀 사이트]-[사이트 작업]-[사이트 설정]-[사이트 및 사용 권한]을 클릭한다. 2 [사용 권한 편집] 대화상자가 나오면 그룹에 추가할 사용 권한을 선택한 후 [확인] 버튼을 클릭한다.

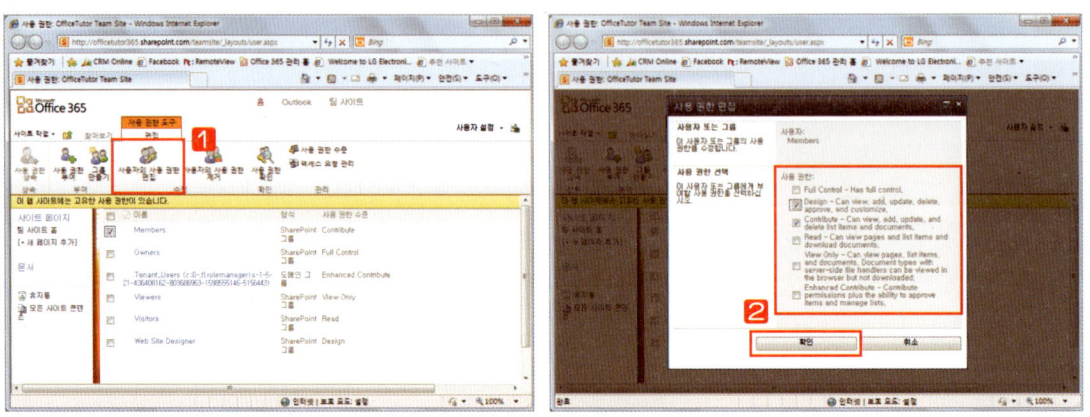

POINT [관리자] 화면에서 [구독]-[관리]를 클릭하면 [대금 청구 및 구독 관리] 화면이 나타난다. 여기서는 현재 구독된 서비스를 확인할 수 있다. 서비스를 클릭하면 [구독 정보] 화면에서 [지금 구입] 버튼을 눌러 구매하거나 [파트너 정보]에서 [추가]를 눌러 파트너 정보를 입력할 수 있다.

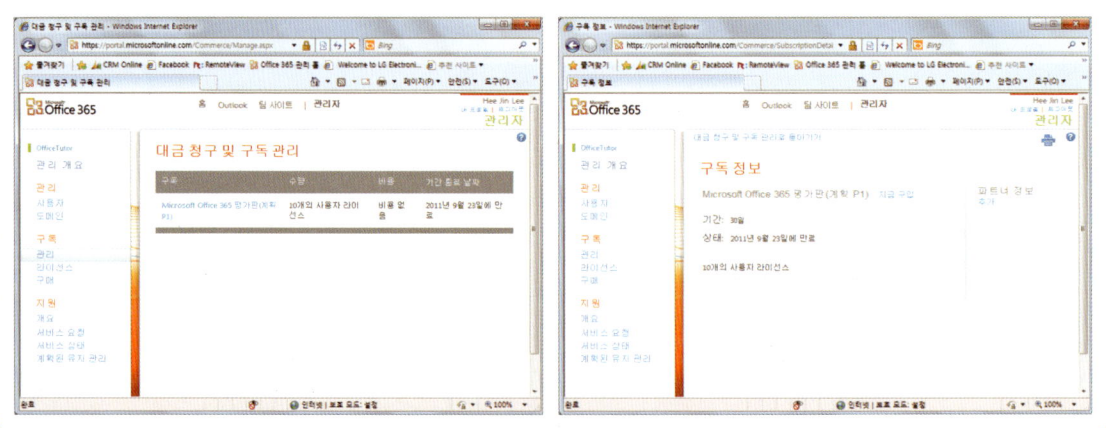

11 구독 구매하기

■ Office 365 평가판을 신청하게 되면 Office 365 포털 상단에 만료 기간이 나타난다. ② Office 365를 구매하기 위해서는 상단에서 [지금 구입]을 누르거나 [관리자] 화면의 좌측 메뉴에서 [구독] – [구매]를 클릭한다. ③ [구독 구매] 화면이 나오면 [지금 구입]을 클릭한다.

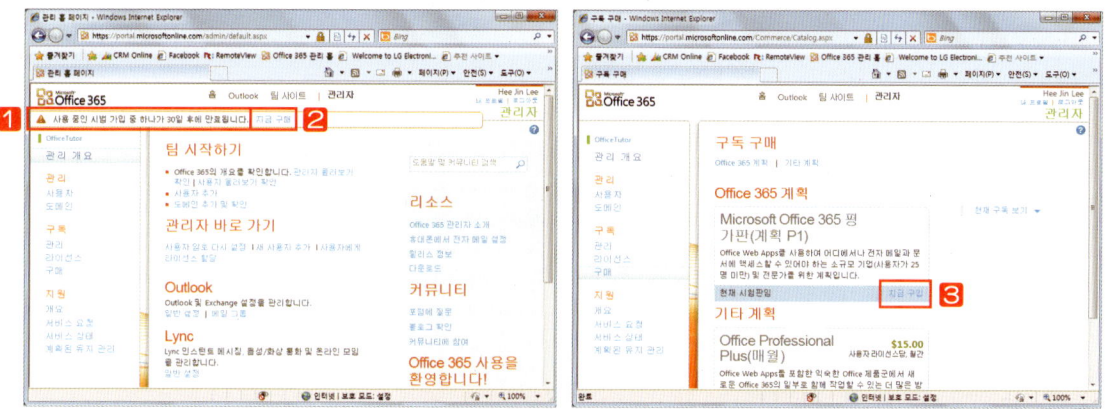

④ 서비스에 대한 정보 화면이 나오면 구매하기 위해 [체크 아웃] 버튼을 누른다. ⑤ [체크 아웃] 화면이 나오면 구매하기 위한 상세 정보를 입력하고 [다음] 버튼을 눌러 구매를 진행한다.

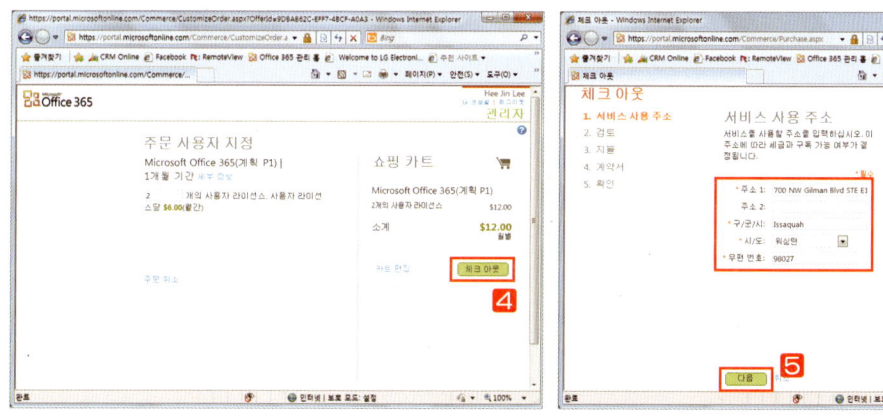

365 100배 즐기기

Office 365에 대해 궁금하다면?

Office 365에 대해 궁금한 점이 있다면 Office 365 포털의 [커뮤니티]를 활용하면 된다. 계정을 만들면 포럼, 블로그 및 Wiki에 게시물을 올릴 수 있다. 표시 이름은 게시물 옆에 표시되며 공개 프로필로 연결된다. 도움말이 필요한 경우에는 Office 365 포털 우측 상단에 도움말 아이콘을 클릭하면 된다. 도움말에는 따라하기 및 동영상이 포함되어 있어 Office 365를 다루는데 서툰 사용자에게 큰 도움이 될 것이다.

| 커뮤니티에 가입하기 |

Microsoft Office 365 포털 화면 우측에 있는 [커뮤니티]-[포럼에 질문] 또는 [블로그 확인]이나 [커뮤니티에 참여]를 클릭하면 [가입] 화면이 나온다. [가입] 화면에서 [표시 이름]과 [표준 시간대]를 설정한 후 [지금 가입] 버튼을 클릭한다.

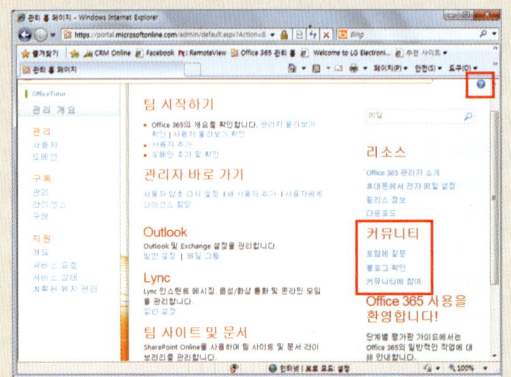
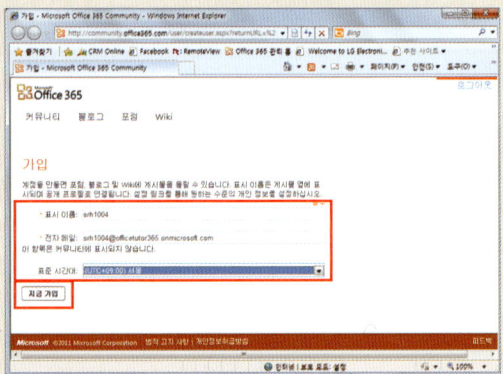

| 커뮤니티 정보 |

[커뮤니티] 화면에서 [커뮤니티]-[커뮤니티에 참여]를 클릭한다. 그럼 [Office 365 커뮤니티 시작] 화면이 나오는데 여기서 현재 [커뮤니티 활동]에 대한 정보를 파악할 수 있다. 해당 정보를 클릭하면 자세한 정보를 확인할 수 있다.

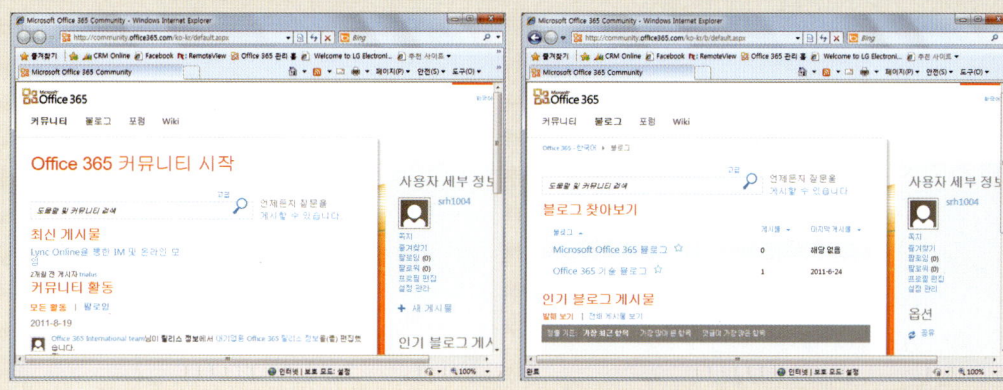

| 블로그 정보 |

[블로그] 화면에서 [커뮤니티]-[블로그 확인]을 클릭한다. [블로그 찾아보기] 화면이 나오고 현재 [블로그] 및 [인기 블로그 게시물] 정보를 파악할 수 있다. 해당 정보를 클릭하면 자세한 정보를 확인할 수 있다.

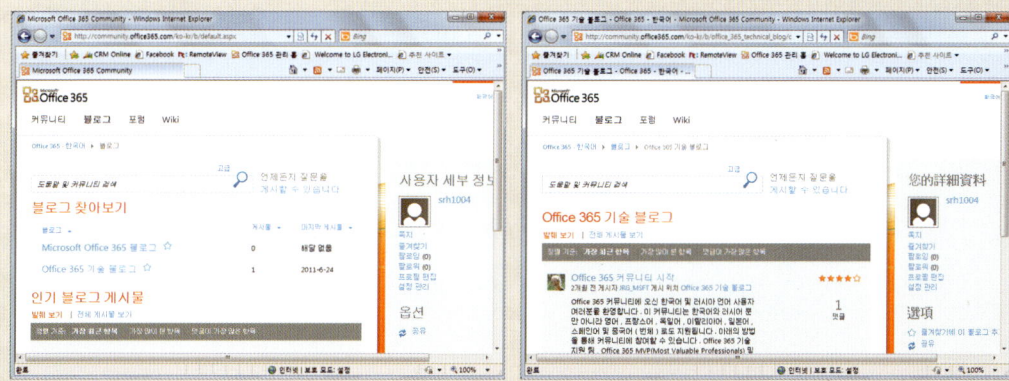

| 포럼에 질문 |

[포럼] 화면에서 [커뮤니티]-[포럼에 질문]을 클릭한다. [포럼 범주]에 대한 정보가 나타나고 [사용자 세부 정보]는 우측에 나타난다. 포럼 범주에 보면 현재 포럼에 게시된 내용의 개수를 확인할 수 있다. 포럼 범주 목록에서 관련 내용을 클릭해보면 [포럼 검색] 화면이 나오고 게시된 게시물의 개수도 파악할 수 있다.

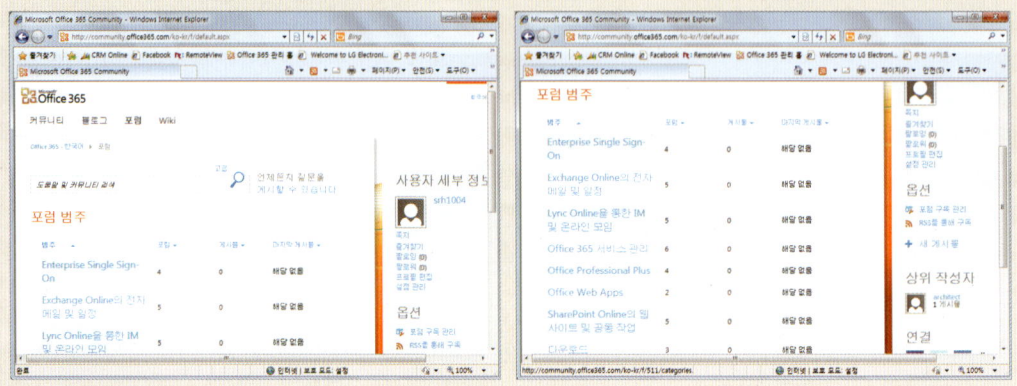

| 도움말 |

Microsoft Office 365 포털 화면에서 도움말 아이콘(❓)을 클릭하면 Office 365에 대한 자세한 도움말을 확인할 수 있다. 따라하기 및 동영상이 포함되어 있어 Office 365를 처음 사용하는 사용자는 꼭 학습하길 바란다.

| 도움말 및 커뮤니티 검색 |

Microsoft Office 365 포털 화면에서 검색창에 궁금한 내용을 검색어로 입력하면 도움말 및 커뮤니티에 게시된 목록을 검색하여 보여준다.

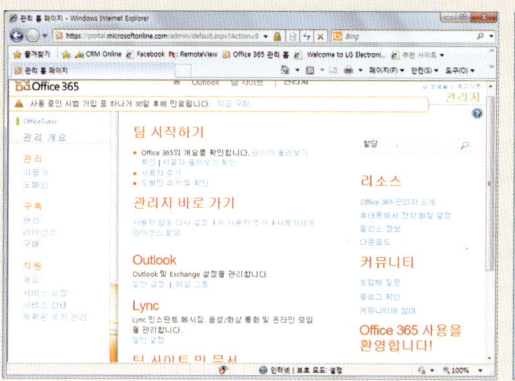 

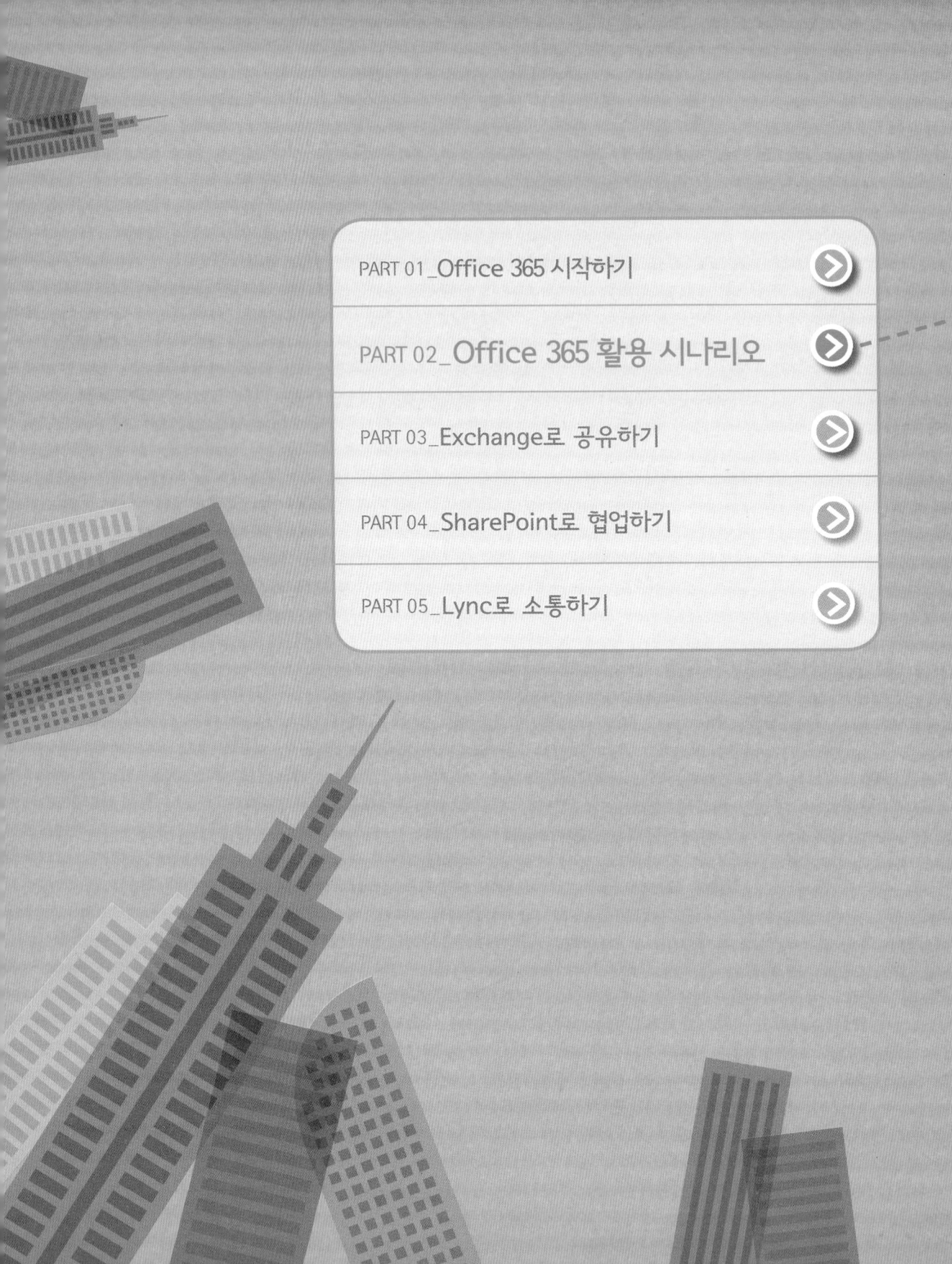

PART 02

Office 365 활용 시나리오

생산성(Productivity), 공유 및 협업(Collaboration) 그리고 커뮤니케이션(Communication)에 대한 사람들의 관심이 점차 증가하고 있다. 이에 Microsoft에서는 Office의 클라우드 버전인 Office 365 Service를 출시했다. 여기서 지원하는 Exchange Online, SharePoint Online, Lync Online을 업무 생산성 도구인 Office 2010과 함께 활용한다면 어떤 시나리오가 가능할까? Part 02에서 소개하는 다양한 활용 시나리오를 통해 Office 365를 개인 및 조직에 적용할 수 있는 사례들을 고민해 보도록 하자. 지금부터 Office 365의 매력에 흠뻑 빠져 보길 기대한다.

공동 작업 01

주간 업무 보고서 한 번에 취합하자

매주 월요일에 있는 주간 업무 보고서 취합! 팀원들의 개별 문서를 취합하여 하나의 문서로 통합하는 과정인 주간 업무 보고서는 월요일 아침을 늘 정신없게 만든다. 한 주의 시작인 월요일 아침을 여유롭게 만들 수 있는 방법은 없을까? SharePoint 2010을 사용하면 다른 사용자와의 공동 작업을 통해 문서 취합을 손쉽게 해결할 수 있다. SharePoint에서는 문서 라이브러리에 저장된 문서를 체크 인, 체크 아웃하여 다른 사용자와 공동 작업을 할 수 있다.

1 팀 사이트 접속하기

1 Windows의 [시작]에서 [모든 프로그램]-[Microsoft Office 365]-[Microsoft Office 365 포털]을 클릭한다. Microsoft Office 365 로그인 창이 나오면 [Microsoft Online Services ID]와 [암호]를 입력한 후 [로그인] 버튼을 클릭한다. **2** Microsoft Office 365 포털의 홈 화면이 나오면 상단 메뉴에서 [팀 사이트]를 클릭한다.

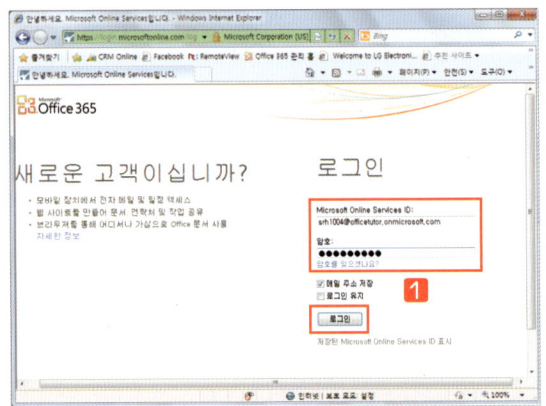 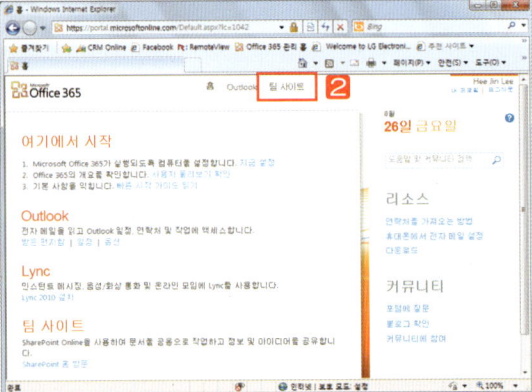

2 문서 체크 아웃하기

1 좌측에서 원하는 라이브러리를 선택하고 취합하고자 하는 문서를 선택하면 상단에 리본 메뉴가 나타난다. **2** 라이브러리 도구의 [문서] 탭-[열기 및 체크 아웃] 그룹-[체크 아웃]을 선택한다. **3** '체크 아웃 하려고 합니다.'라는 메시지가 나오면 [확인] 버튼을 클릭한다. **4** 문서를 편집하려면 다시 해당 문서를 선택하고 [문서] 탭-[열기 및 체크 아웃] 그룹-[문서 편집]을 선택한다.

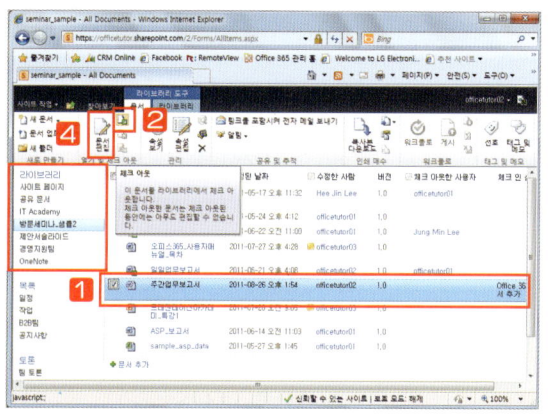

POINT 동일한 문서를 여러 사용자가 열 때 충돌을 막기 위해서 쓰는 기능이 체크 인, 체크 아웃이다. 이 기능을 이용하면 현재 문서를 누군가가 사용하고 있는지에 대해 파악이 가능하다. 팀 사이트에서 문서를 체크 아웃하고 열어서 편집할 때, 다른 사용자가 동일한 문서를 열면 [사용 중인 파일] 대화상자가 나타난다. [읽기 전용으로 열기], [로컬 복사본을 작성하고 변경 사항을 나중에 병합], [원본을 사용할 수 있을 때 알림] 중 하나를 선택할 수 있다.

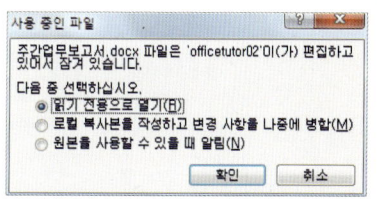

3 문서 체크 인하기

1 문서가 열리면 문서를 수정하고 저장한 뒤, [닫기] 버튼을 클릭하여 '지금 체크 인 하시겠습니까?' 라는 메시지가 나오면 [예] 버튼을 선택한다. **2** [체크 인] 대화상자가 나오면 메모를 기록한 후 [확인] 버튼을 클릭한다.

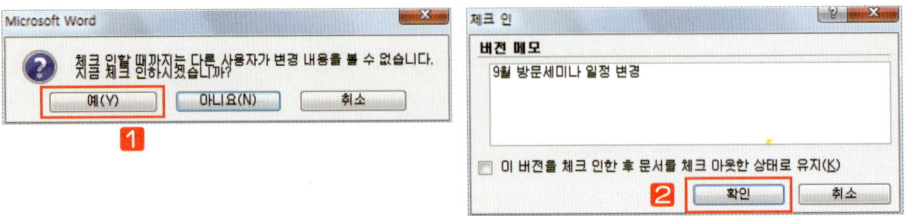

POINT 라이브러리 도구의 [문서] 탭 – [열기 및 체크 아웃] 그룹 – [체크 인]을 클릭해서 체크 인 할 수도 있다. 문서의 변경 내용을 취소하려면 [체크 아웃 취소]를 선택한다.

4 버전 관리하기

1 편집한 문서의 [파일] 탭 – [정보] – [버전 관리]를 클릭하면 현재 문서에 대한 버전을 관리할 수 있다.
2 팀 사이트에 편집된 문서가 게시되면 [버전]에서 문서의 버전을 확인할 수 있다.

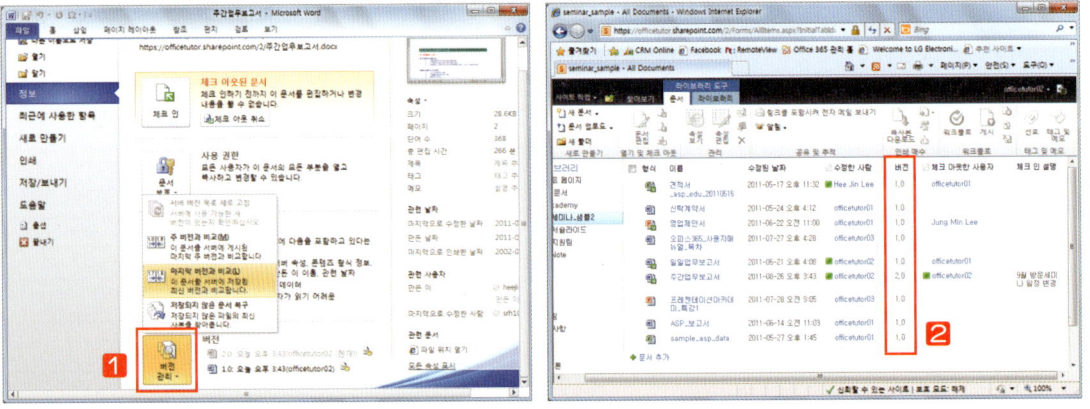

POINT 팀 사이트에 필드를 추가하거나 삭제하려면 라이브러리 도구의 [라이브러리] 탭 – [보기 관리] 그룹 – [보기 수정] 버튼을 눌러 편집하면 된다.

동시 작업 02

팀원들과 동시에 보고서 작성하자

공동 작업이 가능한 문서를 취합하여 만드는 주간 보고서인 경우 마감하는 시간이 다가오면 부득이하게 동시에 작업해야 하는 경우가 종종 발생한다. SharePoint 2010 사이트에 업로드된 문서는 동시 문서 작업이 가능하며 변경된 내용만을 별도로 살펴볼 수도 있다. 동시에 문서를 편집하는 경우에는 상태표시줄을 통해 현재 편집하는 사용자를 파악할 수 있어 협업에 대한 생산성을 높일 수 있다.

1 동시에 문서 열기

1 팀 사이트에서 해당 문서가 들어있는 라이브러리를 선택한 후 편집할 문서를 클릭한다. **2** Word Web App 화면이 나오면 [Word에서 열기] 버튼을 클릭한다.

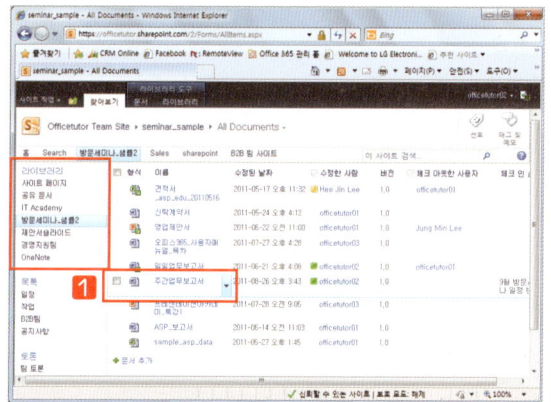 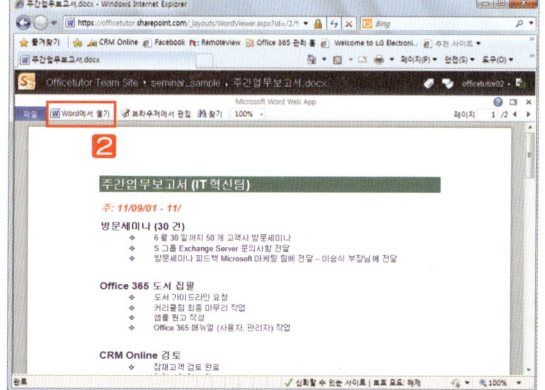

> **POINT** 사내에서 SharePoint 서버를 구축하여 사용하는 경우 Office Web Apps는 무조건 지원되는 것이 아니라 SharePoint 관리자가 별도로 서버에 설치해주어야 한다.

2 동시에 편집하고 있는 사용자 확인하기

1 Office 프로그램이 열리면 상단에 [문서 편집] 버튼을 클릭한다. **2** 동시에 여러 사용자가 문서를 열면 상태표시줄에 현재 문서를 편집하는 사용자 계정이 나타난다.

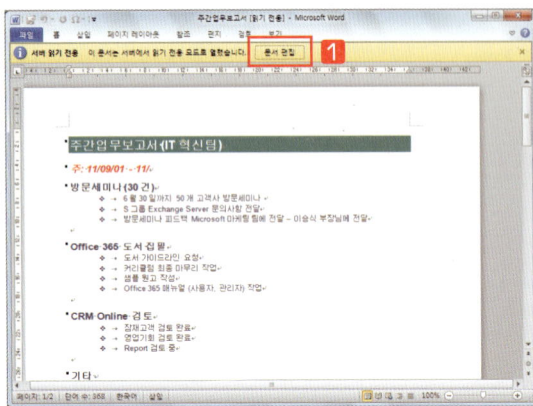 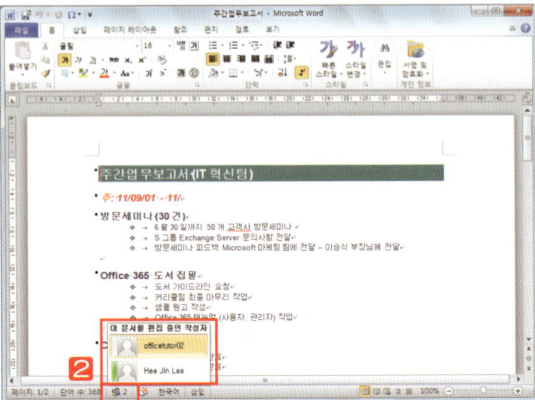

3 문서 편집 업데이트하기

1 상대방이 문서를 편집한 후 저장하면 상태표시줄에 [업데이트 가능]이라고 나타난다. 상대방의 편집 내용을 문서에 반영하기 위해 [업데이트 가능]을 클릭하고 저장한다. '다른 작성자가 변경한 내용으로 Word에서 문서를 새로 고쳤습니다.'라는 메시지가 나오면 [확인] 버튼을 클릭한다. **2** 상대방이 수정한 내용이 반영되어 화면에 음영으로 표시된다.

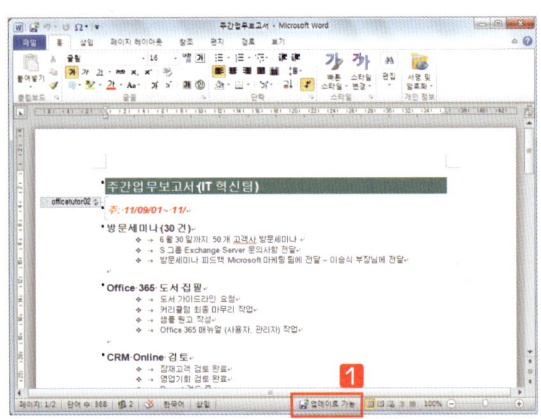 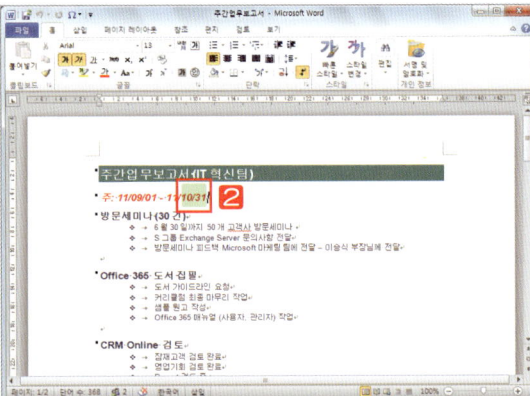

팀 사이트 **03**

업로드된 정보를 실시간으로 확인하자

팀 사이트에 자주 사용하는 페이지가 있다면 Outlook에서 업데이트된 정보에 대한 알림 메일을 받을 수 있다. 업데이트된 정보를 팀 사이트에 매번 접속하지 않고도 알림 메일을 통해 한 눈에 파악할 수 있어 편리하게 사용할 수 있다. 팀 사이트에서 [내 알림 관리]에 들어가면 현재 팀 사이트에 설정된 알림 목록을 한 눈에 파악할 수 있고, 알림 추가도 할 수 있다.

1 문서에 알림 설정하기

1 팀 사이트에서 문서가 편집되었을 때 알려주는 알림 메일을 받기 위해 라이브러리를 선택한다. **2** 알림 메일을 받기 위한 문서를 선택하고, 라이브러리 도구의 [문서] 탭 - [공유 및 추적] 그룹 - [알림] - [이 문서에 알림 설정]을 클릭한다.
3 [변경 사항이 있을 경우], [알림 바로 보내기] 등의 옵션을 선택한 후 [확인] 버튼을 클릭한다.
4 Outlook을 실행해보면 알림 설정에 대한 메일이 도착된 것을 알 수 있다.

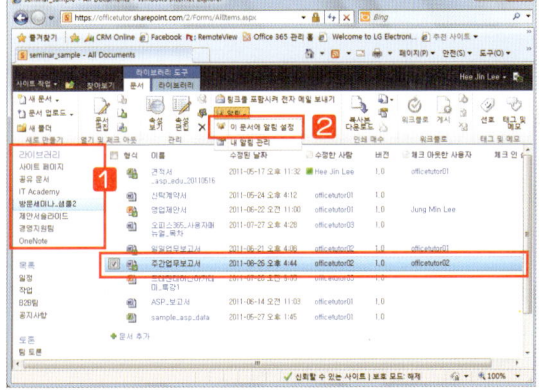

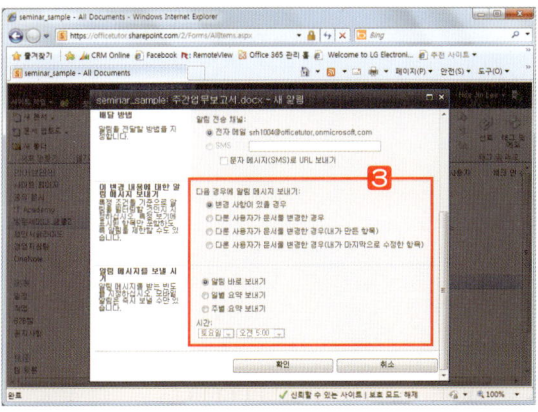

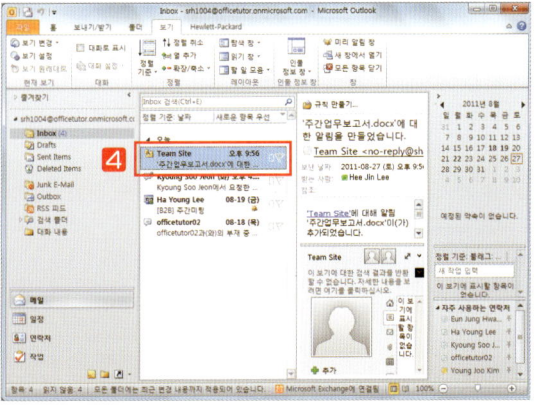

2 내 알림 관리하기

1 팀 사이트에서 현재 설정된 문서에 대한 알림을 확인하기 위해서 원하는 라이브러리를 선택한다. **2** 라이브러리 도구의 [문서] 탭-[공유 및 추적] 그룹-[알림]-[내 알림 관리]를 클릭한다. **3** 현재 설정되어 있는 알림 메일 내용을 확인할 수 있다. 알림을 추가하고 싶다면 [알림 추가] 버튼을 눌러 알림을 추가할 수 있다.

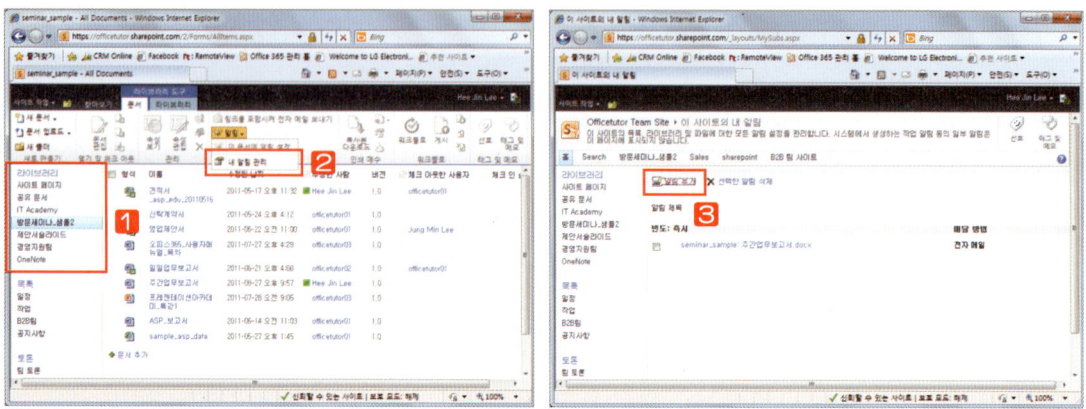

팀 일정 **04**

클릭 한 번으로 팀 일정 확인하자

팀 사이트에서는 팀 일정을 생성하여 공유할 수 있고, 생성된 팀 일정은 Outlook에 연결하여 바로 확인할 수 있다. Outlook에 연결된 팀 일정을 선택하여 편집하거나 새로 일정을 등록하면 바로 팀 사이트 일정에 반영된다. 여러 명이 참여하는 팀 회의 일정을 잡거나 미팅 요청을 보낼 때, 팀 일정을 활용하면 가능한 시간을 한눈에 체크할 수 있다.

1 Outlook에 팀 일정 연결하기

1 팀 사이트에 등록된 팀 일정을 선택한다. 일정 화면이 나오면 일정 도구의 [일정] 탭-[연결 및 내보내기] 그룹-[Outlook에 연결]을 클릭한다. **2** 뒤이어 나오는 대화상자에서 [허용] 버튼과 [예] 버튼을 차례로 클릭한다. Outlook 2010의 탐색 창에 [다른 일정]으로 일정이 등록된다.

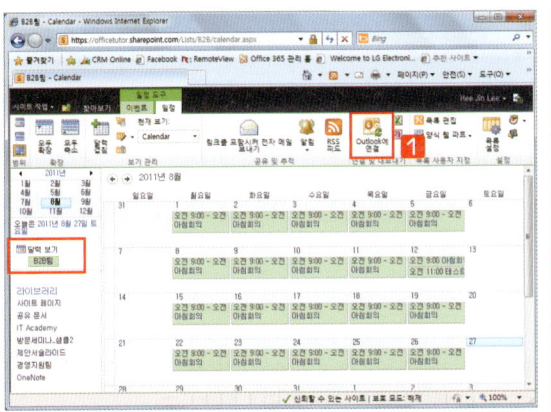
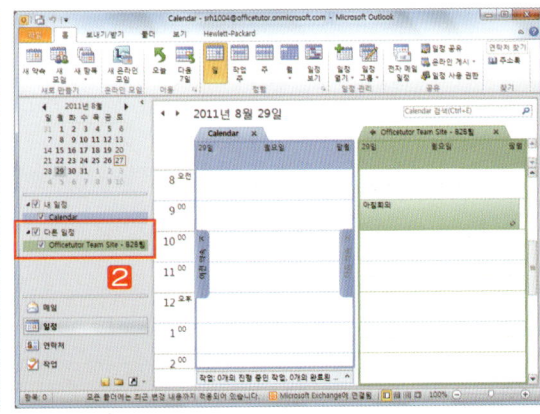

2 Outlook 일정에 팀 일정 등록 및 편집하기

1 Outlook 2010의 [일정] 탐색 창에서 [다른 일정]에 등록해 놓은 팀 일정을 클릭하고, 일정 화면에서 마우스 오른쪽 버튼을 눌러 [새 약속]을 선택한다. **2** 새 약속 창이 열리면 약속 내용을 입력한다. **3** Outlook에 약속이 등록된다.

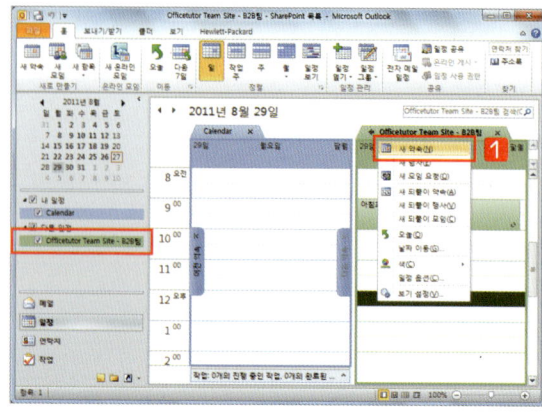

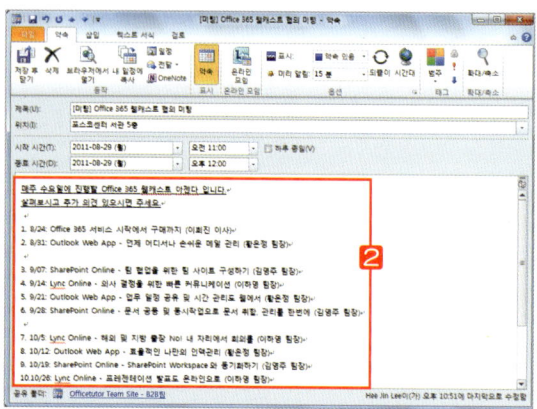

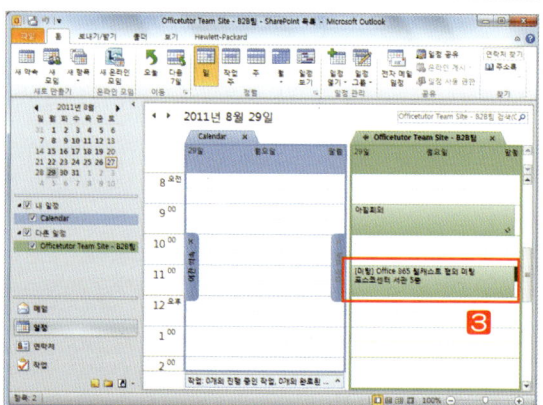

> **POINT** 팀 사이트 또는 Outlook에서 일정을 편집하면 실시간으로 편집 내용이 반영되기 때문에 편리하게 팀 일정을 관리할 수 있다.

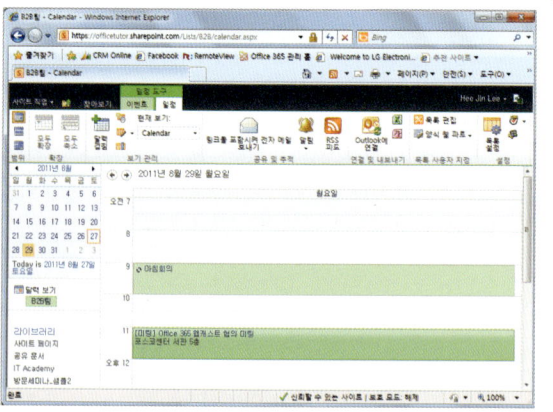

| 모임 요청 05

회의 일정 한 번에 잡자

Outlook의 모임 요청 기능을 활용하면 여러 번의 메일을 주고받는 번거로움 없이 한번에 모임 요청을 처리할 수 있다. 모임 요청을 하면 좋은 점은 첫째, 모임으로 요청한 일정이 내 일정과 상대방의 일정에 자동으로 등록된다. 둘째, 모임 요청을 이끈 사람은 응답 추적을 통해 모임에 참석할 사람들의 응답을 한눈에 파악할 수 있다. 셋째, 모임에 관련된 내용을 일정에 포함시켜 보낼 수 있고 추가로 업데이트된 내용을 모임에 참석하는 사람들의 일정에 한꺼번에 업데이트할 수 있다.

1 모임 요청 등록하기

1 Outlook 2010의 [일정] 화면에서 마우스 오른쪽 버튼을 눌러 [새 모임 요청]을 선택한다. [모임 요청] 화면이 나오면 [받는 사람] 버튼을 눌러 모임에 참석할 사람을 선택하고 [회의실] 버튼을 눌러 리소스 계정도 선택한다. 2 [모임] 탭 – [표시] 그룹 – [일정 정리]를 선택해 상대방의 일정이 비어 있는지 체크한다. 3 [보내기] 버튼을 눌러 모임 요청 메일을 발송한다.

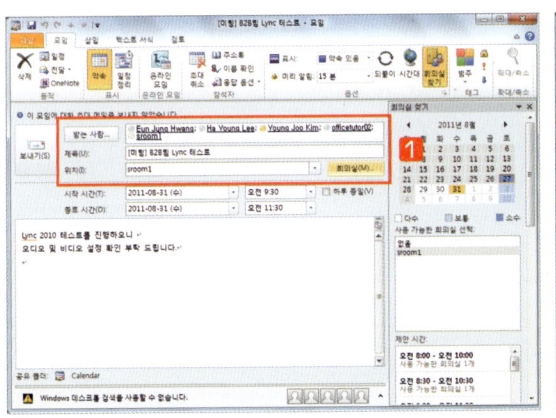 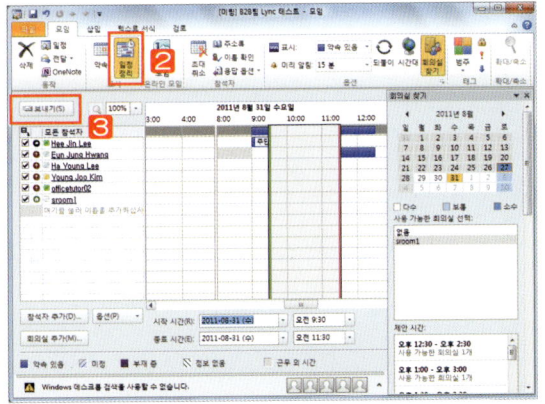

POINT 상대방과 일정이 공유되어 있으면 [일정 정리]를 선택했을 때 현재 등록된 상대방의 일정을 확인할 수 있다.

2 응답 추적하기

1 Outlook 일정 탐색창에서 공유된 일정을 클릭해 나란히 보기로 보면 모임 요청이 자동 등록된 것을 확인할 수 있다. 2 모임을 이끈 사람이라면 모임 요청 메일을 열었을 때 [응답 추적]이 나타난다. [응답 추적] – [추적 상태 보기]를 선택하면 모임을 요청한 구성원이 보여지고 현재 응답 상태를 확인할 수 있다.

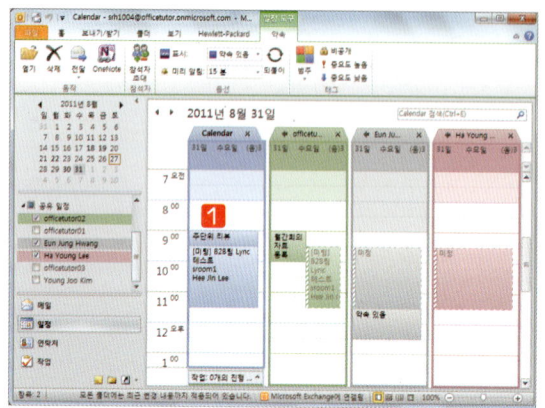
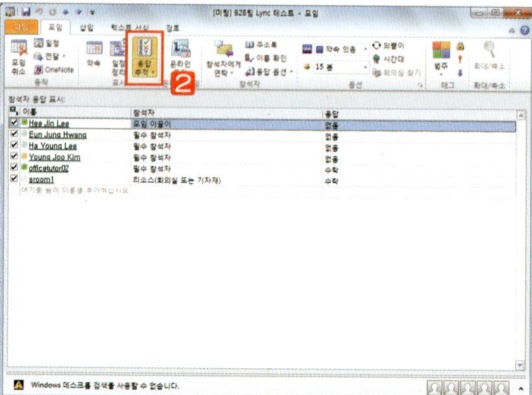

POINT 모임 요청 메일을 받은 참석자는 [수락], [미정], [거절], [다른 시간 제안] 버튼을 눌러 메일로 응답할 수 있다. 드롭다운 버튼을 클릭하면 [보내기 전에 답장 고치기], [지금 답장 보내기], [답장 보내지 않음] 중 하나를 선택할 수 있다.

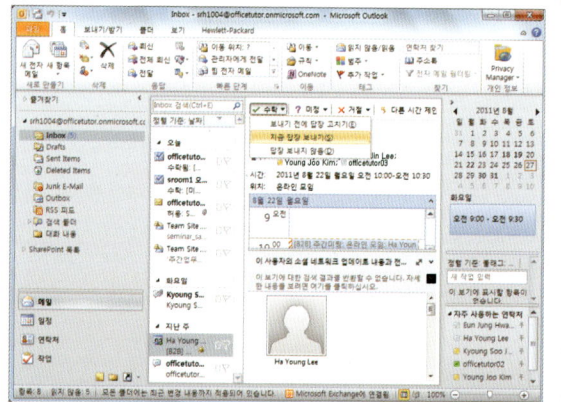

원격 회의 **06**

시간과 공간의 제약없이 회의하자

Microsoft Lync 2010을 활용하면 자신의 자리에서 원격 회의가 가능하기 때문에 별도의 출장이 필요 없다. 회의에 대한 안건을 손쉽게 공유할 수 있고 상대방의 얼굴을 보면서 진행할 수 있기 때문에, 비용과 시간을 절약할 수 있어 일석이조의 효과를 누릴 수 있다.

1 온라인 모임 요청하기

1 Outlook 2010의 [일정] 화면에서 [홈] 탭-[온라인 모임] 그룹-[새 온라인 모임]을 선택한다. 새 온라인 모임 창이 나오면 [받는 사람]을 선택하고 모임에 초대할 사람을 선택한 뒤 [제목], [위치] 등의 세부사항을 등록한다. 일정 내용에는 '온라인 모임 참가' 문구와 주소가 나타난다. **2** [온라인 모임] 그룹-[모임 옵션]을 누르고 [온라인 모임 옵션] 대화상자가 나오면 [액세스 및 발표자]의 세부사항을 설정하고 [확인] 버튼을 클릭한다. **3** 모임 창에서 [보내기] 버튼을 눌러 온라인 모임 메일을 발송한다. 일정에 온라인 모임이 등록된다.

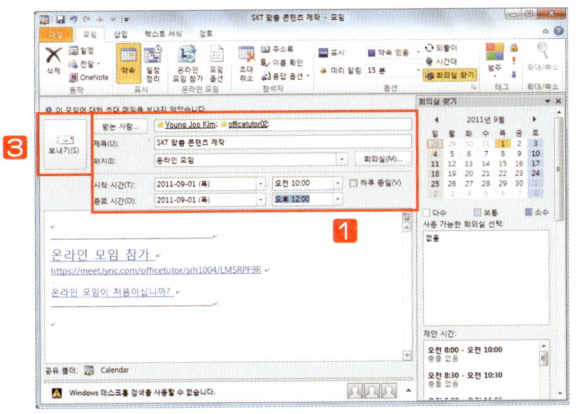
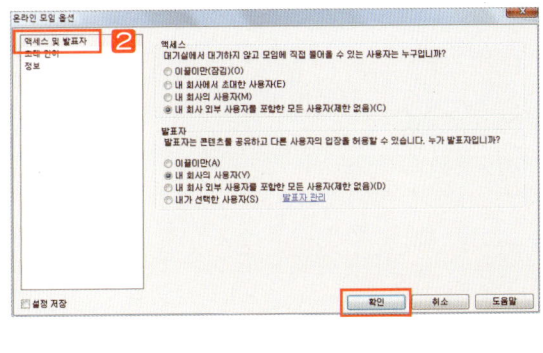

2 온라인 모임에 참가하고 회의 자료 공유하기

1 Outlook 일정에 등록된 온라인 모임을 열고 '온라인 모임 참가' 문구를 클릭한다. 2 [Lync] 창이 나오고 현재 참가자 목록이 나타난다. 회의 자료를 공유하기 위해 [공유] - [PowerPoint 프레젠테이션]을 눌러 파일을 공유한다. 파일이 공유되면 우측 창에 나타난다.

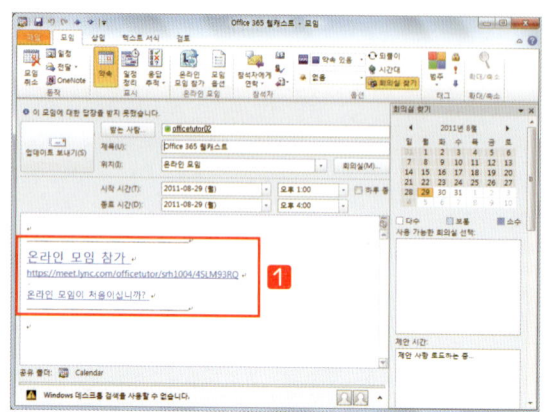 

인스턴트 메시지 07

IM으로 효율적인 팀 커뮤니케이션 하자

Lync 2010이 설치되어 있는 경우 Outlook 2010과 연계하면 바로바로 인스턴트 메시지를 보낼 수 있다. 또한 Outlook 2010에서 상태 정보 표시 아이콘을 통해 연락처 카드나 빠른 연락처에서 인스턴트 메시지 뿐만 아니라 메일 발송이나 모임 요청을 할 수 있어 원활한 커뮤니케이션이 가능하다.

1 연락처 카드 활용하기

❶ Outlook 2010에서 메일 발송 시 [받는 사람] 항목에 메일 주소를 입력하면 나타나는 상태 정보 표시 아이콘에 마우스 커서를 놓으면 연락처 카드가 나타난다. ❷ 온라인 상태인 경우 연락처 카드에서 [인스턴트 메시지] 아이콘을 클릭하면 바로 [Lync] 창이 나와서 메시지를 주고 받을 수 있다.

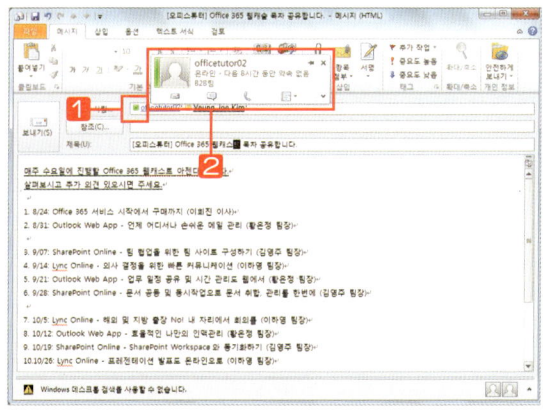
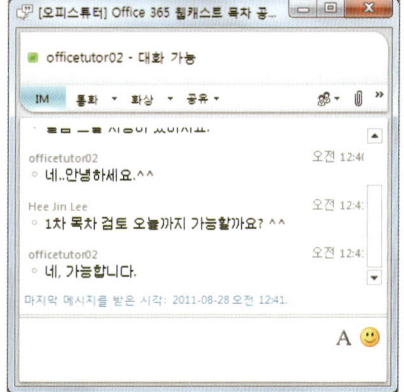

POINT Outlook 2010에서는 Lync 2010을 통해 대화한 내용을 확인할 수 있다. 탐색 창의 [메일]에서 [대화 내용]을 선택하면 된다.

2 빠른 연락처 활용하기

1 Outlook을 실행한 후 [할 일 모음] 창–[빠른 연락처]에서 커뮤니케이션 하고자 하는 상대방 아이디에 마우스 커서를 놓는다. **2** 연락처 카드가 나오면 [전화 걸기] 아이콘을 클릭한다. [Lync] 창이 나오면 바로 전화 통화를 할 수 있다.

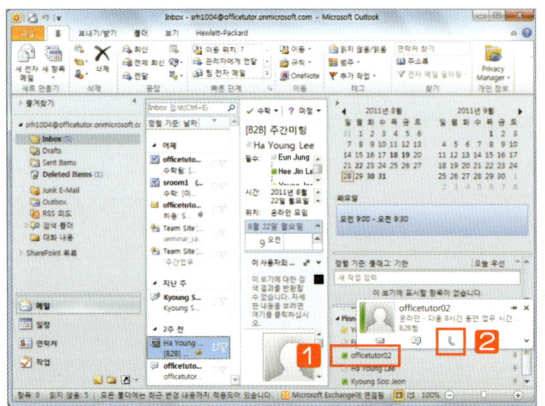
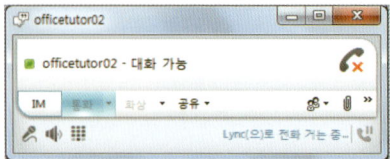

[할 일 모음] 창에 [빠른 연락처]가 보이지 않으면 [보기] 탭–[레이아웃] 그룹–[할 일 모음] 창–[빠른 연락처]를 선택하면 된다. [빠른 연락처]는 Lync 2010이 설치된 경우에만 나타난다.

문서 라이브러리 08

SharePoint에 Office 문서를 저장하자

SharePoint 문서 라이브러리 주소를 Office에 추가하면 팀 사이트에 매번 접속하지 않고 Office 문서를 바로 저장할 수 있다. Word, Excel, PowerPoint, OneNote 등의 Office 문서를 작성한 후 바로 팀 사이트에 저장하면 문서 업로드도 손쉽고 문서 관리도 수월하게 할 수 있다.

1 Office에 연결하기

1 팀 사이트의 [라이브러리]에서 Office에 연결할 페이지를 선택한다. 라이브러리 도구의 [라이브러리] 탭 – [연결 및 내보내기] 그룹 – [Office에 연결] – [SharePoint 사이트에 추가]를 클릭한다. **2** [Office에 연결] – [SharePoint 사이트 관리]를 선택하면 현재 SharePoint 사이트 링크 주소가 추가된 것을 알 수 있다.

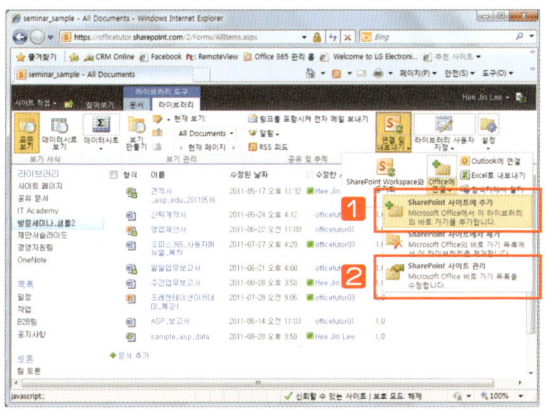
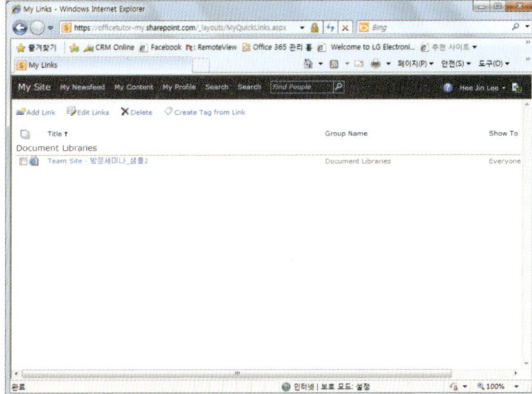

2 Office 문서 SharePoint에 저장하기

■1 Excel을 실행한 후 새 통합 문서를 열어 문서 작업을 한다. ■2 [파일] 탭-[저장/보내기]-[SharePoint에 저장]을 클릭하고, [다른 이름으로 저장] 버튼을 누른다. SharePoint 사이트에 추가한 페이지 위치가 나타나면 파일 이름을 입력한 후 [저장] 버튼을 클릭한다. ■3 SharePoint 사이트에 업로드된 것을 확인할 수 있다.

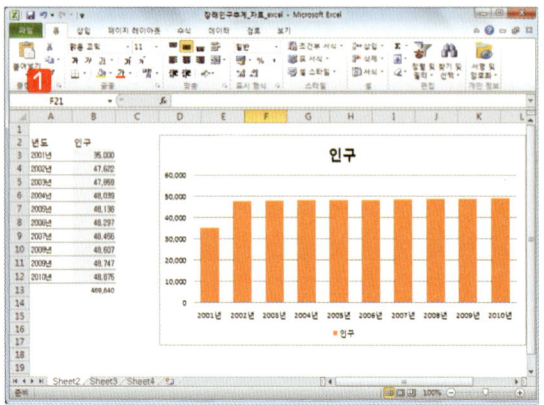

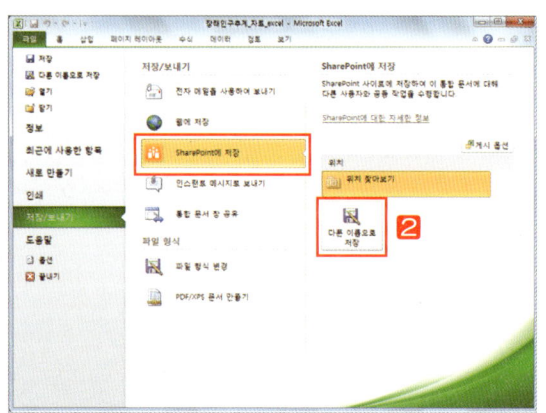

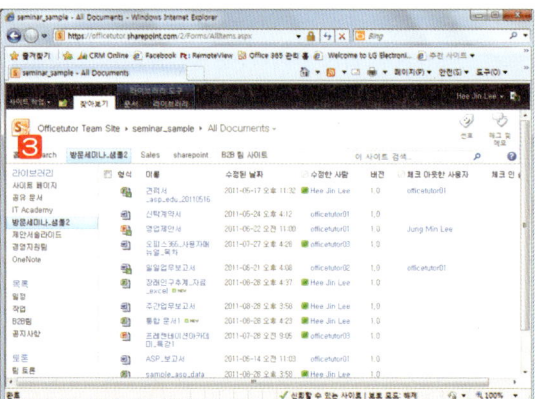

09 오프라인 문서 작업

오프라인에서도 문서 작업을 하자

팀 사이트가 SharePoint Workspace와 동기화되어 있다면 인터넷이 연결되지 않은 곳에서도 문서를 열어 편집할 수 있다. 사이트가 SharePoint Workspace와 동기화되어 있는 문서를 열면 [오프라인 복사본]이라고 표시된다. 문서를 편집하고 저장한 후 인터넷이 연결되면 [업로드 센터]에 등록되어 있는 업로드 보류 중인 문서가 자동으로 팀 사이트에 동기화 된다. 따라서 SharePoint Workspace와 동기화하면 온라인 또는 오프라인에서 언제든 문서를 편집할 수 있어 편리하다.

1 SharePoint Workspace와 동기화하기

1 팀 사이트에서 SharePoint Workspace와 동기화하고자 하는 페이지를 선택한다. 라이브러리 도구의 [라이브러리] 탭-[연결 및 내보내기] 그룹-[SharePoint Workspace와 동기화]를 클릭한다. **2** SharePoint Workspace 창에 팀 사이트에 업로드된 내용이 동일하게 보여진다.

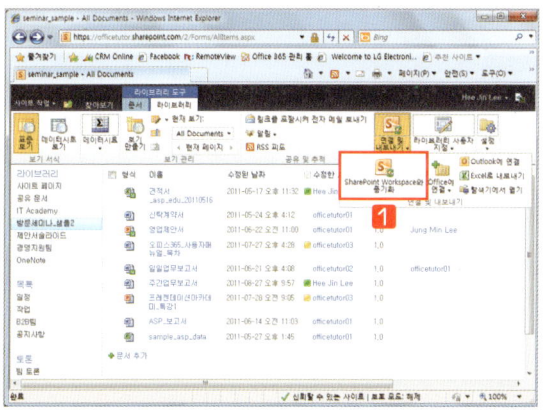
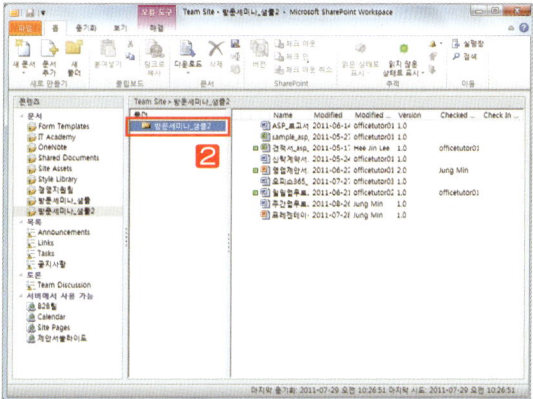

2 오프라인에서 복사본으로 작업하기

1 인터넷이 연결되지 않은 상황에서 팀 사이트 문서 편집 작업을 하고 싶다면 SharePoint Workspace를 이용하면 된다. SharePoint Workspace 창의 문서 목록에서 마우스 오른쪽 버튼을 눌러 [열기]를 선택한다. **2** 문서가 열리면 상태표시줄에 [오프라인 복사본]으로 나타난다. 문서 편집 작업을 한 후 [저장] 아이콘을 눌러 문서를 저장한다. **3** 상태 표시줄에 [업로드 보류 중] 이라고 나타난다.

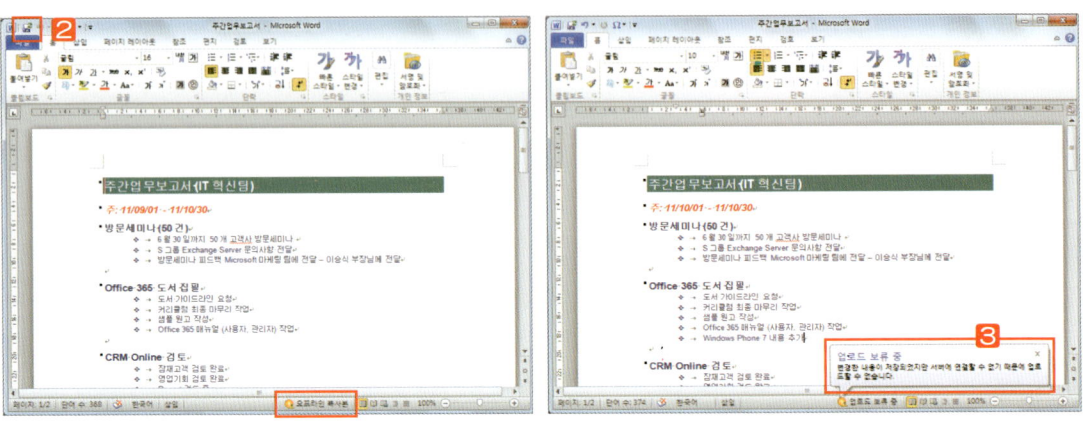

3 오프라인 작업 업로드하기

1 인터넷이 연결되지 않은 상태에서, SharePoint Workspace에서 문서를 편집해 저장하면 Windows 상태 표시줄에 [업로드 보류 중]이라는 아이콘이 나타난다. 아이콘을 클릭하여 [업로드 센터 열기]를 선택하면 [업로드 센터] 창이 나타나고 현재 업로드 보류 중인 문서가 나타난다. **2** 인터넷이 연결되면 자동으로 문서가 동기화된다. 동기화 후 업로드 센터의 메시지는 자동으로 없어진다.

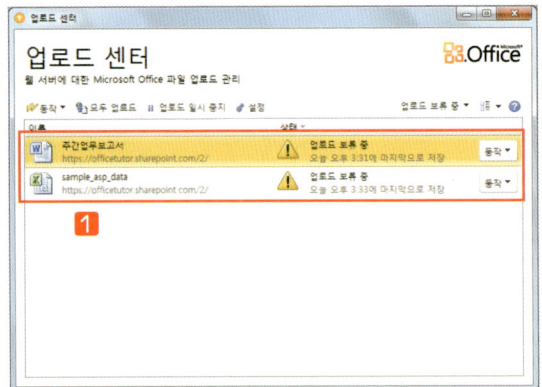 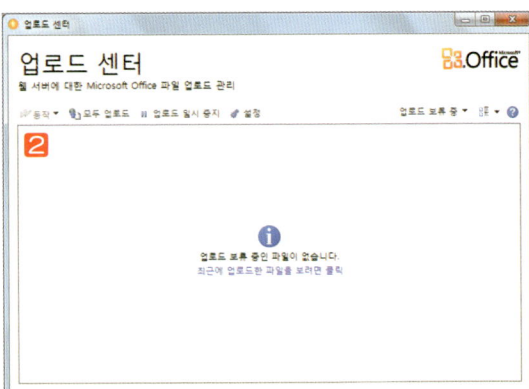

Office Web Apps 10

웹에서 Office 문서를 편집하자

Office 2010 응용 프로그램이 설치되어 있지 않아도 웹 브라우저를 통해 Office 2010 문서를 새로 만들거나 편집할 수 있다. Excel 문서가 업로드된 경우는 데이터나 수식을 편집할 수 있으며, PowerPoint 문서인 경우는 슬라이드를 편집하거나 슬라이드 쇼를 진행할 수 있어서 웹에서 발표도 가능하다.

1 새 문서 작성하기

1 팀 사이트에서 문서 라이브러리를 선택한다. 라이브러리 도구의 [문서] 탭-[새로 만들기] 그룹-[새 문서]를 클릭한다. Word 2010 새 문서가 열리면 문서를 작성한 후 저장한다. **2** 팀 사이트 라이브러리 목록에 새 문서가 업로드된 것을 확인할 수 있다.

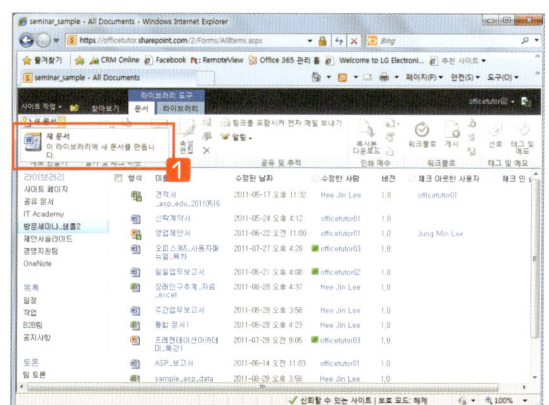
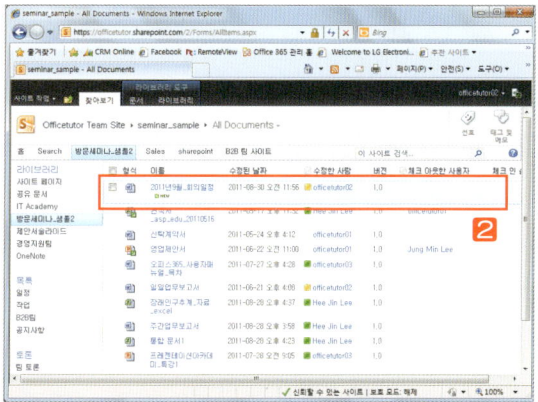

POINT 새 문서 파일 형식은 라이브러리 생성 시 기본 파일 형식을 선택하여 설정할 수 있다. 기본 파일 형식으로 Word, Excel, PowerPoint, OneNote, SharePoint 중 하나를 선택할 수 있다.

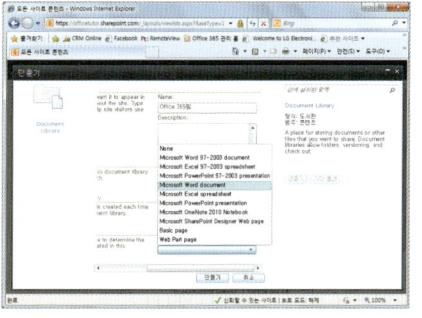

2 브라우저 편집하기

팀 사이트에서 문서 라이브러리를 선택한다. 문서 목록에서 편집할 문서를 클릭하면 브라우저에서 문서가 열린다. 상단 메뉴의 [브라우저에서 편집] 버튼을 클릭하게 되면 리본 메뉴가 나타나 문서를 편집할 수 있다.

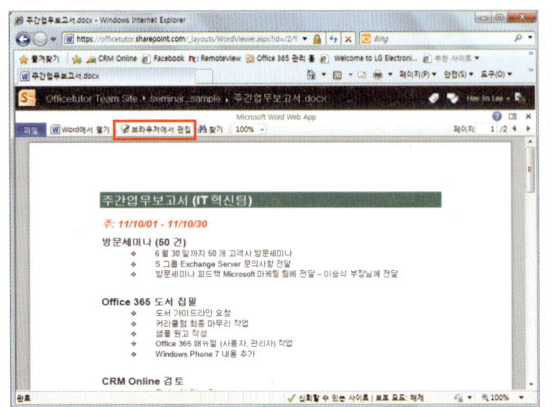
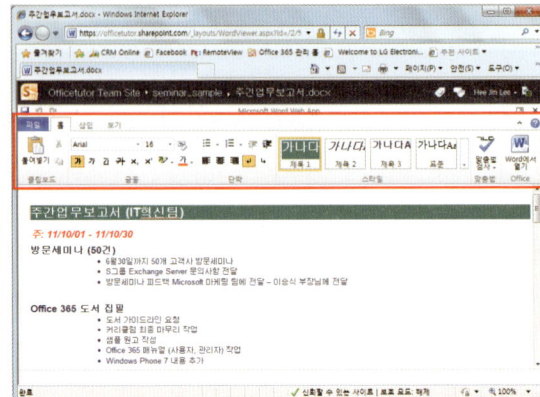

POINT 동일한 문서를 동시에 다른 사용자가 열게 되면 동시에 문서 편집이 가능하게 된다.

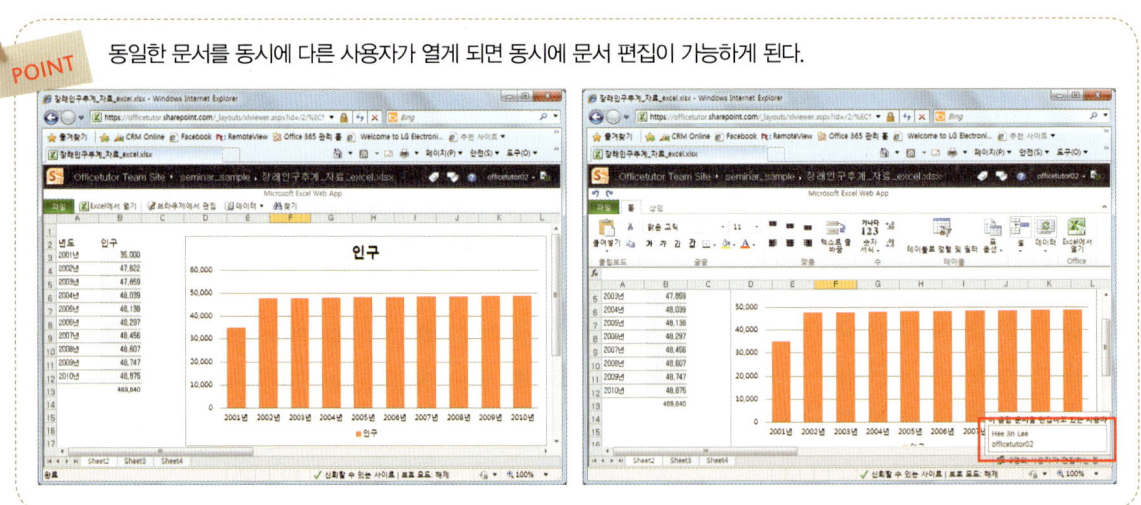

화상 프레젠테이션 11

Office 문서 Lync 공유로 커뮤니케이션하자

Lync 2010이 설치되어 있다면 Office 문서를 메일로 첨부하지 않고 공유 기능을 통해 활용할 수 있다. Office 2010 문서 작업 중에 다른 사용자에게 IM으로 문서를 바로 보낼 수 있고, 지금 공유를 하게 되면 Lync 창에 공유된 화면이 나와 문서를 직접 보면서 의견을 나눌 수 있다.

1 PowerPoint 문서를 IM으로 보내기

❶ PowerPoint를 열어 편집 작업을 한다. 인스턴트 메시지 작업을 위해 [검토] 탭 - [공유] 그룹 - [IM으로 보내기]를 클릭한다. ❷ [파일 보내기] 창이 나오면 대화 상대를 선택한 후 [확인] 버튼을 클릭한다. ❸ Lync의 인스턴트 메시지 창을 통해 파일이 첨부되고, 대화 상대가 [수락] 버튼을 누르면 파일 보내기가 진행된다.

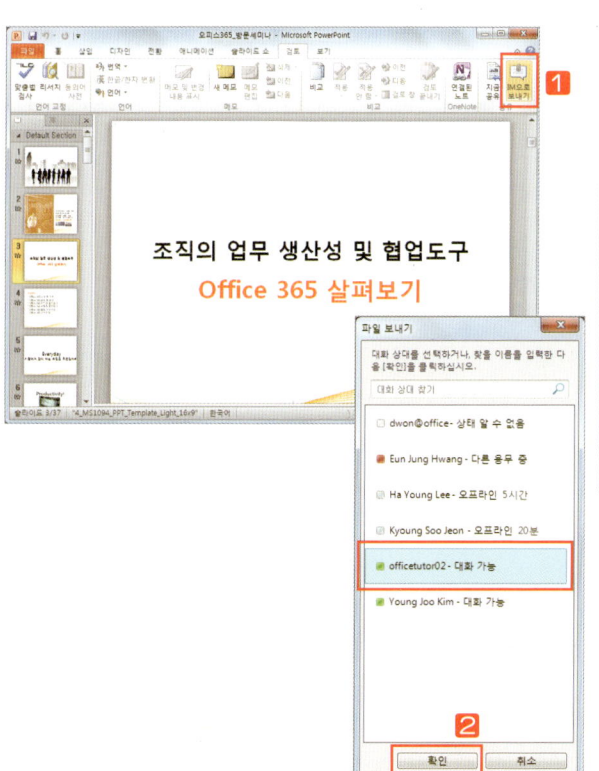
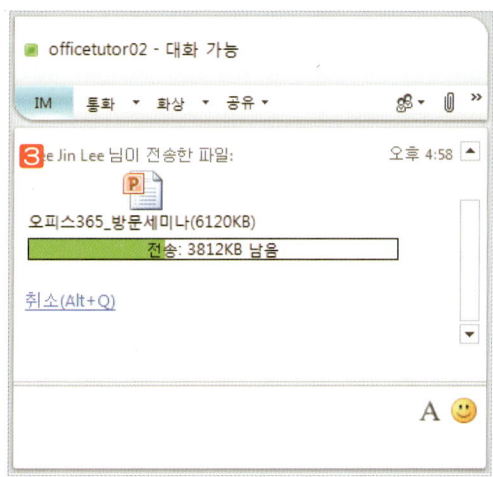

② PowerPoint 문서 지금 공유하기

❶ PowerPoint를 열어 편집 작업을 한다. 문서를 공유하기 위해 [검토] 탭-[공유] 그룹-[지금 공유]를 클릭한다. ❷ [지금 공유] 창이 나오면 대화 상대를 선택한 후 [확인] 버튼을 클릭한다. ❸ '이 프로그램을 공유하도록 선택하면 참가자가 이 프로그램의 모든 창을 볼 수 있습니다.'라는 내용의 대화상자가 나오면 [확인] 버튼을 클릭한다. ❹ [Lync] 창에 공유된 내용이 나타나는걸 확인할 수 있다.

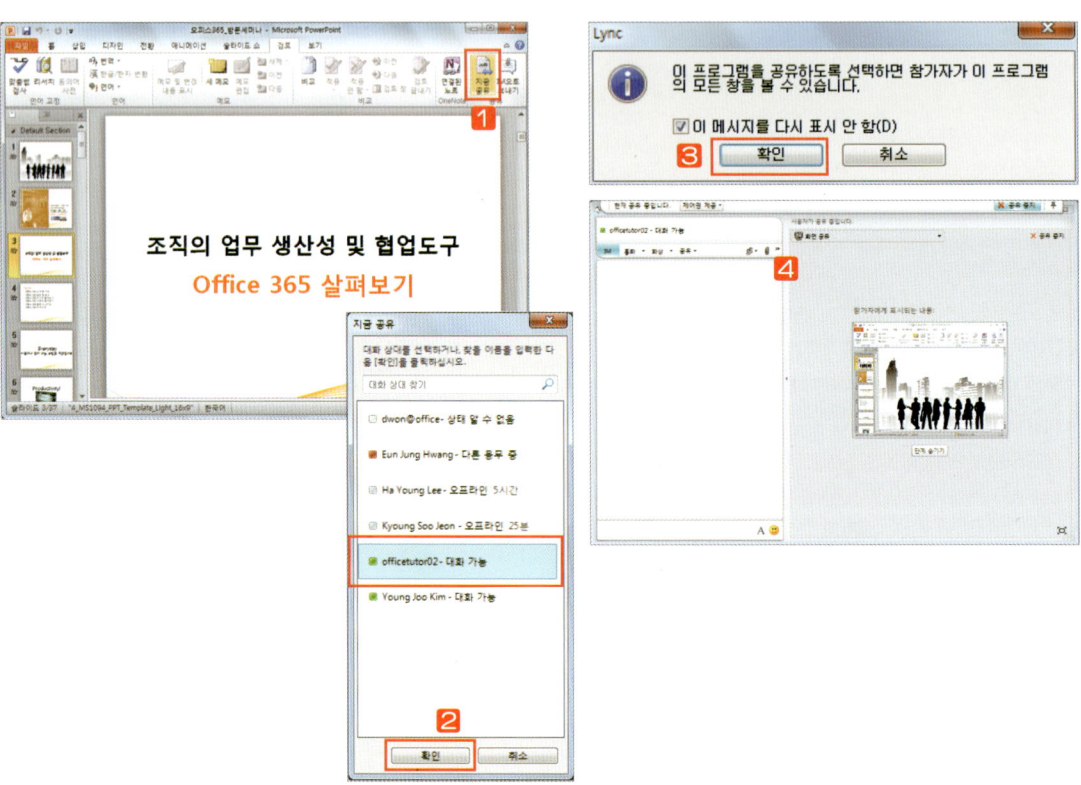

자동 회신 12

자동 회신 설정으로 마음 놓고 휴가가자

장기간 해외 출장을 가거나 교육, 휴가 중일 때 자동 회신 기능을 설정해 놓을 수 있다. 자동 회신 기능을 설정해 놓으면 Exchange Server에서 미리 입력해 놓은 내용을 설정된 기간 동안 자동 회신해준다. Outlook을 사용하는 경우에는 [파일] 탭-[자동 회신]에서 기능을 설정할 수 있다.

1 자동 회신 설정하기

1 Microsoft Office 365 포털의 홈 화면에서 [Outlook]을 클릭하고 [옵션] - [자동 회신 설정]을 선택한다. **2** [자동 회신] 화면이 나오면 [자동 회신 보내기] - [다음 기간 동안에만 회신 메시지 보내기] 항목을 체크한 후 일정과 자동 회신 내용을 입력한 후 [저장] 버튼을 클릭한다. **3** Outlook Web App 화면 상단에 자동 회신 설정에 대한 알림이 나타나는 것을 확인할 수 있다. **4** 상대방이 메일을 보내온 경우 Exchange Server에 미리 설정해놓은 내용으로 자동 회신이 된다.

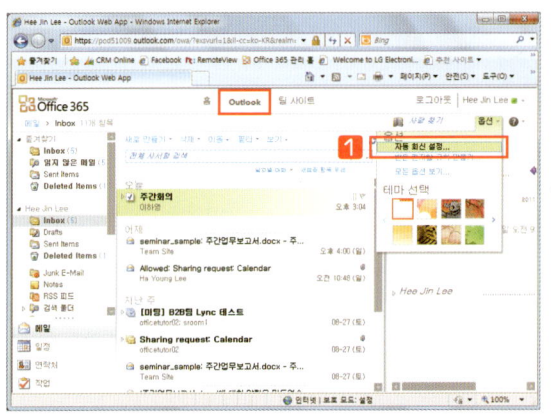
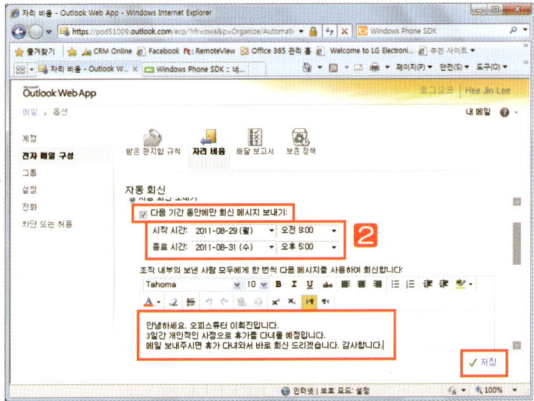
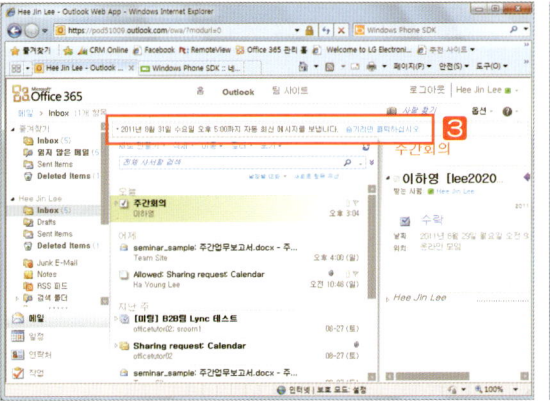
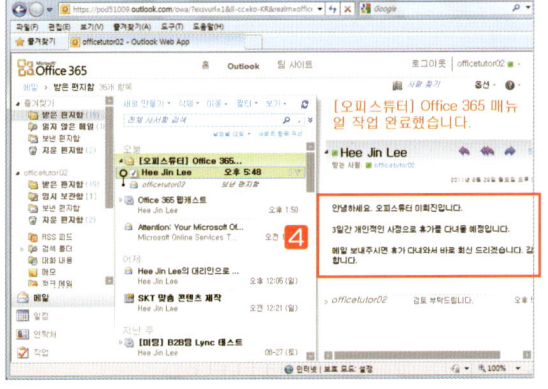

2 자동 회신 해제하기

1 자동 회신을 해제하려면 Outlook Web App 화면에서 [옵션]-[자동 회신 설정]을 클릭한 후 '자동 회신 사용 안 함' 옵션을 선택하고 [저장] 버튼을 클릭한다. **2** Outlook에서 자동 회신을 해제하려면 리본 메뉴 하단에 있는 머리글에서 [해제]를 클릭하거나 [파일] 탭-[정보]-[자동 회신]의 [해제]를 클릭한다.

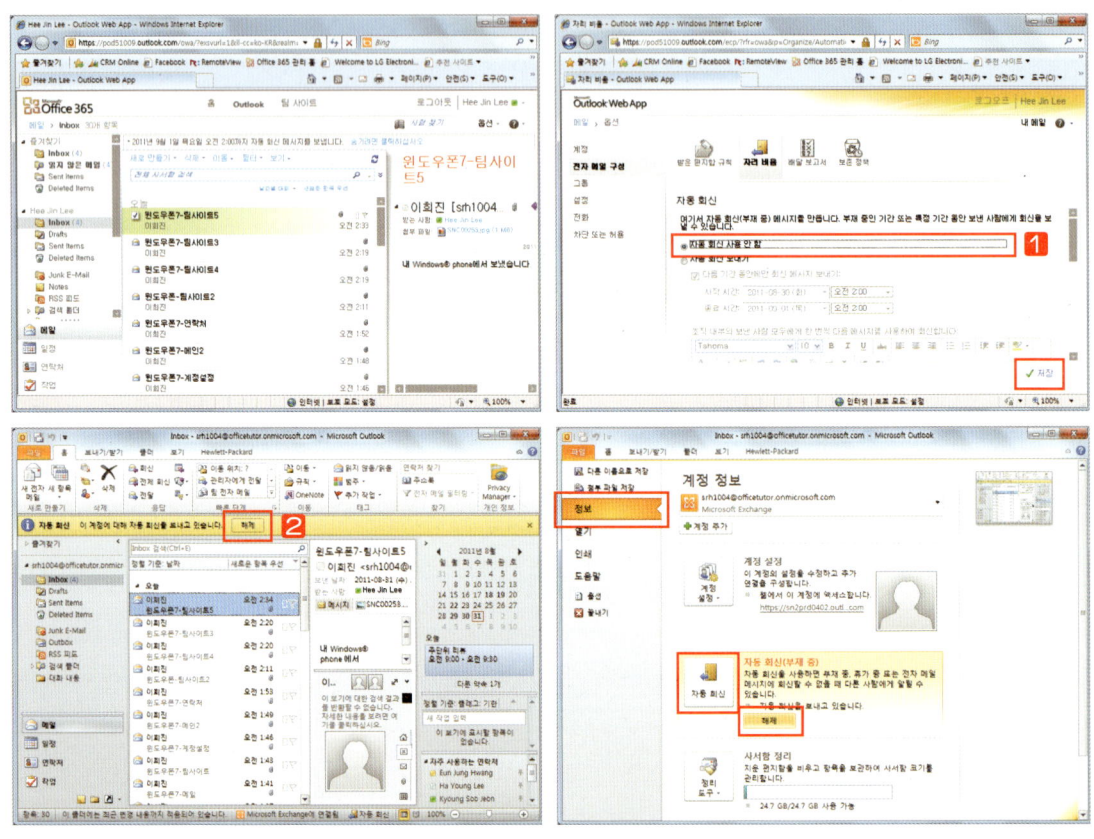

화이트보드 13

Lync로 아이디어 회의를 하자

Lync 2010 공유 기능 중 화이트보드 기능을 이용하면 통신으로 연결되어 있는 사람들과 협의해야 할 사항에 대해 관련 자료를 삽입해 직접 보면서 토론할 수 있다. 회의를 진행하면서 의견에 대해 직접 주석도 달고 스탬프를 달기도 하면서 상대방과의 의사소통을 더 적극적으로 진행할 수 있다. 또한 회의한 내용을 저장하여 회의에 참석했던 상대방에게 메일로 첨부해서 발송할 수도 있다.

1 새 화이트보드 선택하기

1 [Lync] 창의 대화상대 목록에서 회의하고자 하는 상대방을 선택하고 인스턴트 메시지 창을 연다. [공유] - [새 화이트보드]를 선택한다. **2** 대화 창 우측에 화이트보드 창이 나타난다.

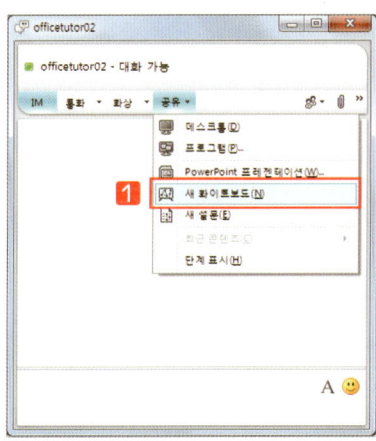
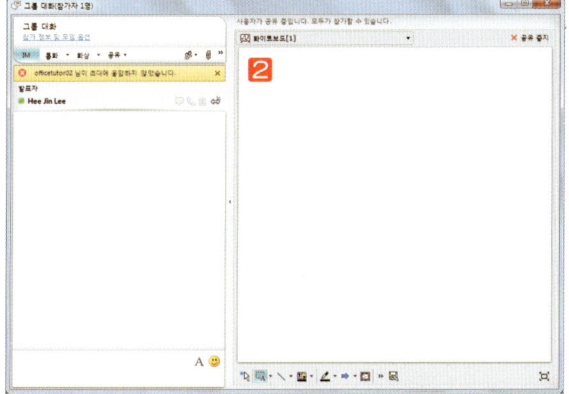

2 이미지 삽입 및 주석, 스탬프 추가하기

1 새 화이트보드 창 하단의 [이미지 삽입] 아이콘을 클릭한다. [열기] 대화상자가 나오면 이미지를 선택한 후 [열기] 버튼을 클릭한다. **2** 화이트보드 창에 이미지가 나오면 하단에 있는 텍스트 및 형광펜을 이용하여 상대방과의 의견을 조율한다. **3** [스탬프 도구 선택] 아이콘이나 [추가 도구]를 눌러 스탬프를 추가하거나 삽입된 주석을 삭제한다. **4** 회의가 끝나면 주석을 포함한 내용을 저장하기 위해 화이트보드 하단의 [주석과 함께 저장] 아이콘을 클릭해 내용을 저장한다.

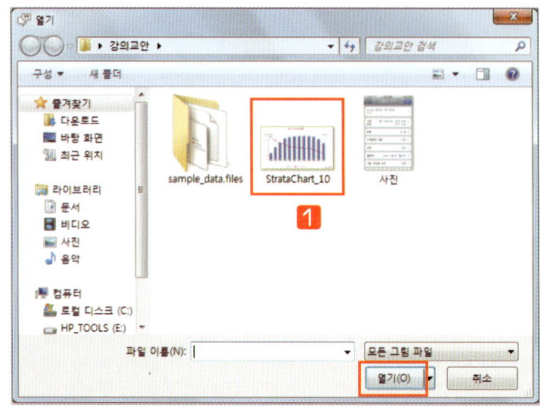 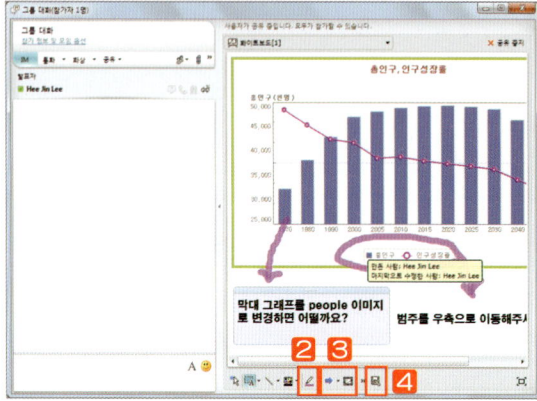

> **POINT** 화이트보드에 기록된 내용은 XPS 파일 또는 PNG 파일 형식으로 저장된다.

팀 사이트 14

공동 작업을 위한 사이트를 손쉽게 개설하자

팀 사이트에서는 프로젝트와 관련된 문서를 모든 구성원들이 한 곳에서 공유하여 협업할 수 있다. Office 365에서는 이런 팀 사이트를 몇 분 내에 개설할 수 있다. 개설된 팀 사이트를 통해 최근에 업데이트된 문서를 관리하고 정보도 공유할 수 있어, 구성원들 간에 협업이 더욱 쉬워진다. 또한 업무를 빠르게 처리할 수 있어 생산성이 향상된다.

1 팀 사이트 개설하기

1 Office 365 포털의 홈 화면에서 [팀 사이트]를 클릭하고 [팀 사이트] 화면이 나오면 [사이트 작업]-[새 사이트]를 선택한다. **2** [만들기] 대화상자에서 [모두 찾아보기] 탭을 클릭한다. [Select Language]를 [Korean]으로 변경한 후 목록에서 원하는 작업을 선택한다. **3** [Title]에 원하는 사이트 이름을 입력하고 [만들기] 버튼을 누르면 생성된 새 사이트가 나타난다.

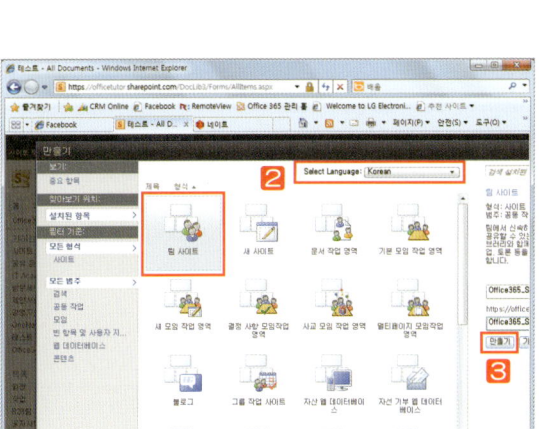

2 새 라이브러리 만들기

1 팀 사이트에서 문서를 관리하기 위한 폴더를 생성하기 위해 [라이브러리]를 선택한다. 라이브러리에는 다양한 문서 폴더를 추가해 놓고 사용할 수 있다. **2** [라이브러리] 화면에서 [만들기] 버튼을 클릭하고, [만들기] 대화상자의 [도서관] - [문서 라이브러리]를 선택하고 폴더 이름을 입력한 후 [만들기] 버튼을 클릭한다. **3** 새 문서 라이브러리 화면에서 [문서 추가] 버튼을 눌러 공유하기 위한 문서를 업로드한다.

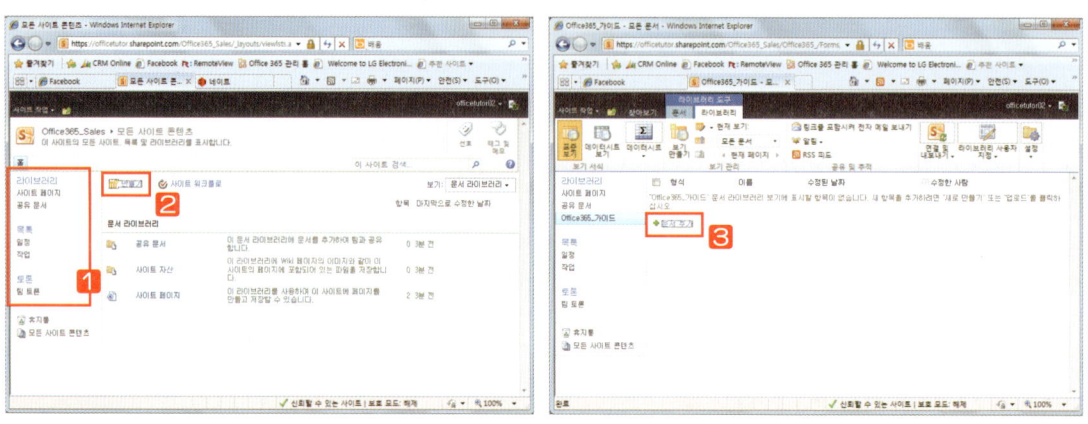

> **POINT** 현재 팀 사이트 화면에 페이지나 라이브러리를 바로 추가하려면 [사이트 작업]-[새 페이지] 또는 [새 라이브러리]를 선택하면 된다.

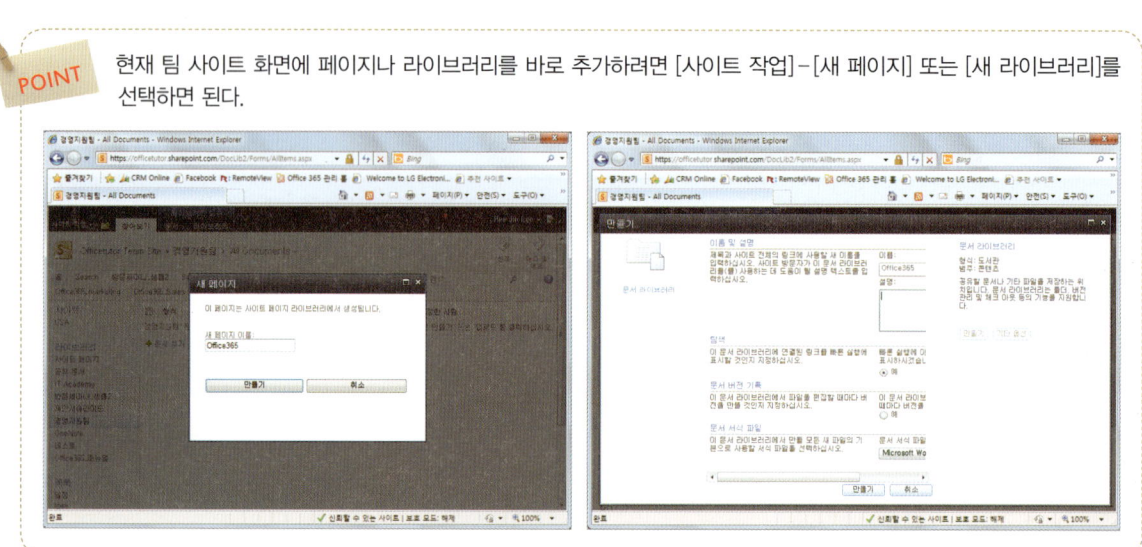

③ 사이트 권한 확인하기

1 [팀 사이트] 화면에서 [사이트 작업]-[사이트 설정]을 클릭한다. [사이트 설정] 화면이 나오면 현재 사이트에 접속할 수 있는 사용자 및 그룹을 확인하기 위해 [사용자 및 사용 권한]-[사용자 및 그룹]을 클릭한다. **2** [사용자 및 그룹] 화면이 나오면 좌측 탐색 창에서 [Members], [Visitors], [Owners] 중에 원하는 것을 선택해 정보를 확인할 수 있다.

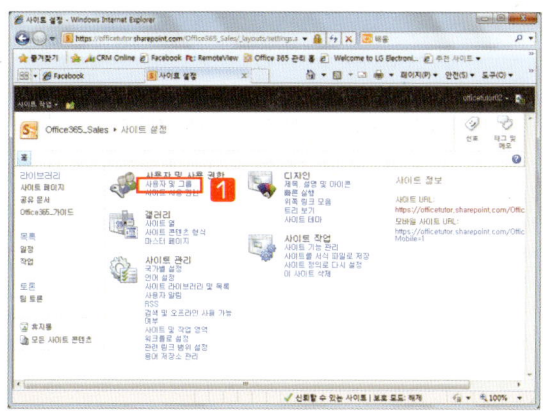 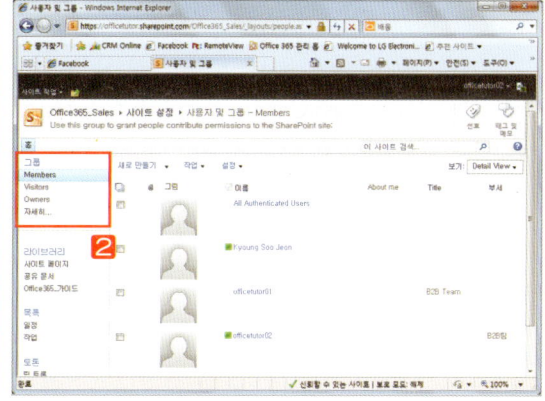

④ 사용자 추가하기

1 방문자를 추가하기 위해 [Visitors]에서 [새로 만들기]-[사용자 추가]를 선택한다. **2** 추가할 사용자를 선택한 후 [확인] 버튼을 누르면 사용자가 추가되어 사이트에 접속할 수 있게 된다.

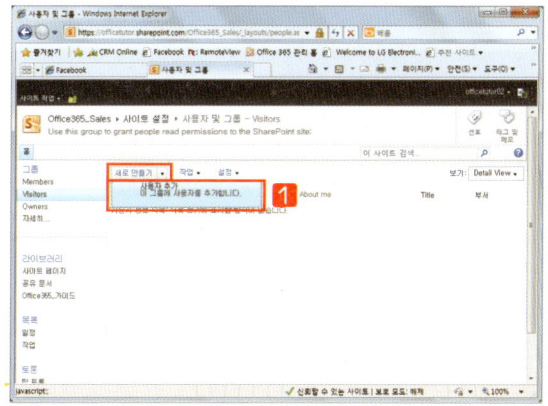 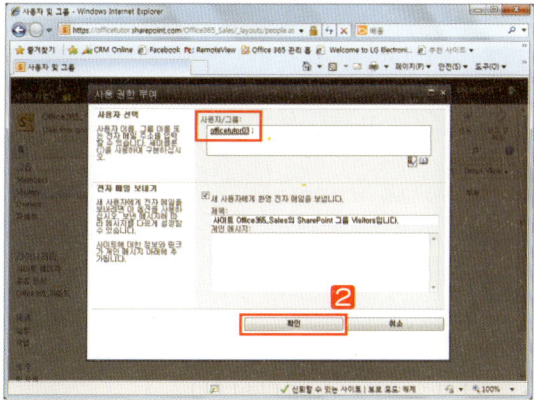

Windows Phone 7 | 15

스마트폰에서도 Office 365 사용하자

Office 365를 이용하면 책상에 앉아 데스크톱이나 웹 브라우저로 처리한 업무를 어디서나 모바일 기기를 통해 확인할 수 있다는 점이 가장 큰 장점이다. 따라서 Office 365 계정이 있다면 언제 어디서나 어떤 도구로도 업무 처리가 가능한 모바일 환경을 구현할 수 있다.

1 Office 365 계정 등록하기

1 Windows Phone 7 메인 화면에서 우측으로 화면을 이동한 후 목록에서 [설정]을 탭한다. **2** [시스템] 목록이 나오면 [이메일+계정]을 탭하고, [계정 추가]를 선택한다. **3** 계정 추가 목록에서 [Outlook]을 탭하고 이메일 주소와 비밀번호를 입력하여 로그인한다. 이메일 설정이 완료되면 [마침]을 선택한다.

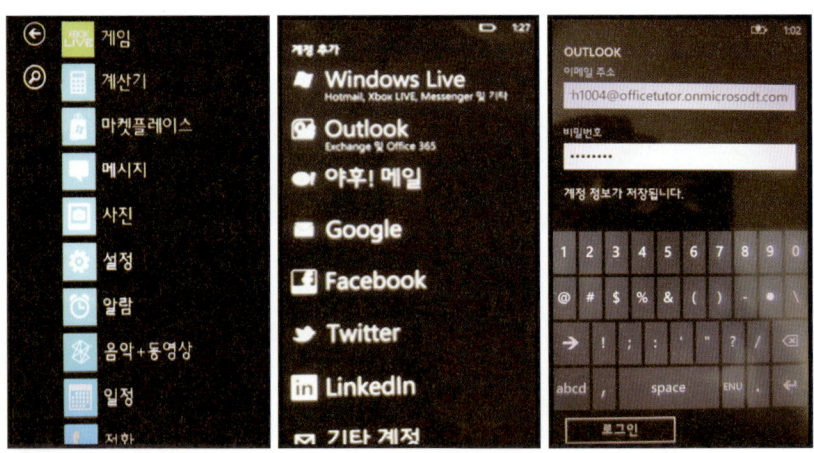

> **POINT** Windows Phone 7 메인 화면에서 [피플]을 눌러 [새 소식]-[계정 설정]-[Outlook]을 눌러도 Office 365 계정을 추가할 수 있다.

2 메일, 일정, 연락처 확인하기

1 메일을 확인하기 위해 Windows Phone 7 메인 화면에서 [Outlook]을 탭한다. **2** [전체], [읽지 않음], [플래그], [긴급]으로 분류된 메시지 목록을 확인할 수 있다.

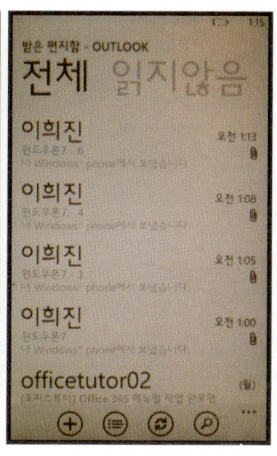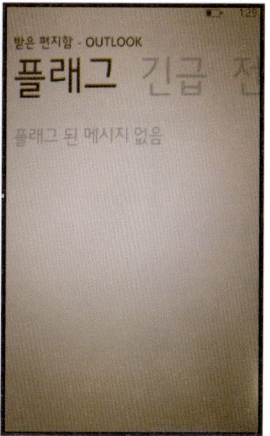

3 일정 확인하기

1 일정을 확인하기 위해 Windows Phone 7 메인 화면에서 [일정]을 선택한다. **2** [시간별], [목록 보기], [할일]로 분류되어 일정을 확인할 수 있다.

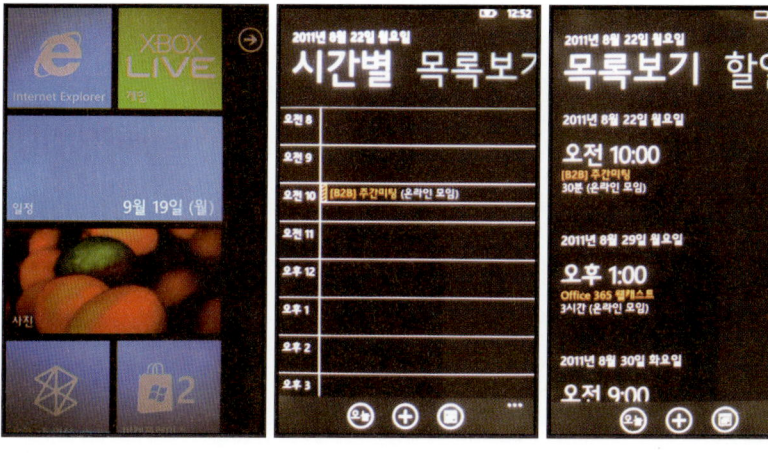

4 연락처 확인하기

1 연락처를 확인하기 위해 메인 화면에서 [피플]를 탭한다. 2 연락처 목록이 그룹별로 나타나고 새 연락처 및 새 그룹을 추가할 수 있다.

5 팀 사이트 문서관리하기

1 Office 365 계정으로 연결된 팀 사이트에 접속하기 위해 메인 화면에서 [Office]를 탭한다. 2 [위치] 화면이 나오면 목록에서 [Team Site]를 탭한다. 3 팀 사이트에 생성된 폴더 목록이 나타난다. 해당 폴더를 열면 업로드된 문서를 확인할 수 있다. 4 해당 문서를 열면 문서 내용을 볼 수 있고 언제든지 편집할 수 있다. 편집한 후 저장하게 되면 팀 사이트에 바로 업로드 된다.

  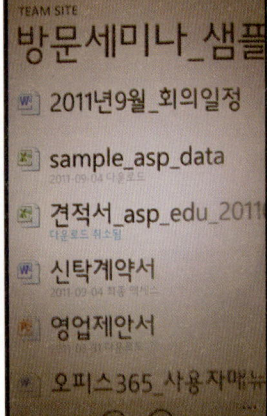 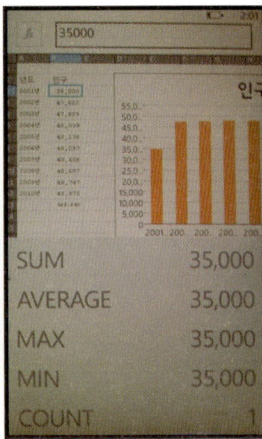

Office 365 구독 및 대금 청구

| Office 365 평가판 사용 후 구독 구입 |

Microsoft Online Services에서 Office 365의 평가판을 구독하고 있다면, 서비스를 정식 구매할 수 있다. 예를 들어 대기업용 Office 365의 평가판을 사용한 경우 기존에 사용했던 대기업용 Office 365를 구입할 수도 있고, 다른 구독을 선택하여 구입할 수도 있다.

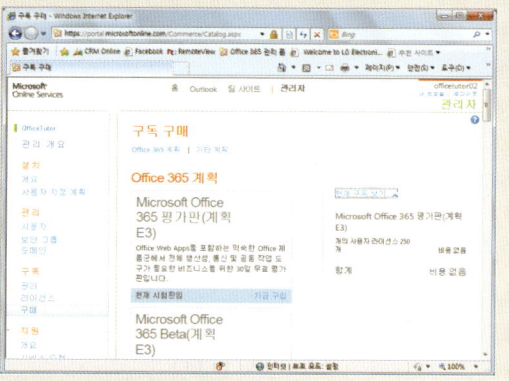 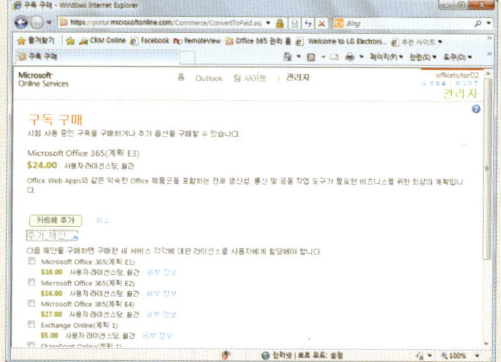

| 구독 보기 및 변경 |

서비스 관리자는 회사의 Microsoft Online Services 구독을 보고 관리할 수 있다. 모든 구독 목록을 보려면 [관리자] 화면의 좌측 창에서 관리를 클릭한다. 구독 이름을 클릭하여 해당 구독에 대한 정보를 표시하고 변경한다. Microsoft 공인 파트너가 이 구매 결정을 도왔거나 Office 365에 대한 조언을 제공한 경우, 주문에서 구독을 해당 파트너와 연결할 수 있다. 우측 창의 파트너 정보에서 추가를 클릭 하면 된다.

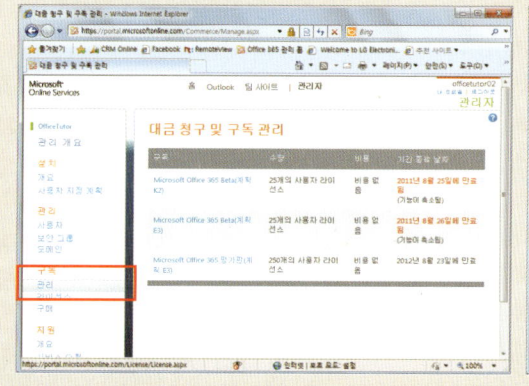 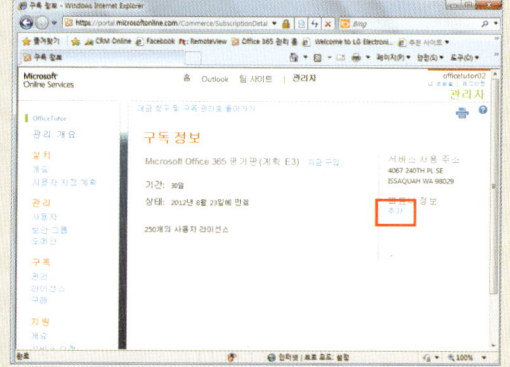

| 구독 만료 정보 |

조직에서 대기업용 Office 365 구독을 하나 이상 구입한 경우 관리자는 조직 내 각 개인에게 이 구독을 사용할 수 있는 라이선스를 할당할 수 있다. 이 구독은 일정 기간에 대해 구입한 것으로, 회사에서 구독을 취소할 경우 해당 구독은 즉시 사용할 수 없게 된다. 관리자는 [구독 관리] 화면에서 모든 구독의 상태를 보고 어느 구독이 만료되었는지 확인할 수 있다. 만료된 구독에 할당된 사용자 계정은 사용할 수 없으며, 사용자가 만료된 구독에 액세스할 수 없다. 구독이 사용 해제된 후 갱신하기를 원한다면 지원 서비스에 문의하면 된다. 관리자는 만료된 구독이 제거 또는 갱신될 때까지 알림을 계속 받는다. 구독을 제거하면 모든 데이터가 영구적으로 사라진다.

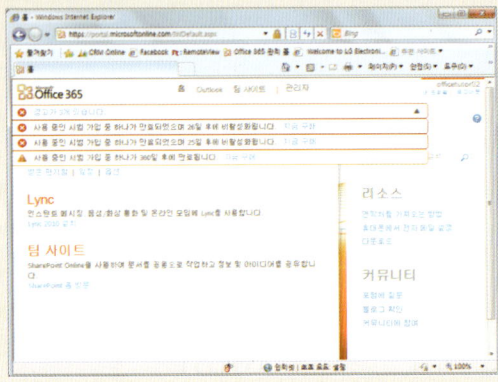

| 구독 취소 |

구독을 취소하려면 지원 담당자에게 문의해야 한다. 각 구독 기간은 1년이고, 이 기간이 끝나면 갱신된다. 365 관리자는 대금 청구 및 구독 관련 문제에 대해 문의하여 Office 365 지원팀으로부터 지원을 받을 수 있다. 개인이 구독하다가 취소하고 싶은 경우는 Office 365 도움말에서 해당 지역의 전화 번호와 업무 시간을 확인하여 대금 청구 또는 구독 관련 문제에 대한 지원을 요청하면 된다.

| 청구서 보기 |

회사의 대금 청구 관리자와 전역 관리자는 청구서나 송장을 볼 수 있다. 청구서에는 현재 구독 요금과 선택한 구독 요금 지불 방법(예: 신용 카드 또는 송장 발부)에 대한 정보가 표시된다. 구매한 구독에 대한 송장이 회사에 발부되는 경우 청구서는 송장이 되며 PO(구매 주문) 번호(구독 구매 시 입력한 경우), 지불 옵션 등의 정보를 포함한다.

| 라이선스 관리 |
회사는 필요한 서비스와 각 서비스를 사용할 사용자 수를 선택한다. 관리자는 사용자가 액세스 해야 하는 라이선스를 각 서비스의 각 사용자에게 할당한다.

관리자는 라이선스에 대해 다음 두 가지 범주의 작업을 수행한다.

- 라이선스 할당 및 추가 : 새 계정을 만들 때 새 사용자에게 라이선스를 할당할 수 있으며, 기존 사용자에게도 라이선스를 할당할 수 있다. 예를 들어 특정 서비스에 대한 라이선스를 모두 할당했으며 다른 사용자에게 해당 서비스가 필요한 경우에는 라이선스를 추가하고, 사용자가 서비스를 다시 사용할 필요가 없는 경우에는 사용자의 라이선스를 완전히 제거할 수 있다.

- 라이선스 충돌 해결 : 회사에서 서비스에 사용 가능한 라이선스 수보다 많은 사용자를 서비스에 할당하면 라이선스 충돌이 발생한다. 이럴 때에는 추가 라이선스를 구입하거나, 사용자의 라이선스를 제거하거나, 사용자 계정을 삭제하거나, 회사의 구독이 만료된 경우 갱신하여 문제를 해결할 수 있다.

여러 유형의 관리자가 해당 역할에 따라 서로 다른 방법으로 라이선스를 사용할 수 있다. 가장 일반적인 옵션 요약은 다음 표를 참조한다.

관리자 역할	라이선스 할당	라이선스 제거	추가 라이선스 구매	사용자 삭제
전역 관리자	예	예	예	예
대금 청구 관리자	아니오	아니오	예	아니오
사용자 관리 관리자	예	예	아니오	예
서비스 관리자	아니오	아니오	아니오	아니오
암호 관리자	아니오	아니오	아니오	아니오

PART 03

Exchange로 공유하기

Microsoft Exchange Online은 표준 기본 설정 집합으로 구성되어 있다. [관리]를 클릭하여 Exchange Online 제어판으로 이동한 후 메일을 같이 사용할 그룹을 만들고, 사서함 규칙을 설정하는 등의 조직의 전자 메일 환경을 관리한다. Exchange Online은 역할 그룹 및 할당을 만들고 관리하며, 심사 보고서를 실행한다. 또한 사서함 및 통합 메시지 다이얼 계획을 세우고 모바일 장치에 대한 액세스를 관리할 수 있다.

PART 03에서는 사용자를 위한 Outlook Web App과 관리자를 위한 Exchange Online을 잘 활용할 수 있도록 하기 위한 기본적인 기능 및 옵션에 대해 설명하고 있다. Outlook Web App과 관련해서는 메일/일정/연락처 등에 대한 사용법을 알아본다. 또한 이를 활용하여 사용자가 조직 내에서 일정을 공유하고, 보다 쉽고 빠르게 모임에 참여함으로써 시간과 정보를 효율적으로 관리할 수 있는 방법을 소개하고 있다. Exchange Online과 관련해서는 사용자가 Outlook Web App을 사용할 수 있도록 기본적으로 수행해야 하는 작업과 권한에 대해 설명하고 있다. PART 03에서 설명하는 기능들을 이해한다면 Outlook Web App과 Exchange Online을 좀 더 쉽게 활용할 수 있을 것이다.

Outlook Web App

사용자가 Outlook Web App에 어떻게 접근하는 지와 어떤 작업을 할 수 있는지에 대해 알 수 있다. 더불어 Outlook Web App과 Outlook의 차이점에 대해서도 비교해 볼 수 있다.

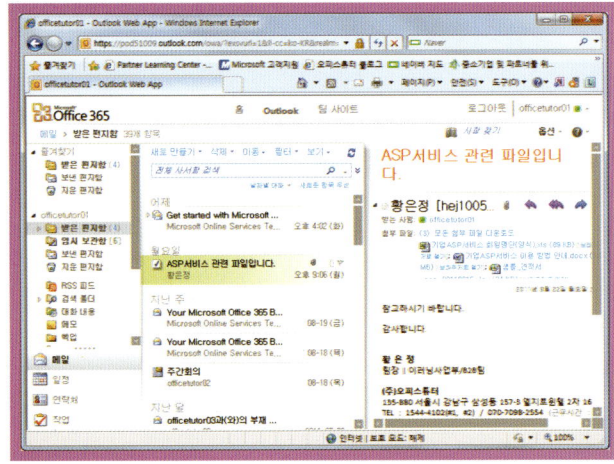

받은 편지함 규칙

하루에도 수십, 수백 통씩 쌓이는 메일을 효율적으로 관리할 수 있는 방법에 대해 알 수 있다. 조건과 수행 작업만 적절히 잘 설정한다면 메일을 관리하는데 필요한 시간을 효율적으로 단축시킬 수 있다.

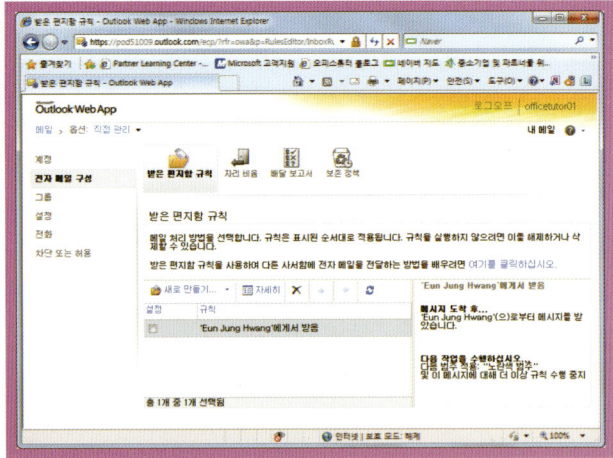

3 일정 공유

조직 내에서 일정을 공유하면 미팅이나 회의를 하기 위해 전화나 메일을 통해 상대방의 일정을 확인하고 의견을 취합하는 데 많은 시간을 낭비할 필요가 없어진다. 일정 도우미를 활용하면 참석자 및 회의실이나 회의에 필요한 장비에 대한 모든 준비를 한 번에 예약할 수 있다.

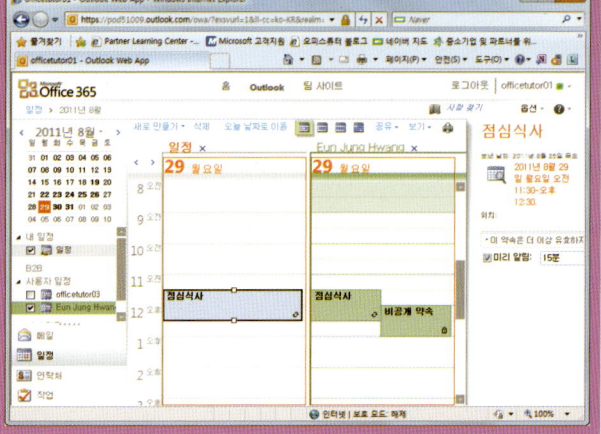

4 라이선스

관리자는 Exchange Online을 활용해 사용자를 추가하고, 사용자가 Office 365의 서비스를 사용하는데 필요한 라이선스를 할당할 수 있다. 또한 사용자 및 리소스 사서함을 만들고 구성할 수 있다.

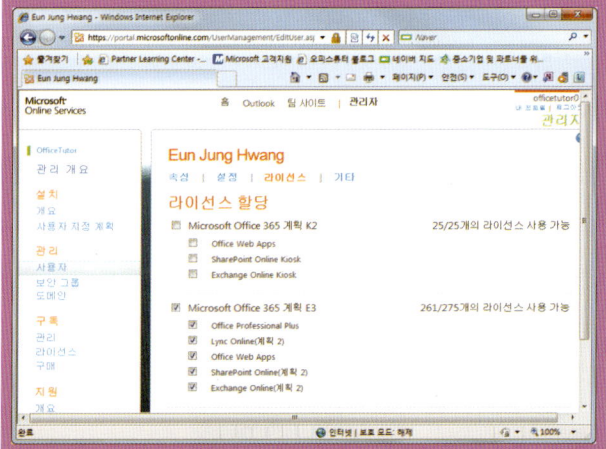

5 감사

감사 보고서를 활용하여 관리자는 구성 문제를 해결하거나, 보안 또는 준수 관련 문제의 원인을 파악하는데 도움을 받을 수 있다.

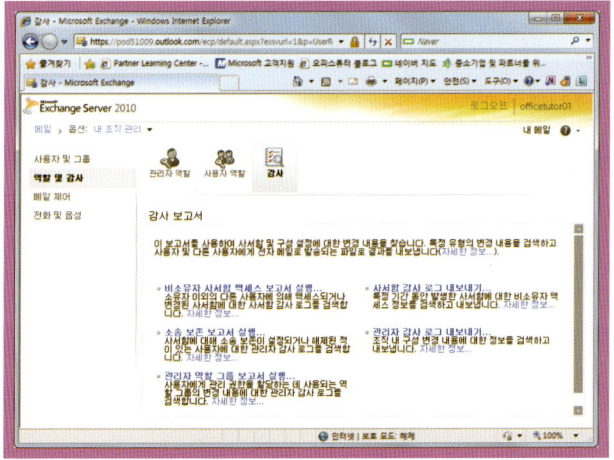

Office 365 01

Exchange Online 화면 살펴보기

대부분의 사람들은 직장에서 매일 전자 메일을 사용한다. Office 365의 Exchange Online은 언제, 어디서나 전자 메일, 일정, 연락처 및 기타 정보에 액세스 할 수 있도록 모든 서비스를 클라우드 기반으로 제공한다.

1 Exchange Online 관리 시작하기

1 Windows의 [시작] 메뉴에서 [모든 프로그램]-[Microsoft Office 365]-[Microsoft Online Services 포털]을 클릭한다. **2** [Microsoft Online Services] 화면이 나오면 상단의 [관리자]를 클릭한다. **3** [관리자] 화면에서 [Exchange Online]-[관리]를 클릭하면 Exchange 제어판이 나타난다.

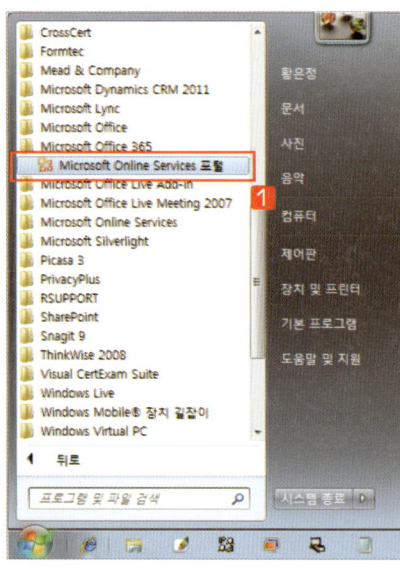
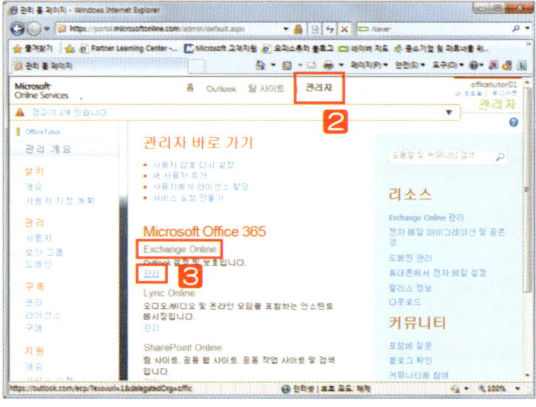

2 Exchange Online 관리 화면 살펴보기

1 사용자 및 그룹

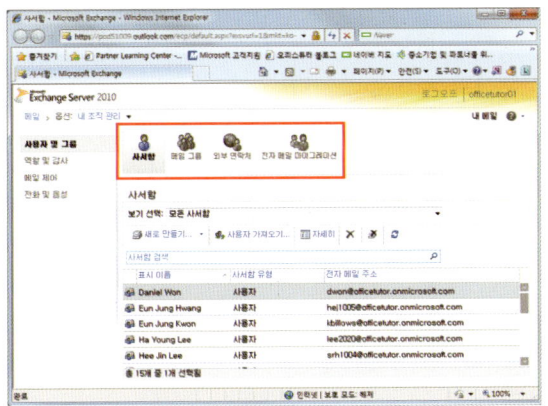

- **사서함** : 사서함 탭을 사용하여 사용자 사서함을 관리할 수 있다.

- **메일 그룹** : 공용 그룹이라고도 하는 메일 그룹은 공유 주소록에 표시되는 둘 이상의 사용자를 포함하는 모음이다. 전자 메일 메시지가 그룹으로 전송되면 해당 그룹의 모든 구성원에게 메시지가 전달된다. 개별 전자 메일 주소를 입력하지 않고 그룹을 사용하면 시간을 절약할 수 있고 모든 사람이 같은 내용을 확인할 수 있다.

- **외부 연락처** : 외부 연락처도 메일 그룹에 추가될 수 있는데 조직의 주소록과 기타 주소 목록에 표시될 수 있는 조직 외부에 있는 사람을 나타낸다. 외부 연락처는 도메인에 로그인할 수 없다.

- **전자 메일 마이그레이션** : 전자 메일 마이그레이션을 사용하여 전자 메일을 온-프레미스 메시징 시스템에서 클라우드 기반 조직으로 마이그레이션할 수 있다. Microsoft Exchange Server 2003 또는 2007의 사서함 및 사서함 데이터를 마이그레이션하거나 IMAP 메시징 시스템의 사서함 데이터를 마이그레이션할 수 있다.

전자 메일 마이그레이션 : 기존 메일 서버의 사서함을 Office 365 환경으로 옮기는 과정을 의미한다.
온-프레미스 메시징 시스템 : 사내에 구축된 메시징 서버를 의미한다.
저널링 : 조직의 전자 메일 보존 또는 보관 전략에 따라 모든 통신을 기록할 수 있는 기능을 의미한다.

❷ 역할 및 감사

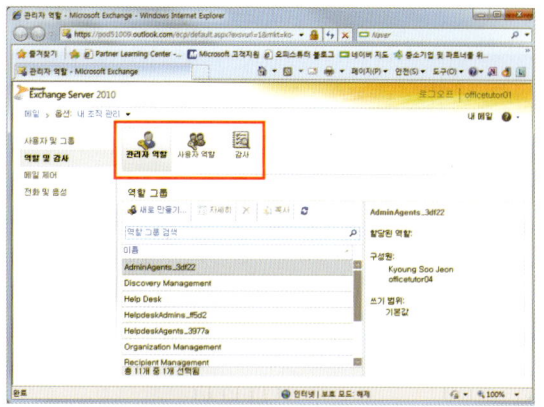

- **관리자 역할** : 사용자가 무엇에 액세스하고 어떤 작업을 수행할 수 있는지를 정의한다. 각 관리 역할은 새 사서함 만들기, 암호 다시 설정하기 또는 사서함 검색과 같은 특정 관리 작업을 수행할 수 있는 권한을 제공한다.
- **사용자 역할** : 사용자가 자신을 관리할 수 있도록 도와주는 하나 이상의 최종 사용자 관리 역할의 모음이다. 관리 역할은 사용자가 무엇에 액세스하고 어떤 작업을 수행할 수 있는지를 정의한다.
- **감사** : 사서함 및 구성 설정에 대한 특정 유형의 변경 내용을 검색하고 사용자 및 다른 사용자에게 전자 메일로 결과를 보낼 수 있다. 사서함에 액세스한 사용자와 해당 사용자가 수행한 작업을 확인할 수 있다. 또한 관리자가 구성 문제를 해결하거나 보안 또는 준수 관련 문제의 원인을 파악하는 데 도움이 된다.

❸ 메일 제어

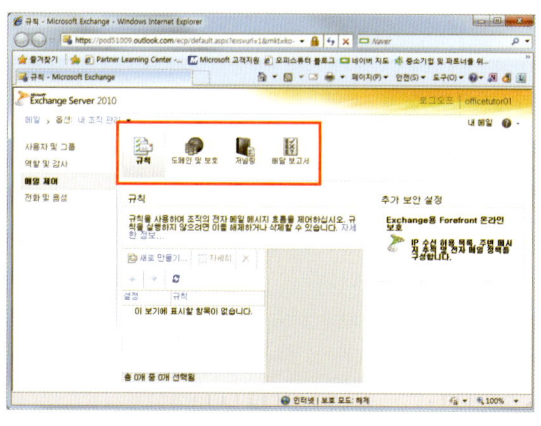

- **규칙** : 관리자가 새 전송 규칙을 만들거나 조직의 전자 메일 메시지 흐름을 제어하는 기존 규칙을 수정할 수 있다. 규칙 설정을 보거나 규칙이 실행되는 순서를 변경할 수 있고 실행하지 않는 규칙을 해제하거나 삭제할 수 있다.
- **도메인 및 보호** : 클라우드 기반 조직에 포함되어 있는 메일 도메인을 관리하고 Forefront Online Protection for Exchange 관리 센터에 액세스할 수 있다. 메일 도메인을 사용하여 하위 도메인이나 기존 조직 내의 다른 도메인을 사용하도록 설정할 수 있다.
- **저널링** : 관리자는 저널 규칙을 사용하여 조직의 전자 메일 메시지 통신을 기록 또는 저널링할 수 있다. 이는 관리자 및 사용자들이 조직의 규정을 준수하는 데 도움이 될 수 있다.
- **배달 보고서** : 조직의 공유 주소록에 있는 사용자에게 보냈거나 사용자에게서 받은 특정 제목의 전자 메일 메시지의 전송 상태를 검색하는 데 사용할 수 있는 메시지 추적 도구이다.

4 전화 및 음성

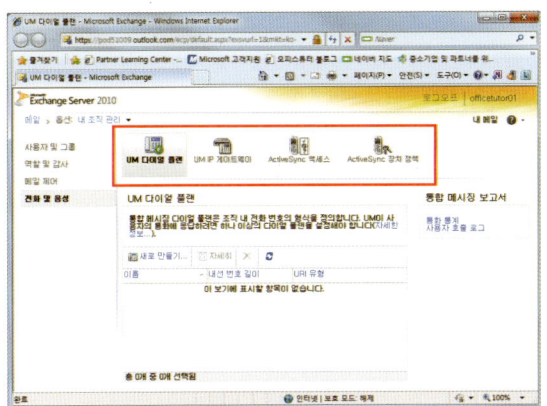

- UM 다이얼 플랜 : UM(통합 메시징) 다이얼 플랜을 만들고 구성하여 조직의 특정 내선 번호 그룹의 UM 액세스를 관리할 수 있다.
- UM IP 게이트웨이 : UM IP 게이트웨이는 통합 메시징을 실제 IP 게이트웨이 장치나 SBC(Session Border Controller)에 연결하여 통합 메시징이 실제 전화 시스템에서의 호출을 처리할 수 있도록 한다.
- ActiveSync 액세스 : ActiveSync 액세스 탭을 사용하여 조직 내에서 모바일 장치를 Microsoft Exchange에 연결하는 방법을 제어할 수 있다.
- ActiveSync 장치 정책 : 사용자의 Microsoft Exchange 사서함에 연결하는 모바일 장치에 대한 보안 및 동기화 설정을 제어한다. 사용자가 모바일 장치를 사용하여 Microsoft Exchange에 연결하는 방법을 제어하기 위해 사용자 사서함에 적용된다.

Outlook Web App 02

Outlook Web App의 구성 살펴보기

Outlook Web App은 Exchange Online으로 작동되는 Outlook 전자 메일 프로그램의 온라인 버전이다. Outlook Web App은 일정, 미팅 요청, 받은 편지함 규칙, 작업 등 가장 자주 사용하는 기능을 중심으로 효율적으로 구성하였다. 인터넷이 연결된 곳이라면 지원되는 브라우저 또는 모바일 장치를 통해 회사, 집 혹은 이동 중이라도 어디서나 정보를 볼 수 있다.

1 지원되는 브라우저 살펴보기

Outlook Web App 및 Exchange 제어판에서 사용 가능한 전체 기능 집합을 사용하려면 Windows XP, Windows Vista 또는 Windows 7을 실행하는 컴퓨터에서 다음 브라우저를 사용해야 한다.

- Internet Explorer 7 이상 버전
- Mozilla Firefox 3.x 이상 버전
- Google Chrome 3.x 이상 버전

Mac OS X 10.5 이상 버전을 실행하는 컴퓨터에서는 다음을 사용해야 한다.

- Apple Safari 3.x 이상 버전
- Mozilla Firefox 3.x 이상 버전

Linux를 실행하는 컴퓨터에서는 다음을 사용해야 한다.

- Mozilla Firefox 3.x 이상 버전

> **POINT** 전체 기능 집합을 지원하지 않는 웹 브라우저를 사용하면 Outlook Web App이 Light 버전으로 열린다. Outlook Web App Light 버전은 시각 장애인 및 시력이 약한 사용자를 지원하기 위해 최적화되었다. 메시지를 읽거나 보내고, 연락처를 구성하고, 약속 및 모임을 정할 수 있다.

2 Outlook Web App 시작하기

1 Windows의 [시작] 메뉴에서 [모든 프로그램]-[Microsoft Online 365]-[Microsoft Online Services 포털]을 클릭한다. [로그인] 화면이 나오면 [Microsoft Online Services ID]와 [암호]를 입력한 후 [로그인] 버튼을 클릭한다. **2** Office 365 포털의 홈 화면이 나오면 상단의 [Outlook]을 클릭한다.

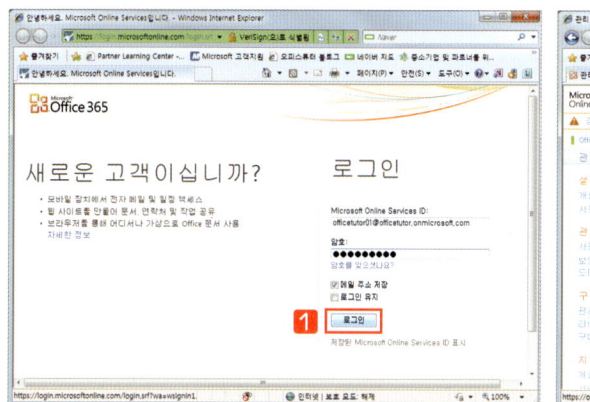
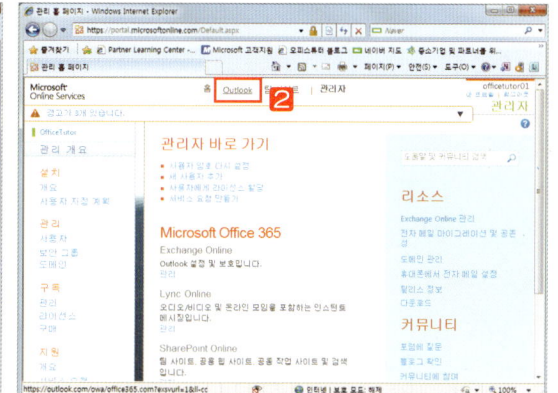

3 Outlook Web App의 새로운 기능 살펴보기

1 클라우드 기반 계정 제공

Outlook Web App을 통해 사용자는 거의 모든 웹 브라우저에서 자신의 정보에 액세스할 수 있다. 클라우드 기반 계정은 Microsoft에서 제공하는 새로운 서비스로 http://www.outlook.com/〈your domain〉과 같은 URL을 통해 사서함에 로그인할 경우에 사용된다.

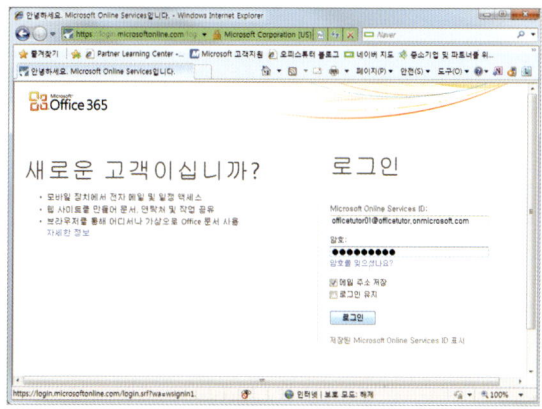

2 옵션 기능 업데이트하기

오랫동안 Outlook Web App을 사용한 경우라면 몇 가지 최신 변경 내용이 추가되었음을 확인할 수 있다. [옵션] 화면에서 [공용 그룹]을 관리할 수 있게 되었고, [받은 편지함 규칙] 탭과 같은 사서함을 사용자 지정하는데 사용하는 일부 기능이 업데이트 되었다.

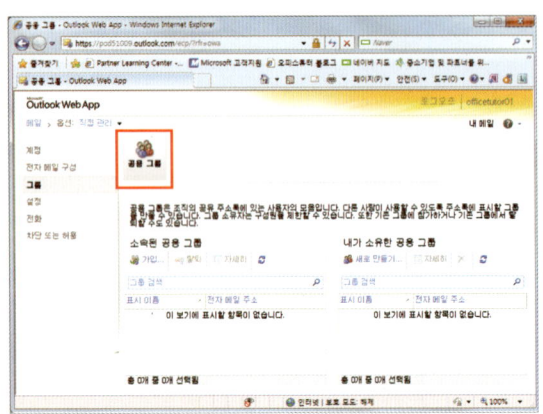
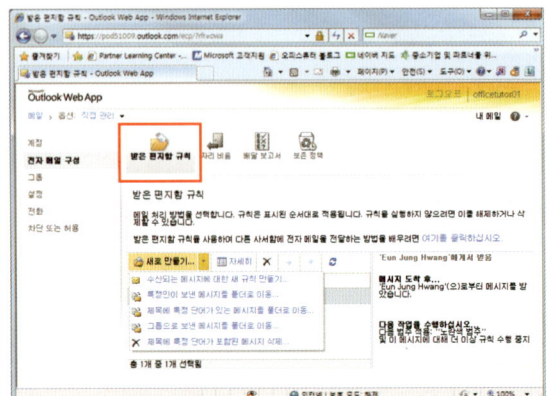

3 휴대폰을 사용하여 사서함에 연결하기

Windows Mobile 5.0 이후 버전을 실행하는 휴대폰이 있는 경우 이 휴대폰에서 Exchange ActiveSync를 사용하여 사서함에 액세스할 수 있다.

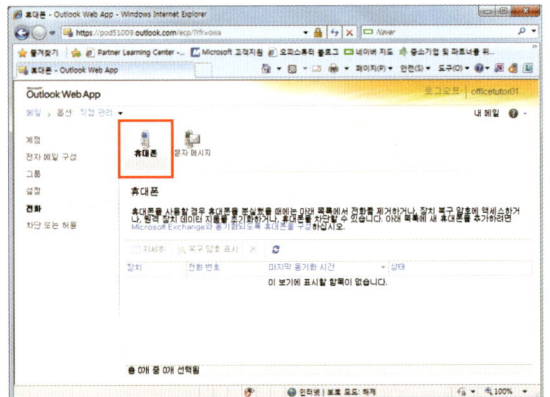

4 문자 메시지 설정하기

문자 메시지라고도 하는 SMS(Short Messaging Service)를 Outlook App Web을 통해 주고받을 수 있을 뿐만 아니라 새 메시지 수신 시 문자 메시지로 알림을 받을 수도 있다.

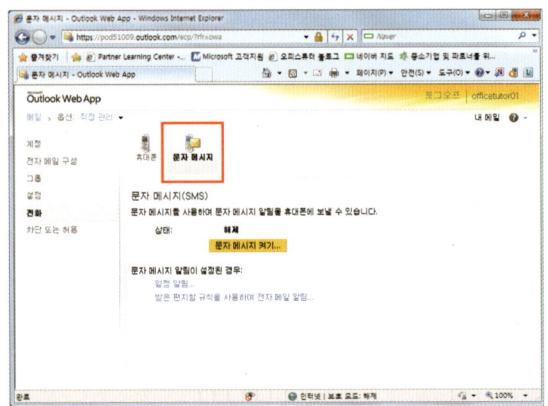

5 여러 계정의 전자 메일 가져오기

Outlook Web App에서 계정에 연결하면 Hotmail, Gmail, Yahoo 계정과 같은 여러 계정의 전자 메일을 한 곳에서 확인할 수 있다. POP3 또는 IMAP 액세스를 지원하는 다른 공급자의 계정이 있는 경우 Outlook Web App에서 해당 계정에 연결할 수 있다.

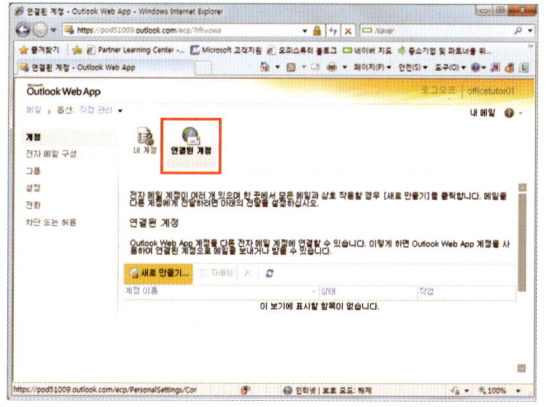

6 연락처 가져오기

[연락처 가져오기]를 사용하면 다른 계정의 연락처를 Outlook Web App에서 사용하는 계정으로 가져올 수 있다.

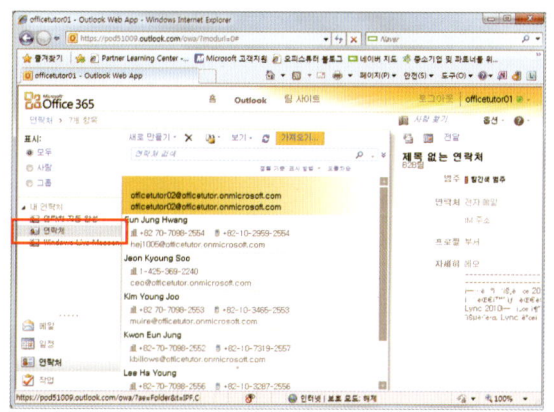 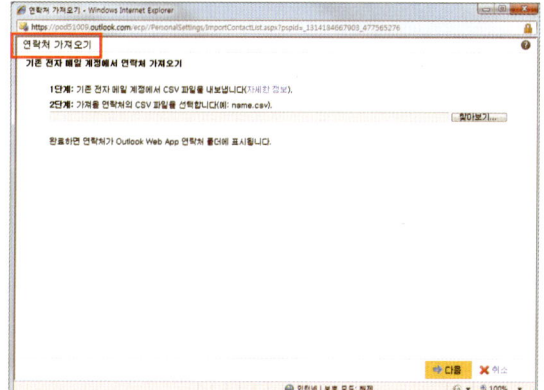

7 보내거나 받은 메시지에 대한 배달 보고서 가져오기

많은 사람에게 메시지를 보냈거나 다른 사람이 중요한 메시지를 보낼 것으로 예상되는 경우 [전자 메일 옵션]의 [배달 보고서] 탭을 사용하여 주고받은 메시지의 전송 정보를 추적할 수 있다.

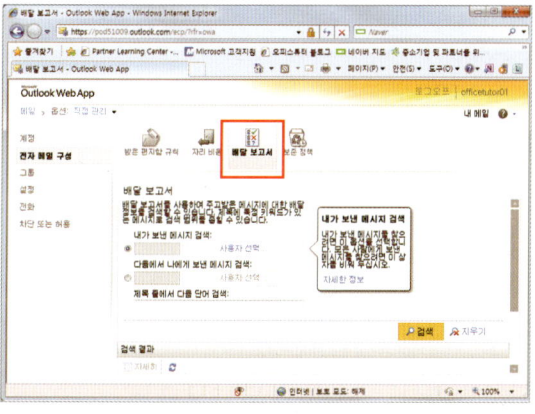

4 Outlook Web App의 변경된 기능 알아보기

1 테마 선택하기

Outlook Web App의 기본 테마를 사용하지 않으려는 경우 [옵션]을 클릭해 여러 새로운 테마 중 하나를 선택할 수 있다.

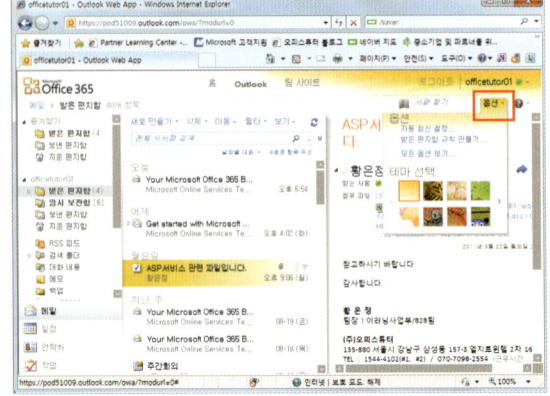

2 일정 공유 또는 게시하기

일정을 조직의 다른 사람과 공유하거나, 누구나 내 일정을 보는 데 사용할 수 있는 URL을 제공하여 일정 정보를 웹에 게시할 수 있다.

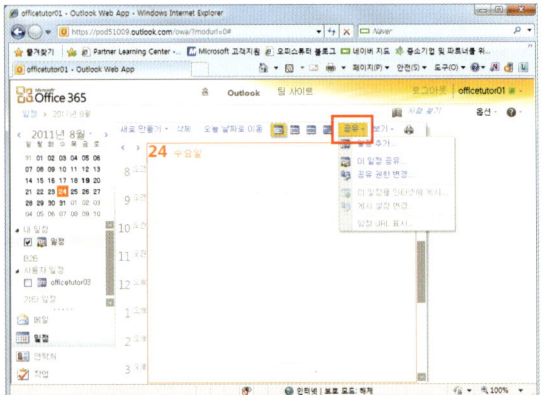

3 대화 보기

전체 메시지 스레드를 한 곳에서 볼 수 있는 대화 보기를 기본 메시지 보기로 제공한다.

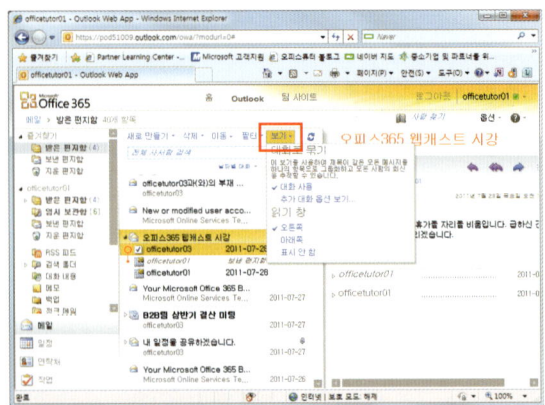

4 채팅하기

MSN Messenger 또는 인스턴트 메시징 서비스처럼 Outlook Web App을 사용하여 친구 및 동료와 채팅을 할 수 있다.

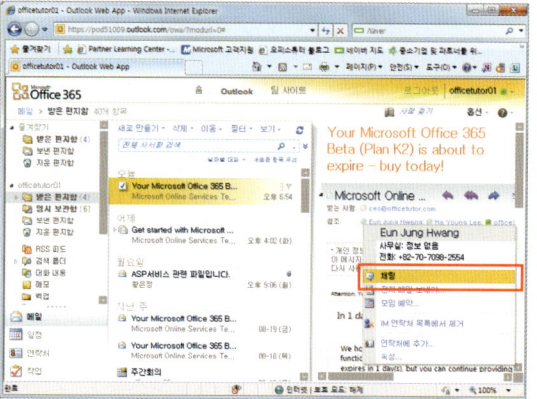

5 필터 집합 사용하기

이전에도 메일을 검색할 수 있었지만 이제는 미리 정의된 필터 집합을 사용하여 검색 창만 활용할 때보다 조건을 좀 더 구체적으로 지정할 수 있다.

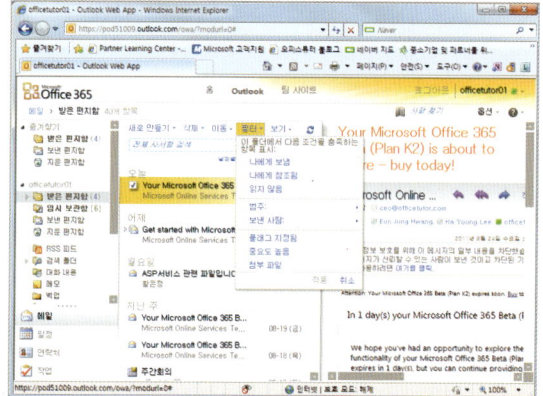

6 즐겨찾기 사용하기

좌측 상단에 [즐겨찾기]라는 새 폴더가 추가되었다. 원하는 폴더를 즐겨찾기로 끌어 놓으면 바로 가기를 만들어 자주 사용하는 폴더에 더 쉽게 액세스할 수 있다.

7 메시지에 메시지 첨부하기

메시지와 함께 첨부 파일을 보내려는 경우가 종종 있다. 이전에는 거의 모든 파일을 메시지에 첨부할 수 있었지만 사서함에 있는 메시지는 작성 중인 메시지에 첨부할 수 없었다. 이제는 이러한 메시지를 첨부할 수 있다.

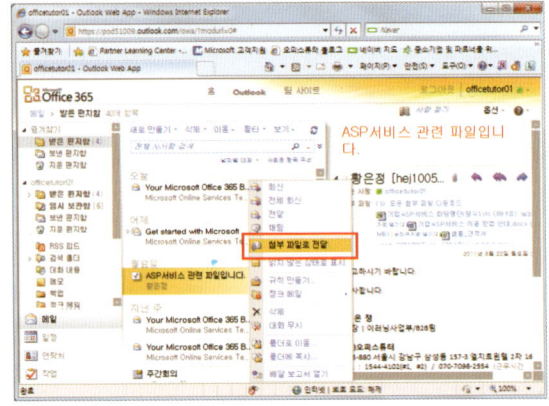

8 여러 첨부 파일 다운로드 받기

첨부 파일이 여러 개 있는 메시지를 받을 경우 메시지 상단의 [모든 첨부 파일 다운로드]를 클릭하여 모든 첨부 파일을 컴퓨터에 Zip 파일로 다운로드 할 수 있다.

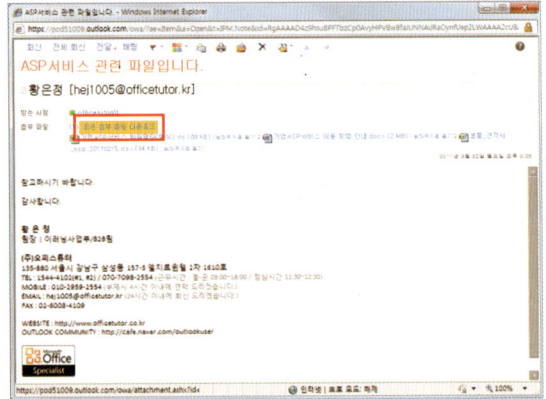

9 메시지에 사진 추가하기

이제 메시지에 사진을 포함할 수 있다. 메시지 본문에 그림을 추가하려면 메시지 도구 모음에서 [그림 삽입]을 클릭해 메시지에 추가할 그림을 검색한 다음 그림을 두 번 클릭하면 된다.

사서함 03

사서함에 연결하는 여러 가지 방법

Outlook Web App에서 인터넷이 연결된 모든 컴퓨터의 웹 브라우저를 통해 전자 메일 계정에 액세스할 수 있다. Microsoft Exchange Server 2010을 실행하는 서버에서 호스팅되는 모든 전자 메일 계정에 액세스하는 데 Outlook Web App을 사용할 수 있다.

1 웹 브라우저에서 바로 연결하기

1 웹 브라우저를 열어 https://www.outlook.com/〈your domain〉으로 이동한다. 예를 들어, 전자 메일 주소가 officetutor.onmicrosoft.com으로 끝나는 경우 https://www.outlook.com/officetutor.onmicrosoft.com으로 이동한다. **2** [Microsoft Online Services ID]와 [암호]를 입력한 후 [로그인] 버튼을 클릭한다. 사용 중인 컴퓨터에 ID와 암호를 저장해 사용할 수도 있다. **3** Outlook Web App이 실행된다.

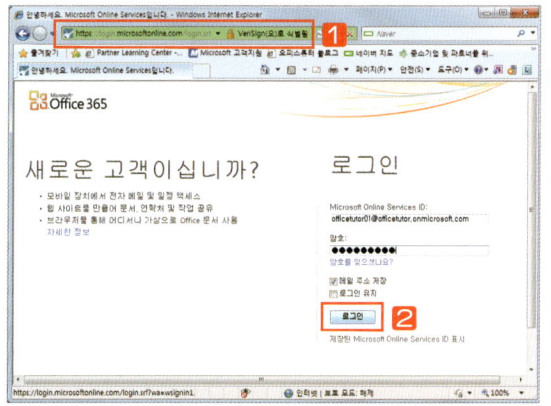 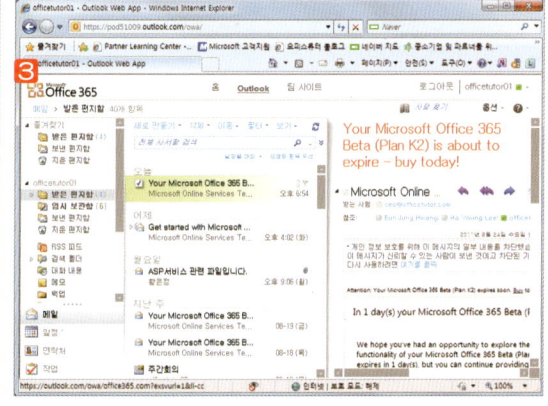

2 Outlook 2010으로 연결하기

1 Windows의 [시작] 메뉴에서 [모든 프로그램]-[Microsoft Office]-[Microsoft Outlook 2010]을 클릭한다. **2** [Microsoft Outlook 2010 시작 마법사]가 자동으로 표시되면 마법사의 첫 화면에서 [다음] 버튼을 클릭한다. 그리고 [메일 계정] 화면에서 다시 [다음] 버튼을 클릭하여 전자 메일 계정을 설정한다. 만약 [Microsoft Outlook 2010 시작 마법사]가 표시되지 않으면 [파일] 탭-[정보]-[계정 정보]에서 [계정 추가] 버튼을 클릭한다. **3** [새 계정 추가] 대화상자가 나타나면 [전자 메일 계정]을 선택한 후 전자 메일 계정의 각 항목을 채우고 [다음] 버튼을 눌러 계정 설정 작업을 마친다.

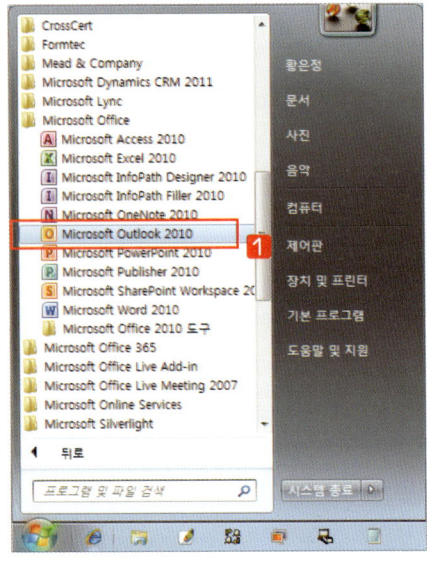

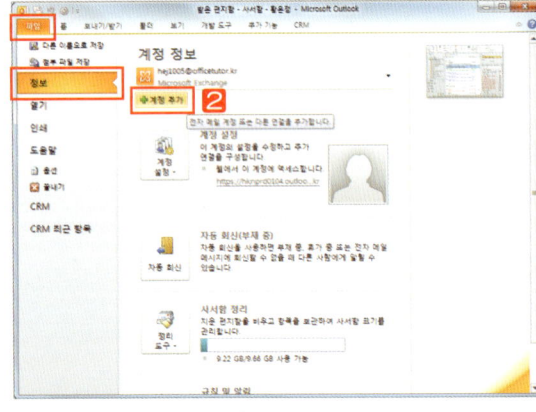
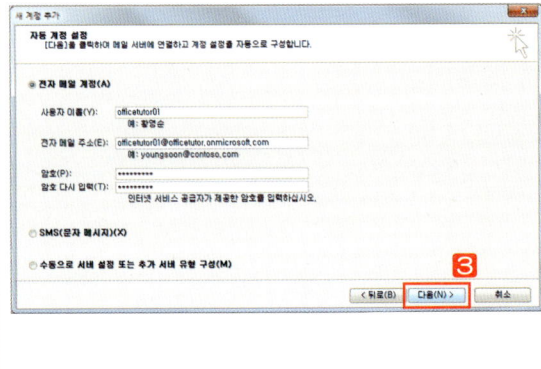

POINT Microsoft Outlook 2010에 이미 Exchange Server 계정이 설정되어 있다면 Windows의 [시작] 메뉴에서 [제어판]-[사용자 계정]-[메일]을 클릭한 후 [메일 설정] 대화상자에서 [프로필 보기] 버튼을 클릭하여 새 프로필 추가 후 계정을 설정한다.

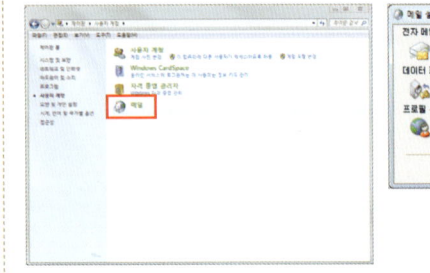
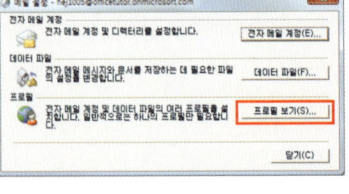
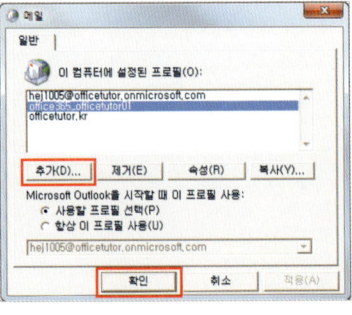

내 계정 04

내 계정 살펴 보기

Outlook Web App의 옵션에서 내 계정에 대한 프로필과 사서함 사용량 등을 볼 수 있고, 편집을 사용하여 업데이트 할 수 있다. 또한 여러 계정에 연결할 수 있고, 계정 암호를 변경할 수도 있다.

1 계정 정보 보기

1 Outlook Web App의 도구 모음에서 [옵션]-[모든 옵션 보기]를 클릭한다. 2 [계정]-[내 계정] 탭을 선택해 계정 정보를 확인할 수 있다.

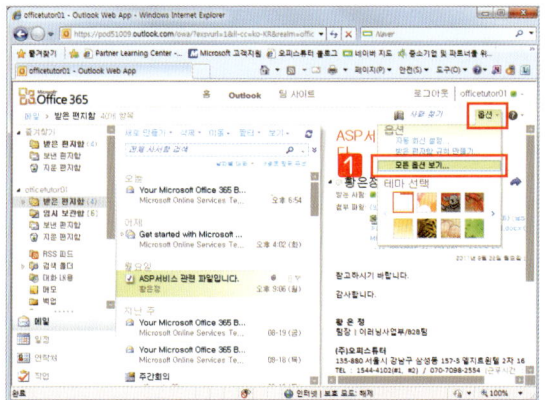 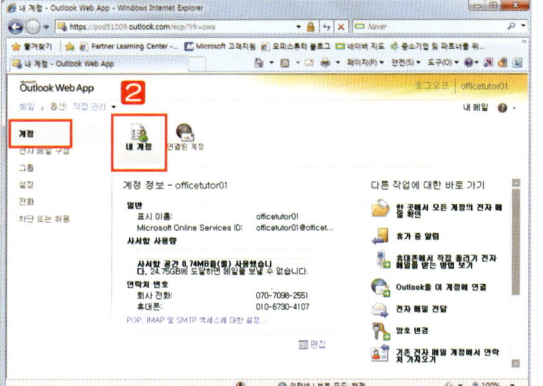

2 계정 정보 편집하기

1 [옵션]에서 [계정]-[내 계정] 탭을 클릭한 후 [편집]을 클릭한다. **2** [계정 정보] 화면에서 계정 정보를 추가하거나 변경할 수 있다.

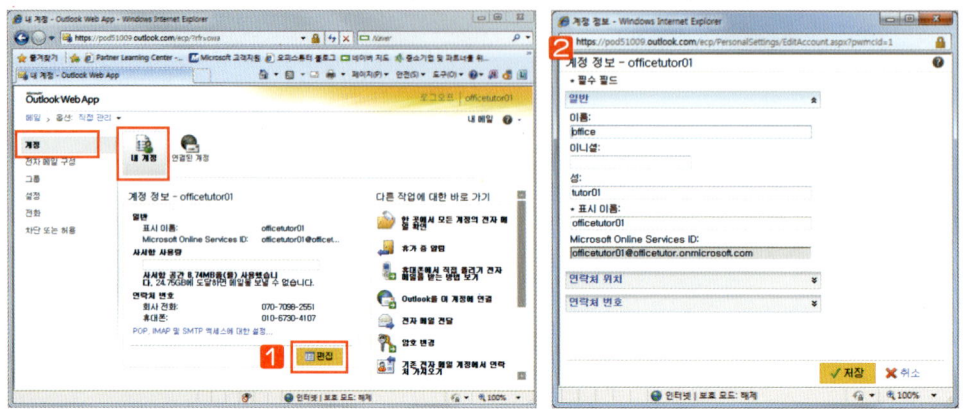

3 계정 암호 변경하기

1 [옵션]에서 [계정]-[내 계정] 탭을 클릭한 후 [다른 작업에 대한 바로 가기]에서 [암호 변경]을 클릭한다. **2** [암호 변경] 화면이 나타나면 이전 암호와 새 암호를 입력한 후 [제출]을 클릭해 암호를 변경한다.

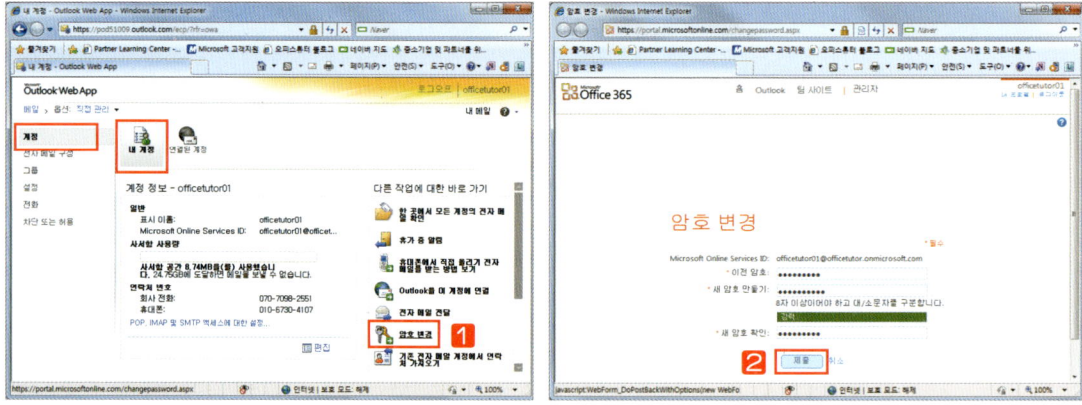

전자 메일 **05**

Outlook Web App에서 전자 메일 보내기

Outlook Web App에서 메일을 보낼 때 일반 텍스트가 아닌 HTML로 작성하는 메시지에는 기본 글꼴과 같은 서식을 옵션 또는 메시지 창의 서식 도구 모음을 사용하여 지정할 수 있다. 첨부 파일을 사용하면 전자 메일, 일정, 연락처 등 사서함에서 만든 항목에 하나 이상의 파일을 포함할 수 있다.

1 새 메시지 작성하기

1 Outlook Web App에서 [메일]을 클릭한다. 도구 모음에서 [새로 만들기]를 클릭하거나 키보드에서 Ctrl + N 을 누른다. **2** [받는 사람] 및 [참조]에 원하는 사람을 입력한다. [제목]을 입력하고, 본문에 메시지를 입력한다. 메시지 입력을 마친 후 [보내기]를 클릭하거나 Alt + S 를 눌러 메시지를 보낸다.

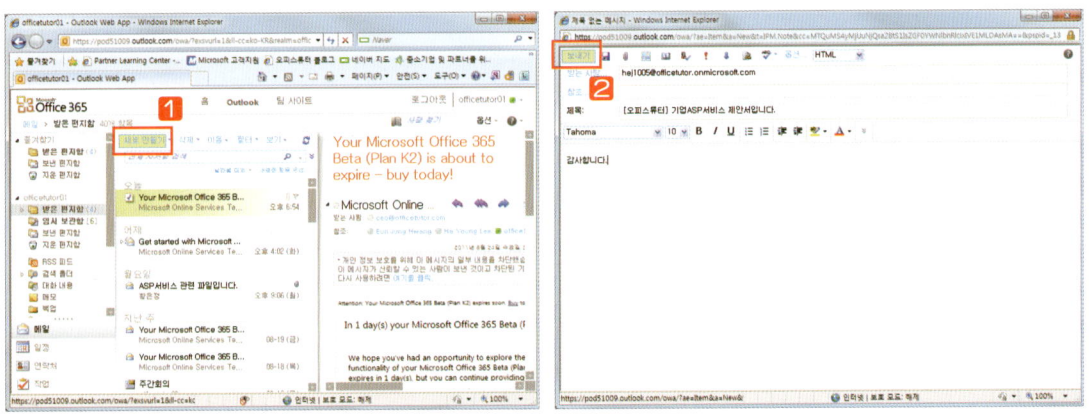

 메시지를 작성하는 동안 상단에 있는 목록을 사용하여 메시지 서식을 HTML 또는 일반 텍스트로 설정할 수 있다. HTML을 선택하면 메시지 본문 위에 텍스트 서식 도구 모음이 나타난다.

2 메시지 회신 또는 전달하기

1 [메일]의 메시지 목록에서 원하는 메시지를 더블 클릭하거나 마우스 오른쪽 버튼을 클릭한다. 메시지를 보낸 사람에게만 회신하려면 [회신]을 클릭하고, 다른 사람에게 전달하려면 [전달]을 클릭한다.
2 준비가 끝나면 도구 모음에서 [보내기]를 클릭하거나 Alt + S 를 누른다.

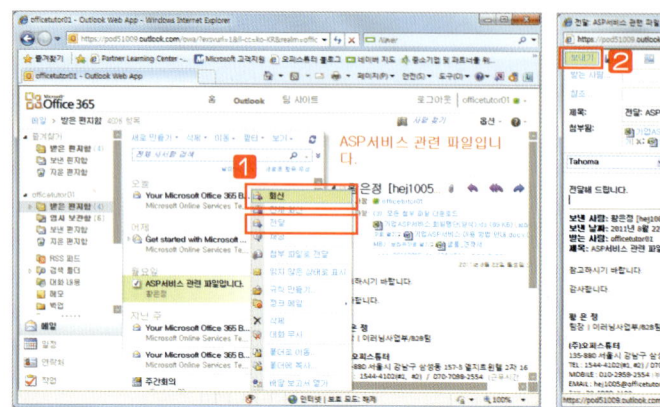
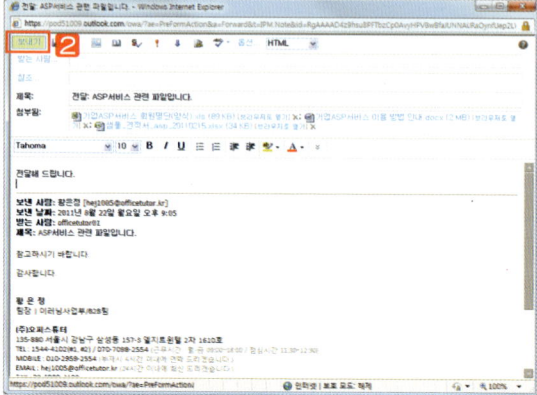

3 메시지 서식 지정하기

1 메시지의 기본 글꼴을 변경하려면 [옵션]-[모든 옵션 보기]를 선택한 후 [설정]-[메일] 탭을 클릭한다. **2** [메시지 형식]에서 원하는 옵션을 선택한 후 [저장]을 클릭한다.

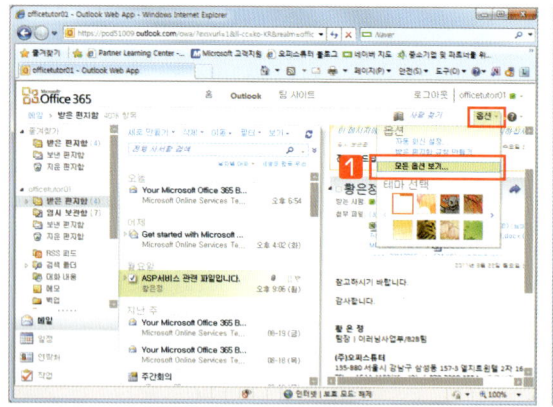
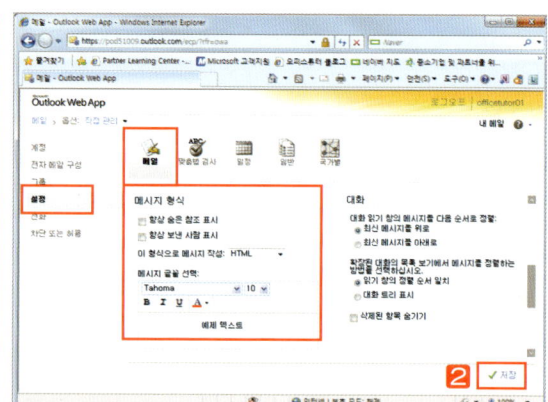

> **POINT** 메시지 글꼴 설정은 HTML 형식을 선택한 경우에만 적용할 수 있다. 일반 텍스트를 선택한 경우 모든 메시지가 일반 텍스트로 작성되며, 브라우저의 기본 글꼴 및 기본 크기가 적용된다. 메시지 도구 모음의 서식 옵션을 사용하여 개별 전자 메일 메시지의 서식을 지정할 수 있다.

4 첨부 파일 작업하기

1 작성 중인 메시지 화면의 도구 모음에서 파일 첨부 아이콘( )을 클릭한다. **2** [열기] 대화상자에서 파일을 선택하고 [열기] 버튼을 클릭하면, 작성 중인 메시지의 제목 아래에 첨부된 파일이 표시된다.

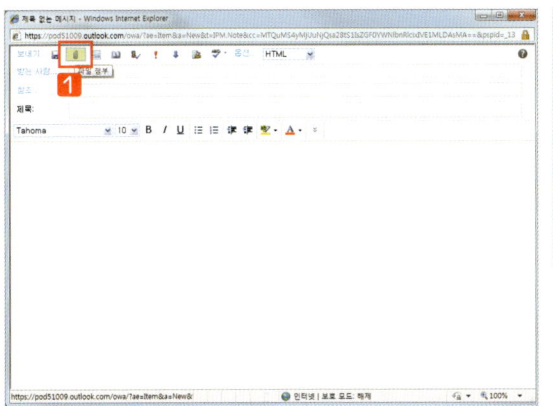

POINT 메시지, 일정 또는 연락처 항목에 첨부 파일이 포함된 경우 해당 항목 옆에 파일 첨부 아이콘( )이 표시되며, 항목을 열거나 미리볼 때 첨부된 파일의 이름이 표시된다. 이름을 클릭하여 해당 응용 프로그램으로 첨부 파일을 열거나, [브라우저로 열기]를 사용하여 웹 브라우저에서 첨부 파일을 열 수도 있다.

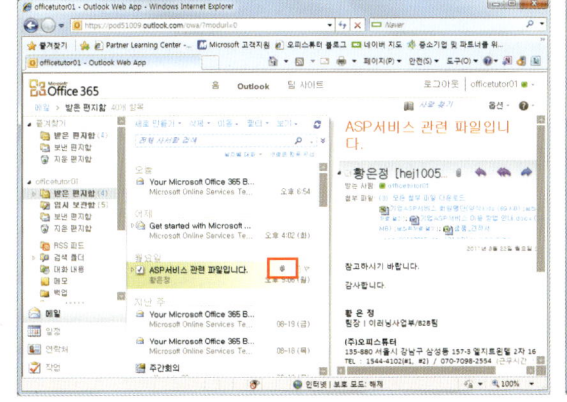
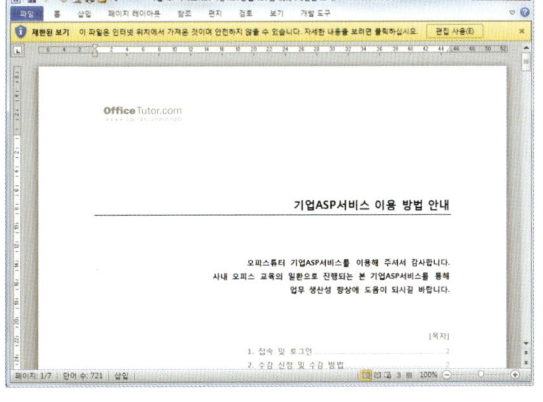

대화 사용 06

대화 사용 설정하기

Outlook Web App에서는 읽기 창이 설정된 경우 항상 모든 전자 메일 폴더에서 대화 보기를 사용한다. 대화 보기는 동일한 주제의 메시지가 그룹으로 나타나며, 메시지가 어떤 폴더에 있는지와 관계없이 대화에 포함된 모든 메시지를 표시하므로 손쉽게 추적 관리할 수 있다. 대화 무시를 설정하면 대화 중에 받은 모든 메시지와 해당 대화로 전송되는 모든 메시지를 삭제할 수도 있다.

1 대화 사용 설정하기

1 Outlook Web App에서 [메일]을 클릭한다. 메시지 목록 보기에서는 대화 옆에 있는 화살표를 사용하여 대화를 확장하거나 축소할 수 있다. 읽기 창에서는 메시지 옆에 있는 화살표를 사용하여 해당 메시지를 확장하거나 축소할 수 있다. **2** 대화 보기를 설정하려면 화면 상단의 도구 모음에서 [보기]-[대화로 묶기]에서 [대화 사용]을 선택한다.

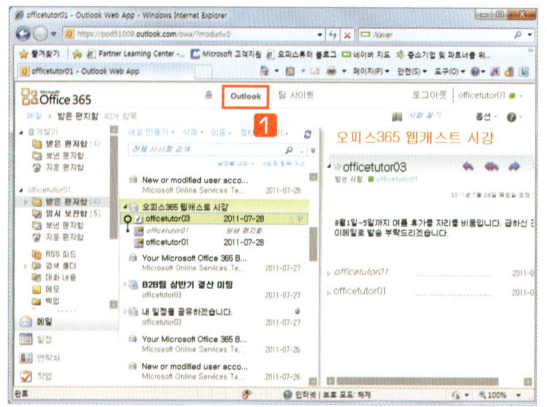 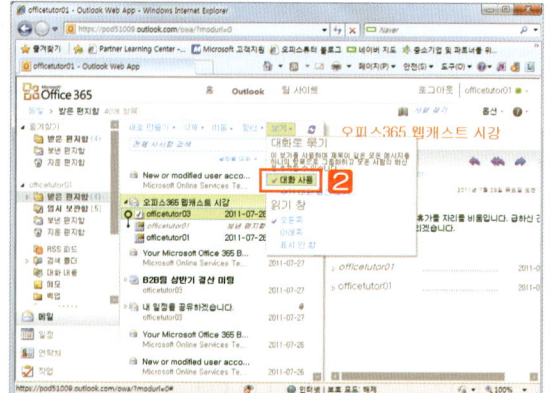

2 추가 대화 옵션 설정하기

1 대화 옵션을 설정하기 위해서는 [보기]-[추가 대화 옵션 보기]를 클릭한다. **2** [설정]에서 [메일] 탭을 선택한 후 [대화]에서 옵션을 변경하고, [저장]을 클릭한다.

3 대화 무시 설정하기

1 대화를 무시하려면 목록 보기에서 대화를 선택한 후 [삭제]-[대화 무시]를 클릭한다. 또는 목록 보기에서 대화를 마우스 오른쪽 버튼으로 클릭한 다음 [대화 무시]를 선택한다. **2** [대화 무시] 대화상자에서 [확인] 버튼을 클릭하면 메시지가 [지운 편지함]으로 이동한다.

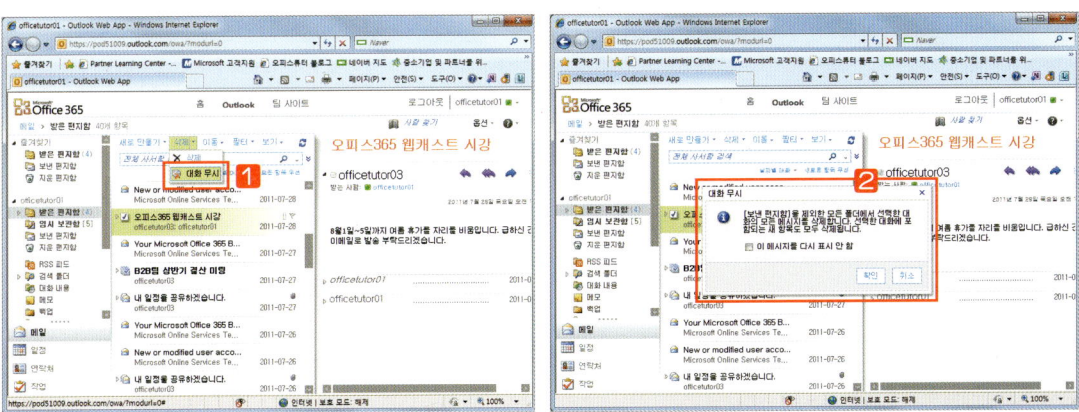

4 대화 무시 취소하기

1 대화 무시를 취소하고 대화를 [받은 편지함]으로 되돌릴 수도 있다. 대화 무시를 취소하려면 [지운 편지함]에서 무시한 대화를 찾아 선택한다. 화면 상단의 [새로 만들기] 옆의 아이콘(🔽)을 클릭하여 [대화 무시 취소]를 선택한다. **2** [대화 무시 취소] 대화상자가 나오면타나면 [확인] 버튼을 클릭한다. 대화를 무시해도 [보낸 편지함]의 메시지는 제거되지 않는다.

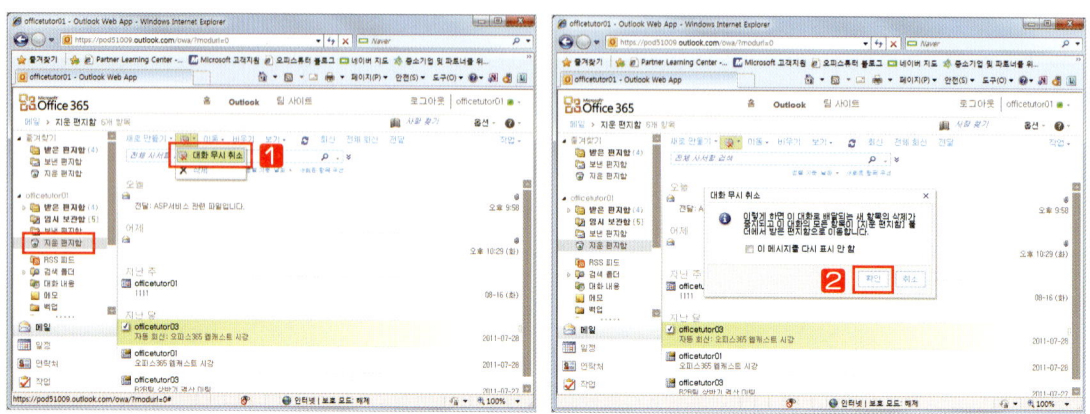

POINT 대화 보기에서 메시지에 회신하려면 대화에 포함된 해당 메시지를 선택하여 강조 표시한 다음 마우스 오른쪽 버튼을 클릭하거나 읽기 창의 회신, 전체 회신 또는 전달 아이콘을 클릭한다. 또는 메시지에서 [작업]을 클릭하여 회신을 비롯하여 해당 메시지에 대해 수행할 수 있는 작업 목록을 표시할 수도 있다.

자동 회신 **07**

자동 회신 설정하기

출장 중이거나 부재 중인 경우처럼 전자 메일에 응답할 수 없는 경우에는 자동 회신을 설정해 놓으면 서버에서 메일을 자동으로 회신할 수 있다. 자동 회신을 설정하면 메일을 보낸 사람에게 회신이 한 번씩 발송된다. 장기간 자리를 비울 때 설정해 놓으면 다른 사용자와 원활하게 커뮤니케이션을 할 수 있다.

1 조직 내부에 자동 회신 설정하기

1 자동 회신을 설정하거나 수정하려면 화면 상단의 도구 모음에서 [옵션]-[자동 회신 설정]을 클릭한다.
2 [전자 메일 구성]-[자리 비움] 탭의 [자동 회신 보내기]를 체크하고 기간을 설정한다. 메일을 보낸 사람 모두에게 회신할 내용을 입력한 후 [저장] 버튼을 클릭한다.

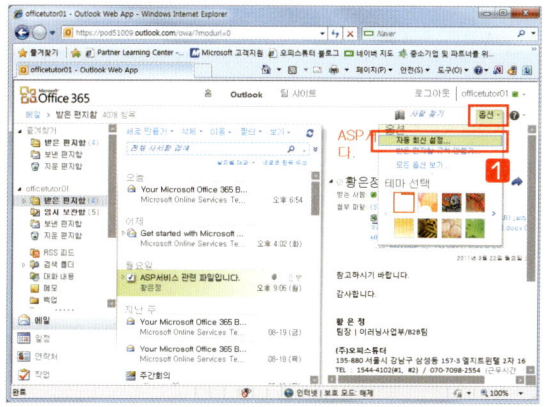 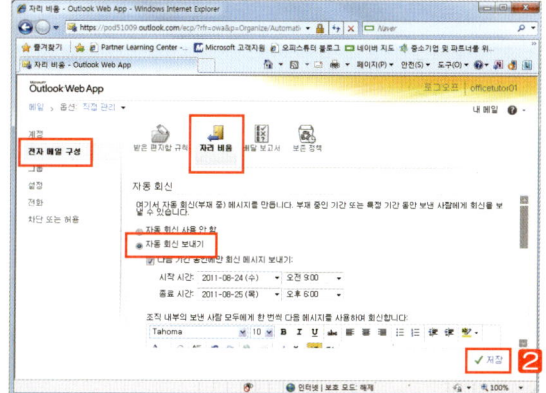

2 조직 외부의 자동 회신 설정하기

1 [전자 메일 구성]-[자리 비움] 탭을 선택한다.
2 [모든 외부 보낸 사람에게 회신 메시지 보내기]를 체크하고 회신 메시지를 보낼 대상을 선택한다. **3** 회신할 내용을 입력한 후 [저장] 버튼을 클릭한다.

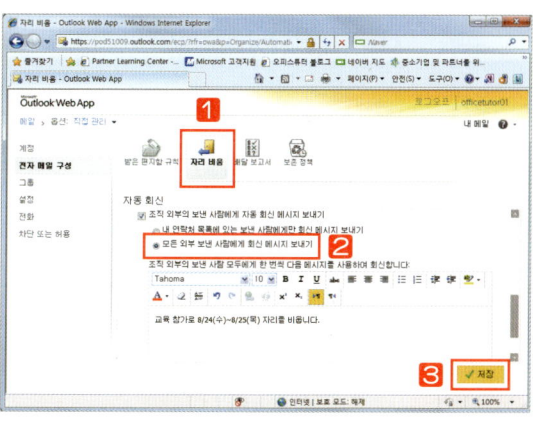

받은 편지함 규칙 08

받은 편지함 규칙으로 메시지 정리하기

받은 편지함 규칙은 메시지가 도착했을 때 선택된 기준에 따라 특정 작업을 자동으로 수행하도록 하는 기능이다. 규칙은 표시된 순서대로 적용되며, 실행하지 않으려면 이를 해제하거나 삭제하면 된다. 규칙을 사용하면 보낸 사람, 메시지를 받는 사람, 메시지의 중요도 등을 기준으로 받은 전자 메일을 폴더에 자동으로 정렬할 수 있다.

1 새 규칙 만들기

1 Outlook Web App의 도구 모음에서 [옵션]-[받은 편지함 규칙 만들기]를 클릭한다. **2** [옵션] 화면의 [전자 메일 구성]-[받은 편지함 규칙] 탭에서 [새로 만들기]를 클릭한다. **3** [새 받은 편지함 규칙] 대화상자가 나타나면 규칙을 설정한 후 [저장]을 클릭한다. 새 받은 편지함 규칙이 추가되며 설정된 규칙에 적용되는 메일을 받았을 때 해당 작업을 수행한다.

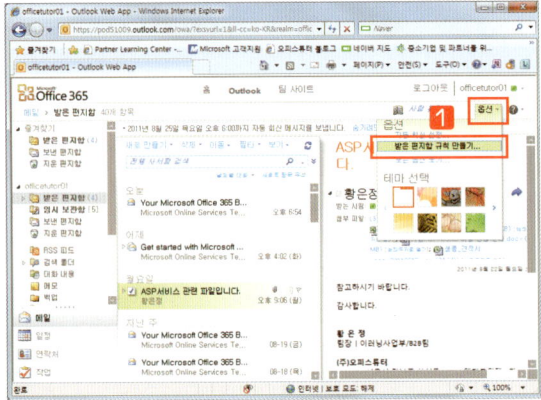

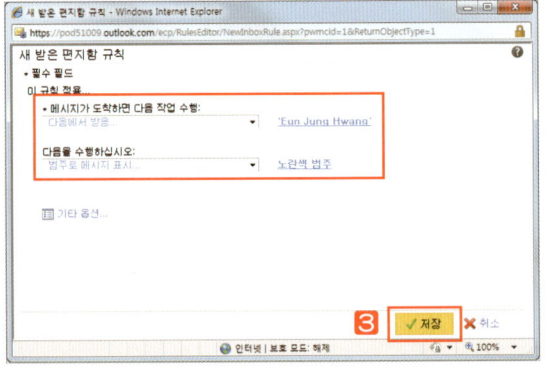

② 특정인이 보낸 메시지 정리하기

1 [옵션]-[받은 편지함 규칙 만들기]를 클릭한다. [옵션] 화면의 [전자 메일 구성]-[받은 편지함 규칙] 탭에서 [새로 만들기]-[특정인이 보낸 메시지를 폴더로 이동]을 클릭한다. **2** [새 받은 편지함 규칙] 대화상자가 나타나면 '사용자 선택'을 클릭하여 주소록에서 대상을 선택하여 보낸 사람에 추가한다. 그리고 '하나만 선택'을 클릭하여 이동할 폴더를 선택하거나 새 폴더를 만들어 지정한다. **3** [저장]을 클릭하면 새 받은 편지함 규칙이 추가되며, 설정된 규칙에 적용되는 사람에게서 메일을 받았을 때 해당 폴더로 이동된다.

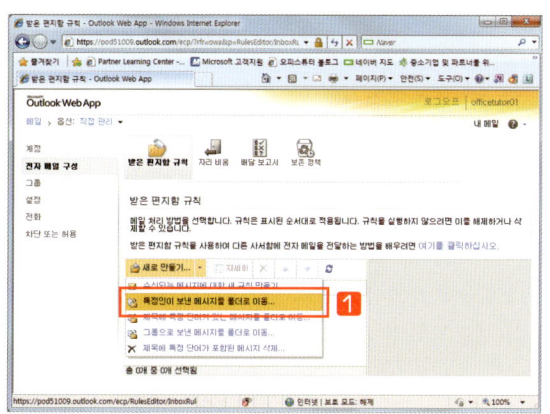
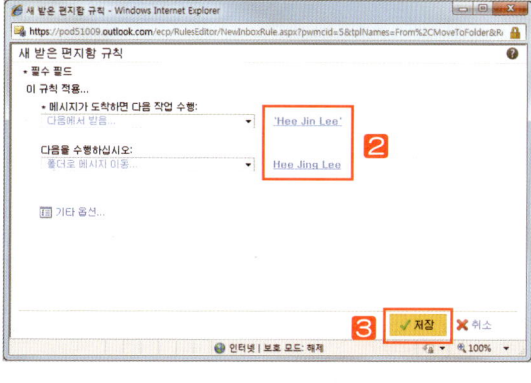

③ 제목에 특정 단어가 있는 메시지 정리하기

1 [옵션] 화면의 [전자 메일 구성]-[받은 편지함 규칙] 탭에서 [새로 만들기]-[제목에 특정 단어가 있는 메시지를 폴더로 이동]을 선택한다. **2** [새 받은 편지함 규칙] 대화상자가 나타나면 '단어 입력'을 클릭하여 단어를 지정하고 '하나만 선택'을 클릭하여 이동할 폴더를 지정한다. **3** [저장]을 클릭하면 새 받은 편지함 규칙이 추가되고, 지정한 단어가 포함된 메일을 받으면 해당하는 폴더로 이동한다.

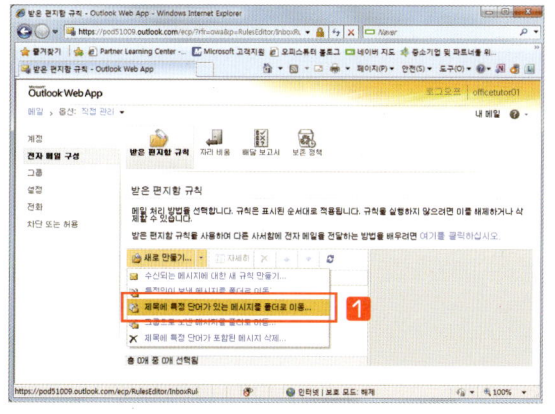
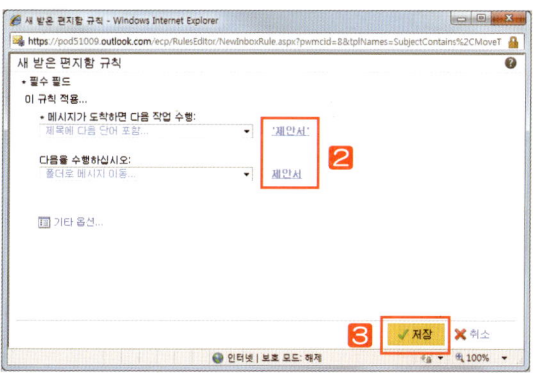

일정 09

일정 관리하기

Outlook Web App 일정에서는 약속을 등록하고 모임 요청을 진행할 수 있다. 일정에서 약속을 만들 때 '약속 있음'이나 '자리 비움'과 같이, 다른 사람이 사용자의 일정을 볼 때 나타나는 해당 시간의 표시 방식을 설정할 수 있다. 특정 기간 동안의 모임, 약속, 이벤트 및 작업이 정기적으로 발생하는 경우 되풀이 항목으로 설정할 수 있다.

1 약속 만들기

1 Outlook Web App의 탐색 창에서 [일정]을 클릭하고 도구 모음에서 [새로 만들기]를 선택한다. **2** [제목]에 약속에 대한 간단한 설명을 입력하고, [위치]에 약속 장소를 입력한다. [시작 시간]과 [종료 시간]에서 날짜와 시간을 선택하고, [시간 표시 형식]과 [미리 알림]을 설정한다. **3** 다른 사람이 약속에 대한 상세한 내용을 볼 수 없도록 하려면 [비공개]를 체크한다. **4** 메시지 본문에 약속에 가져갈 자료 목록 등의 추가 정보를 입력한 후 [저장 후 닫기]를 클릭한다.

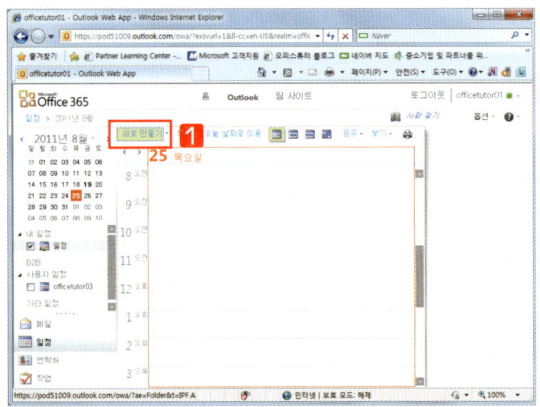
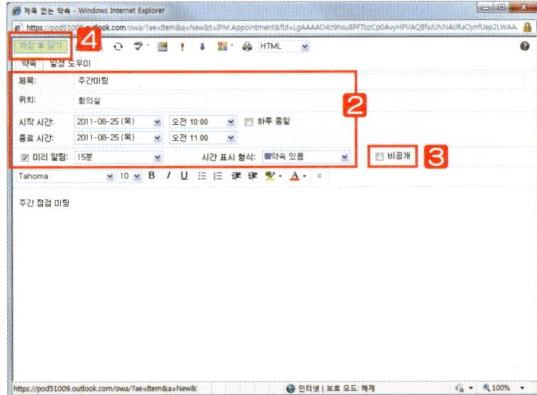

2 되풀이 항목 설정

1 새 약속을 만들거나 이전에 만든 것을 열고, 도구 모음에서 되풀이 아이콘(🔄)을 클릭한다. **2** [되풀이] 대화상자의 [약속 시간]에서 시작 시간과 종료 시간을 선택한다. [되풀이 방법]에서 약속이나 모임의 발생 빈도를 선택한다. [되풀이 범위]에서 이 되풀이 방법을 시작하고 종료할 시간을 선택한 후 [확인]을 클릭한다. [제목]에 약속에 대한 간단한 설명을 입력하고 [저장 후 닫기]를 클릭한다.

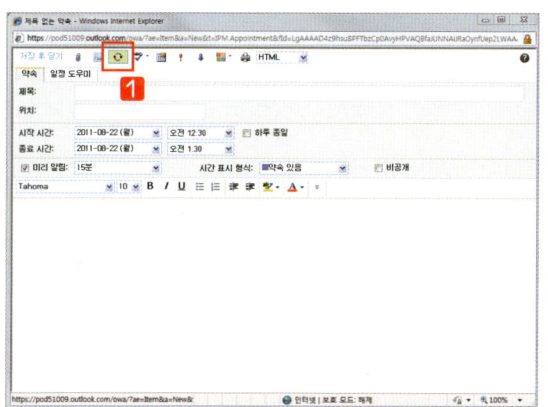 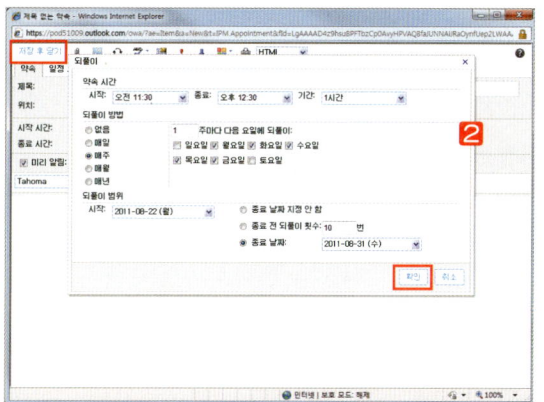

POINT 필요에 따라 되풀이 약속의 되풀이 방법을 변경하거나 삭제할 수 있다. [일정]에서 되풀이 약속을 두 번 클릭하여 [모든 되풀이 항목] 옵션을 선택한다. 도구 모음에서 되풀이 아이콘을 클릭하고 되풀이 방법을 적절히 변경한 후 [확인] 버튼과 [저장 후 닫기]를 차례로 클릭한다. 되풀이 약속을 삭제하려면 [일정]에서 약속을 선택하고 도구 모음에서 [삭제]를 클릭한다. [항목 삭제] 또는 [모든 되풀이 항목 삭제] 중에서 하나를 선택한다.

일정 공유 **10**

일정 공유와 공유 권한 설정하기

Outlook Web App에서는 일정을 공유하여 상대방의 일정을 내 Outlook Web App에서 바로 확인할 수 있다. 일정을 공유하고 싶다면 먼저 일정 공유 메일을 발송해야 한다. 다른 사람이 사용자와 공유한 일정을 보려면 일정을 추가하면 된다. [공유 권한 변경]을 사용하여 일정을 공유하고 있는 사람과 이들이 가지고 있는 권한을 볼 수 있고, 공유를 중지할 수도 있다.

1 일정 공유하기

1 Outlook Web App의 탐색 창에서 [일정]을 클릭하고 도구 모음에서 [공유]-[이 일정 공유]를 선택한다. **2** [받는 사람]에 일정을 공유할 사람의 이름을 입력하고 공유할 정보량을 설정한다. [받는 사람]의 일정 폴더를 볼 수 있는 권한을 요청하려면 '받는 사람의 일정 폴더를 볼 수 있는 권한을 요청하겠습니다.' 항목을 체크한다. **3** 원하는 정보를 본문에 추가한 후 [보내기]를 클릭해 요청을 보낸다.

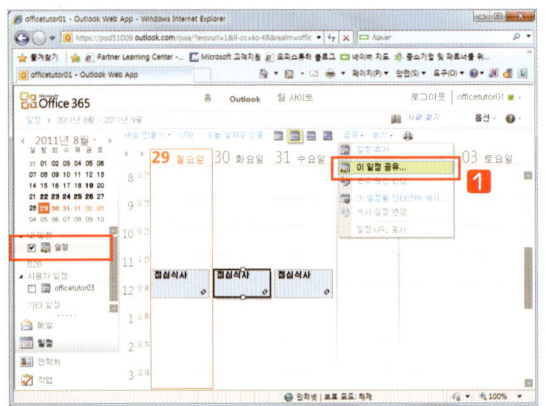
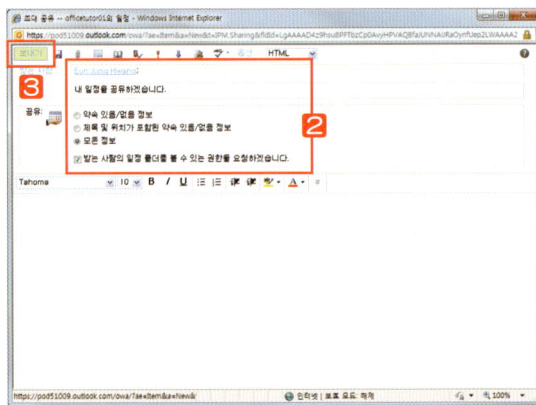

POINT 일정 항목을 비공개로 설정했다면, 어떤 권한을 부여하든 관계없이 상대방에게는 약속이 있는지, 없는지만 표시된다.

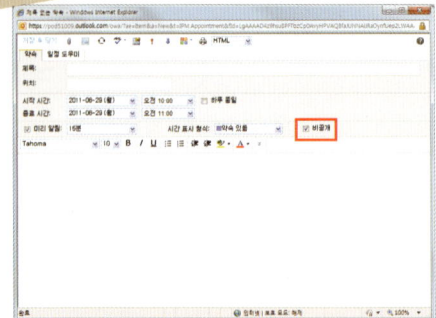
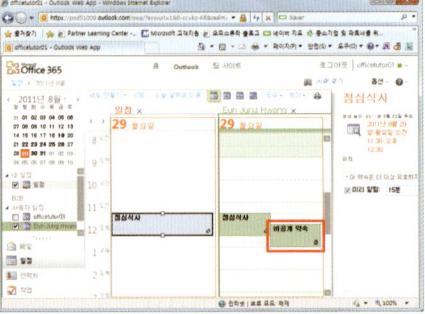

2 일정 추가하기

1 [일정]의 도구 모음에서 [공유]-[일정 추가]를 클릭한다. **2** 일정을 열려는 사람이 사용자의 조직에 속하는 경우 '조직에서 보낸 일정'에 이름을 입력하고, 일정을 열려는 사람이 사용자의 조직에 속하지 않는 경우 '인터넷에서 보낸 일정'에 URL을 입력하여 인터넷에서 일정을 추가한다.

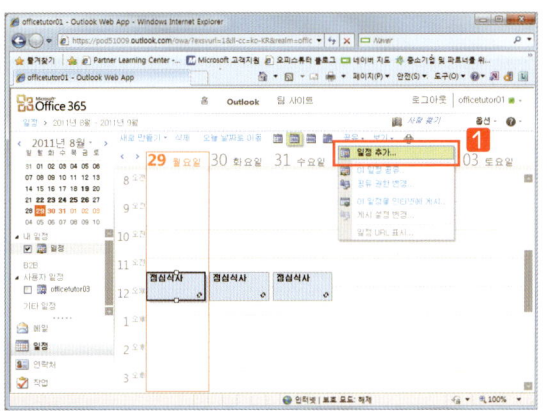 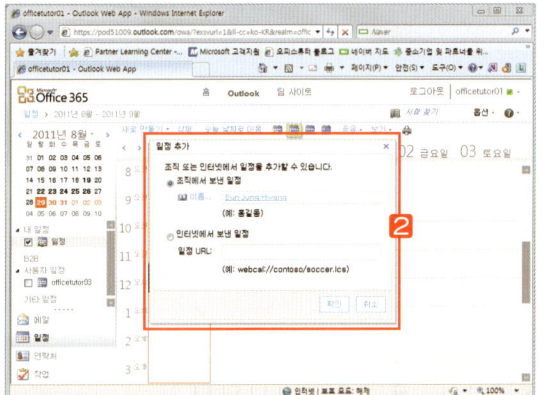

3 공유 권한 변경하기

1 일정을 공유하고 있는 팀원의 권한을 변경하기 위해 [공유]-[공유 권한 변경]을 클릭한다. 공유 권한을 변경할 사람을 선택하고 [편집]을 클릭한다. **2** [일정 권한 변경] 대화상자에서 원하는 권한을 선택한 후 [저장]을 클릭하여 변경 내용을 저장한다.

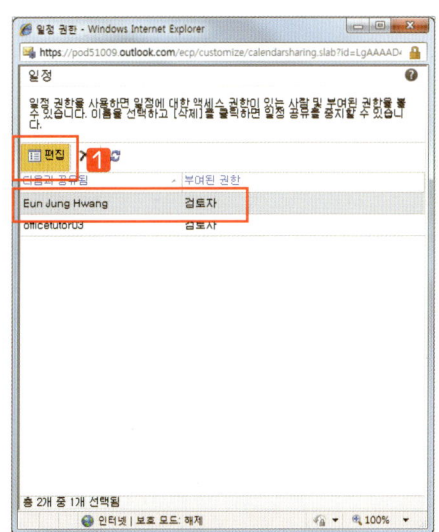 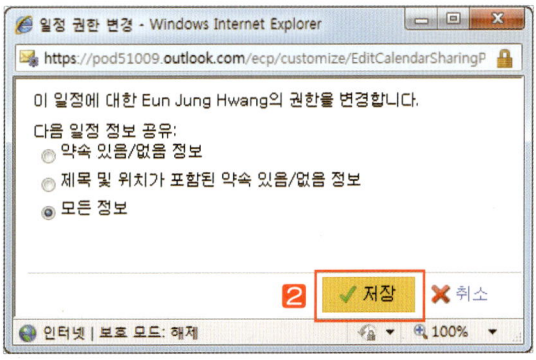

모임 요청 11

구성원의 일정 확인하고 모임 이끌기

모임 요청을 사용하여 모임이나 기타 이벤트에 다른 사용자를 초대할 수 있다. 참석자들에게 모임 요청 메일을 발송하게 되면 자동으로 일정에 약속으로 등록된다. 모임 요청을 보내기 전에 모든 참석자의 참석 가능 여부를 확인하려면 일정 도우미를 사용한다. 일정 도우미를 사용하면 구성원들의 일정을 확인할 수 있으며 가능한 시간을 서버에서 제안해주기도 한다.

1 모임 요청하기

1 Outlook Web App의 탐색 창에서 [일정]을 클릭하고 도구 모음에서 [새로 만들기]-[모임 요청]을 선택한다. **2** [받는 사람]에 이 모임 요청을 받을 사람의 이름을 입력하고, [리소스]에 회의실 또는 프로젝터와 같은 장비를 지정한다. [시작 시간]과 [종료 시간]에서 적절한 날짜와 시간을 선택하고, [시간 표시 형식]에서 모임 기간 동안 일정이 표시되는 방법을 선택한다. 이 모임에 대한 미리 알림을 받으려면 [미리 알림]을 체크한다. **3** 메시지 텍스트 영역에 모임 요청과 함께 보낼 메시지를 입력하고, [보내기]를 클릭하거나 Alt + S 를 누른다.

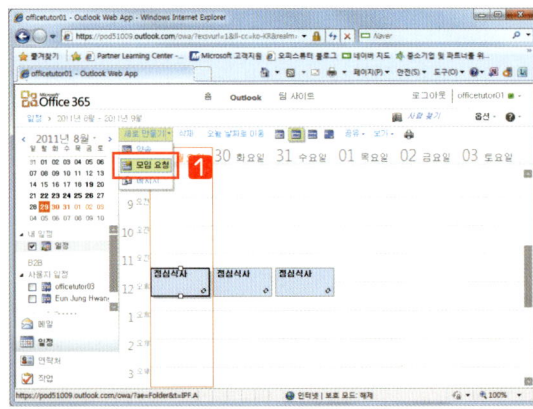
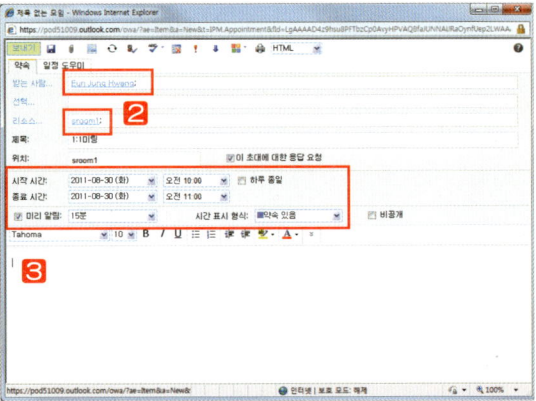

> **POINT** 참석자에게 모임 요청이 보내지면 사용자의 일정에 자동으로 등록이 된다. 일정 앞에 사선이 표시되므로 현재 상대방이 모임 요청 메일에 대해 응답하지 않았음을 알 수 있다.

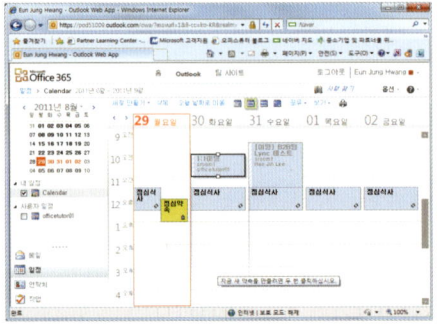

2 모임 응답하기

1 모임 요청을 받은 사람은 탐색 창의 [메일]에서 모임 요청 메일을 열고, 상단의 수락(✓), 미정(?), 거절(✗)을 클릭하여 응답할 수 있다. **2** 모임을 이끈 사람이 모임 요청을 다시 열어 보면 [추적] 탭이 나타난다. [추적] 탭을 클릭하면 모임에 초대된 사람들이 어떤 응답을 했는지 확인할 수 있다. **3** 요청한 모임 내용이 변경된 경우에는 수정한 후 [업데이트 보내기]를 클릭해 관련 내용을 모임에 초대 받은 사람에게 공유해줄 수 있다.

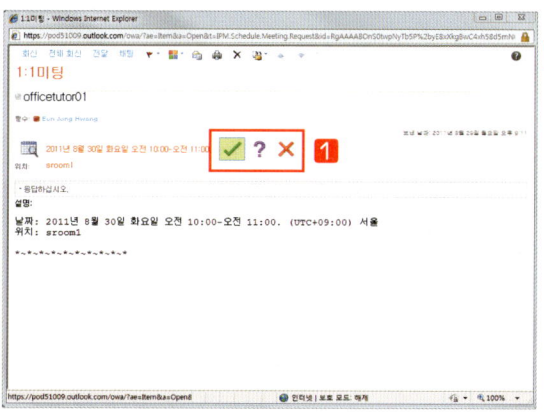
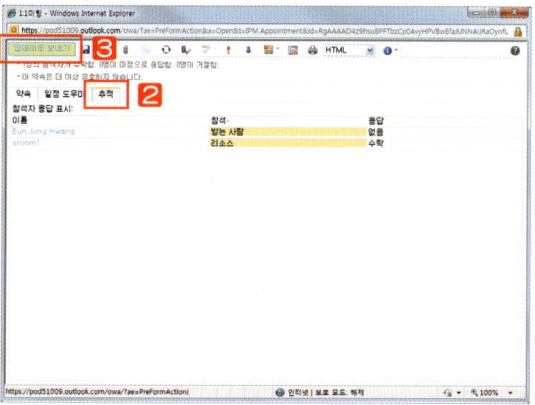

POINT 참석자를 필수, 선택 또는 리소스로 설정하려면 해당 이름 옆의 아이콘을 클릭한다. 아이콘을 클릭할 때마다 다음 설정으로 변경된다. 모임 이끌이는 변경할 수 없다.

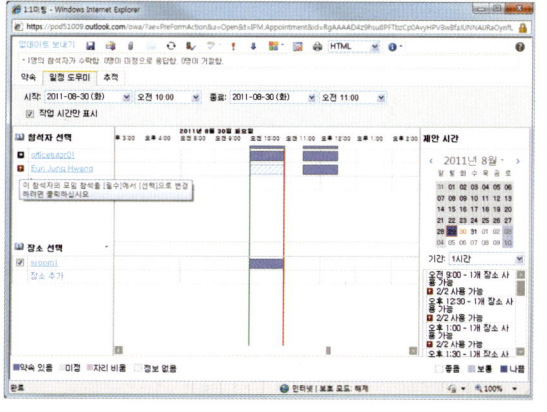

3 일정 도우미

1 새 약속 또는 모임 요청을 만든 다음 [일정 도우미] 탭을 클릭한다. **2** [참석자 선택]을 클릭하여 초대할 사람의 이름을 입력한다. 참석 가능 차트에는 모임 시간이 강조 표시되고 모임 당일의 모든 참석자의 일정이 자동으로 표시된다. **3** 모임 날짜를 변경하려면 [시작] 또는 [종료]에서 새 모임 날짜를 선택한다. **4** 모임 시간을 이동하려면 모임 시간을 나타내는 강조 막대를 클릭하여 원하는 시간으로 끌어 놓거나 제안 시간 목록에서 선택한다. **5** [보내기] 또는 [업데이트 보내기]를 클릭한다.

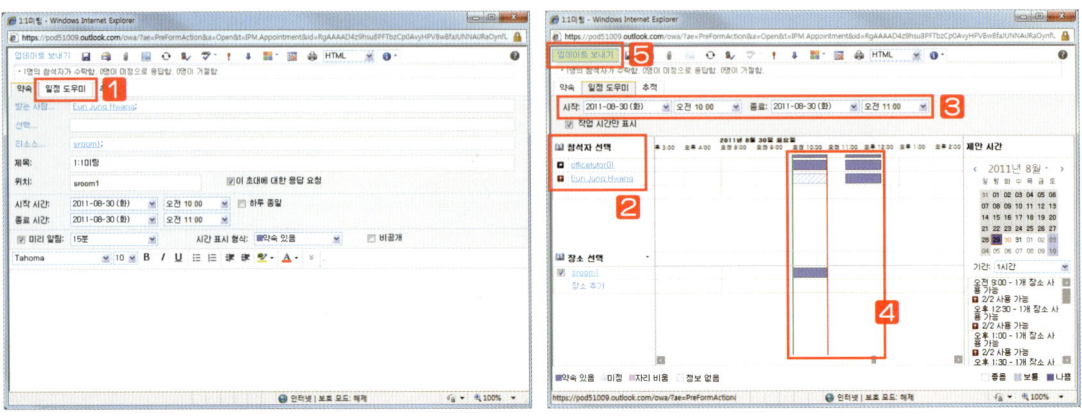

> **POINT** 모임 요청을 취소해야 할 때에는 [모임 취소]를 클릭하여 모임 요청 취소 메일을 발송한다. 모임 취소 메일이 발송되면 모임을 이끈 사람의 사용자 일정은 사라지고, 모임 요청 메일을 받은 사람의 일정 화면에는 [취소됨:~]이라고 나타난다.

연락처 12

연락처 관리하기

연락처는 개인 전자 메일 주소록으로, 정기적으로 연락하는 사람 및 회사에 대한 정보를 저장하는 공간이다. 연락처는 단일 항목을 여러 명에게 전자 메일로 보낼 때 유용하게 사용할 수 있다. 조직의 공유 주소록에 있는 공용 그룹은 전자 메일 목록과 비슷하다. 공용 그룹의 주소로 전자 메일을 보내면 그룹의 모든 구성원들에게 메시지를 배포할 수 있다.

1 연락처 만들기

1 Outlook Web App의 탐색 창에서 [연락처]를 클릭하고 도구 모음에서 [새로 만들기]를 선택한다.
2 새 연락처 창에서 연락처에 포함할 정보를 입력한다. [프로필] 영역에는 연락처의 이름과 직업 정보를, [연락처] 영역에는 연락처 정보를 입력한다. [주소] 영역에는 연락처의 회사, 집 및 기타 실제 주소를 저장할 수 있고, [자세히] 영역에는 Word 문서나 연락처에 대한 메모와 같은 첨부 파일을 추가할 수 있다.
3 [저장 후 닫기]를 클릭하거나 Ctrl + S 를 누른다.

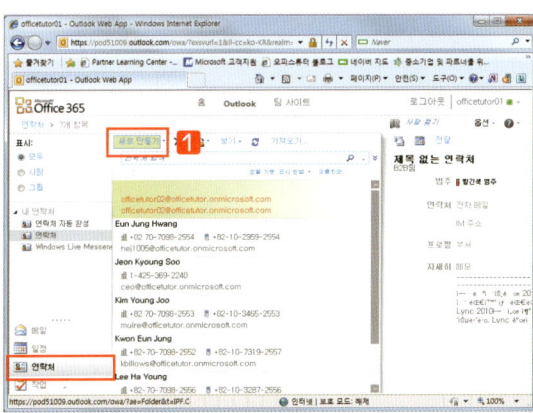 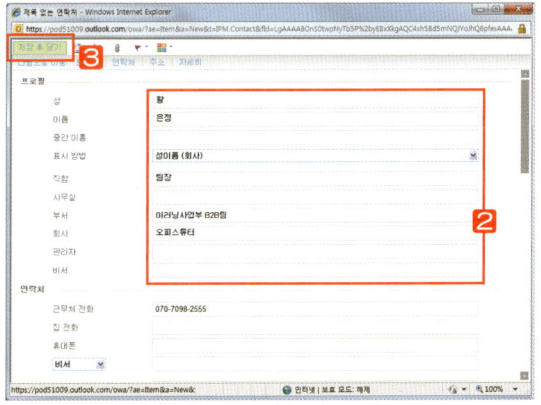

2 그룹 만들기

1 Outlook Web App에서는 구성원 연락처를 그룹으로 묶어 관리할 수 있다. [연락처]의 도구 모음에서 [새로 만들기]를 클릭하고 [그룹]을 선택한다. **2** 새 그룹 대화상자에서 그룹에 대해 포함할 정보를 입력한다. [그룹 이름]은 그룹의 표시 이름이며, [구성원]에 원하는 구성원을 추가할 수 있다. [메모]는 그룹에 대한 정보를 입력할 수 있는 영역이다.

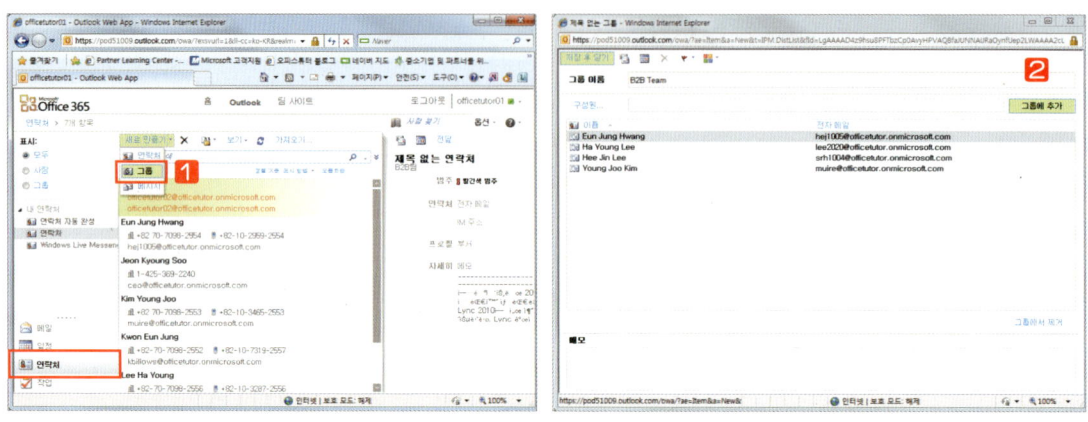

3 공용 그룹 만들기

1 Outlook Web App의 도구 모음에서 [옵션] - [모든 옵션 보기]를 클릭하고 [그룹] - [공용 그룹] 탭에서 [내가 소유한 공용 그룹]의 [새로 만들기]를 클릭한다. **2** [새 그룹] 대화상자에 해당 정보를 입력하고 [저장]을 클릭한다.

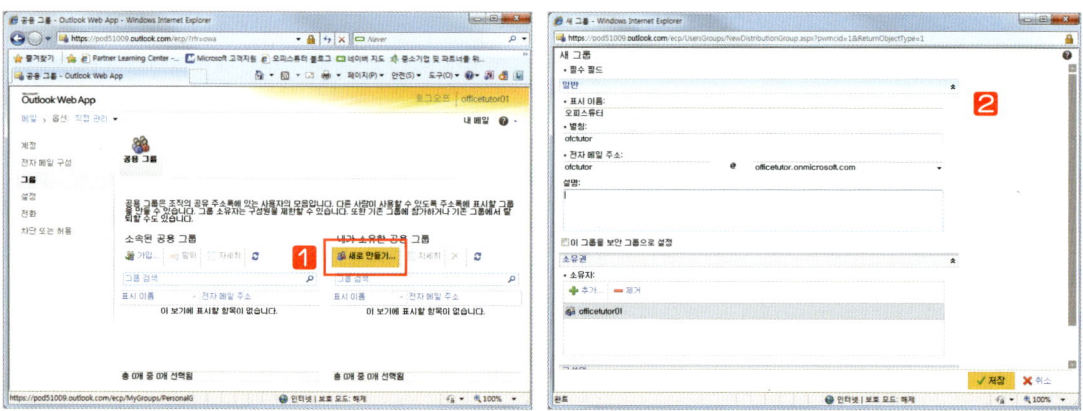

공용 그룹 설정 하기

공용 그룹을 만들 때에 설정하는 옵션의 의미는 다음과 같다.

일반	**표시 이름** : 필수 정보. 그룹의 이름을 입력한다. 그룹 이름은 주소록에 나타나고 해당 그룹으로 전자 메일을 보낼 때 받는 사람에 나타난다. **별칭** : @ 기호 왼쪽에 표시되는 전자 메일 주소의 이름 부분이다. 별칭은 반드시 포함해야 하며 공백을 포함할 수 없다. **설명** : 사용자들이 설명을 통해 그룹을 파악할 수 있도록 의미가 있는 설명을 입력한다.
소유권	**소유자** : 그룹의 소유자를 추가할 수 있다. 그룹을 만든 사람은 자동으로 그룹 소유자로 추가된다. 그룹에는 한 명 이상의 소유자가 있어야 한다.
구성원	**구성원** : 그룹에 사용자를 추가하거나 제거한다.
구성원 승인	**구성원 승인** : 그룹에 가입하거나 탈퇴하려는 사용자에 대해 승인이 필요한지 여부를 지정할 수 있다.

> **POINT**
>
> **소속된 공용 그룹**
> 사용자가 속한 각 공용 그룹이 표시 이름 및 전자 메일 주소별로 나열된다. 이 창을 사용하여 공용 주소록에 나열된 공용 그룹에 가입 또는 탈퇴하거나 자신이 속한 그룹에 대한 정보를 얻을 수 있다.
>
> **내가 소유한 공용 그룹**
> 사용자가 만들었거나 소유한 모든 공용 그룹이 나열된다. 새 공용 그룹을 만들어 공용 주소록의 다른 사용자와 공유하거나, 그룹 설정을 수정하거나, 소유자, 구성원 및 승인 옵션을 설정하거나, 그룹을 삭제할 수 있다.

| 연락처 13

연락처 가져오기

연락처 가져오기를 사용하면 다른 계정의 연락처를 Outlook Web App에서 액세스하는 계정으로 가져올 수 있다. 연락처를 가져오려면 다른 전자 메일 계정의 연락처를 .csv 파일로 변환해야 한다.

1 연락처 가져오기

❶ [연락처]의 도구 모음에서 [가져오기]를 클릭한다. 또는 [옵션]-[모든 옵션 보기]를 클릭하고 [계정]-[내 계정] 탭에서 [다른 작업에 대한 바로 가기]로 이동한 다음 [기존 전자 메일 계정에서 연락처 가져오기]를 클릭한다. ❷ 연락처가 포함된 .csv 파일의 경로를 입력하거나 [찾아보기]를 클릭하여 파일을 찾는다.

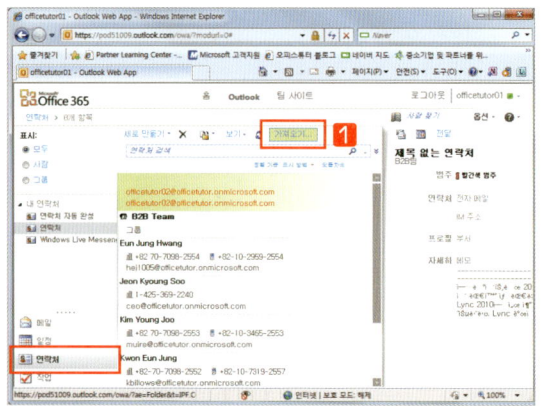
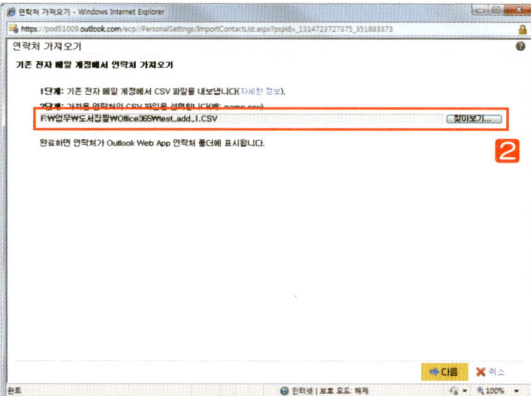

2 연락처 내보내기

1 Outlook 2010을 실행하고 [파일] 탭-[열기]-[가져오기]를 클릭한다. **2** [가져오기/내보내기 마법사] 대화상자에서 [수행할 작업 선택]을 '내보내기-파일'로 선택한 후 [다음] 버튼을 클릭한다. **3** [만들 파일 형식]을 '쉼표로 구분된 값(DOS)'으로 선택하고 [내보낼 폴더 선택]에서 [연락처]를 선택한다. [찾아보기] 버튼을 클릭하여 파일을 저장할 위치를 선택하고 파일 이름을 지정한다. **4** [사용자 지정 필드 매핑] 버튼을 클릭하여 연락처 필드를 사용자 지정 한 후 [마침] 버튼을 클릭한다.

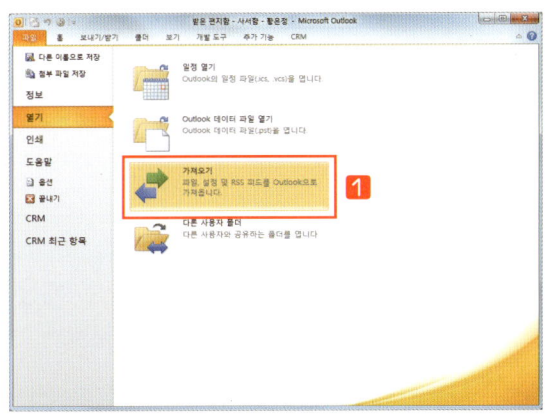
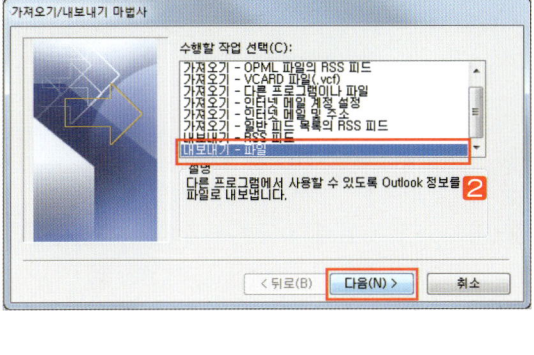
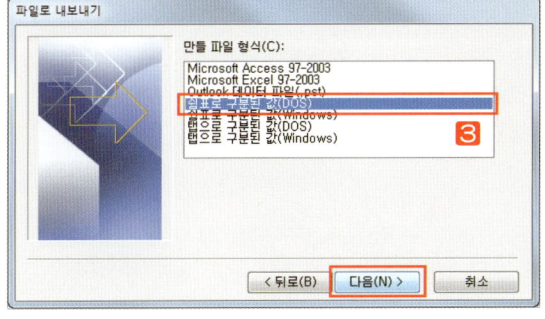
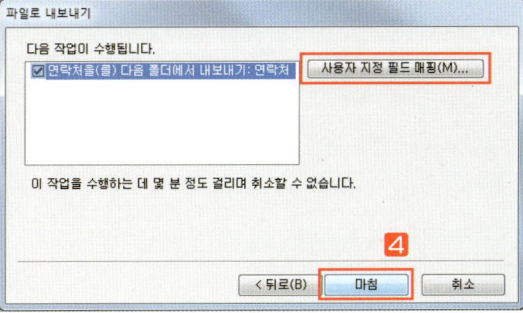

옵션 14

기타 옵션 설정하기

Outlook Web App에서 메일 발송 시에 사용할 전자 메일 서명을 추가할 수 있다. 전자 메일 서명이란 보내는 전자 메일 메시지의 끝에 추가할 수 있는 텍스트이다. Outlook Web App과 Outlook을 모두 사용하고 있으며 두 프로그램 모두에 서명이 필요한 경우 각 프로그램에서 서명을 만들어야 한다.

1 전자 메일 서명 만들기

1 Outlook Web App의 도구 모음에서 [옵션] – [모든 옵션 보기]를 클릭한다. **2** 옵션 화면의 [설정] – [메일] 탭에서 [전자 메일 서명]을 등록한다. **3** [보내는 메시지에 자동으로 내 서명 포함]을 체크한 후 [저장]을 클릭한다. Outlook Web App에서 새로운 메시지를 보낼 때 서명이 추가되는 것을 확인할 수 있다.

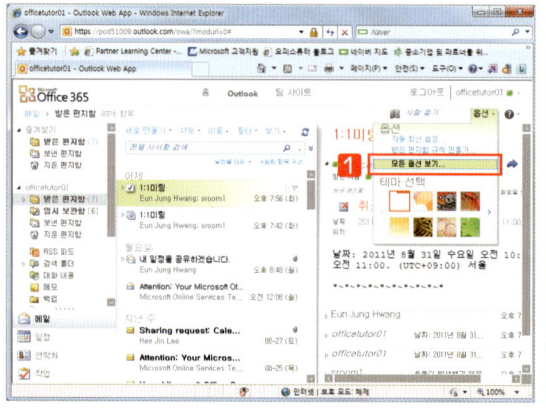 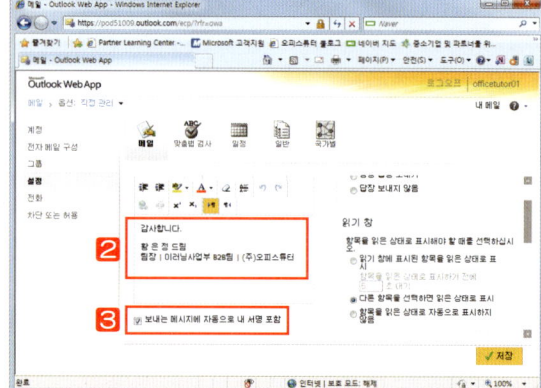

2 일정 설정 옵션

Outlook Web App의 도구 모음에서 [옵션]-[모든 옵션 보기]를 클릭하고 [옵션] 화면에서 [설정]-[일정] 탭을 선택한다. [모양], [미리 알림], [자동 처리]에 대한 설정을 변경한 후 [저장]을 클릭하면 일정에 적용된다.

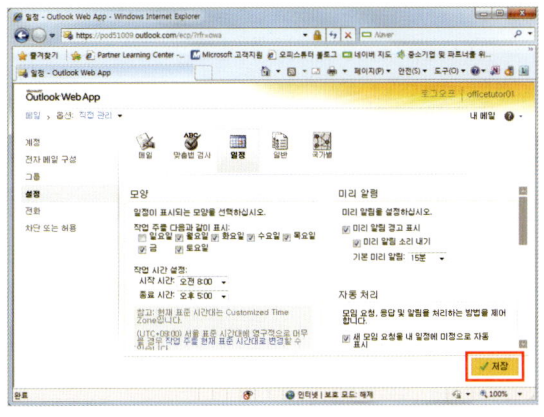

3 정크 메일 설정

1 Outlook Web App의 탐색 창에서 [메일]을 클릭하고 정크메일로 설정할 메시지를 선택한 후 마우스 오른쪽 버튼을 클릭한다. [정크 메일]-[수신 거부 목록에 보낸 사람 추가]를 선택하고 [확인] 버튼을 클릭하면 해당 메시지가 [정크 메일]로 옮겨진다. 정크 메일 설정을 해제하려면 해당 메시지를 선택하고 도구 모음의 [정크 메일 아님]을 클릭하면 다시 [받은 편지함]으로 옮겨진다. **2** 정크 메일로 설정된 메일을 보낸 사람은 Outlook Web App의 도구 모음의 [옵션]-[모든 옵션 보기]의 [차단 또는 허용]-[차단 또는 허용] 탭의 [차단된 보낸 사람]

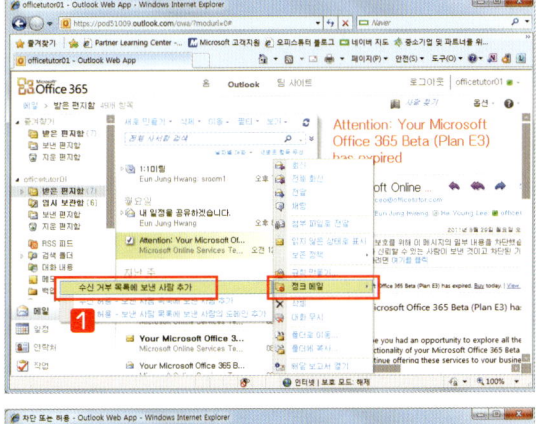

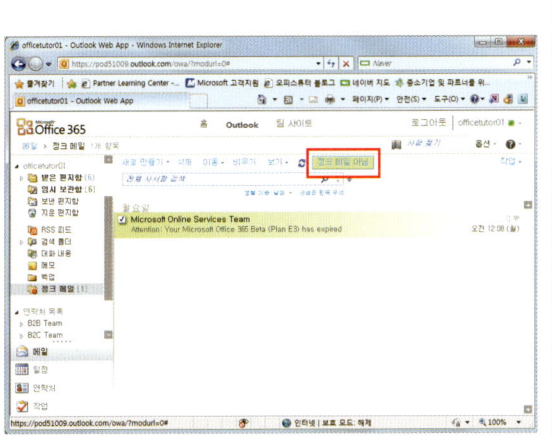
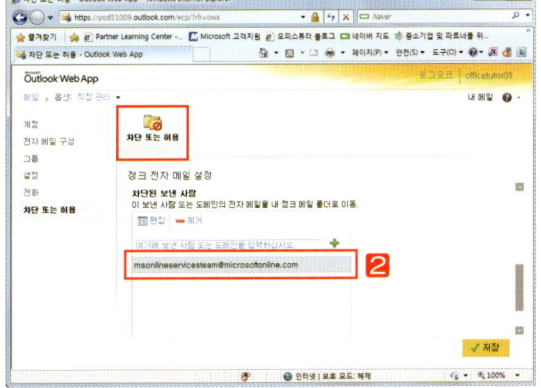

사용자 15

사용자 추가하기

사용자가 서비스에 액세스하려면 먼저 관리자가 사용자 이름 및 암호를 비롯한 사용자 계정을 만들어 해당 사용자를 시스템에 추가하고 사용자 계정에 라이선스를 할당해야 한다. 단일 파일 원본에서 여러 사용자 계정을 가져올 수도 있다. 파일은 CSV(쉼표로 구분된 값) 파일이어야 하며 필수 형식을 준수해야 한다.

1 한 번에 하나씩 사용자 추가하기

1 [관리자] 화면의 왼쪽 창에 있는 [관리] - [사용자]를 클릭하고 [사용자] 화면에서 [새로 만들기] - [사용자]를 선택한다. **2** [새 사용자] 화면이 나오면 정보를 입력한 후 [다음] 버튼을 눌러 [속성], [설정], [라이선스], [전자 메일], [결과] 순서로 진행한다. [사용자]에 새 사용자가 추가된다.

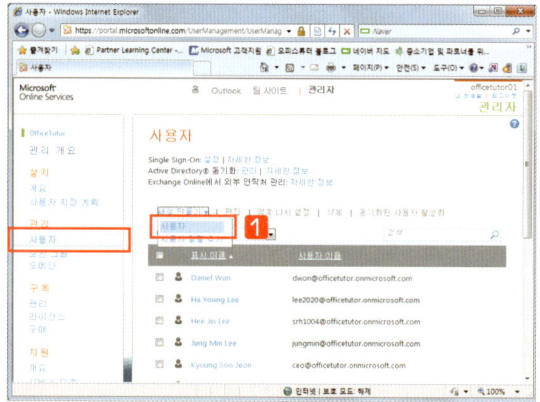
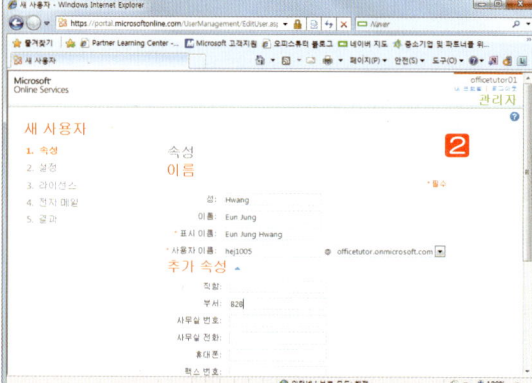

POINT 여러 국가나 지역에서 사용자를 가져오는 경우 각 국가나 지역의 CSV 파일을 개별적으로 만들고 각 CSV 파일에 대해 [사용자 일괄 추가]를 수행하는 것이 좋다. 이 가져오기 프로세스의 일부로 CSV 파일에 사용자 위치를 표시하는데, [사용자 일괄 추가] 작업당 위치 한 개만 선택할 수 있기 때문이다.
[사용자 일괄 추가] 마법사를 사용하여 기존 CSV 파일을 업로드하거나, 제공된 빈 CSV 템플릿을 사용한다. CSV 파일은 메모장 등의 텍스트 편집기에서 편집할 수 있다. 템플릿에는 가져올 사용자에 대한 정보를 입력할 사용자 데이터 열 레이블이 포함되어 있다. 또한 마법사에는 샘플 사용자 데이터가 포함된 올바른 형식의 예제를 제공하는 샘플 CSV 파일이 포함되어 있다.

2 CSV 파일에서 사용자 일괄 추가하기

1 [사용자] 화면에서 [새로 만들기] – [사용자 일괄 추가]를 클릭한다. **2** [사용자 일괄 추가] 화면이 나타나면 [찾아보기]를 눌러 CSV 파일을 추가한 후 [파일 선택], [확인], [설정], [라이선스], [전자 메일], [결과] 순서대로 사용자 일괄 추가를 진행한다.

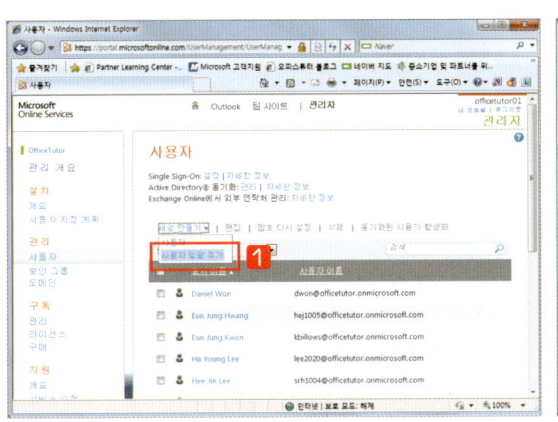 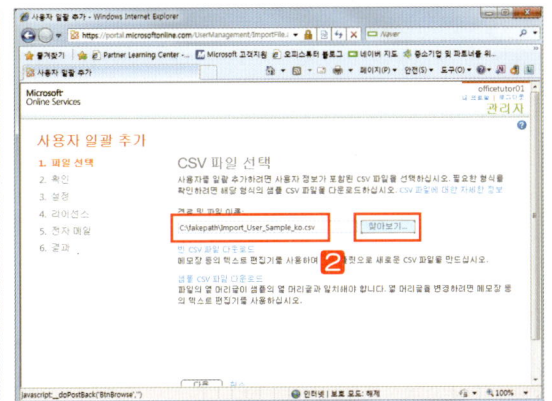

> **POINT** **CSV 파일**
> CSV 파일은 프로그램 간에 많은 양의 데이터를 전송하는 편리한 방법으로, 일반 텍스트 파일이며 데이터베이스 스타일 정보를 특수 형식으로 저장한다. 이 형식은 각 줄에 레코드 한 개가 있어야 하고 레코드 내의 필드는 쉼표로 구분해야 한다.
> CSV 파일을 만드는 경우 임의의 언어나 문자로 사용자 데이터 열 레이블을 입력할 수 있지만 올바른 필드가 채워지려면 샘플에 표시되는 레이블 순서가 중요하다. 그런 다음 임의 언어나 문자로 필드에 입력하고 파일을 유니코드 또는 UTF-8 형식으로 저장할 수 있다.
> 최소 행수는 사용자 데이터 열 레이블의 첫 번째 행을 포함하여 2개이다. 최대 행수는 사용자 데이터 열 레이블의 첫 번째 행을 포함하여 251개이다. 사용자 이름과 표시 이름만 필수 입력이다. 250명이 넘는 사용자를 가져와야 하는 경우 여러 CSV 파일을 만들어야 한다. CSV 파일을 만들거나 편집하는 경우 메모장이나 다른 간단한 텍스트 편집기를 사용해야 잠재적 파일 처리 문제를 방지할 수 있다.

라이선스 16

라이선스 할당과 제거

대기업용 Microsoft Office 365 구독은 서비스 집합에 대한 라이선스 수로 구성된다. 회사는 필요한 서비스와 각 서비스에 필요한 사용자 수를 선택한다. 관리자는 사용자가 액세스해야 하는 각 서비스의 각 사용자에게 라이선스를 할당할 수 있다. 사용자의 직무가 변경되면 전역 관리자 또는 사용자 관리자가 해당 사용자의 라이선스를 제거하여 사용자가 사용하는 서비스를 변경할 수 있다.

1 라이선스 할당하기

1 [사용자] 화면에서 라이선스를 할당할 사용자의 이름을 클릭하면 [라이선스 할당] 화면이 나타난다.
2 할당할 라이선스를 체크하고 [저장]을 클릭한다.

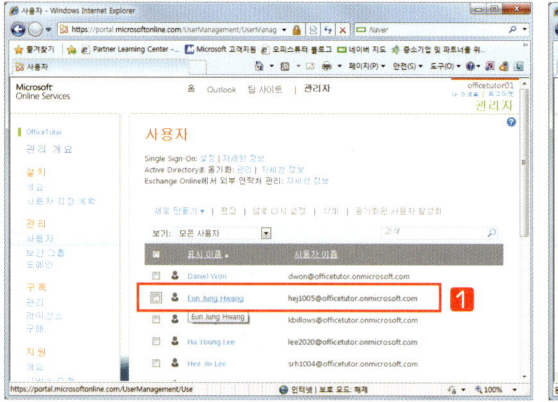
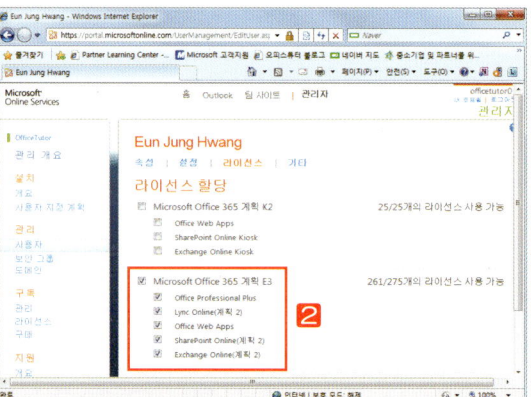

POINT 한 번에 여러 사용자에 대해 새 라이선스를 할당하거나 기존 라이선스를 바꿀 수 있다. [사용자] 화면에서 사용자 이름 옆에 있는 확인란을 체크하고 [편집]을 클릭한 후 [라이선스 할당] 화면이 나타날 때까지 [다음]을 클릭한다. '기존 라이선스 할당 바꾸기' 또는 '기존 라이선스 할당에 추가'를 선택한 다음 할당할 라이선스를 체크한 후 [제출]을 클릭한다.

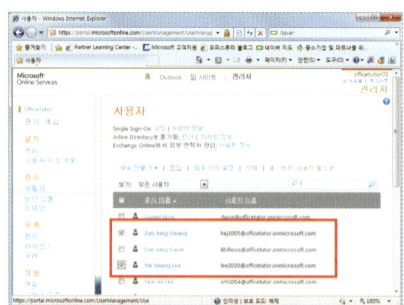
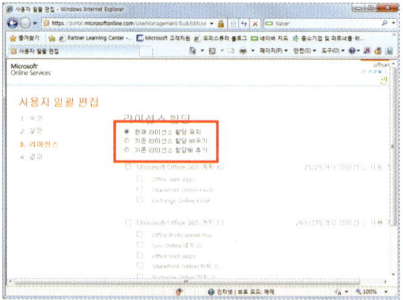

2 라이선스 제거하기

[사용자] 화면에서 라이선스를 제거할 사용자의 이름을 클릭하면 [라이선스 할당] 화면이 나타난다. 제거할 라이선스를 체크 해제하고 [저장]을 클릭한다.

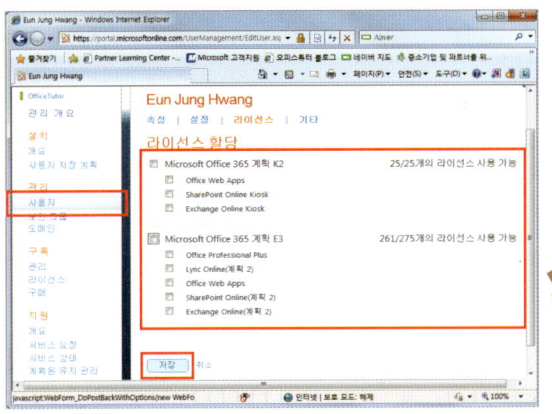

POINT 사용자의 라이선스를 제거하면 해당 서비스에 대해 사용자와 관련된 모든 데이터가 삭제되며 복구할 수 없다. 단, SharePoint Online에서 저장한 문서는 예외다.

POINT 여러 유형의 관리자는 역할에 따라 서로 다른 방법으로 라이선스를 사용할 수 있다. 가장 일반적인 옵션 요약은 아래와 같다.

관리자 역할	라이선스 할당	라이선스 제거	추가 라이선스 구매	사용자 삭제
전역 관리자	예	예	예	예
대금 청구 관리자	아니오	아니오	예	아니오
사용자 관리 관리자	예	예	아니오	예
서비스 관리자	아니오	아니오	아니오	아니오
암호 관리자	아니오	아니오	아니오	아니오

사서함 17

사서함 관리

사용자의 사서함과 방 사서함을 구성하고 편집할 수 있다. 특히 방 사서함은 회의실, 강당 및 교육실과 같은 실제 위치를 예약하는데 사용되는 특수 리소스 사서함이다. 관리자가 방 사서함을 만들면 사용자가 모임 요청에 방 사서함을 포함하여 방을 쉽게 예약할 수 있다.

1 사용자 사서함 만들기

❶ [관리자] 화면의 [Exchange Online]-[관리]를 클릭한다. ❷ [사용자 및 그룹]-[사서함] 탭에서 [새로 만들기] 드롭다운 버튼을 눌러 [사용자 사서함]을 선택한다. ❸ [새 사서함] 대화상자가 나타나면 사용자 정보를 입력한다. 사서함 목록에 새 사용자 사서함이 추가된 것을 확인할 수 있다.

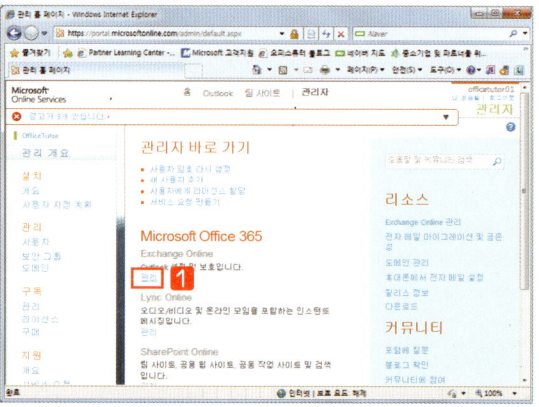

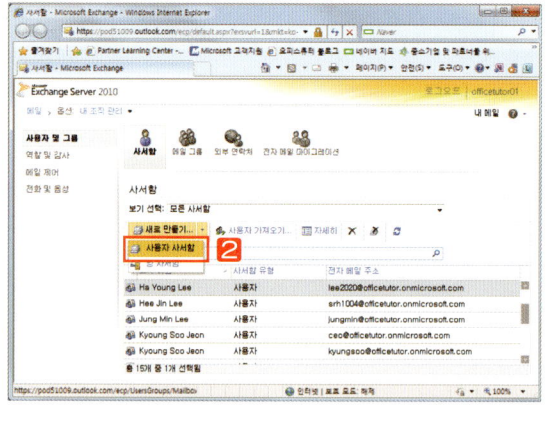

POINT Microsoft Office 365 전자 메일 조직에서는 새 사서함에 라이선스를 할당해야 한다. 라이선스를 할당하지 않으면 유예 기간이 끝난 후 사서함을 사용할 수 없다.

2 방 사서함 만들기

1 [관리자] 화면의 [Exchange Online]-[관리]를 클릭하고 [사용자 및 그룹]-[사서함] 탭에서 [새로 만들기] 드롭다운 버튼을 눌러 [방 사서함]을 선택한다. **2** [새 방] 대화상자가 나타나면 [방 이름], [전자 메일 주소], [위치], [전화], [용량] 등의 정보를 입력한다. **3** [사서함] 목록에 방 사서함이 추가 된 것을 확인할 수 있다.

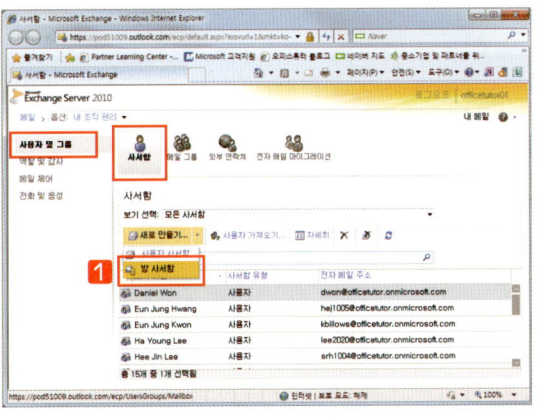

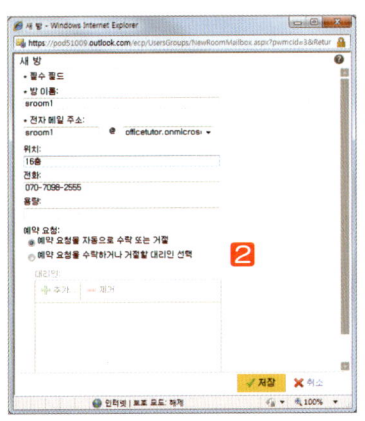

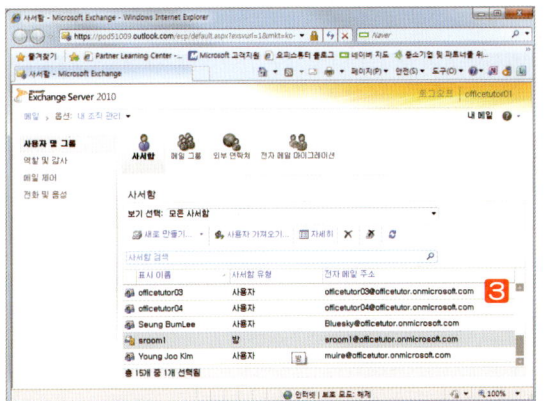

> **POINT** 장비 사서함
> 장비를 예약하는 데 사용되는 특수한 사서함이다. 관리자가 장비 사서함을 만들면 사용자가 모임 요청에 장비 사서함을 포함하여 장비를 쉽게 예약할 수 있다. 이러한 사서함은 휴대용 컴퓨터, 시청각 장비 또는 차량과 같은 특정 위치가 없는 리소스에 할당된다. 장비 사서함은 Windows PowerShell에서만 만들 수 있다.

메일 그룹 18

관리자용 메일 그룹 만들기

Exchange Online에서는 조직에 대한 메일 그룹을 만들어 공유 주소록에서 사용할 수 있다. 공용 그룹이라고도 하는 메일 그룹을 사용하면 사용자를 구성하고 공동 작업 환경을 조성할 수 있다. 전자 메일 메시지가 그룹으로 전송되면 해당 그룹의 모든 구성원에게 메시지가 전달된다. 개별 전자 메일 주소를 입력하지 않고 그룹을 사용하면 시간을 절약할 수 있고 모든 사람이 같은 메시지를 확인할 수 있다.

새 메일 그룹 만들기

1 [관리자] 화면의 [Exchange Online]-[관리]를 클릭하고 [사용자 및 그룹]-[메일 그룹] 탭에서 [새로 만들기]를 클릭한다. **2** [새 그룹] 대화 상자가 나타나면 그룹에 대한 [표시 이름], [별칭], [전자 메일 주소]를 입력한다. **3** 메일 그룹 목록에 설정한 그룹이 등록된 것을 확인할 수 있다.

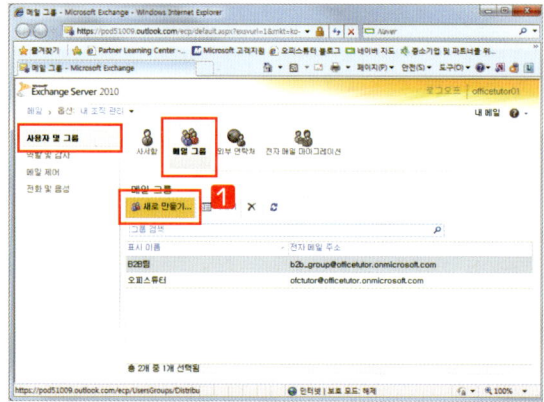

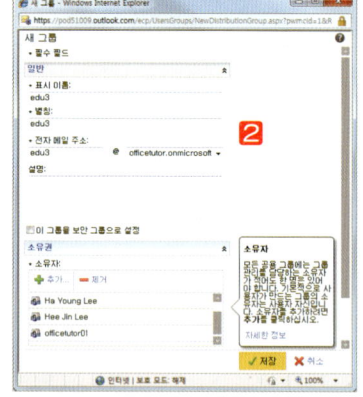

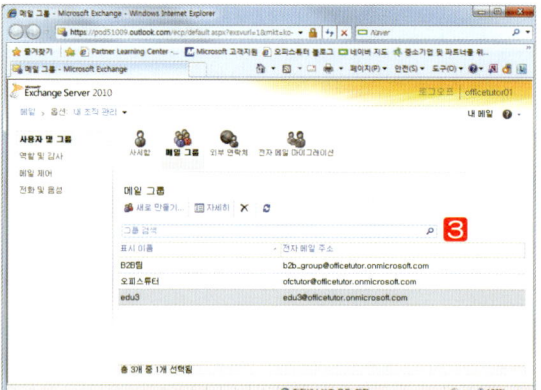

| 외부 연락처 | 19 |

외부 연락처 만들기

외부 연락처는 메일 그룹에 추가될 수 있고 조직의 주소록과 기타 주소 목록에 표시될 수 있는 조직 외부에 있는 사람을 나타낸다. 외부 연락처는 조직 외부의 전자 메일 주소를 가지고 있으며 도메인에 로그인할 수 없다. 외부 연락처를 사용하면 연락처에 대한 조직 차원의 최신 정보를 유지 관리할 수 있고, 사용자가 조직 외부에 있는 사용자와 보다 효율적으로 공동 작업을 할 수 있다.

외부 연락처 만들기

1 [관리자] 화면의 [Exchange Online]-[관리]를 클릭하고 [사용자 및 그룹]-[외부 연락처] 탭에서 [새로 만들기]를 클릭한다. **2** [새 외부 연락처] 대화상자가 나타나면 [표시 이름], [별칭], [외부 전자 메일 주소]를 입력한다. **3** 외부 연락처 목록에 설정한 외부 연락처가 등록된 것을 확인할 수 있다.

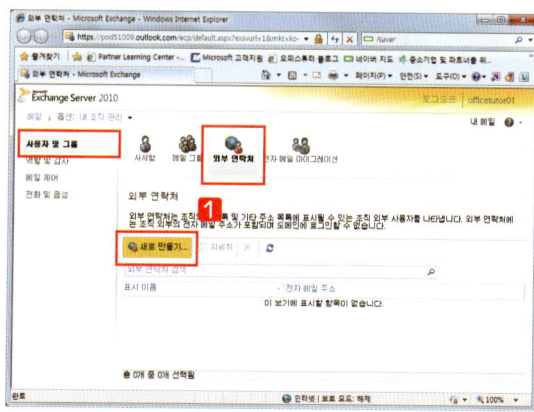

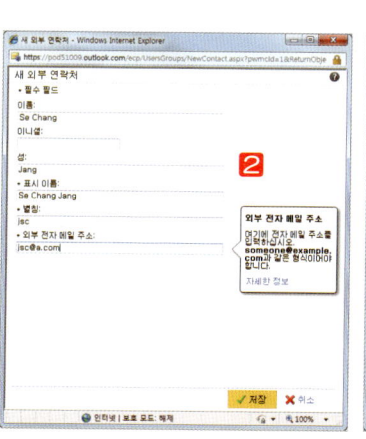

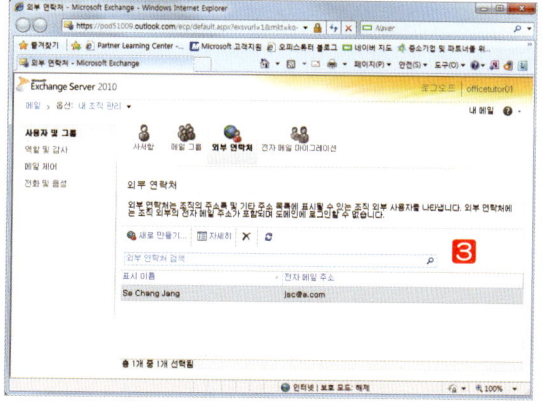

규칙 20

규칙과 고지사항

관리자는 새 전송 규칙을 만들거나 기존 규칙을 수정할 수 있다. 또한 실행하지 않을 규칙을 해제하거나 삭제할 수 있다. 고지사항이란 전자 메일 메시지에 자동으로 추가되는 텍스트로, 법적 정보 또는 알 수 없거나 확인되지 않은 보낸 사람에 대한 경고를 제공하는 데 일반적으로 사용된다. 고지사항을 전자 메일 메시지에 자동으로 적용하려면 전송 규칙을 사용하면 된다.

1 규칙 만들기

1 [관리자] 화면의 [Exchange Online]-[관리]를 클릭하고 [메일 제어] – [규칙] 탭에서 [새로 만들기]를 클릭한다. **2** [새 규칙] 대화상자가 나타나면 서버에 적용할 규칙을 설정한 후 [저장] 버튼을 클릭한다. 설정된 규칙은 사용자가 이메일을 사용할 때 적용된다.

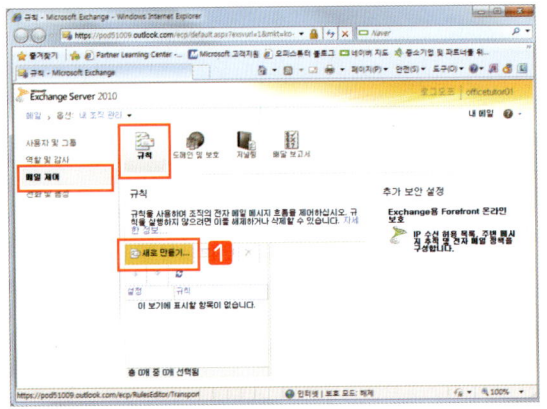
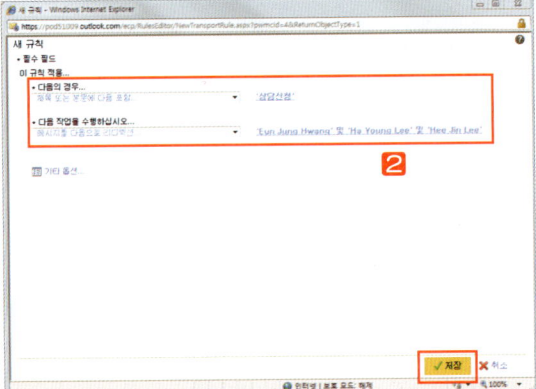

2 메시지에 고지사항 추가하기

1 [관리자] 화면의 [Exchange Online]-[관리]를 클릭하고 [메일 제어]-[규칙] 탭에서 [새로 만들기]를 선택하면 [새 규칙] 대화상자가 나타난다. **2** 먼저 [기타 옵션]을 클릭하고 조건을 설정한다. [다음의 경우...]에서 규칙을 실행할 상황을 설정하고 [다음 작업을 수행하십시오...]에서 수행할 규칙을 선택한다. [텍스트 입력...]을 클릭하여 고지사항 텍스트를 입력하고, [하나만 선택...]을 클릭하여 고지사항을 메시지에 적용할수 없는 경우에 수행할 작업을 지정한다. '래핑', '무시' 및 '거부' 중에서 선택할 수 있으며 기본 동작은 '래핑'이다. **3** 고지사항이 특정 메시지에 적용되지 않도록 예외를 추가하려면 [다음의 경우 제외...]에서 지정한다. **4** [규칙 이름]을 입력하고 설정을 저장한다.

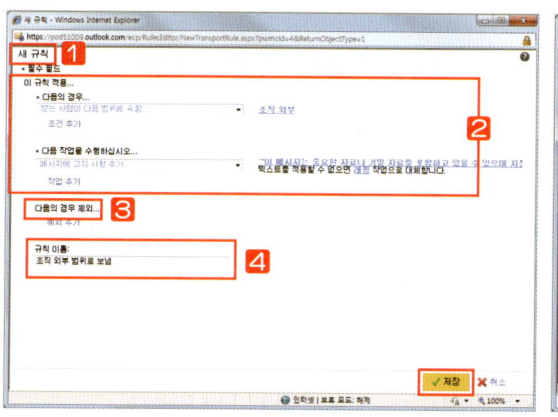 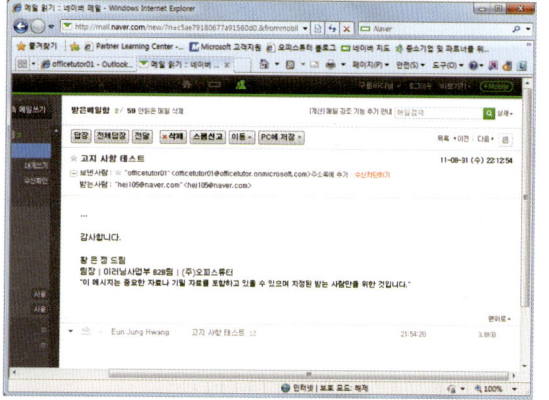

POINT 고지사항을 적용할 여러 전송 규칙을 구성하는 경우 사용할 조건을 신중하게 고려하여 동일한 메시지에 여러 고지사항이 적용되지 않도록 해야 한다. 또한 메시지 회신에 같은 고지사항이 반복적으로 적용되지 않도록 하기 위해 메시지 본문에서 고지사항 텍스트를 찾는 예외를 추가할 수 있다.

21 배달 보고서

배달 보고서로 관리하기

배달 보고서는 조직의 공유 주소록에 있는 사용자에게 보냈거나 받은, 특정 제목의 전자 메일 메시지의 배달 상태를 검색하는 데 사용할 수 있는 메시지 추적 도구이다. 배달 보고서에는 검색 결과 창에서 선택한 메시지에 대한 배달 상태 및 자세한 배달 정보가 표시된다.

배달 보고서 검색하기

1 [관리자] 화면의 [Exchange Online]-[관리]를 클릭하고 [메일 제어]-[배달 보고서] 탭을 클릭한다. **2** 배달 보고서와 관련된 정보를 입력한다. 중간에 처음부터 다시 시작하고 싶으면 [지우기]를 클릭한다. **3** 검색 조건에 맞는 메시지가 검색 결과에 반환되면 검색 결과 창에 보낸 사람, 받는 사람, 제목 및 보낸 시간 정보가 표시된다. 선택한 메시지에 대한 배달 정보를 보려면 항목을 선택하고 [자세히]를 클릭한다.

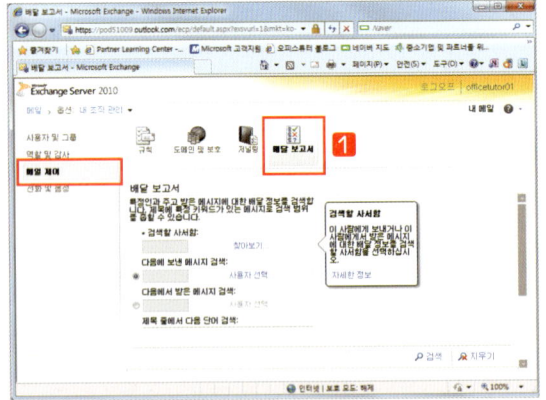

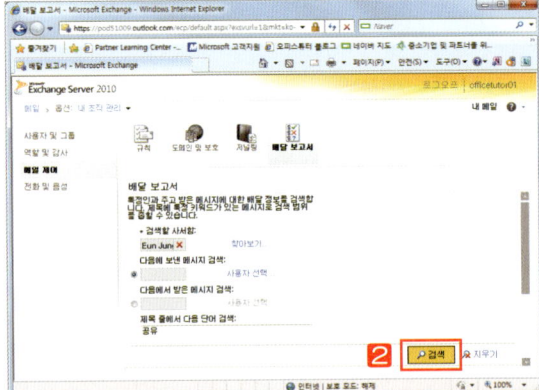

관리자 역할 22

관리자 역할 만들기

관리자 역할은 사용자가 무엇에 액세스하고 어떤 작업을 수행할 수 있는지를 정의한다. 각 관리 역할은 새 사서함 만들기, 암호 다시 설정 또는 사서함 검색과 같은 특정 관리 작업을 수행할 수 있는 권한을 제공한다.

관리자 역할 그룹 만들기

1 [관리자] 화면의 [Exchange Online]-[관리]를 클릭하고 [역할 및 감사]-[관리자 역할] 탭에서 [새로 만들기]를 클릭한다. **2** [새 역할 그룹] 대화상자가 나타나면 [전체 이름], [설명], [쓰기 범위], [역할], [구성원]을 설정하고 [저장]을 클릭한다. 역할 그룹 목록에 새로 추가된 역할 그룹이 나타나는 것을 확인할 수 있다.

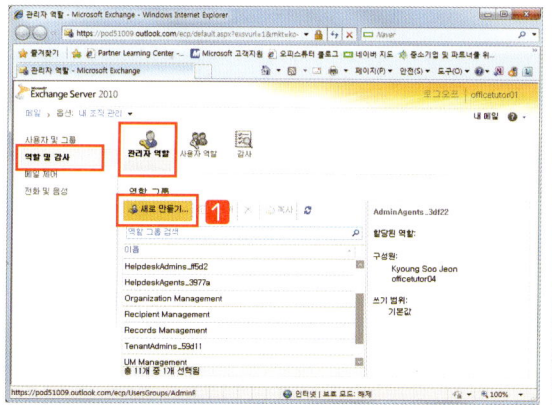
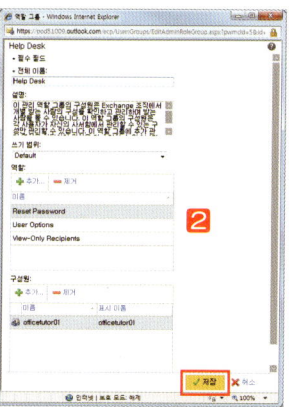

사용자 역할 23

사용자 역할 할당하기

사용자 역할은 사용자가 자신을 관리할 수 있도록 해주는 하나 이상의 최종 사용자 관리 역할의 모음이다. 사용자가 무엇에 액세스하고 어떤 작업을 수행할 수 있는지를 정의한다. 최종 사용자 관리 역할은 사용자가 특정 자기 관리 작업을 수행할 수 있도록 허용한다.

사용자 역할 할당 정책 만들기

1 [관리자] 화면의 [Exchange Online] - [관리]를 클릭하고 [역할 및 감사] - [사용자 역할] 탭에서 [새로 만들기]를 선택한다. **2** [역할 할당 정책] 대화상자가 나타나면 [전체 이름], [연락처 정보], [프로필 정보], [메일 그룹], [메일 그룹 구성원], [기타 역할]을 설정하고 [저장]을 클릭한다. 역할 할당 정책 목록에 새로 추가된 역할 할당 정책이 나타나는 것을 확인할 수 있다.

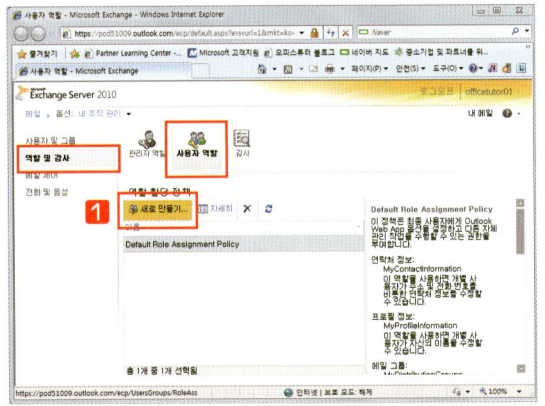 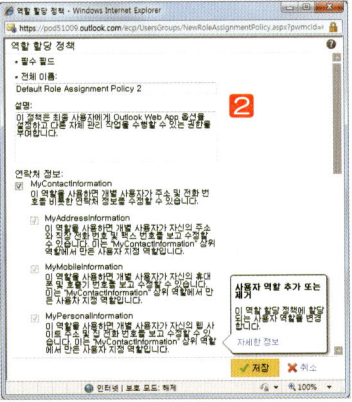

감사 24

감사 보고서 활용하기

[감사] 탭을 사용하여 보고서를 실행하거나 사서함 감사 로그와 관리자 감사 로그에서 항목을 내보낼 수 있다. 사서함 소유자 이외에 사서함에 액세스한 사용자와 해당 사용자가 수행한 작업을 확인하는 데 도움이 되고, 관리자는 구성 문제를 해결하거나 보안 또는 준수 관련 문제의 원인을 파악하는 데 도움이 된다.

감사 보고서 실행하기

1 [관리자] 화면의 [Exchange Online] - [관리]를 클릭하고 [역할 및 감사] - [감사] 탭을 선택한다. **2** 특정 보고서를 클릭하여 조건을 입력한 후 [검색]을 클릭하면 변경 내용을 확인할 수 있다.

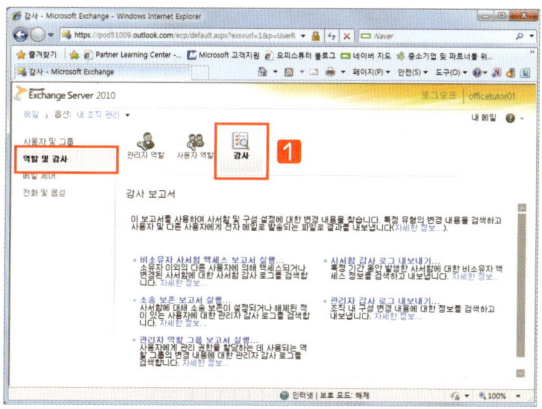
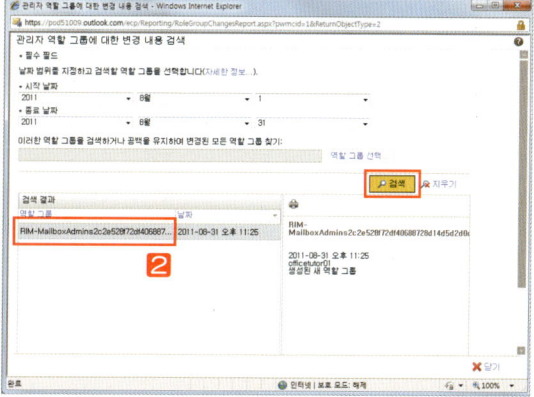

Outlook Web App과 Outlook의 기능 차이점

전자 메일 사용자를 위한 다양한 클라이언트 환경을 제공하는 Microsoft Office Outlook Web App 및 Outlook 간의 차이점에 대해 알아보자. 자세한 사항은 Outlook Web App의 도움말을 참고하도록 한다.

기능	Outlook에서 지원	Outlook Web App에서 지원
Outlook Web App에서 지원	아니오	예
Windows SharePoint Services 문서 라이브러리 및 Windows 파일 공유에 액세스	아니오	예
세그먼트화 – 관리자는 세그먼트화를 통해 Exchange 관리 콘솔 또는 Exchange 관리 셸에서 전자 메일 기능을 사용하거나 사용하지 않도록 설정할 수 있다.	아니오	예
사용자 계정 암호 변경	아니오	예
휴대폰 관리	아니오	예
사서함 할당량 보기	아니오	예
인터넷 팩스 보내기 및 받기	보내기 및 받기	인터넷 팩스만 받음
검색 폴더	모든 기능	검색 폴더를 만들 수는 없지만, 기본 검색 폴더와 이전에 Outlook을 사용하여 만든 사용자 지정 검색 폴더는 볼 수 있음
메시지 편집 도구	모든 기능	제한
공유 폴더	UI를 통해 가능	웹 파트를 통해 가능
사용자 지정	모든 기능	사용자 지정 양식으로만 제한
참고	모든 기능	표시만
업무 일지	모든 기능	표시만
월 단위 일정 보기	모든 기능	표시 및 편집. 인쇄 불가
검색	모든 기능	일정에서 사용할 수 없음

공용 폴더 사용 권한 관리	예	Outlook Web App을 통해 공용 폴더에 액세스할 수 있지만 사용 권한 관리는 할 수 없음
캐시된 Exchange 모드	예	아니오
오프라인 액세스	예	아니오
오프라인 주소록	예	아니오
사용자 지정 사전	예	아니오
사용자 지정 가능한 보기	예	아니오
.pst 파일, 데이터베이스 파일, 다른 메시징 및 연락처 시스템, 다른 일정 관리 응용 프로그램 등 다른 데이터 원본에서 데이터를 가져오고 내보내기	예	아니오
.pst 파일 지원	예	아니오
Office OneNote로 보내기	예	아니오
계층 구조 주소록	예	아니오
제어 위임	예	아니오
RSS 구독 및 관리	예	아니오
응답 단추	예	아니오
다른 모임 시간 제안	예	아니오
마우스 오른쪽 버튼을 클릭하여 관련 검색	예	아니오
자연어 검색	예	아니오
Windows SharePoint Services 목록	예	아니오
Outlook Today 화면	예	아니오
할 일 모음	예	아니오
탐색 창 사용자 지정	예	아니오
인라인 이미지 붙여넣기	예	아니오
작업 요청	예	아니오
일정 항목의 자동 서식 지정	예	아니오
일정 보기의 보조 표준 시간대	예	아니오

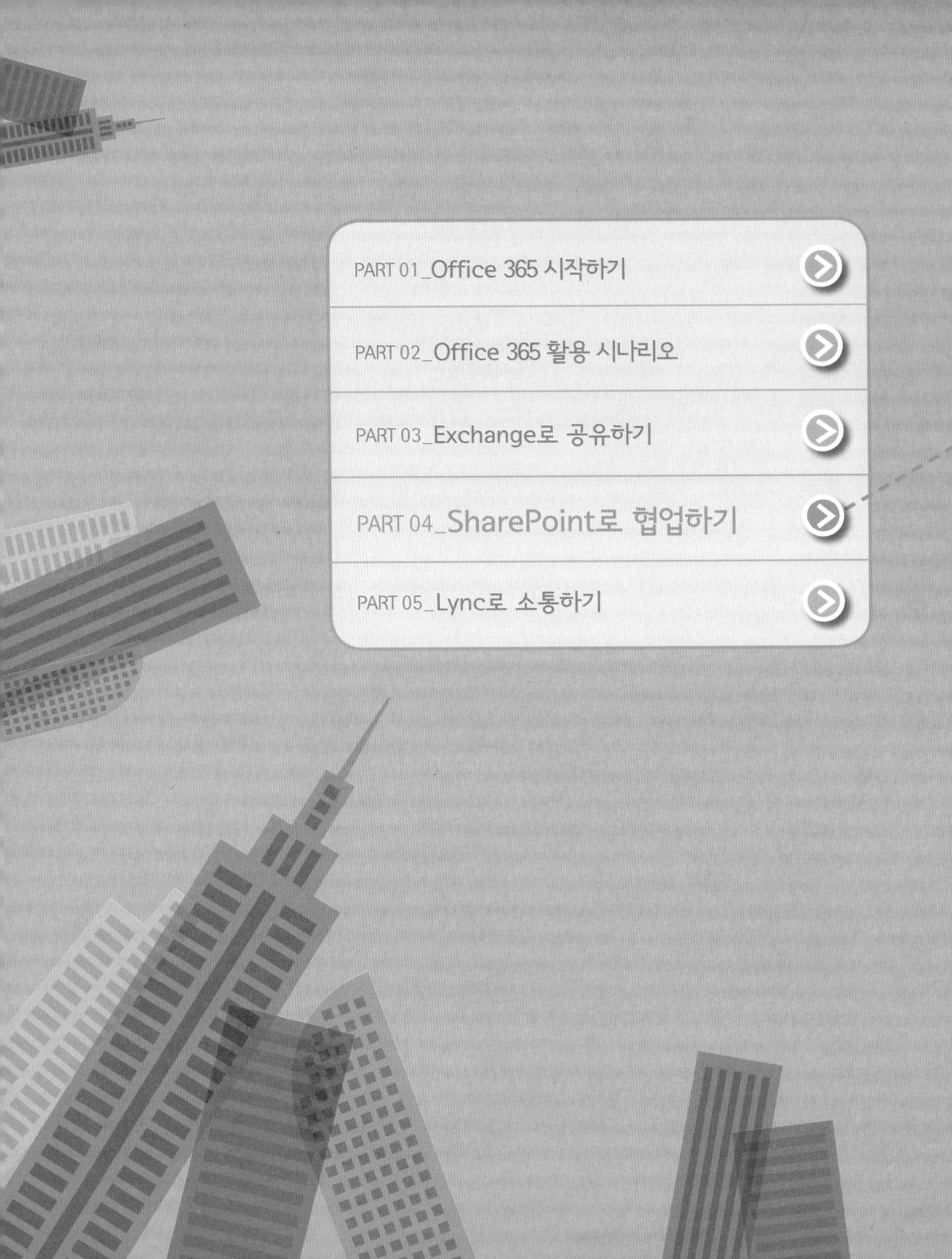

PART 01_Office 365 시작하기

PART 02_Office 365 활용 시나리오

PART 03_Exchange로 공유하기

PART 04_SharePoint로 협업하기

PART 05_Lync로 소통하기

PART 04

SharePoint로 협업하기

SharePoint Online에서는 직원들이 팀 구성원과 효율적으로 공동 작업을 하고, 정보를 공유하고, 조직 리소스 및 정보를 찾을 수 있도록 단일 통합 환경을 제공한다. SharePoint Online은 사이트 모음 관리자가 생성한 최상위 사이트로 구성되며 하나 이상의 하위 사이트가 포함될 수 있다. 여러 템플릿을 제공하므로 사용하고자 하는 목적에 따라 사이트를 만들면 된다.

본문에 들어가기에 앞서 이번 파트에서 다룰 내용을 미리 살펴보자. 여기서는 SharePoint Online을 구성 하는 방법과 여러 가지 기능들을 사용하는 방법에 대해 배울 것이다. 또한 어렵게 느껴지던 관리 영역도 특별한 IT 기술 없이 운영이 가능하도록 되어 있어, 이 책으로 공부하면 SharePoint Online을 확실히 배울 수 있을 것이다.

 목록과 라이브러리

목록은 조직에서 정보를 저장, 공유 및 관리할 수 있는 게시판과 같은 형태이고 라이브러리는 파일 정보뿐만 아니라 파일 자체도 저장하는 자료실의 형태이다. 팀 사이트에서 가장 많이 쓰이는 목록과 라이브러리를 상황에 맞는 템플릿을 이용해서 추가할 수 있다.

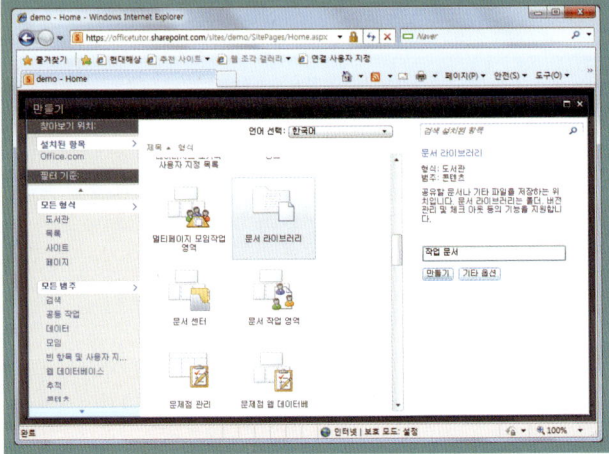

 관리 센터

전역 관리자 권한이 있다면 관리 센터를 이용해서 사이트 모음을 추가하거나 삭제할 수 있으며 조직원, 조직의 프로필 관련 사항을 변경할 수 있고 사이트 설정도 할 수 있다. 용어 저장소를 활용하면 메타데이터 관리도 가능하다.

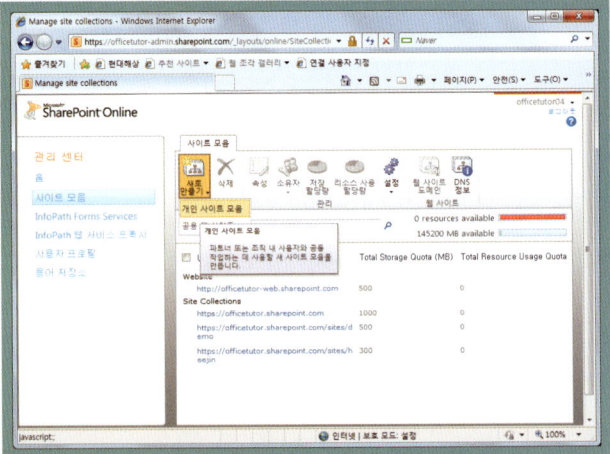

3 버전관리

라이브러리에서 버전관리를 설정하면 문서의 버전이 생성된다. 때문에 문서에 원치 않는 데이터가 업데이트되어 저장되면 이전 버전으로 복원을 하여 문서를 되돌릴 수 있다.

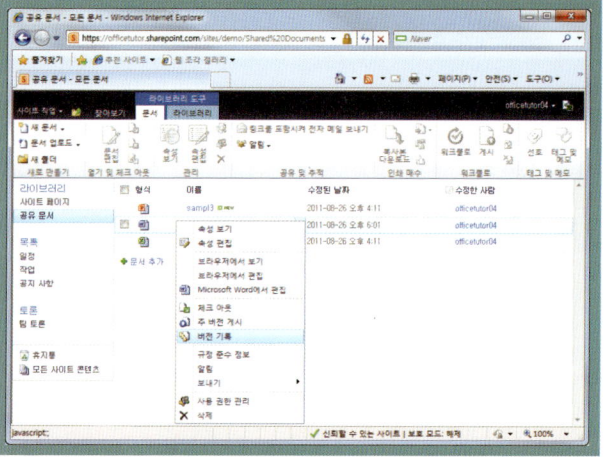

4 Office Web Apps

컴퓨터에 Office 프로그램이 설치 되어 있지 않아도 인터넷 웹 브라우저를 이용해서 라이브러리에 등록된 Office 문서를 간단하게 편집 할 수 있다.

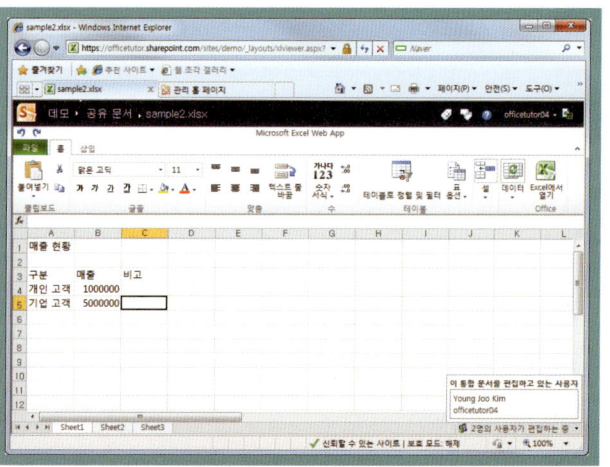

팀 사이트 01

팀 사이트 접속과 화면 구성 살펴보기

SharePoint Online에 접속하기 위해서는 Office 365 계정의 이메일로 로그인한다. SharePoint Online은 크게 상단의 리본 메뉴와 좌측의 빠른 실행, 그리고 본문으로 구성되었다. 특히 리본 메뉴는 Office 프로그램의 리본 메뉴와 마찬가지로, 작업을 수행하는 데 필요한 명령을 빠르게 찾을 수 있도록 구성 되었다.

1 팀 사이트 접속하기

Office 365 포털(http://portal.microsoftonline.com)의 홈 화면에 전자메일 주소와 암호를 입력해 로그인한다. 상단의 [팀 사이트]를 클릭하면 팀 사이트 화면이 열린다.

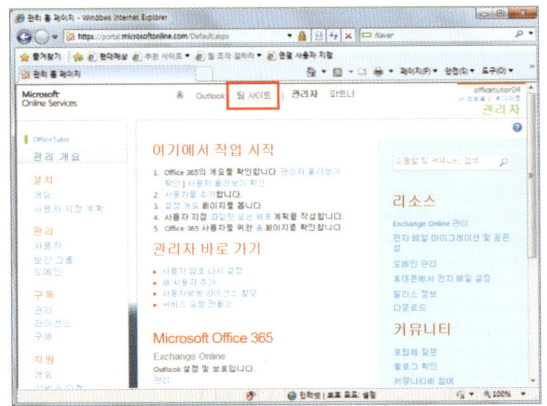 

인터넷 익스플로러의 주소 입력 창에 직접 주소(http://[Office365아이디].sharepoint.com)를 입력해서 팀 사이트에 접속할 수도 있다. 만약 영문으로 나온다면 한국어로 설정해야 한다. Part 01에 설정 방법이 자세하게 나와 있다.

2 화면 구성 살펴보기

팀 사이트는 화면 상단의 리본 메뉴와 좌측의 빠른 실행, 목록과 라이브러리의 내용을 보여주는 중앙 부분으로 이루어졌다.

- **리본 메뉴** : 오피스 2007 이상의 버전과 같은 기능을 한다. 오피스 제품의 리본 메뉴와 다른 점은 모든 탭이 항상 보여지지는 않는다는 점이다. 상황에 맞는 기능을 제공하는 탭만 보여지게 되며 때에 따라 탭이 2단으로 보여지는 경우도 있다. 리본 메뉴는 기본적으로 [찾아보기]로 활성화가 되어 있고 현재 화면에 대한 설명과 함께 위치를 알려준다. [페이지]는 현재 화면의 편집과 설정 기능을 제공한다. 노출은 안되고 있지만 [라이브러리 도구], [목록 도구], [편집 도구], [그림도구] 등의 탭이 제공되고 있다.

- **사이트 작업** : 오피스 제품의 파일과 비슷한 기능을 제공한다. 사이트, 페이지, 라이브러리 등의 새로 만들기를 지원하고 페이지와 사이트의 설정을 할 수 있다.

- **사용자 계정** : 우측 상단에 있는 사용자 계정을 클릭하면 사용자 설정을 할 수 있다. 바로 옆에는 [개발자 대시보드] 버튼이 있다. 실행하면 화면 아래에 개발자 대시보드 창이 보여진다. 화면의 응답속도, 데이터베이스 응답속도 등이 보여진다.

- **빠른 실행** : 화면 좌측의 라이브러리, 목록 등을 클릭하면 전체 목록이 보여진다. 라이브러리나 목록을 새로 추가할 수도 있다. 사이트 작업의 [사이트 설정]-[빠른 실행]에서 편집이 가능하다.

- **열기 메뉴** : 라이브러리나 목록에 등록된 문서 혹은 항목의 이름에 마우스를 올리면 이름 오른쪽에 드롭다운 버튼이 보인다. 편집과 관리 기능을 제공한다.

- **대화상자** : 화면 이동과 새로 고치기를 할 때, 깜빡임을 최소화하는 대화상자를 제공한다.

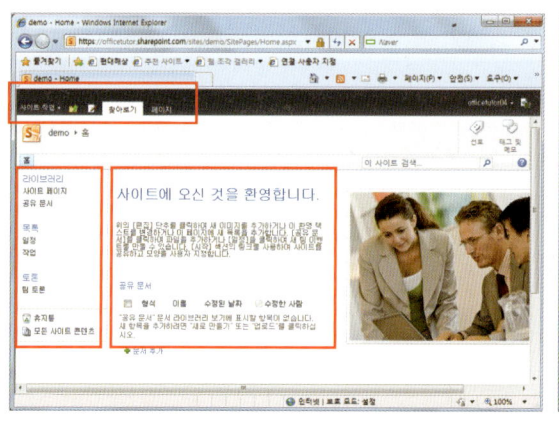 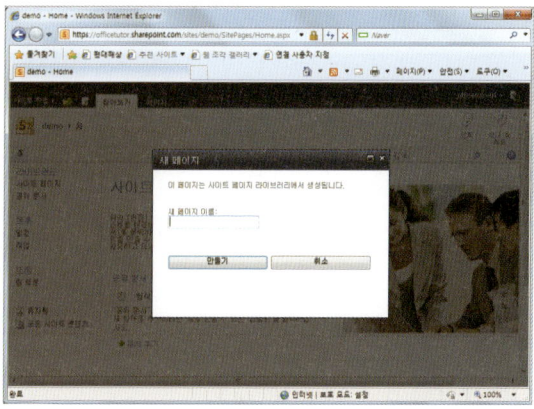

목록 만들기 02

목록과 라이브러리 만들기

목록은 조직에서 정보를 저장 및 공유하고 관리할 수 있는 웹사이트의 구성 요소이고 라이브러리는 파일 정보뿐만 아니라 파일 자체도 저장하는 특별한 형식의 목록이다. 목록과 라이브러리는 만들어서 사용할 수 있는데, [만들기] 대화상자를 사용하면 편리하다. 아래에서 그 과정을 알아보도록 하자.

1 목록 만들기

1 [사이트 작업]-[기타 옵션]을 클릭하면 [만들기] 대화상자가 나타난다. 만약 [만들기] 대화상자가 나타나지 않는다면 Microsoft Silverlight를 설치해야 한다. 설치 방법은 [홈] 아래의 노란색으로 나타난 [생성 환경 개선]에서 [Microsoft Silverlight 설치]를 누르면 된다. **2** [만들기] 대화상자의 [필터 기준]에서 [목록]을 클릭한 후 만들려는 목록을 선택한다. **3** 목록의 이름을 입력하고 [만들기] 버튼을 클릭한다. **4** [기타 옵션] 버튼을 클릭하면 [이름] 및 [설명]과 [탐색]이 나타나는데, 여기에 내용을 입력하고 빠른 실행에 표시할 것인지를 결정한다. 만들어지는 목록은 기본적으로 빠른 실행에 표시하는 것으로 되어있다.

 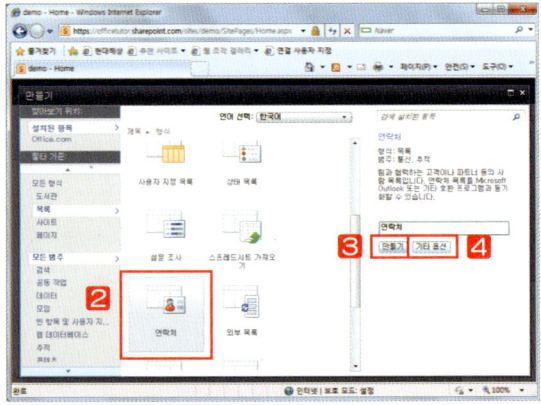

> **POINT** 빠른 실행의 [목록]을 클릭한 후 [만들기] 버튼을 클릭해도 [만들기] 대화상자가 나타난다.

2 라이브러리 만들기

1 화면 상단의 [사이트 작업] 버튼을 클릭한 다음 [기타 옵션]을 클릭한다. **2** [만들기] 대화상자에서 [필터 기준]-[도서관]을 클릭한 후 만들려는 라이브러리를 클릭한다. **3** 라이브러리의 이름을 입력하고 [만들기] 버튼을 클릭한다.

POINT 빠른 실행의 [라이브러리]를 클릭한 후 [만들기] 버튼을 클릭해도 [만들기] 대화상자가 나타난다.

업로드 03

라이브러리에서 오피스 문서 작업하기

라이브러리는 팀 구성원과 함께 파일을 만들기, 수집, 업데이트 및 관리할 수 있는 팀 사이트의 한 공간이다. 라이브러리에 오피스 파일을 업로드 하여 추가하거나 삭제할 수 있다. Office Web Apps로 웹 브라우저에서 오피스 문서를 작성할 수 있으며 간단한 편집이 가능하다.

1 문서 업로드하기

① 공유 문서를 선택한 후 라이브러리 도구의 [문서] 탭에서 [문서 업로드]를 클릭한다. ② [문서 업로드] 대화상자에서 [찾아보기] 버튼을 클릭하여 업로드 할 오피스 문서를 선택한 다음 [열기]를 누르고 [확인] 버튼을 클릭한다. ③ [공유 문서- 문서 제목] 대화상자가 나타나면 원하는 설정을 한 후, [저장] 버튼을 누른다.

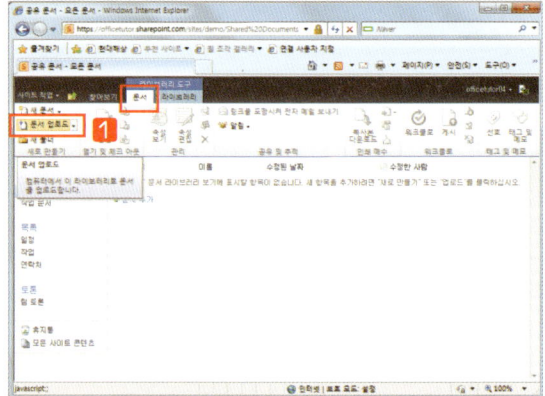

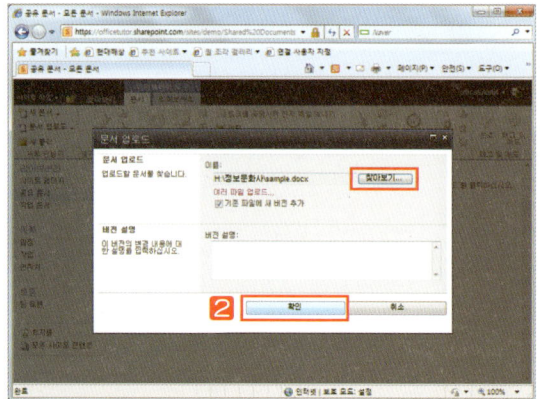

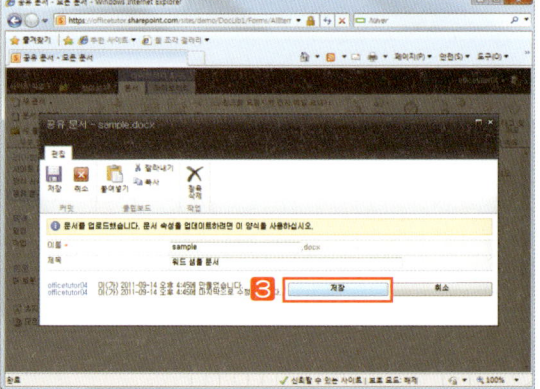

2 여러 문서 업로드하기

1 라이브러리 도구의 [문서] 탭을 클릭한다. 2 [문서 업로드]-[여러 문서 업로드]를 클릭한다. 3 [여러 문서 업로드] 대화상자가 보이면 [파일 찾아보기] 버튼을 눌러 문서를 선택한 후, [확인] 버튼을 클릭한다. 모든 문서가 업로드 되면 [완료] 버튼을 클릭한다.

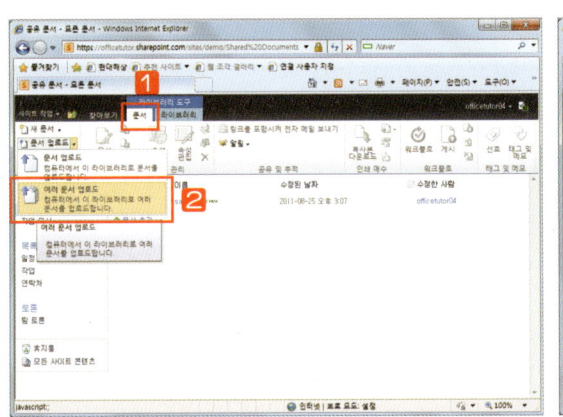 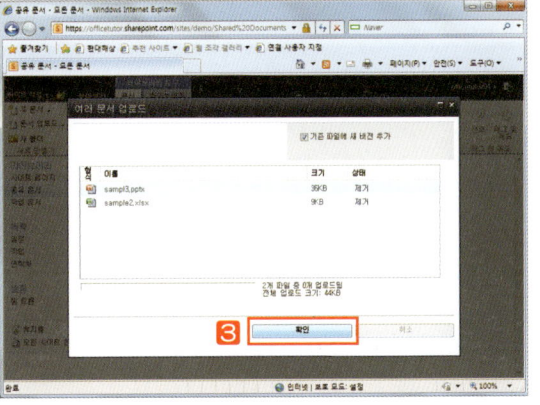

> **POINT** [문서 업로드] 대화상자에서 [여러 파일 업로드]를 클릭하면 [여러 문서 업로드] 대화상자로 바뀐다. [파일 찾아보기] 기능 이외에도 윈도우 탐색기에서 업로드 할 파일이나 폴더를 선택한 다음 [여러 문서 업로드] 대화상자로 드래그해서 파일을 추가할 수 있다.

3 오피스 문서 작성하기

1 라이브러리 도구의 [문서] 탭-[새로 만들기] 그룹-[새 문서]를 클릭한다. **2** [파일 이름]을 입력하고 [확인] 버튼을 누른다. **3** Office Web Apps의 Word 화면이 보이면 내용을 입력한 다음 리본 메뉴의 [파일]-[저장]을 클릭한다. 문서를 닫으면 라이브러리에 새로운 문서가 추가된 것을 볼 수 있다.

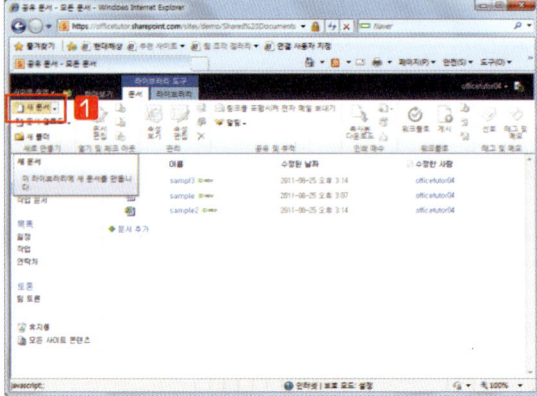

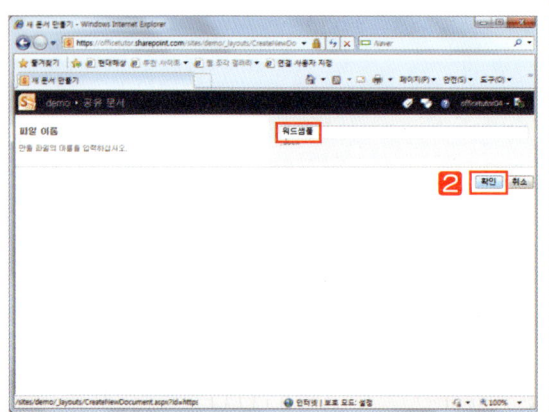

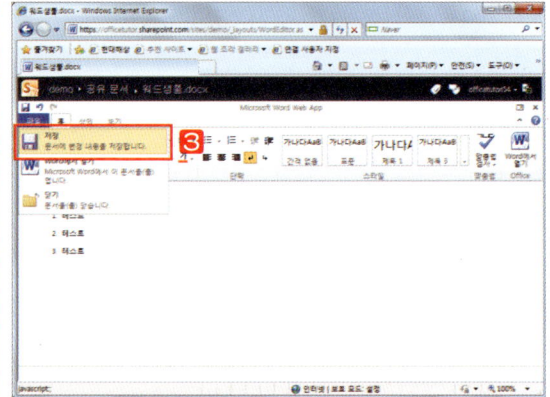

> **POINT** [새 문서]를 클릭할 때 Office 제품이 설치되어 있는 컴퓨터에서는 해당 프로그램이 실행되고 문서를 저장하면 라이브러리에 저장이 된다. 타사의 브라우저에서는 기본적으로 Office Web Apps로 실행이 된다.

4 오피스 문서 편집하기

1️⃣ 라이브러리에 등록된 오피스 문서를 클릭하면 Office Web Apps로 문서가 열린다. 문서에 마우스를 올린 후 드롭다운 버튼을 클릭하면 [워드에서 열기], [브라우저에서 편집] 메뉴가 보인다. 원하는 메뉴를 선택한 후 편집하면 된다. 2️⃣ 편집을 마친 후 [파일]-[저장]을 클릭한다.

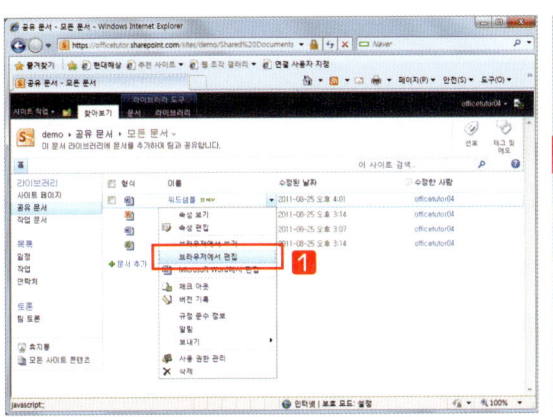
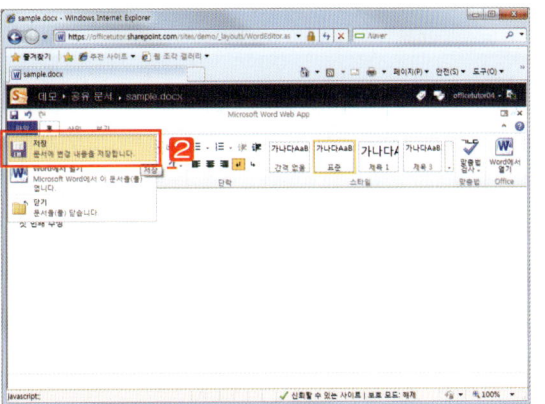

5 오피스 문서 체크 아웃하기

1️⃣ 본인 이외의 사람이 보거나 편집하는 걸 막기 위해서는 문서에 마우스를 올린 후 드롭다운 버튼을 눌러 메뉴에서 [체크 아웃]을 클릭한다.
2️⃣ [삭제]를 클릭하면 문서가 삭제된다.

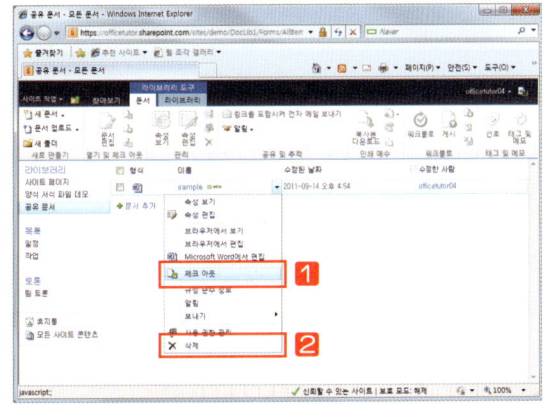

목록 편집 04

목록에 새로운 게시물 올리기

목록에는 일정 및 연락처를 비롯해 다양한 항목이 있다. 항목에 텍스트를 포함할 수도 있고, 일부에는 첨부 파일을 추가할 수도 있다. 목록에 항목을 추가하는 절차는 모두 유사하기 때문에 한 번만 배워두면 된다.

1 새 항목 만들기

1 [목록]의 [작업]을 클릭한다. **2** 목록 도구의 [항목] 탭에서 [새 항목]을 클릭한다. **3** [작업-새 항목] 대화상자에 각 항목을 입력한다. **4** 필요한 항목을 모두 입력 한 다음 [저장] 버튼을 클릭한다.

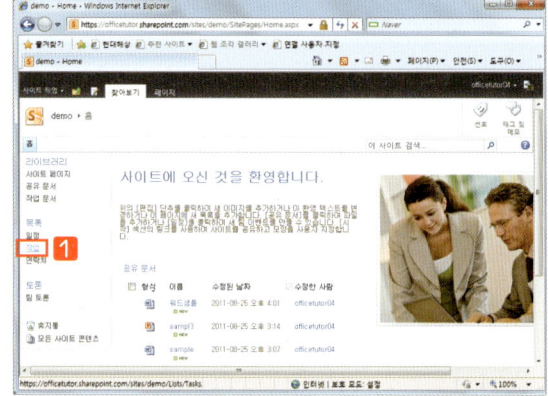

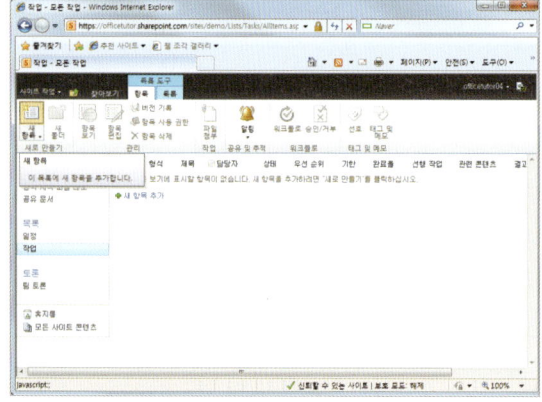

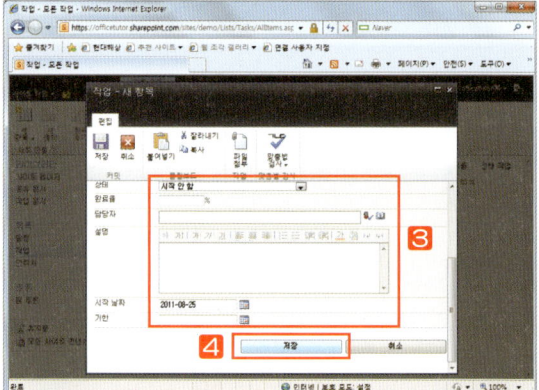

2 항목 편집과 삭제하기

1 등록되어 있는 항목의 확인란에 체크하고, 목록 도구의 [항목] 탭에서 [항목 편집]을 클릭한다. **2** [작업-Office 365 도메인 추가] 대화상자가 나오면 편집할 항목을 수정하고 [저장] 버튼을 클릭한다. **3** 목록에서 확인란을 체크한 다음 리본 메뉴에서 [항목 삭제] 버튼을 클릭한다. 혹은 [항목 보기] 대화상자에서 [항목 삭제] 버튼을 클릭한다.

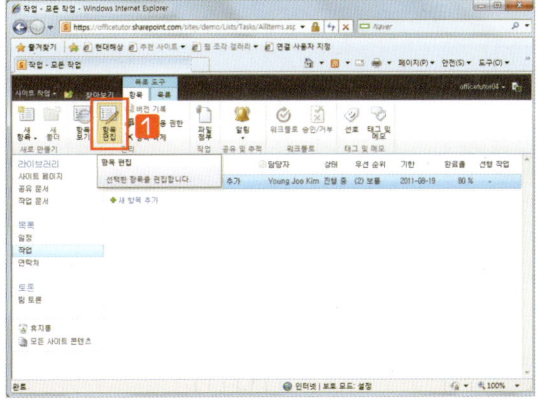

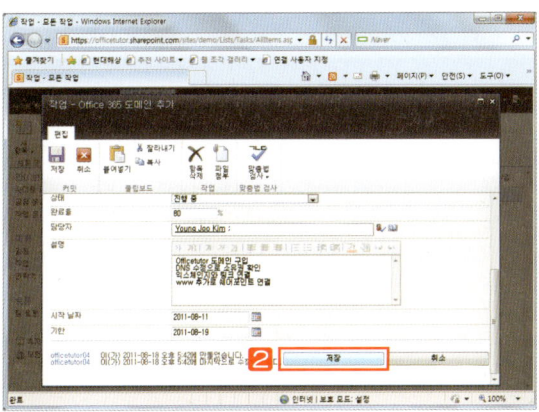

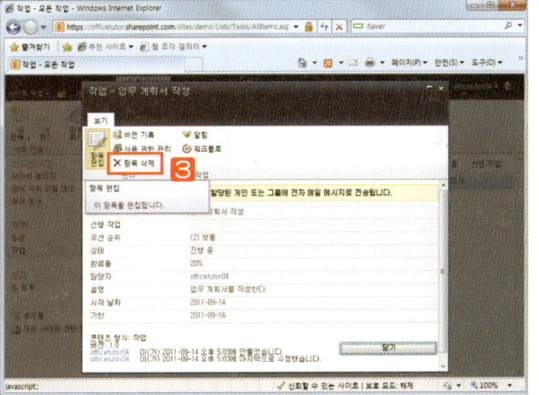

> **POINT** [보기]의 [항목 편집] 버튼을 클릭하면 [항목 편집] 대화상자가 열린다.

사이트 모음 **05**

사이트 모음 관리하기

사이트 모음이란 사용 권한 등의 관리 설정을 공유하는 웹 사이트 그룹이다. 사이트 모음을 만들면 최상위 사이트가 사이트 모음에 자동으로 만들어지고 하위 사이트를 하나 이상 만들 수 있다. 사이트 모음을 설정한 후에는 사이트 모음 관리자 및 사이트 소유자에게 사용 권한을 할당할 수 있다.

1 SharePoint Online 관리 센터 접속하기

1 Office 365 포털의 홈 화면에서 [관리자]를 클릭한다. 화면 중앙의 [SharePoint Online]에서 [관리]를 클릭한다. **2** [관리 센터] 화면에서 [사이트 모음 관리]를 클릭한다.

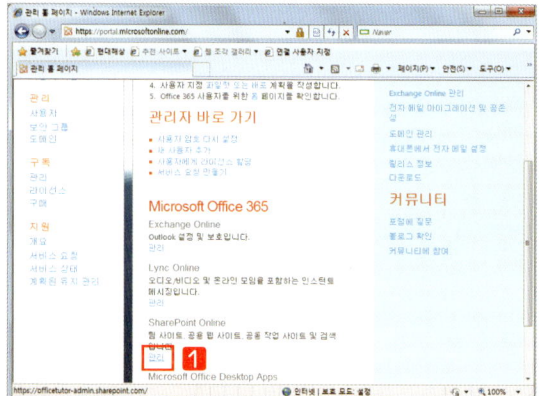
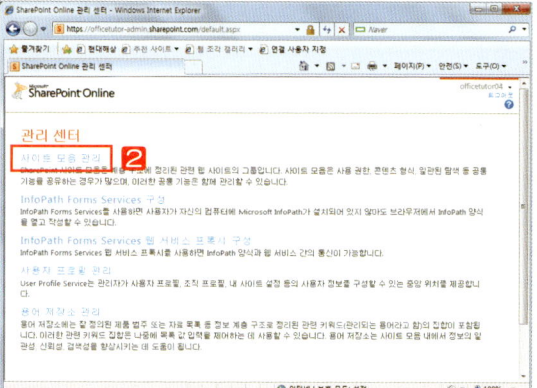

POINT SharePoint Online 화면에서 [관리]가 보이지 않을 경우에는 인터넷 익스플로러의 주소 입력 창에 직접 주소(https://[Office365아이디]-admin.sharepoint.com/default.aspx)를 입력해서 접속할 수도 있다.

2 사이트 모음 만들기

1 SharePoint Online 관리 센터에서 [사이트 모음]을 클릭한다. **2** 사이트 모음의 [새로 만들기]-[개인 사이트 모음]을 클릭한다. **3** [새 사이트 모음] 대화상자가 나오면 항목을 모두 입력하고 [확인] 버튼을 클릭한다.

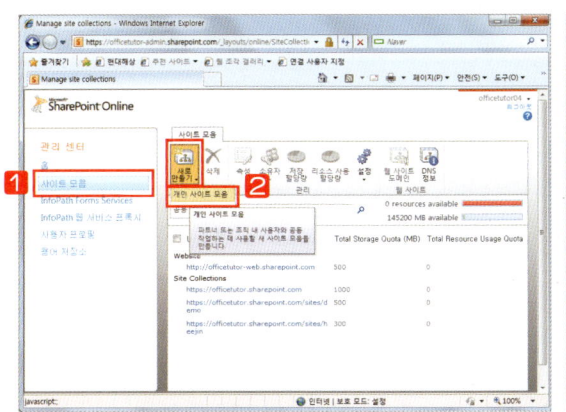 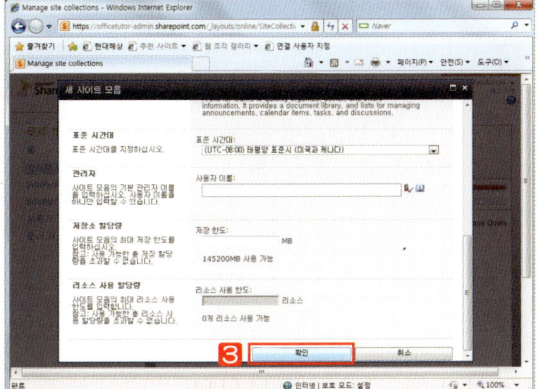

> **POINT**
>
> **[새 사이트 모음] 대화상자의 각 항목**
> - 제목 : 무슨 용도의 사이트 모음인지 알기 쉽게 적는다.
> - 웹 사이트 주소 : 사용할 도메인을 선택한 다음 생성할 사이트 모음의 특성에 따라 [sites]와 [teams]를 선택하고 하위 경로를 입력한다.
> - 서식 파일 선택 : 언어를 선택하면 언어별로 서식 파일이 바뀐다. 생성할 사이트의 특성에 맞는 서식을 선택한다. 사이트 모음을 생성한 후에는 서식 파일 변경이 안된다.
> - 표준 시간대 : 표시되는 모든 시간이 지정한 표준 시간대로 보여진다. 추후에는 해당 사이트 모음의 [사이트 작업]-[사이트 설정]-[사이트 관리]-[국가별 설정]에서 변경이 가능하다.
> - 관리자 : Office 365 사용자 중 한 명을 관리자로 등록한다.
> - 저장소, 리소스 할당량 : 생성할 사이트 모음이 사용할 적당한 저장소와 리소스의 할당량을 지정한다.

3 사이트 모음 수정과 삭제하기

1 수정 할 사이트 모음의 확인란에 체크한다. 2 비활성화 되어있던 리본 메뉴가 활성화되며 [삭제], [속성], [소유자], [저장 할당량], [리소스 할당량]의 수정이 가능하다. 3 [삭제]를 클릭하면 [사이트 모음 삭제] 대화상자가 보여진다.

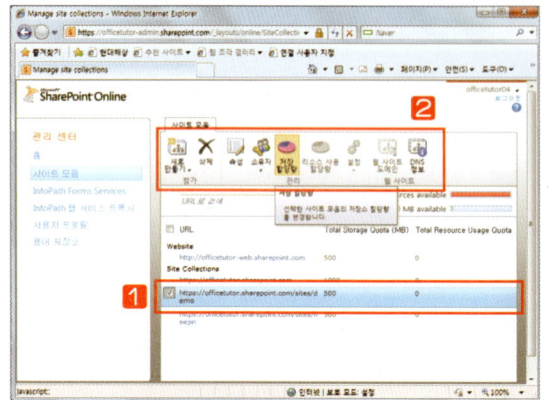 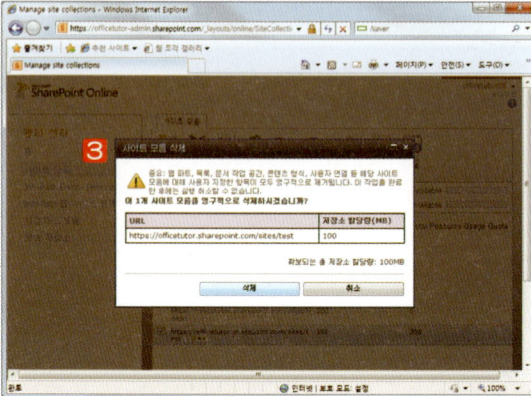

 저장 할당량과 리소스 할당량에서는 관리자에게 경고 메일을 보내는 설정을 할 수 있다. 소유자가 되면 지원 파트너를 추가할 수 있다.

공용 웹 사이트 06

공용 웹 사이트 만들기

조직 외부의 사용자가 액세스할 수 있는 공용 웹사이트를 만들어 회사를 홍보하고, 고객이나 파트너가 회사 제품 및 서비스에 대한 정보를 찾을 수 있도록 할 수 있다. 공용 웹사이트의 도메인은 기본 Office 365 도메인 이름 이외에 보유하고 있는 도메인을 Office 365 포털의 관리자 화면에 등록한 다음 사용할 수도 있다.

1 공용 웹 사이트 만들기

1 [사이트 모음]의 [새로 만들기]-[공용 웹 사이트]를 클릭한다. [웹 사이트 만들기] 대화상자가 나오면 각 항목을 입력한다. **2** 항목을 모두 입력하고 [확인] 버튼을 클릭한다.

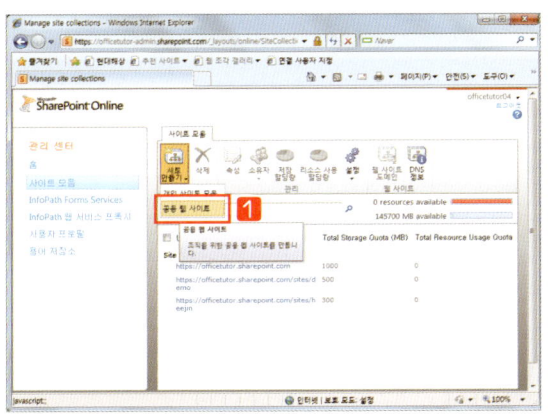
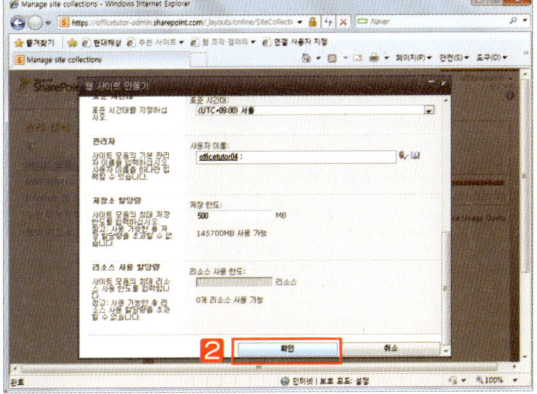

> **POINT**
>
> **[웹 사이트 만들기] 대화상자의 각 항목**
> - 제목 : 웹 사이트의 제목을 적는다.
> - 웹 사이트 주소 : http://조직계정-web.sharepoint.com이 기본적으로 보여진다. 추가로 도메인이 등록되어 있다면 목록에서 선택할 수 있다.
> - 언어 선택 : 메뉴나 기타 안내 문구가 선택한 언어로 보여진다.
> - 표준 시간대 : 표시되는 모든 시간은 처음에 설정해 놓은 시간대로 보여진다. 선택을 잘못하면 오늘 등록한 게시물의 시간이 어제 등록한 것으로 보여질 수 있으니 주의해야 한다.
> - 관리자 : Office 365 사용자중 한 명을 관리자로 등록한다.
> - 저장소, 리소스 할당량 : 적당한 할당량을 지정한다.

2 공용 웹사이트 수정과 삭제하기

1 [사이트 모음]의 웹 사이트 위로 마우스를 올린 다음 확인란에 체크한다. **2** 비활성화 되어 있던 메뉴가 활성화 되면 [삭제], [속성], [소유자], [저장 할당량], [리소스 할당량]의 수정이 가능하다. **3** [삭제]를 클릭하면 공용 웹사이트의 삭제 여부를 확인하는 [사이트 모음 삭제] 대화상자가 보여진다.

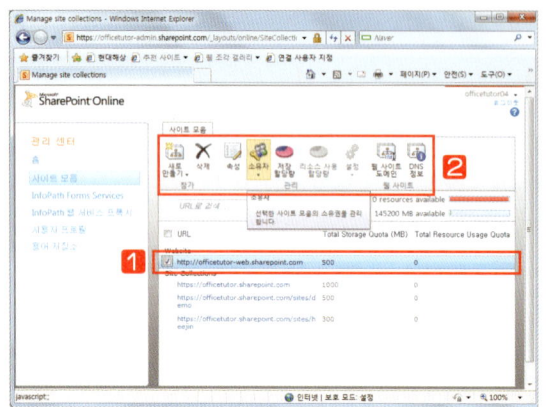
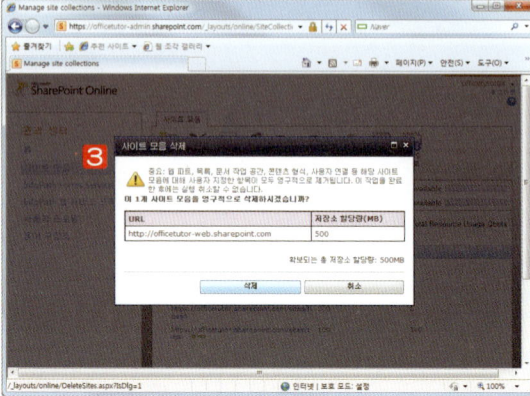

3 웹 사이트 도메인 설정하기

1 도메인이 따로 등록되어 있다면 [사이트 모음] 목록에서 만들어진 웹 사이트 위로 마우스를 올린 다음 표시되는 확인란에 체크하고, [웹 사이트 도메인]을 클릭한다. [웹 사이트 이름 바꾸기] 대화상자가 나타나면 [새 URL] 도메인 이름을 선택한다. **2** [확인] 버튼을 클릭한다.

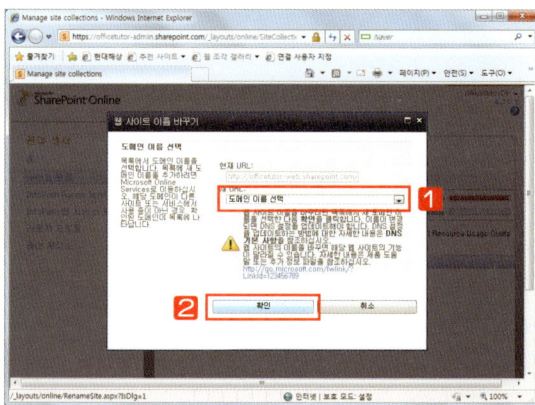

4 DNS 정보 수정하기

1 도메인이 따로 등록되어 있다면 [사이트 모음]의 웹 사이트 위로 마우스를 올린 다음 확인 란에 체크하고, [DNS 정보]를 클릭한다. 그럼 대화상자가 나타난다. 2 등록되어 있는 도메인의 DNS 설정을 안내되어 있는 대상 주소로 수정하면, 도메인과 공용 웹 사이트가 연결된다.

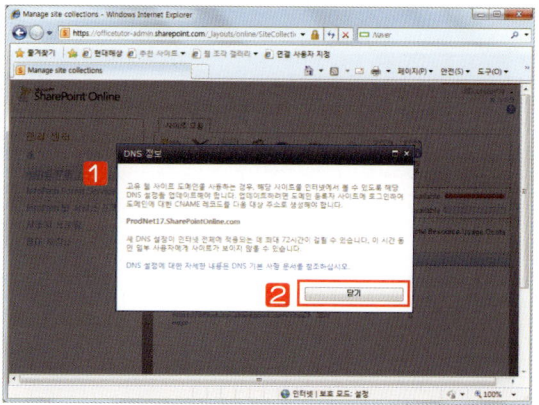

POINT 사이트 모음은 여러 개를 만들 수 있지만 공용 웹 사이트는 한 개만 만들 수 있다. 공용 웹사이트를 만들고 나면 [새로 만들기]-[공용 웹 사이트]가 비활성화 된다.

InfoPath Forms Services 07

InfoPath Forms Services 설정하기

InfoPath Forms Services는 조직의 양식을 사이트로 배포하는 기능을 제공하며 사용자가 웹 브라우저를 통해 이러한 양식을 작성할 수 있도록 한다. 이를 조직의 요구에 따라 다양한 방식으로 구성할 수 있다.

1 사용자의 브라우저 사용 양식 설정하기

1 SharePoint Online 관리 센터에서 [InfoPath Forms Services]를 클릭한다. **2** 우측의 [사용자가 양식 서식 파일을 브라우저에서 사용할 수 있도록 허용]은 InfoPath 서식 파일을 브라우저에서 사용할 수 있도록 허용한다는 의미이다. 확인란에 체크가 되어 있지 않으면 InfoPath가 설치된 사람만 양식 서식 파일을 사용할 수 있다. **3** [사용자가 브라우저에서 사용할 수 있도록 설정한 서식 파일 랜더링]은 브라우저 사용자가 사용자 양식 서식 파일을 랜더링할 수 없도록 설정하면, 사용자가 웹 브라우저를 통해 브라우저 사용 양식을 작성할 수 없다는 의미다. 그럼 Microsoft InfoPath Filler 2010을 사용하여 양식을 열어야 한다. **4** [예외 사용자 에이전트 목록을 사용자 지정합니다.]는 인덱싱 프로세서를 쉽게 수행하려면 하나 이상의 사용자 에이전트를 예외로 지정해야 한다는 의미다. InfoPath에서는 예외로 지정된 사용자 에이전트를 검색하면 전체 웹 페이지가 아닌 XML 파일만 변환된다.

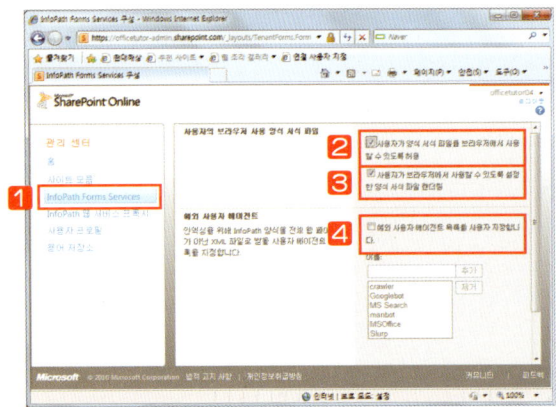

 인덱싱 프로세서란 검색이나 정렬을 위해서 필요한 단어 등을 따로 모아두는 작업을 말한다.

2 InfoPath Forms Services 웹 서비스 프록시 사용하기

[사용]에 체크를 하면 InfoPath 양식과 웹 서비스를 연결할 수 있다. 웹 서비스에서 신뢰하는 인증 자격 증명을 사용하는 동시에 인증을 위해 영식 사용자의 ID를 웹 서비스에 별도로 전달한다.

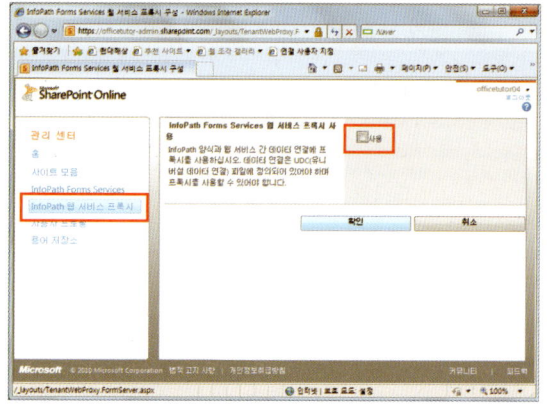

- 사례 1 : Windows NTLM 인증에 따라 사용자 자격 증명을 다시 사용할 수 없는 경우 세 번째 계층에서 웹 서비스에 대해 인증을 할 수 있다.
- 사례 2 : InfoPath Filler 2010 양식과 웹 브라우저에서 실행되는 동일한 양식 간의 대칭 인증을 할 수 있다.

사용자 프로필 08

사용자 프로필 관리하기

사용자 및 조직 프로필 속성을 관리하고 기본 프로필 속성을 추가 속성으로 보충하여 다른 방법으로는 제공되지 않는 주요 정보를 제공할 수 있다. 주요 업무 요구 사항으로 인해 사용자를 중요한 비즈니스 프로세스에 연결하는 새 속성을 만들어야 할 수도 있다. 사용자 지정 프로필 속성을 업무 요구 사항에 보다 잘 맞게 편집할 수 있고, 더 이상 필요하지 않은 경우 삭제할 수도 있다.

1 사용자 프로필 관리하기

1 SharePoint Online 관리 센터에서 [사용자 프로필]을 누르고 [사용자 프로필 관리]를 클릭한다. 2 [프로필 찾기]에 사용자의 이름이나 계정, 부서를 입력하면 해당하는 프로필 목록이 보여진다. 각 사용자 프로필의 메뉴를 클릭해서 편집과 삭제를 할 수 있다.

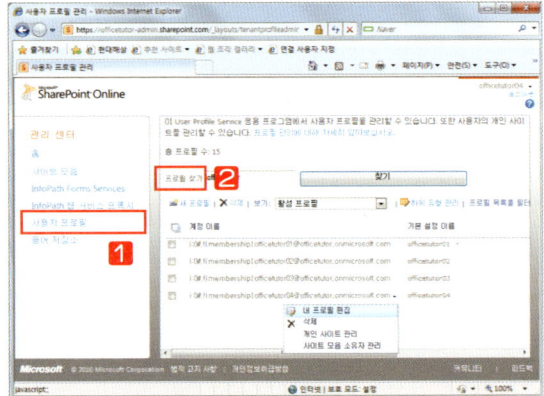

> **POINT** 조직 속성 관리와 프로필 관리도 사용자 속성과 프로필 관리를 참고하면 된다.

2 사용자 프로필 속성 추가하기

1 SharePoint Online 관리 센터에서 [사용자 프로필]을 선택하고 [사용자]-[사용자 속성 관리]를 클릭한다. 2 그 다음 [새 속성]을 클릭한다. 편집이나 삭제는 각 속성의 이름 오른쪽에 있는 메뉴를 클릭해서 실행한다.

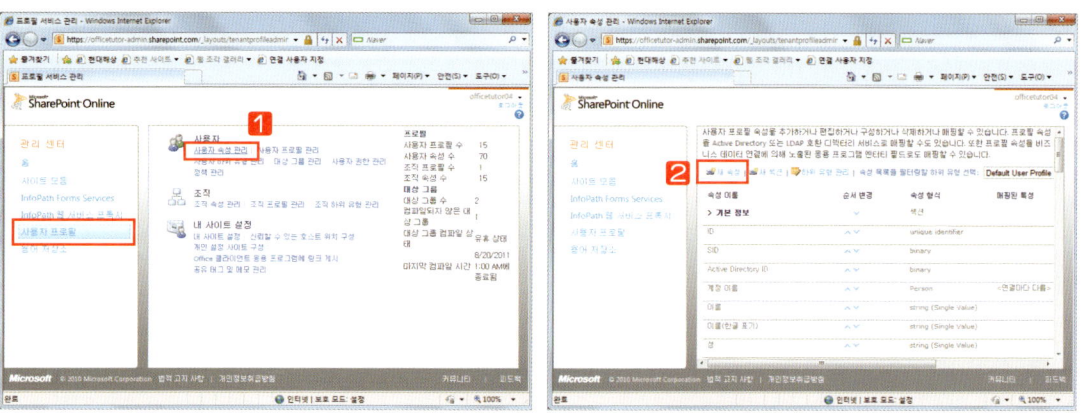

3 [속성 설정]의 [이름]에 프로필 속성에 사용될 이름을 입력한다. 4 [프로필 하위 유형]-[Default User Profile Subtype]에 체크한다. 5 [정책 설정]에서는 꼭 입력해야 하는 필수 항목으로 설정할 수 있다. 6 [설정 편집]에서는 사용자에게 이 속상값의 편집 권한을 부여할 수 있다. 다른 항목에도 필요한 내용을 입력하고 [확인] 버튼을 누른다.

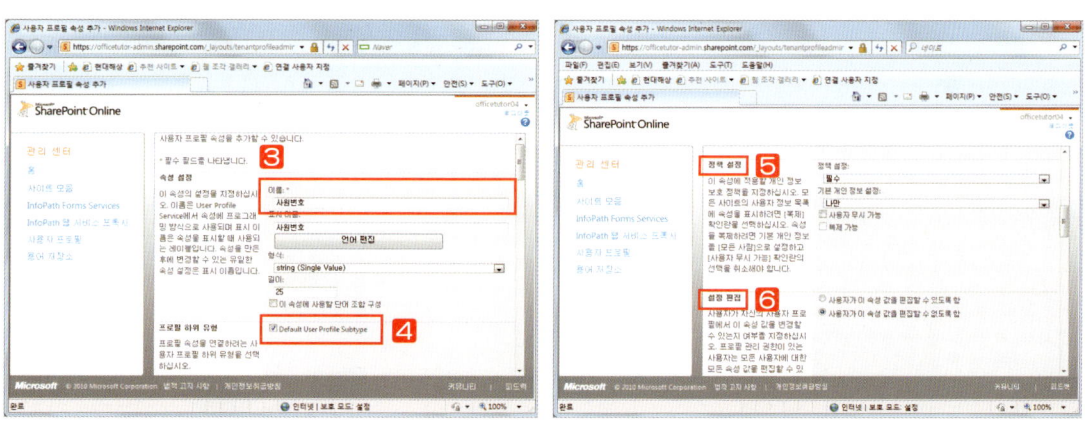

대상 그룹 09

대상 그룹 관리하기

대상 그룹은 사용자 그룹이다. 관리자가 구성하는 Exchange Online 메일 그룹의 멤버 자격과 SharePoint Online 그룹의 멤버 자격 규칙에 의해 결정된다. 대상 그룹 규칙은 기본적으로 사용자 프로필을 기준으로 한다. AD가 연결되어 있다면 AD도 멤버 자격 규칙의 기준이 될 수 있다.

1 대상 그룹 편집과 삭제하기

1 SharePoint Online 관리 센터에서 [사용자 프로필] 버튼을 누르고 [사용자]-[대상 그룹 관리]를 클릭한다. **2** 대상 그룹 목록에서 대상 그룹을 클릭하면 [편집]과 [삭제]가 가능하다. **3** 수정 가능한 것은 [이름], [설명], [소유자], [다음 사용자 포함]이다.

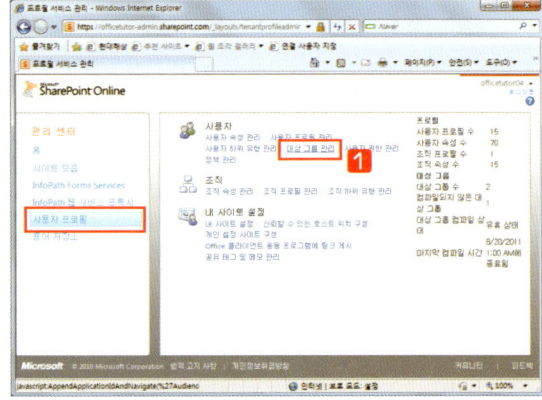

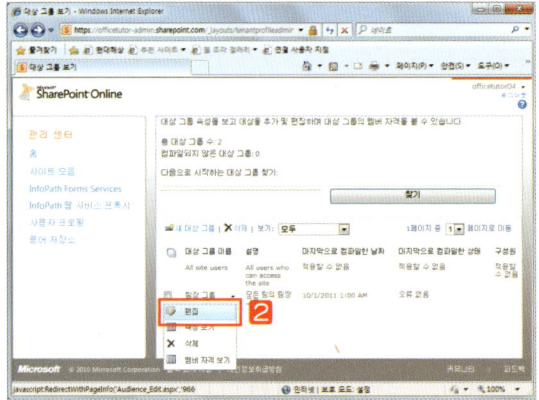

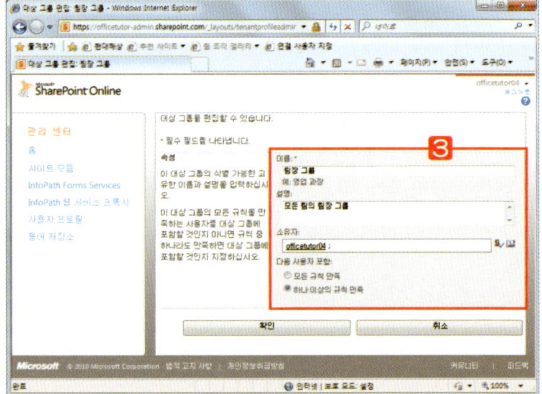

2 대상 그룹 추가하기

1 SharePoint Online 관리 센터에서 [사용자 프로필] 버튼을 누르고 [사용자] – [대상 그룹 관리]를 클릭한다. **2** [새 대상 그룹]을 클릭한다.

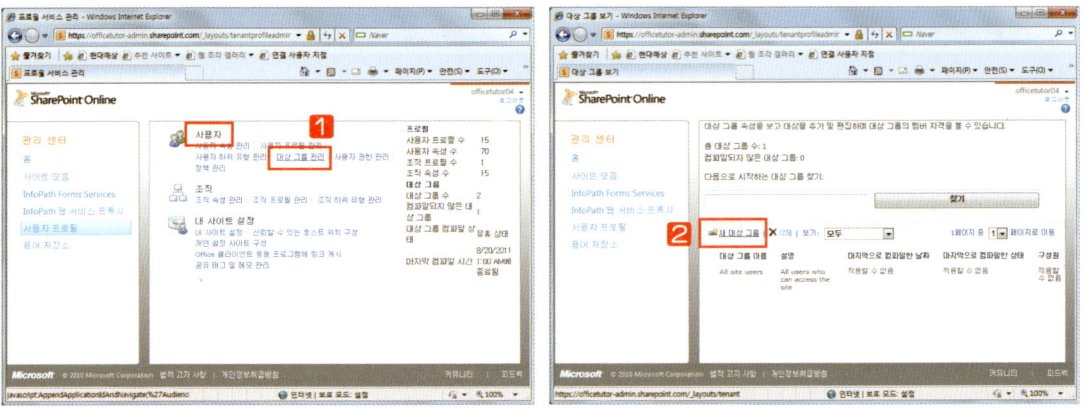

3 이름과 설명을 입력한다. **4** [소유자]에 이 대상 그룹을 소유 및 관리할 사용자의 계정을 입력하고 [이름 확인] 아이콘을 클릭한다. **5** [다른 사용자 포함]에서 [모든 규칙 만족] 또는 [하나 이상의 규칙 만족]을 선택해서 구성원을 결정하고, [확인] 버튼을 클릭한다. **6** [적용 대상]에서 [사용자]를 선택하면 이미 등록 되어있는 소속 그룹 또는 메일 그룹에 따라 [적용 방법]의 대상을 그룹에서 선택하게 되고, [값]은 사용자를 선택하게 된다. [적용 대상]에서 [속성]을 선택하면 사용자 프로필의 속성 중 하나를 선택 할 수 있다. [적용 방법]에서는 속성값과 관련된 부등호를 선택하면 [값]에는 사용자 프로필에 등록되어 있는 [값]을 입력하면 된다. 마지막으로 [확인] 버튼을 클릭한다.

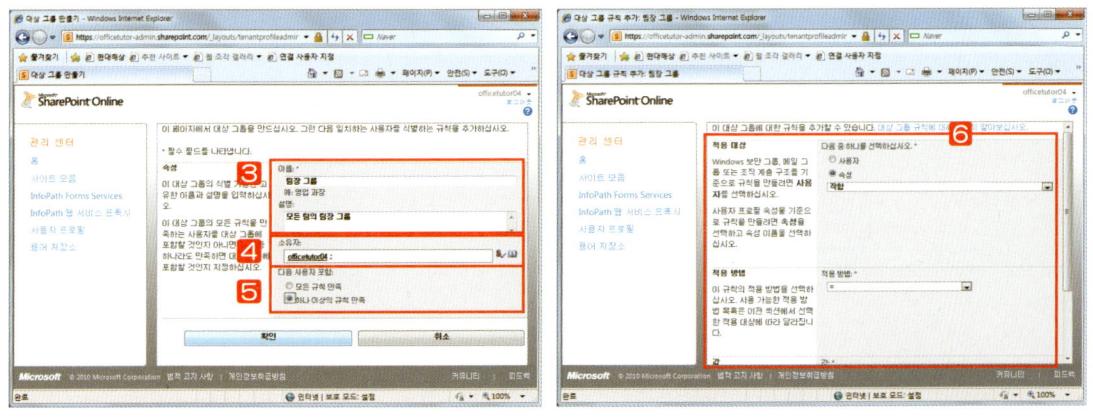

3 대상 그룹 규칙을 추가하거나 편집, 삭제하기

1 SharePoint Online 관리 센터에서 [사용자 프로필]을 누르고, [대상 그룹 관리]를 클릭한다. 그리고 [대상 그룹]의 [속성 보기]를 클릭한다. **2** [규칙 추가]를 클릭해서 규칙을 추가한다. **3** 대상 그룹 속성 보기 화면에서 등록되어 있는 규칙을 클릭하면 대상 그룹 규칙 화면으로 이동한다. 규칙의 속성을 수정 한 다음 [확인] 버튼을 클릭한다. [삭제] 버튼을 클릭하면 보고 있는 규칙이 삭제 된다.

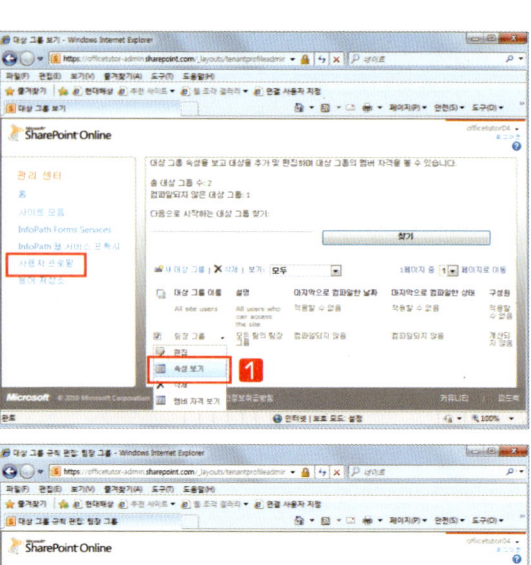

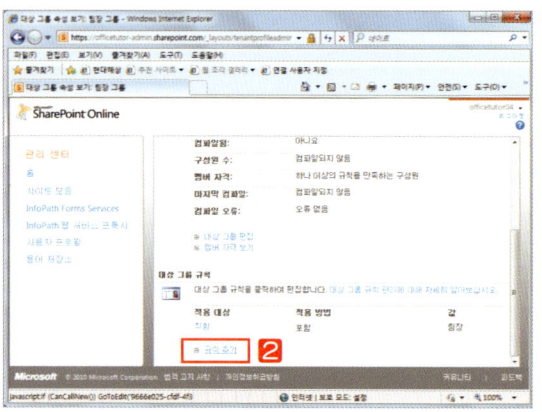

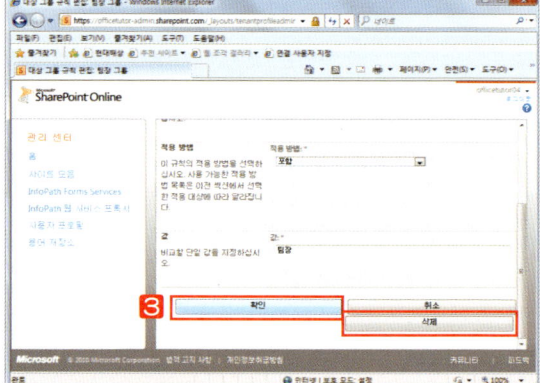

내 사이트 10

내 사이트 설정하기

내 웹 사이트는 조직의 사용자에게 다양한 소셜 네트워킹 기능을 제공하는 개인 사이트이다. 여기에는 동료와 관심사, 뉴스 피드 설정을 관리하는 내 뉴스 피드, 문서 및 사진을 관리하는 내 콘텐츠, 사용자 프로필과 공유 태그, 메모와 같은 항목을 관리하는 내 프로필 화면이 있다.

1 내 사이트 설정하기

1 SharePoint Online 관리 센터에서 [사용자 프로필]을 클릭한다. **2** [내 사이트 설정]의 [내 사이트 설정]을 클릭한다. **3** [내 사이트 설정]에서 조직의 요구 사항에 따라 [기본 설정 검색 센터]나 [사용자 검색 범위] 등의 항목을 수정한 다음 [확인] 버튼을 클릭한다.

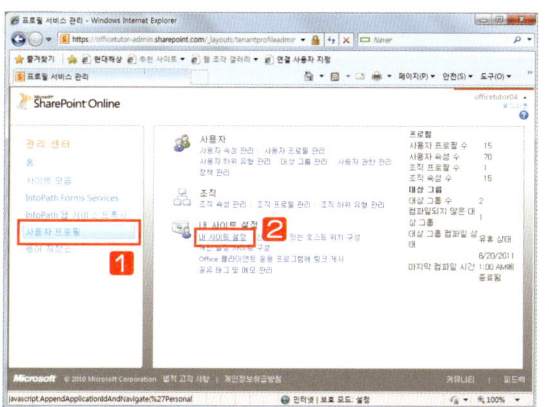
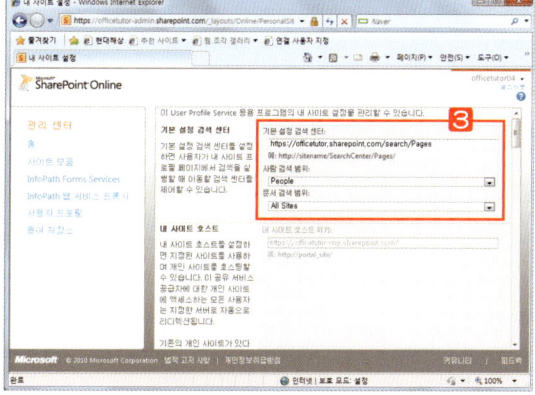

② Office 클라이언트 응용 프로그램에 링크 게시하기

1 SharePoint Online 관리 센터에서 [사용자 프로필]을 클릭한다. [Office 클라이언트 응용 프로그램에 링크 게시]를 클릭한다. **2** [새 링크]를 클릭한다. **3** 속성의 [URL]에 사용자가 링크를 게시할 수 있는 위치의 URL을 입력하고, [설명]에 간단한 이름을 입력한다. 이 이름은 [다른 이름으로 저장] 대화상자의 즐겨찾기 링크에 표시된다. 이 링크가 나타내는 위치의 유형을 선택한다. 예를 들어 대상 위치가 SharePoint의 문서 라이브러리인 경우 문서 라이브러리를 선택한다. **4** [대상 그룹] 상자에 추가할 사용자 또는 그룹의 이름을 입력하거나 주소록을 사용하여 추가할 사용자 또는 그룹을 찾는다.

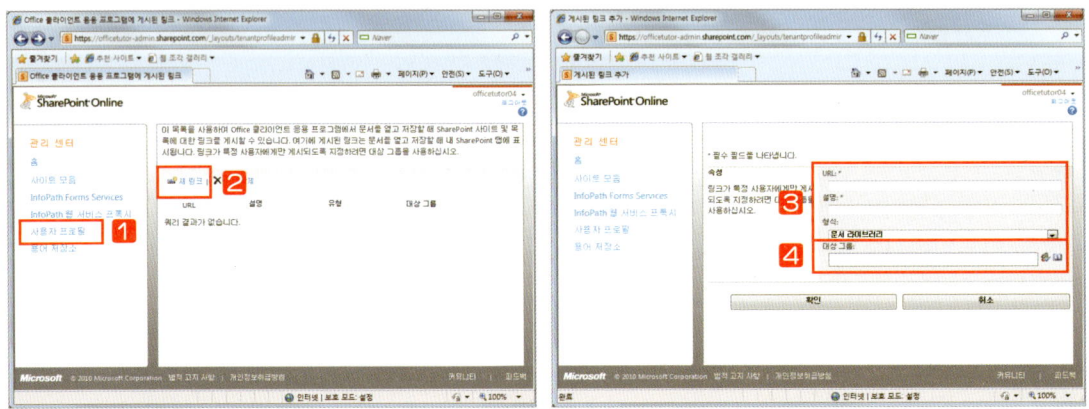

> **POINT** [대상 그룹]에 사용자 이름 또는 그룹 이름을 여러 개 입력할 경우에는 세미콜론(;)으로 이름을 구분하면 된다. 모든 사용자를 선택할 수도 있다.

용어 저장소 **11**

용어 저장소 설정하기

용어 저장소 관리 도구는 분류 전문가, 관리자 또는 개별 분류 관리 담당자가 용어 집합 및 집합 내의 용어를 만들고 관리하는 데 사용하는 도구다. 사이트 설정 화면에서 액세스할 수 있는 용어 저장소 관리 도구에는 사이트 모음에서 사용 가능한 모든 전역 용어 집합 및 로컬 용어 집합이 표시된다.

1 새 그룹 만들기 및 구성하기

1 SharePoint Online 관리 센터 화면에서 [용어 저장소]를 선택한다. **2** [분류 용어 저장소]-[분류(Taxonomy)]에 마우스를 올린 다음 메뉴에서 [새 그룹]을 선택한다. **3** 새 그룹의 이름을 입력하고 Enter 키를 누른다. **4** 속성 창의 각 항목을 입력하고 [저장] 버튼을 클릭한다.

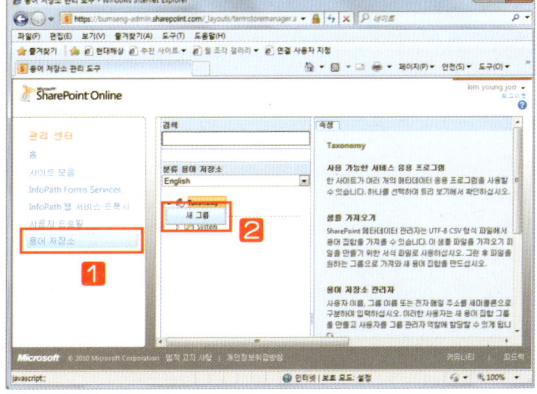

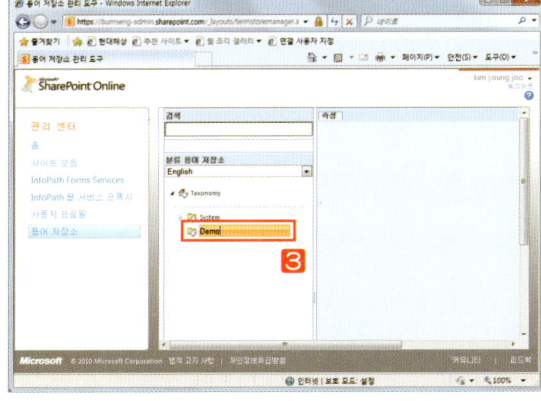

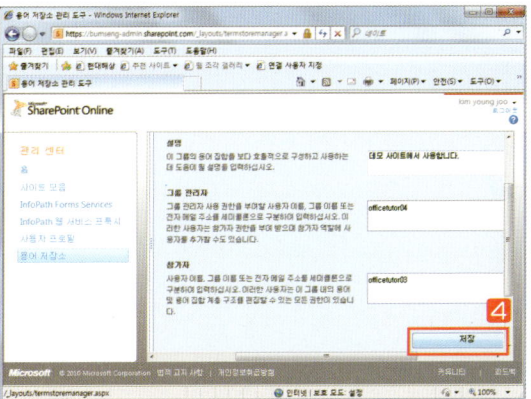

2 새 용어 집합 만들기 및 구성하기

1 SharePoint Online 관리 센터에서 [용어 저장소]를 클릭한다. **2** [분류 용어 저장소]에 새 용어 집합을 만들 그룹을 선택한 다음 메뉴에서 [새 용어 집합]을 클릭한다. **3** 새 용어 집합의 이름을 입력한 후 Enter 키를 누른다. **4** 속성창에서 [소유자]와 [관련자]를 입력한다. **5** [제출 정책]에서는 모든 사용자가 용어 집합에 용어를 추가할 수 있도록 지정할 경우 [열림]을 선택한다. **6** [저장] 버튼을 클릭한다.

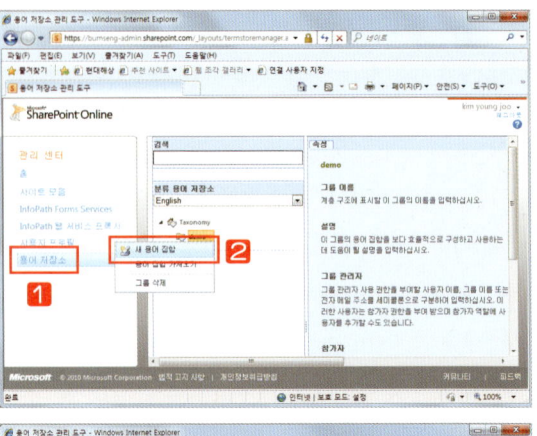

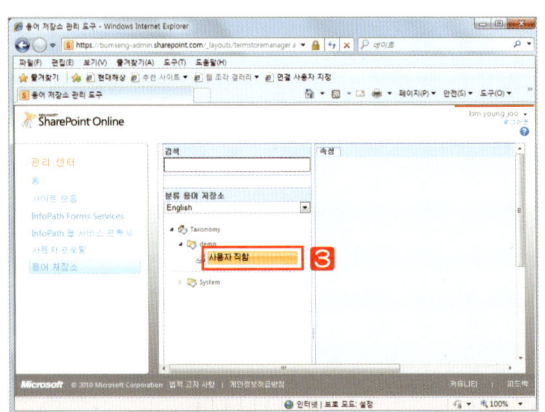

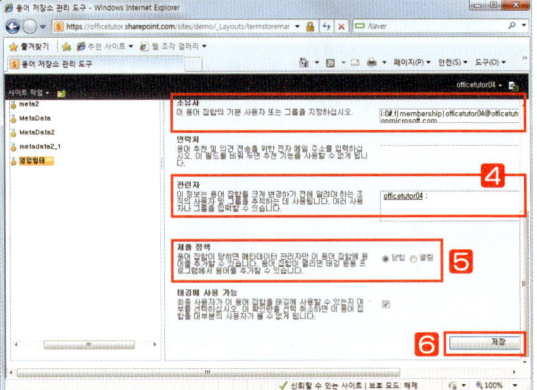

> **POINT** 팀 사이트의 목록이나 라이브러리에서 [열]을 추가 할 때 [관리되는 메타데이터]를 선택하면 [용어 집합 설정]에서 입력한 [용어 집합]을 선택하고 열을 추가할 수 있다. 새 글을 쓸 때 용어 집합에 등록된 용어를 선택해서 입력해야 하는 항목이 추가 된다.

3 용어 만들기

1 SharePoint Online 관리 센터에서 [용어 저장소]를 클릭한다. **2** [분류 용어 저장소]의 새 용어를 만들 용어 집합을 선택한 다음 메뉴에서 [용어 만들기]를 클릭한다. **3** 용어를 입력하고 Enter 키를 누른다.

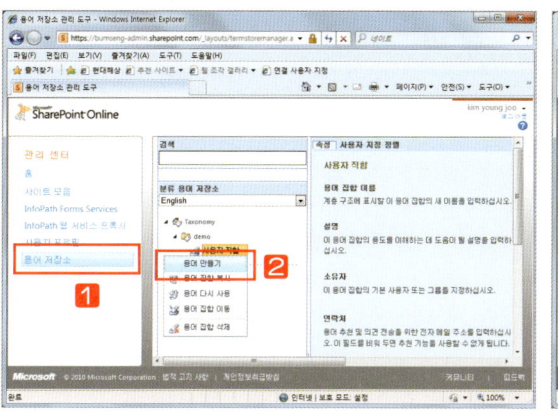 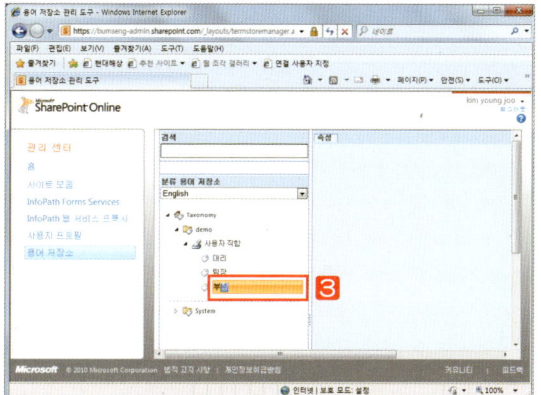

새 사이트 12

새 사이트 만들기

사이트는 팀에서 프로젝트 작업을 수행하고 정보를 공유할 수 있는 관련 웹 화면의 그룹이다. 특정 프로젝트, 팀, 그룹 또는 위치와 관련된 여러 하위 사이트를 단일 사이트에 함께 구성할 수 있다. 사이트를 빠르게 작성할 수 있도록 특수한 사이트 서식 파일이 제공된다.

1 새 사이트 만들기

1 [사이트 작업]의 [새 사이트]를 클릭한다. **2** [만들기] 화면에서 만들 사이트 유형을 클릭하고 새 사이트의 제목과 URL을 입력한 다음 [만들기]를 클릭한다.

 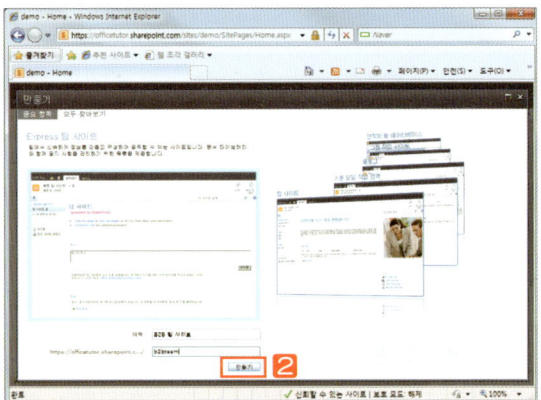

 각 서식 파일은 해당하는 용도가 있으며 설정 시간을 줄일 수 있도록 설계되어 있고, 사이트에 따라 일부 서식 파일을 사용하지 못할 수도 있다. 새 사이트를 만든 이후에는 사이트 서식을 변경할 수 없다.

2 더 많은 사이트 형식 보기

1 더 많은 사이트 형식을 보려면 [모두 찾아보기]를 클릭한다. **2** [만들기] 화면의 필터 기준에서 사이트를 클릭한다. **3** 만들 사이트의 유형을 클릭하고 새 사이트의 제목과 URL을 입력한다. **4** [기타 옵션]을 클릭하면 [사용 권한], [탐색], [탐색 상속]을 설정할 수 있다.

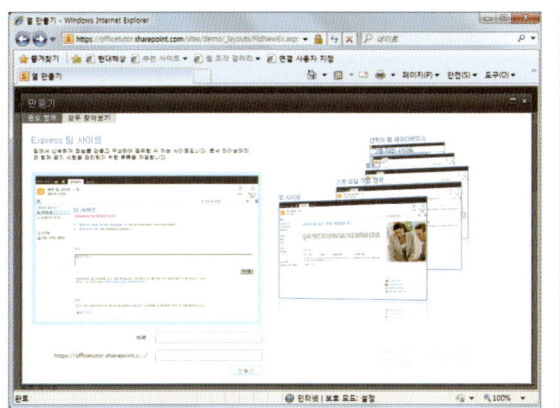
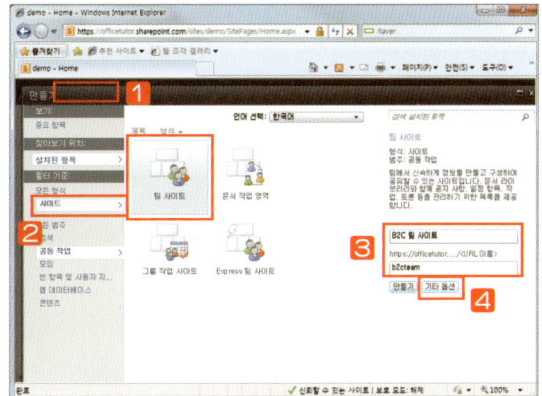

5 [사용 권한]은 상위 사이트의 권한을 사용하는 방법과 새로운 권한을 사용하는 방법이 있다. [탐색]에서는 새롭게 생성되는 사이트를 상위 사이트의 링크 모음과 빠른 실행에 표시를 할 것인지 결정한다. [탐색 상속]에서는 상위 사이트의 링크 모음을 사용할 것인지를 선택한다. 모든 설정을 마치고 [만들기] 버튼을 클릭한다.

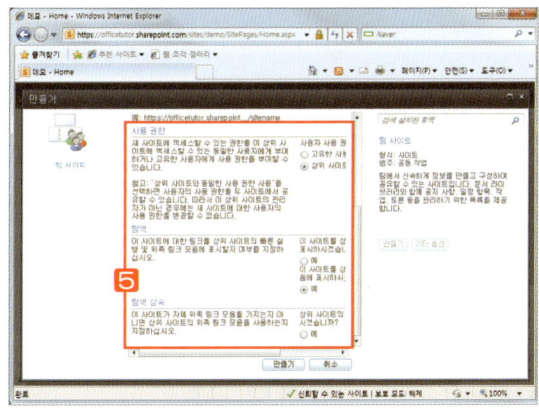

페이지 편집 13

페이지에 그림 변경 및 추가하기

사이트를 새로 만들면 기본으로 제공되는 테마에 의해 일관된 디자인으로 만들어진다. [페이지 편집] 기능을 이용해서 문구와 그림, 목록을 수정할 수 있다. 화면에 그림을 추가하는 방법으로는 컴퓨터에 저장된 그림을 업로드 하거나 SharePoint 사이트에 등록된 그림을 연결하는 방법이 있다.

1 그림 변경하기

1 [사이트 작업]의 [페이지 편집]을 클릭한다. 변경 할 그림을 선택한 후 그림 도구의 [디자인] 탭에서 [그림 변경]을 클릭한다. **2** 변경할 이미지의 위치에 따라 [컴퓨터에서]와 [웹 주소에서]를 선택한다. **3** [그림 선택] 대화상자에서 [찾아보기] 버튼을 클릭한다. **4** [업로드 대상]을 선택하고 [기존 파일 덮어쓰기]는 꼭 필요한 경우가 아니면 체크를 해제한다. **5** [이름]과 [제목]을 입력한 후 [저장] 버튼을 클릭한다.

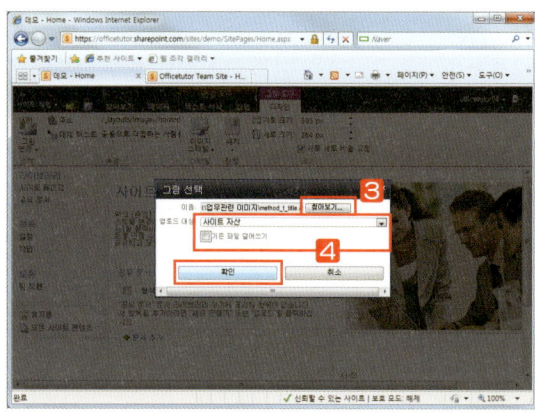

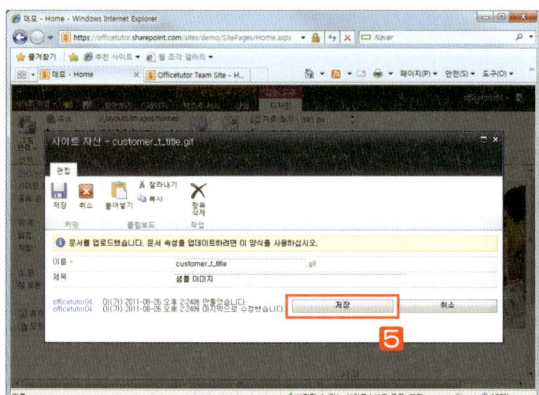

2 그림 추가하기

1 [페이지 편집] 화면에서 그림을 추가할 위치를 클릭한 다음 편집 도구의 [삽입] 탭-[그림]을 순서대로 클릭한다. **2** 추가 할 이미지의 위치에 따라 [컴퓨터에서]와 [웹 주소에서]를 선택한다.

3 [그림 선택] 대화상자에서 [찾아보기] 버튼을 클릭한 다음 변경할 이미지를 연다. **4** [업로드 대상]을 사이트 자산, 공유 문서, 양식 서식 파일 중에서 선택한다. [기존 파일 덮어쓰기]는 꼭 필요한 경우가 아니면 체크를 해제하고 [확인] 버튼을 클릭한다. **5** [사이트 자산] 대화상자에서 [이름]과 [제목]을 입력한 후 [저장] 버튼을 클릭한다.

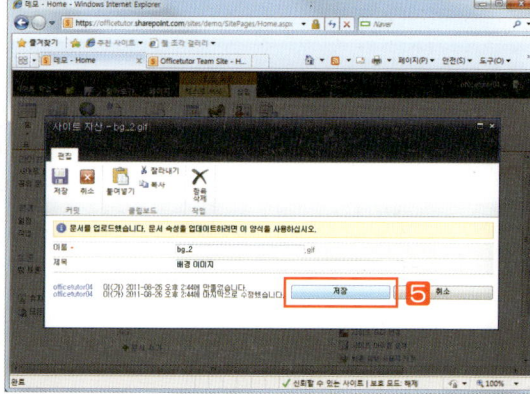

> **POINT** 그림을 삭제하려면 [페이지 편집] 화면에서 삭제 할 그림을 클릭한 다음 키보드의 Delete 키를 누르면 된다.

3 그림 삭제하기

1 리본 메뉴에서 [페이지] 탭을 클릭한 다음 [편집]을 클릭한다. **2** 삭제할 이미지를 선택하고 Delete 키를 누른다.

빠른 실행 14

빠른 실행 편집하기

빠른 실행은 좌측의 링크 목록을 포함하는 창이다. 빠른 실행에는 사이트, 목록/라이브러리, 사이트 페이지, 휴지통, 모든 사이트 콘텐츠 등의 개체에 대한 링크가 포함되어 있다. 빠른 실행의 링크 목록을 편집하는 방법과 사이트에 표시하지 않고 숨기는 방법을 알아본다.

1 빠른 실행 편집 화면으로 이동하기

1 [사이트 작업]의 [사이트 설정]을 클릭한다. **2** [디자인]의 [빠른 실행]을 클릭한다.

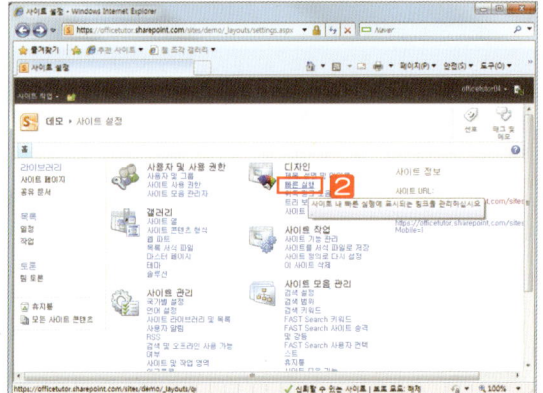

> **POINT** [빠른 실행]을 클릭하면 화면에 [새 제목]과 [새 탐색 링크]가 나타난다. [새 탐색 링크]의 경우 제목을 선택해서 빠른 실행에 표시되는 위치를 파악한다. 다른 웹 사이트의 주소도 입력이 가능해서 자주 방문하는 사이트는 [즐겨찾기]처럼 사용할 수 있다.

2 빠른 실행에 새 제목과 새 탐색 링크 추가하기

1 [빠른 실행] 화면에서 [새 제목] 또는 [새 탐색 링크]를 클릭한다. [새 제목]은 [라이브러리], [목록] 과 같은 섹션 단위의 그룹이고 [새 탐색 링크]는 [공유 문서], [일정]과 같은 실제 화면의 링크다. 2 [웹 주소 입력]과 [설명 입력]을 작성하고 [확인] 버튼을 클릭한다.

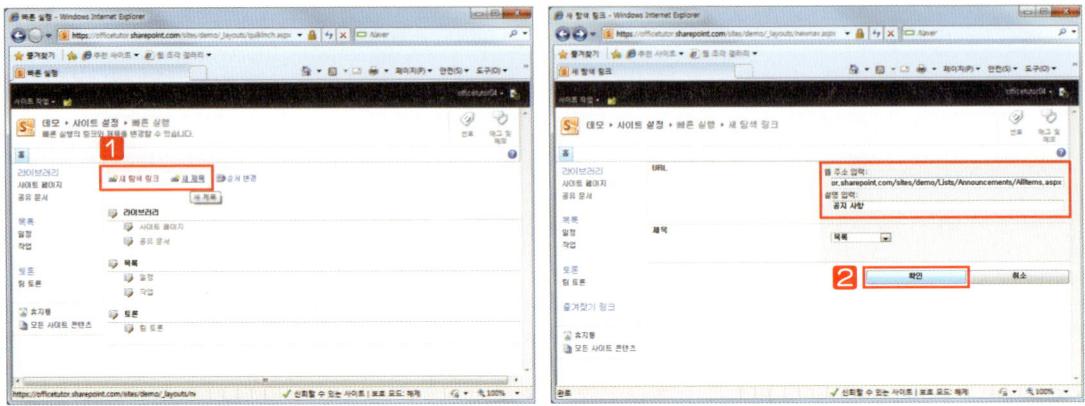

3 순서 변경하기

1 [빠른 실행] 화면에서 [순서 변경]을 클릭한다. 2 숫자로 구성된 선택 박스를 클릭해서 순서를 변경한 다음 [확인] 버튼을 클릭한다.

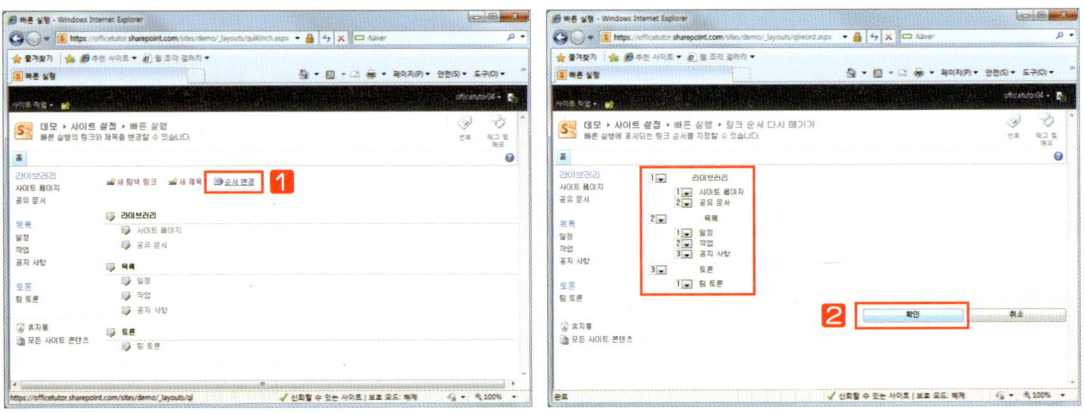

4 제목과 탐색 링크 편집하기

1 [빠른 실행] 화면에서 수정할 [새 제목]이나 [새 탐색 링크]를 클릭한다.

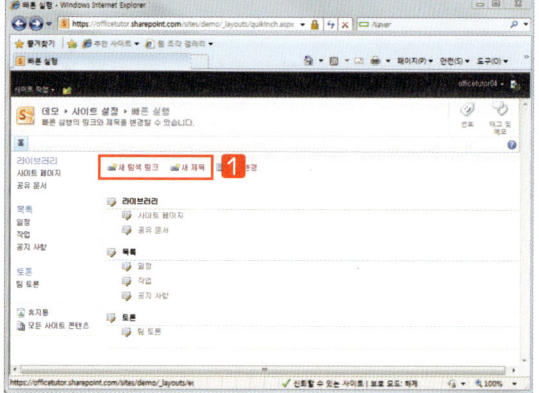

2 [웹 주소 입력]과 [설명 입력]을 수정한 다음 [확인] 버튼을 클릭한다. **3** 삭제를 하려면 [삭제] 버튼을 클릭한다.

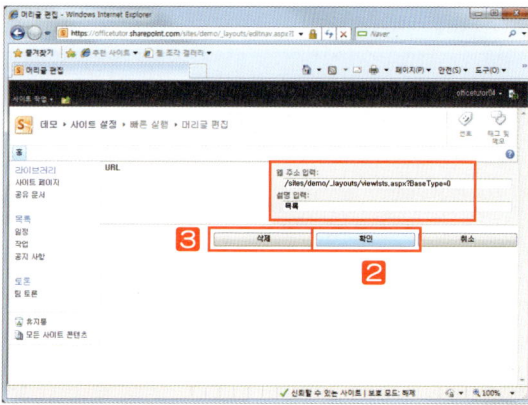

라이브러리 도구 15

목록 및 라이브러리에서 제목, 탐색, 버전 관리하기

목록 및 라이브러리 설정에서 기본적인 제목, 탐색 및 버전 관리 설정에 대한 내용을 알아본다. 버전 관리를 하게 되면 하나의 문서에 대해 수정이 이루어질 때마다 여러 버전의 파일로 관리된다. 실수로 다른 내용으로 덮어쓰기가 되었어도 이전 내용으로 복구가 가능하다.

1 라이브러리 설정 화면으로 이동하기

1 [팀 사이트]에서 라이브러리 목록 중 하나를 클릭한다. **2** 라이브러리 도구의 [라이브러리] 탭을 클릭한다. **3** [설정]-[라이브러리 설정] 버튼을 클릭한다.

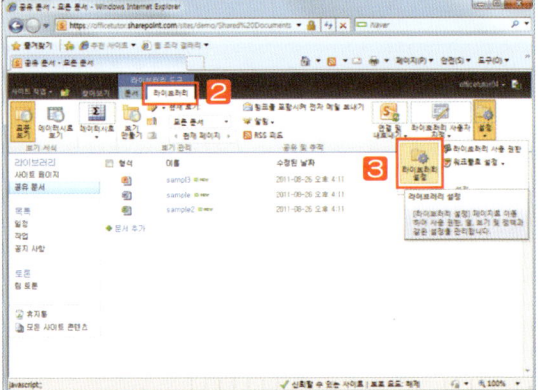

2 라이브러리의 일반 설정하기

1 [일반 설정]의 [제목, 설명 및 탐색]을 클릭한다. 라이브러리 목록 자체를 삭제하려면 사용 권한 및 관리의 [이 문서 라이브러리 삭제]를 클릭한다. **2** [이름 및 설명]의 [이름]과 [설명]을 입력한다. **3** [탐색]에서 빠른 실행에 표시를 할 것인지 선택한 다음 [저장] 버튼을 클릭한다.

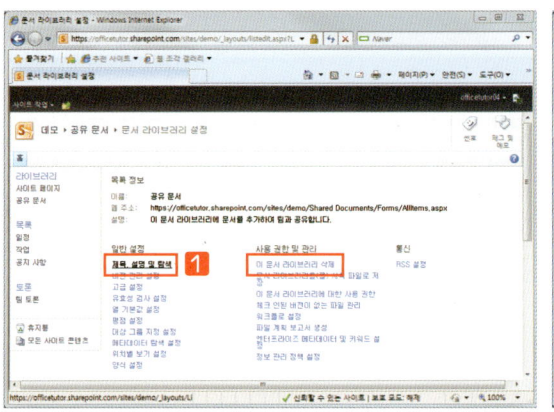
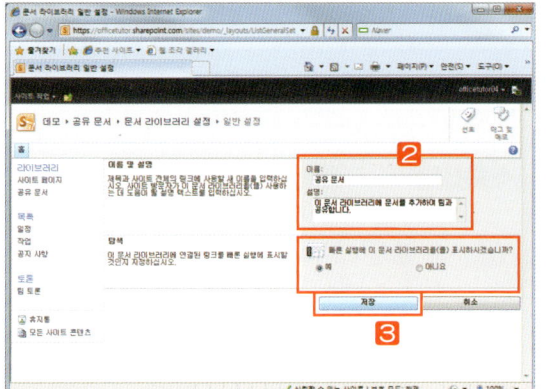

3 버전 관리 설정하기

1 일반 설정의 [버전 관리 설정]을 클릭한다. **2** [문서 버전 기록]의 버전 관리 형태에서 문서의 업데이트가 자주 이루어지는 경우에는 [주 버전과 부 버전을 만듭니다]를 선택하고, 업데이트가 간혹 있는 경우라면 [주 버전을 만듭니다]를 선택한다. [확인] 버튼을 클릭한다.

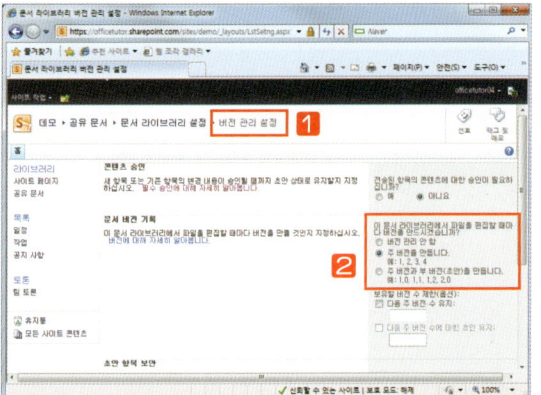

4 버전 관리 활용하기

1 버전이 생성되는지 확인하기 위해 버전 관리를 설정했던 라이브러리로 이동한 다음 문서에 마우스를 올린 다음 드롭다운 버튼을 누른다. 2 열기 메뉴에서 [버전 기록]을 클릭한다. 3 [버전 기록] 대화상자에서 문서를 등록했던 날짜로 버전이 기록된 것을 볼 수 있다. 이후 문서가 수정될 때마다 버전이 추가된다. 각 버전의 메뉴를 클릭해서 [보기], [복원], [삭제], [이 버전 게시 취소]를 할 수 있다. 버전 기록은 최종 버전을 제외하고 모두 삭제 가능하다.

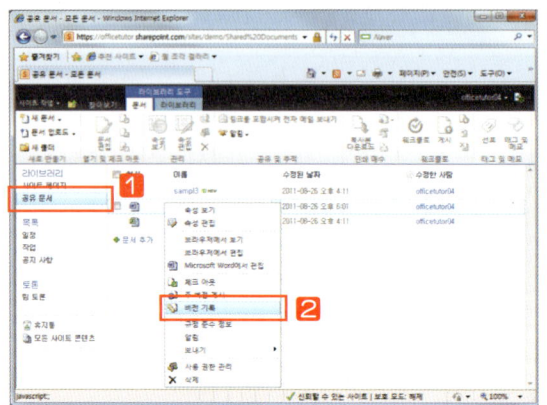
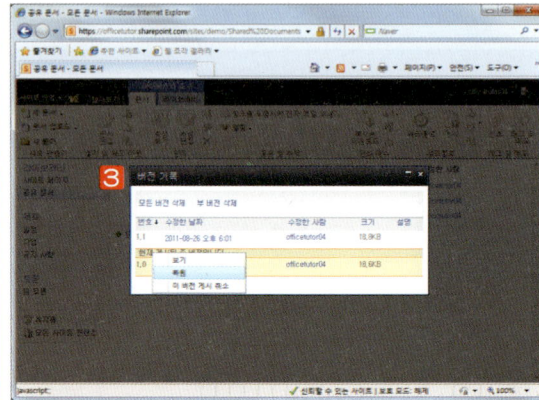

사용 권한 **16**

사용 권한 관리하기

SharePoint Online의 기본 사용 권한 수준은 모든 권한, 디자인, 참가 및 읽기 권한이 있다. 사용 권한 수준은 작업의 특성에 따라 제공된다. 예를 들어 팀 사이트에 콘텐츠를 추가할 사용자에게는 '참가' 권한 수준을 할당해 주고, 사이트를 디자인할 사용자에게는 '디자인' 권한 수준을 할당해 준다.

1 사이트 사용 권한 화면으로 이동하기

1 [사이트 작업]의 [사이트 설정]을 클릭한다. [사용자 및 사용 권한]-[사이트 사용 권한]을 클릭한다.

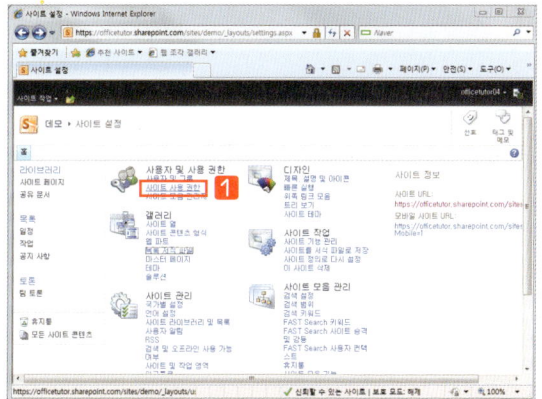

2 사용 권한 그룹 만들기

1 [사용 권한] 화면을 보면 그룹별로 권한을 설정할 수 있다. 사용 권한 그룹을 추가하려면 사용 권한 도구의 [편집] 탭-[그룹 만들기]를 클릭한다. **2** 그룹 만들기 화면에서 이름과 소유자, 그룹 설정, 멤버 자격 요청, 그룹 권한 등을 설정한 다음 [만들기]를 클릭한다.

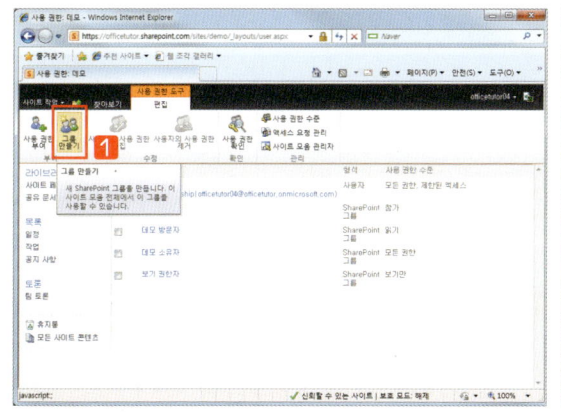
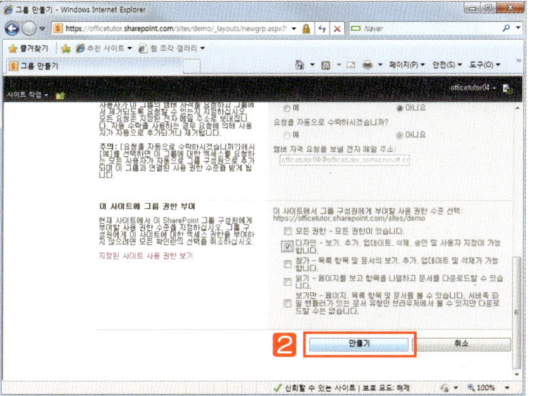

189

3 사용 권한 부여하기

1 [사용 권한] 화면에서 [사용 권한 부여]를 클릭한다.

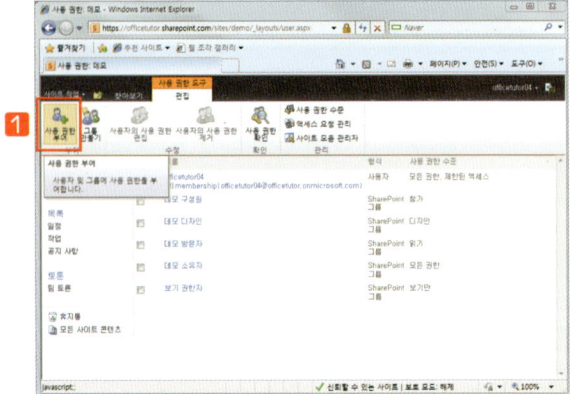

2 [사용 권한 부여] 대화상자에서 권한을 부여할 사용자나 그룹을 선택한다. 선택된 사용자나 그룹을 사용 권한 그룹에 추가할 수도 있고, 선택된 사용자에게 직접 권한을 부여할 수도 있다.

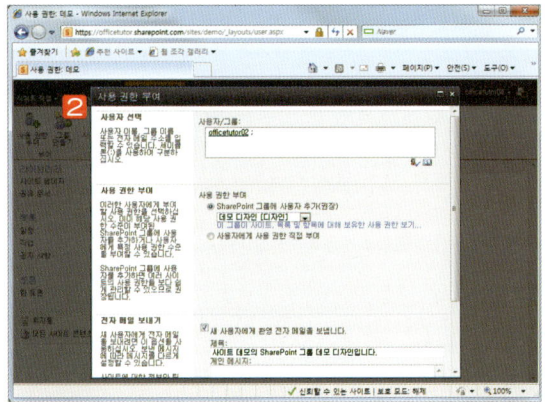

워크플로 17

워크플로 설정하기

워크플로와 관련된 모든 작업은 해당 워크플로와 관련된 작업 목록에 기록된다. 워크플로 작업 목록은 워크플로가 목록, 라이브러리 또는 콘텐츠 형식에 추가될 때 설정된다. 워크플로는 해당 사이트에 대한 기본 작업 목록을 사용할 수도 있고 고유한 사용자 지정 작업 목록을 사용할 수도 있다.

1 작업에서 수동으로 상태 워크플로 시작하기

1 빠른 실행에서 [작업]을 클릭한다. **2** 워크플로를 시작할 항목에 체크하고 목록 도구의 [항목] 탭 –[워크플로] 그룹–[워크플로]를 클릭한다. **3** 워크플로 화면에서 [작업 워크플로]를 클릭한다.

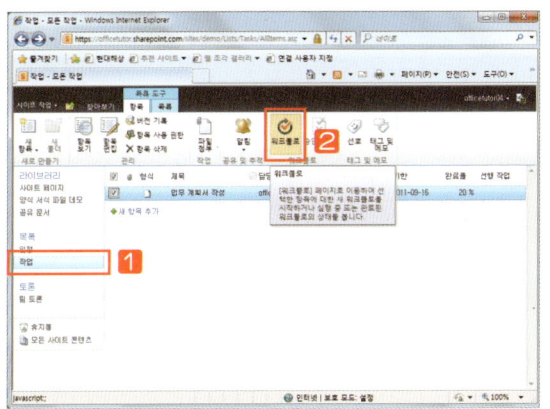 

워크플로는 조직에서 상관에게 문서 보고를 할 때 사용하는 시스템이다. 담당자가 문서를 확인하는 것으로 결재가 확인된다. 담당자의 싸인 등 결제확인 시스템을 도입하려면 별도의 추가 작업이 필요하다.

2 작업 상태 워크플로 추가하기

1 빠른 실행에서 [작업]을 클릭한다. **2** 목록 도구의 [목록] 탭에서 [설정]의 [목록 설정]을 클릭한다.
3 [사용 권한 및 관리]에서 [워크플로 설정]을 클릭한다.

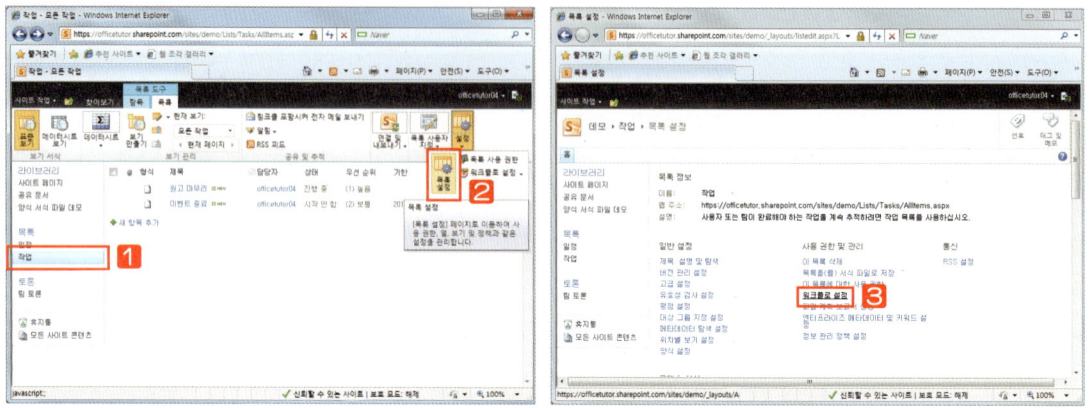

4 [워크플로 추가] 화면에서 [콘텐츠 형식]을 [작업]으로 선택하고 [워크플로]는 [상태]로 선택한다.
5 [이 워크플로의 고유 이름 입력]에 이름을 입력하고 기타 항목에 대해서 선택을 한 다음 [다음] 버튼을 클릭한다. **6** [상태 워크플로 사용자 지정] 화면에서 [워크플로 상태]와 [워크플로가 초기화될 때 수행되는 작업 지정]을 선택하고 [확인] 버튼을 클릭한다.

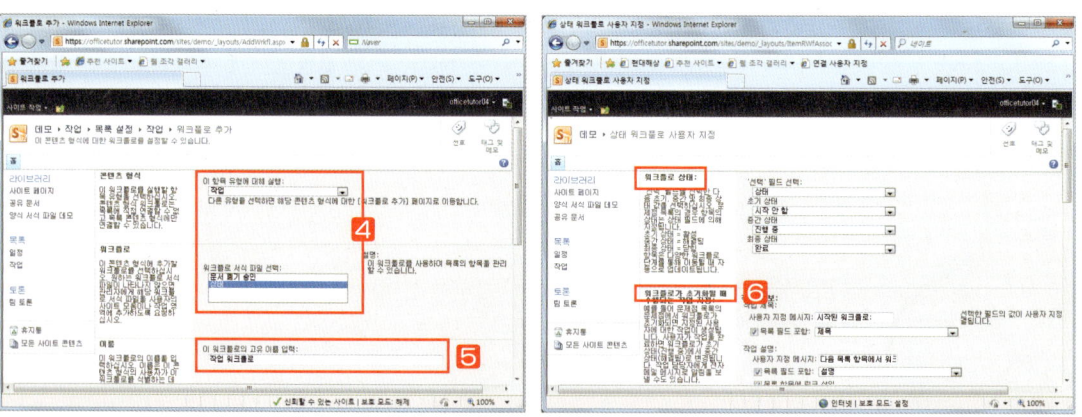

3 상태 워크플로에서 워크플로 작업 완료하기

1️⃣ 빠른 실행에서 [작업]을 클릭한다. 2️⃣ 목록 도구의 [목록] 탭-[모든 작업] 드롭다운 버튼을 눌러 [내 작업]을 선택해 워크플로 작업을 찾는다.
3️⃣ 완료로 표시할 항목의 메뉴를 클릭한 후 [항목 편집]을 클릭한다. 4️⃣ [작업] 대화상자에서 상태는 [완료], 완료율은 [100%]로 입력한 다음 [저장] 버튼을 클릭한다.

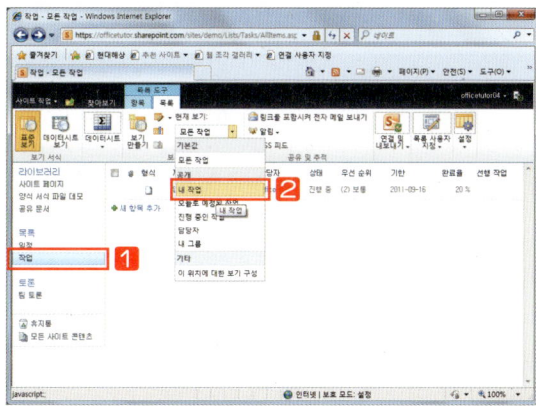

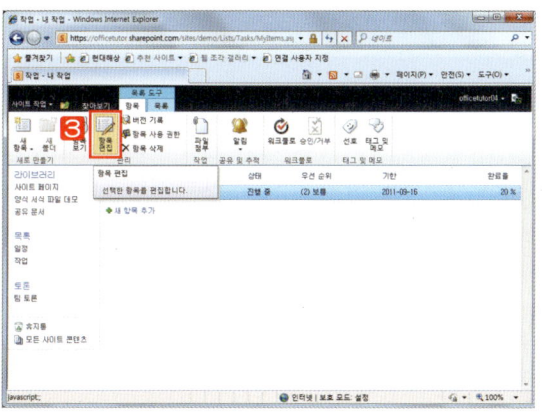

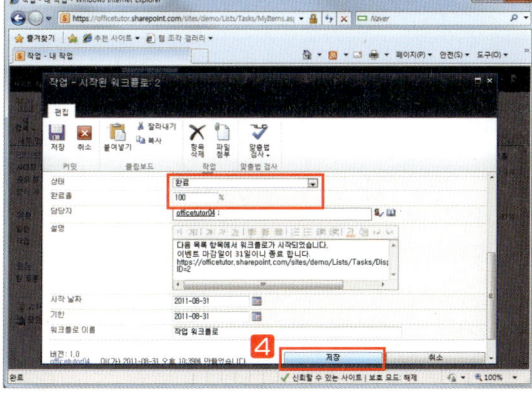

열 편집하기 18

목록 또는 라이브러리의 열 편집하기

열을 사용하면 부서 이름 또는 프로젝트 번호 등의 정보를 그룹화하고, 분류 및 추적할 수 있다. 목록 또는 라이브러리용 열을 만들려면 사이트의 디자인 권한이 부여되어 있어야 한다.

1 목록 또는 라이브러리에서 열 만들기

1 빠른 실행에서 [목록] 또는 [라이브러리]를 클릭한다. 2 목록 도구의 [목록] 탭-[보기 관리] 그룹에서 [열 만들기]를 클릭한다. 3 [열 만들기] 대화상자의 이름 및 형식에서 열 이름과 정보 형식을 입력한다. 설정을 추가 한 다음 [확인] 버튼을 클릭한다. 4 [목록] 또는 [라이브러리] 화면에 새로운 열이 추가되었다.

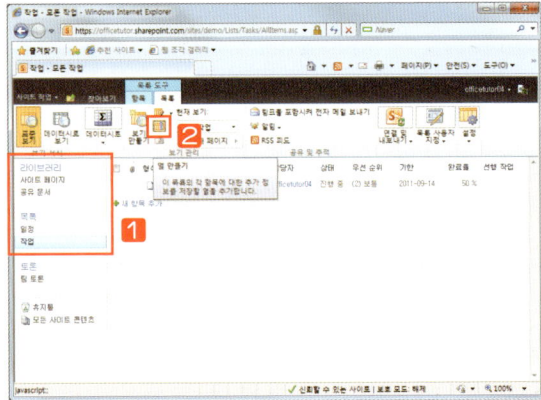

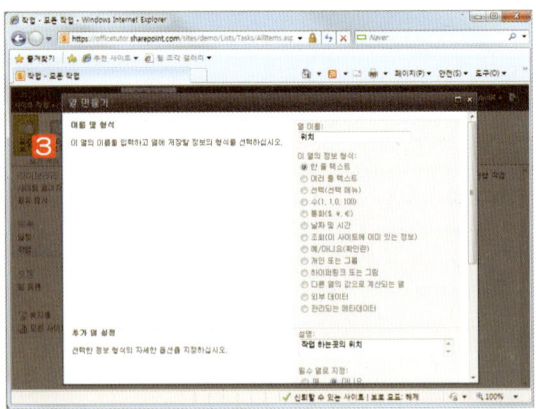

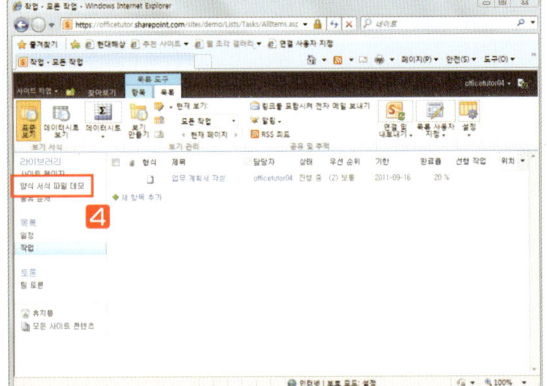

2 목록 또는 라이브러리에 사이트 열 추가하기

1 빠른 실행에서 [목록] 또는 [라이브러리]를 클릭한다. **2** 목록 도구의 [목록] 탭에서 [목록 설정] 또는 [라이브러리 설정]을 클릭한다. [목록 설정] 또는 [라이브러리 설정]에서 [기존 사이트 열에서 추가]를 클릭한다. **3** [열 선택]에서 [사이트 열 선택]-[사용 가능한 사이트 열]을 차례로 선택하고, [확인] 버튼을 클릭한다.

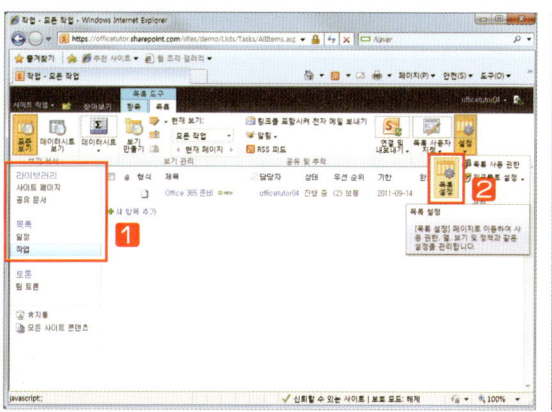 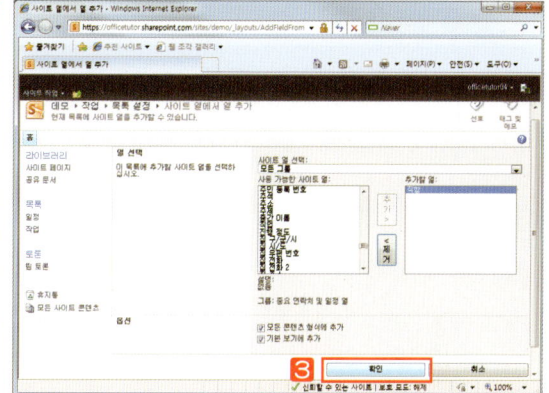

3 목록 또는 라이브러리의 열 설정 변경하기

1 빠른 실행에서 [목록] 또는 [라이브러리]를 클릭한다. **2** [설정]에서 [목록 설정] 또는 [라이브러리 설정]을 클릭한다. **3** [목록 설정] 또는 [라이브러리 설정]의 [열]에서 변경할 열 이름을 클릭한다. 원하는 설정으로 변경을 한 다음 [확인] 버튼을 클릭한다.

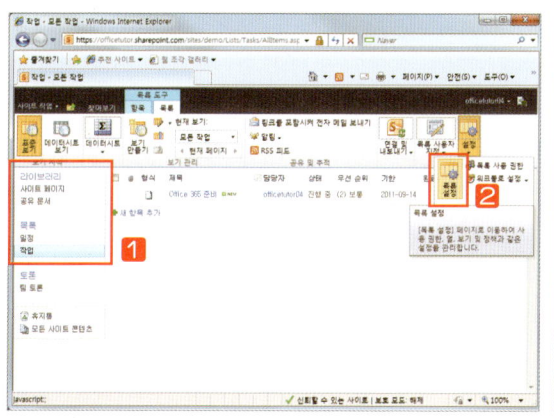 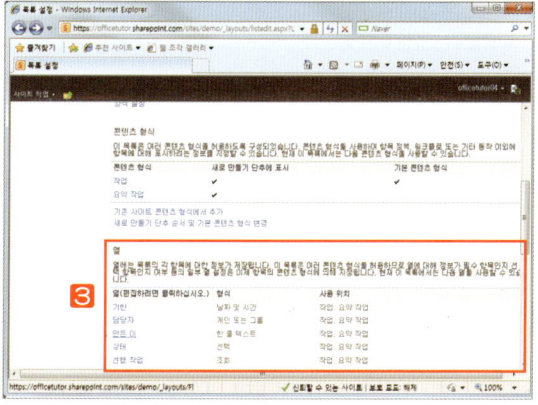

보기 19

목록과 라이브러리의 보기 만들기와 편집하기

보기를 사용하여 목록 또는 라이브러리에서 가장 중요하거나 특정 용도에 가장 적합한 항목을 볼 수 있다. 예를 들어 공유 문서의 리스트에서 문서를 만든 날짜가 꼭 보여야 하는 경우가 있다면 리스트에 만든 날짜가 포함된 보기를 만들어 사용할 수 있다. 기본 보기로 변경도 가능하다.

1 보기 만들기

1 빠른 실행에서 보기를 만들 [목록] 또는 [라이브러리]를 선택한다. **2** 라이브러리 도구의 [라이브러리] 탭-[보기 관리] 그룹에서 [보기 만들기]를 클릭한다. **3** [보기 형식 선택] 또는 [기존 보기에서 시작]에서 보기를 선택한다.

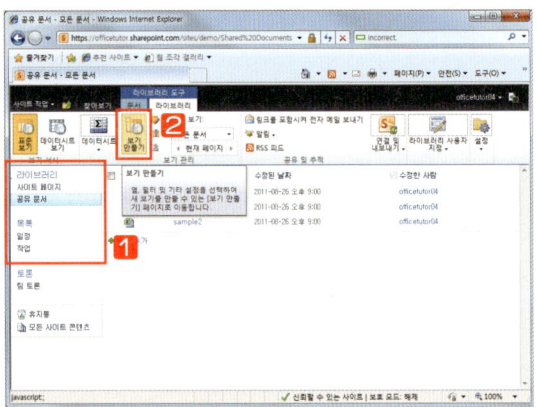 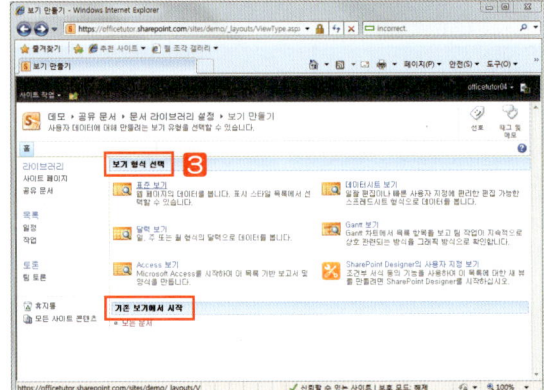

4 [보기 이름]에 이름을 입력한다. 이 라이브러리의 보기를 새로 만드는 보기로 적용하려면 [이 보기를 기본 보기로 만듭니다]에 체크한다. 5 [대상]의 [보기 대상]을 선택한다. 6 [열]의 [열 이름]과 [표시 순서]를 선택한다.

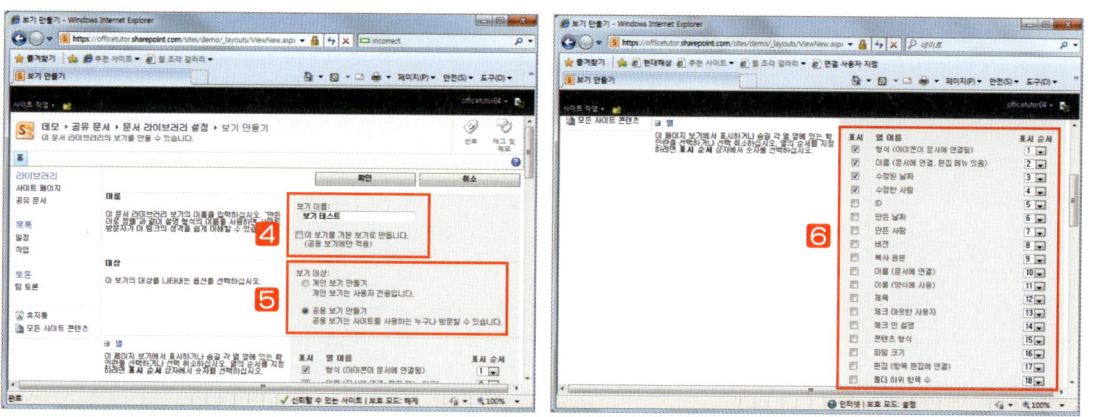

7 [정렬] 및 [필터]와 같은 보기의 다른 설정을 작성하고 [확인]을 클릭한다. 8 보기가 새로 만든 보기로 바뀌었다. 기존 보기로 변경하려면 메뉴에서 [목록] 또는 [라이브러리]를 클릭한 다음 [현재 보기]를 [모든 문서]로 변경한다.

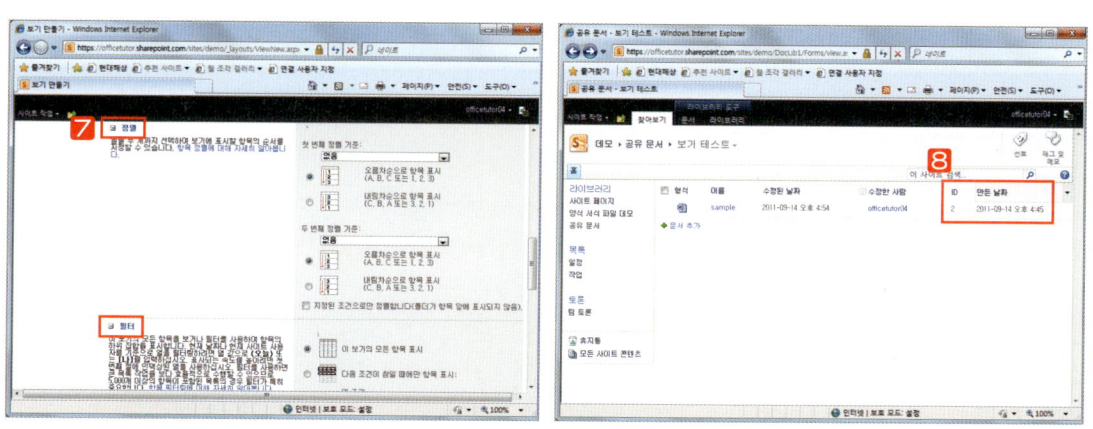

2 보기 수정 또는 삭제하기

1 빠른 실행에서 보기를 수정할 [목록] 또는 [라이브러리]를 선택한다. **2** 라이브러리 도구의 [라이브러리] 탭에서 [보기 관리]의 [현재 보기]를 수정할 보기로 변경한다. **3** 라이브러리 도구의 [라이브러리] 탭에서 [보기 관리] 그룹의 [보기 수정]을 클릭한다. **4** [보기 편집] 화면에서 원하는 항목을 수정한 다음 [확인] 버튼을 클릭한다. 이 보기를 삭제 하려면 [보기 편집] 화면에서 [삭제] 버튼을 클릭한다.

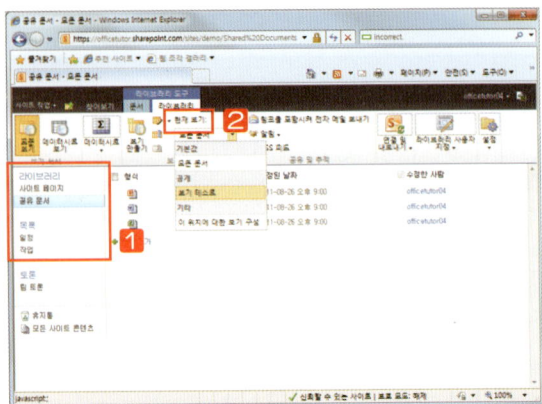

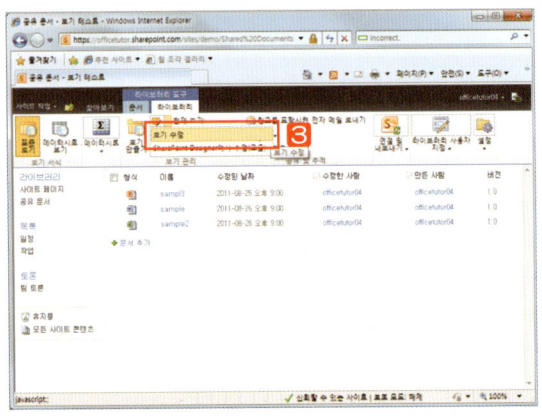

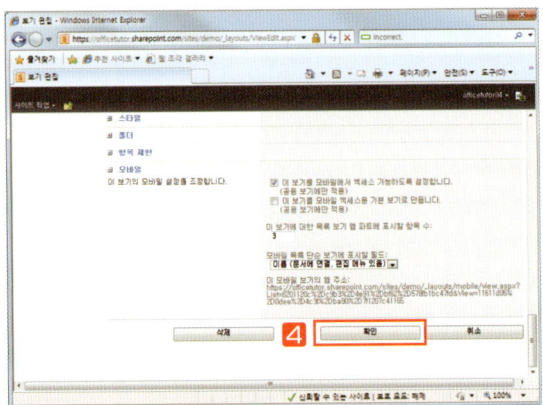

사이트 콘텐츠 형식 **20**

자주 사용하는 서식 파일을 사이트 콘텐츠 형식에 등록하기

조직에서는 콘텐츠 형식을 사용하여 사이트 모음에 있는 콘텐츠를 보다 효율적으로 관리할 수 있다. 또한 특정한 종류의 문서에 대해 콘텐츠 형식을 정의하여 해당 콘텐츠 그룹이 더욱 효율적인 방식으로 관리되도록 할 수 있다. 여러 콘텐츠 형식을 지원하도록 라이브러리가 설정되어 있으면 새 문서 메뉴에 사용할 수 있는 콘텐츠 형식 목록이 표시된다. 또한 사용자는 만들고자 하는 문서 종류에 맞는 형식을 선택할 수 있다.

1 사이트 콘텐츠 형식에 서식 등록하기

1 [사이트 작업]의 [사이트 설정]을 클릭 후 [갤러리]의 [사이트 콘텐츠 형식]을 클릭한다.
2 [사이트 콘텐츠 형식]에서 [만들기]를 클릭한다. [이름 및 설명]에 새 콘텐츠 형식의 [이름]과 [설명]을 입력하고 [상위 콘텐츠 형식]은 모두 [문서]로 선택한다.

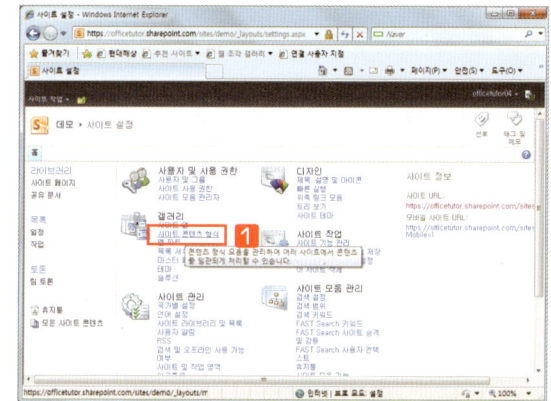

3 [그룹]을 지정한 다음 [확인] 버튼을 클릭한다. **4** 새로 만든 콘텐츠 형식 화면에서 [고급 설정]을 클릭하고 문서 서식 파일의 [찾아보기] 버튼을 클릭한 다음 콘텐츠 형식에 맞는 파일을 업로드 한다.
5 [확인] 버튼을 클릭한다.

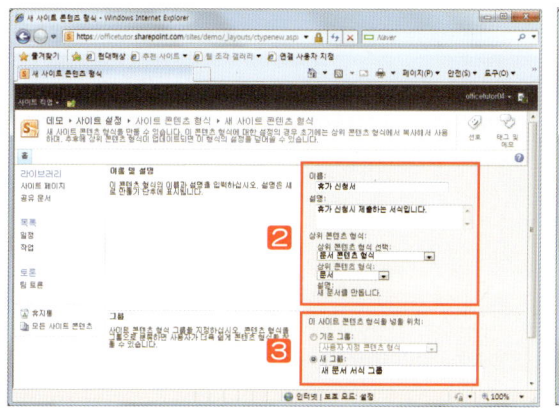 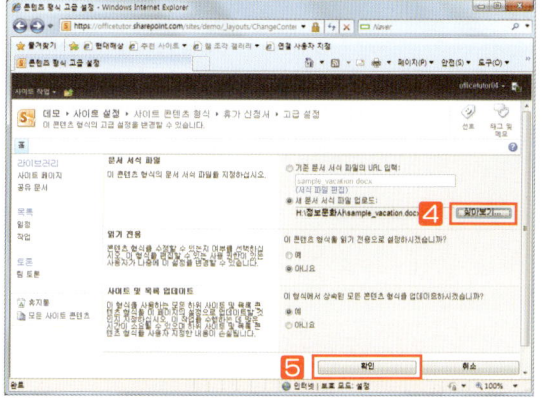

2 목록이나 라이브러리에서 콘텐츠 형식 사용 허가하기

1 빠른 실행에서 새로 등록한 서식을 사용할 라이브러리를 클릭한다. **2** 라이브러리 도구의 [라이브러리] 탭-[설정] 그룹-[라이브러리 설정]을 클릭한다. 설정 화면에서 [고급 설정]을 클릭하고 [콘텐츠 형식 관리를 허용 하시겠습니까?]라는 질문에 [예]를 선택하고, [확인] 버튼을 클릭한다. **3** [콘텐츠 형식]에서 [기존 사이트 콘텐츠 형식에서 추가]를 선택한다. **4** 추가할 콘텐츠 형식을 선택하고 [추가]-[확인] 버튼을 클릭한다.

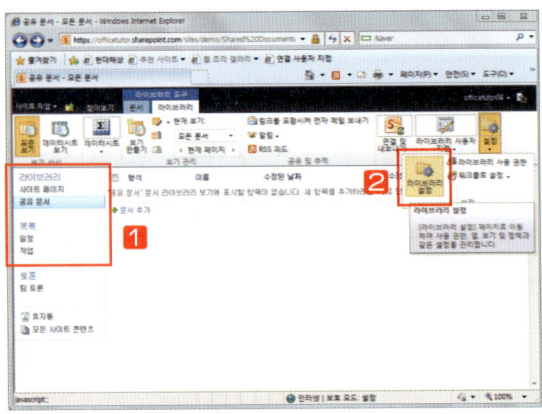

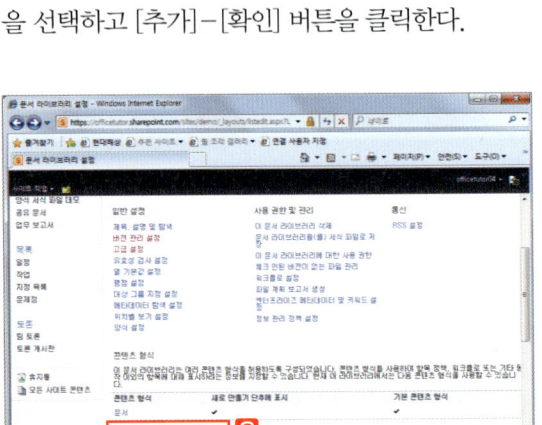

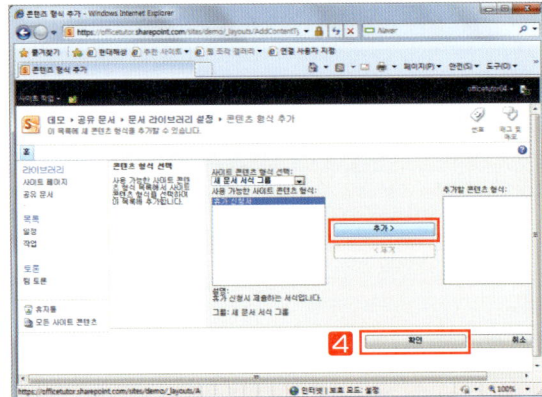

3 새로운 서식 사용하기

1 빠른 실행에서 콘텐츠 형식을 설정한 라이브러리를 클릭한다. 리본 메뉴의 라이브러리 도구의 [문서] 탭에서 [새 문서]에서 새로 등록된 서식 파일을 클릭한다.

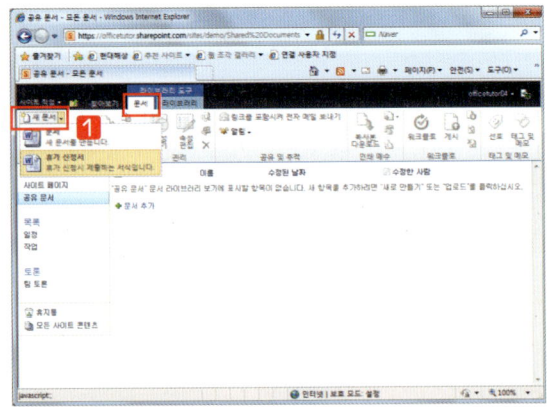

문서 모음 21

문서 집합을 이용해서 문서 모음을 콘텐츠 형식에 등록하기

여러 문서를 단일 작업 산출물로 관리하려면 문서 집합으로 만들면 된다. 문서 집합 콘텐츠 형식은 관련된 여러 문서를 단일 보기로 구성하는 폴더 기반 콘텐츠 형식이다. 문서 집합을 사용하도록 설정한 다음 문서 집합을 생성하고 이용하는 방법을 알아본다.

1 사이트 모음에서 문서 집합을 사용하도록 설정하기

1 [사이트 작업]의 [사이트 설정]을 클릭한다. [사이트 모음 관리]의 [사이트 모음 기능]을 클릭한다.
2 목록에서 [문서 집합]을 찾은 다음 [활성화] 버튼을 클릭한다.

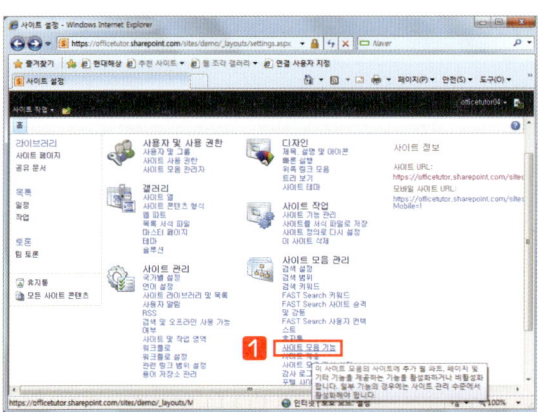 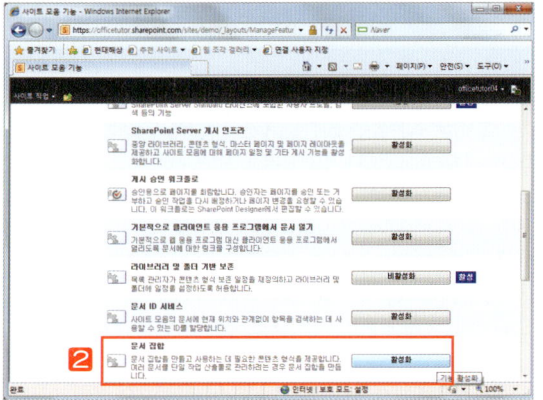

② 새 문서 집합 콘텐츠 만들기

1 [사이트 작업]의 [사이트 설정]을 클릭한 후 [갤러리]의 [사이트 콘텐츠 형식]을 클릭한다. **2** [사이트 콘텐츠 형식]에서 [만들기]를 클릭하고, [이름 및 설명]에 새 콘텐츠 형식의 [이름]과 [설명]을 입력하고 [상위 콘텐츠 형식]은 [문서 집합 콘텐츠 형식]과 [문서 집합]으로 선택한다. **3** [그룹]을 지정한 다음 [확인] 버튼을 클릭한다.

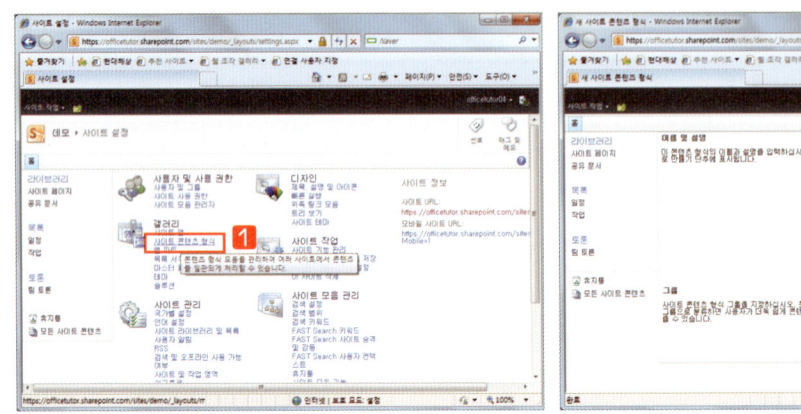

> **POINT 문서 집합 콘텐츠 형식의 다양한 기능**
> - 문서 파일, 이미지, 오디오, 비디오 등 문서 집합 내에서 허용되는 콘텐츠 형식을 지정한다.
> - 문서 집합 콘텐츠 형식을 구성할 때 조직에서 주로 사용하는 서식 파일을 업로드할 수 있다.
> - 집합의 모든 문서와 동기화할 공유 메타데이터를 지정한다.
> - 문서 집합에 대해 사용 가능하도록 지정할 워크플로를 구성해서 표준 검토 승인 워크플로를 문서집합에 사용할 수 있다.

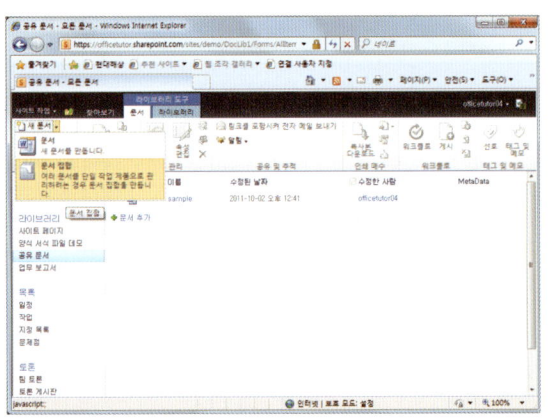

③ 문서 집합 콘텐츠 형식 구성 또는 사용자 지정하기

1 [사이트 작업]에서 [사이트 설정]을 클릭한 후 [갤러리]의 [사이트 콘텐츠 형식]을 선택한다. 그 후 구성할 문서 집합 콘텐츠 형식의 이름을 클릭한다. 2 [설정]의 [문서 집합 설정]을 클릭한다. 3 [허용되는 콘텐츠 형식]에 콘텐츠를 추가한다. 기본으로 등록되어 있는 문서를 제거하기 위해서는 [기본 콘텐츠]의 [삭제]를 클릭하고, [확인] 버튼을 누른다.

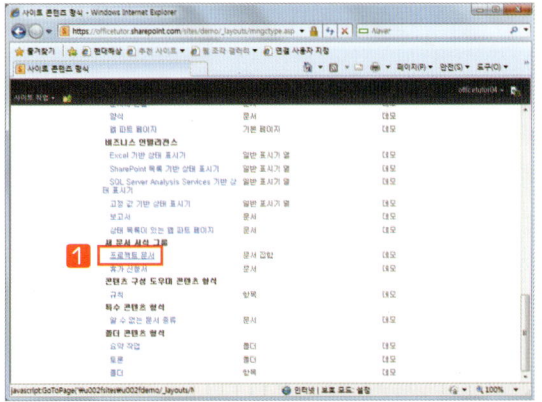

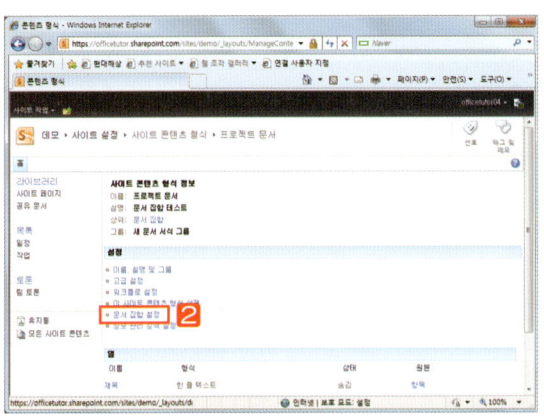

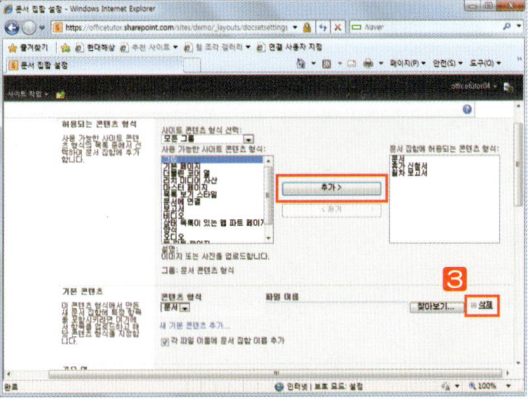

4 목록이나 라이브러리에서 문서 집합 사용하기

1 빠른 실행에서 문서 집합을 사용할 [목록]이나 [라이브러리]를 클릭한다. 2 라이브러리 도구의 [라이브러리] 탭-[설정] 그룹-[라이브러리 설정]을 클릭한다. 3 [콘텐츠 형식]에서 [기존 사이트 콘텐츠 형식에서 추가]를 클릭한다. 4 문서 집합 콘텐츠를 추가한 다음 [확인] 버튼을 누른다. 빠른 실행에서 문서 집합을 사용할 목록이나 라이브러리를 클릭한 후, [문서] 또는 [라이브러리]에서 새 문서의 메뉴를 클릭하면 문서 집합이 추가된 것이 보인다.

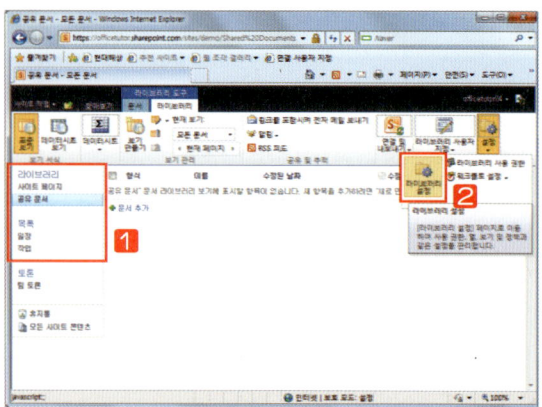

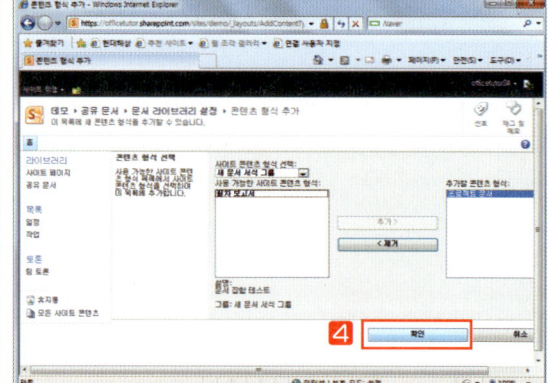

열 만들기 **22**

관리되는 메타데이터 열 만들기

관리되는 메타데이터 열은 사용자에게 자신의 콘텐츠에 적용할 수 있는 용어 목록을 제공하므로 사이트 전체에서 메타데이터를 보다 일관성 있게 사용할 수 있도록 한다. 메타데이터에 사용되는 용어는 SharePoint 관리의 용어 저장소 관리 도구를 통해 관리되는 중이다.

1 목록 또는 라이브러리에서 메타데이터 입력하기

1 빠른 실행의 목록이나 라이브러리 중 하나를 선택하고 [새 문서] 또는 [문서 업로드]를 선택하면 [문서 공유] 대화상자가 보여진다. **2** 메타데이터에서는 용어 저장소에 입력된 용어의 첫 단어만 입력하면 [제안]의 메뉴에 검색된 용어가 보여진다.

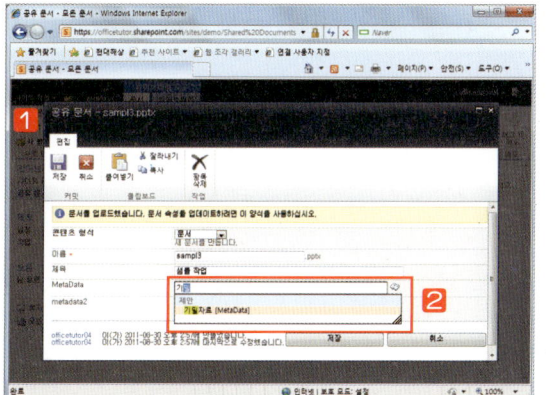

POINT **[용어 집합 사용자 지정]을 선택해서 새 용어 집합 만들기**

1 [열 만들기] 대화상자에서 [용어 집합]의 드롭다운 버튼을 클릭한 후에 [용어 만들기]를 선택한다. 그리고 이름을 입력한다. **2** 1번을 반복하여 용어 집합을 완성한다. **3** 용어 집합 관리권한이 있다면 [용어 집합 관리자를 사용하여 편집]을 눌러 용어 저장소 관리도구 화면으로 이동한 다음 용어 집합의 이름을 변경할 수 있고, 속성값을 추가할 수 있다.

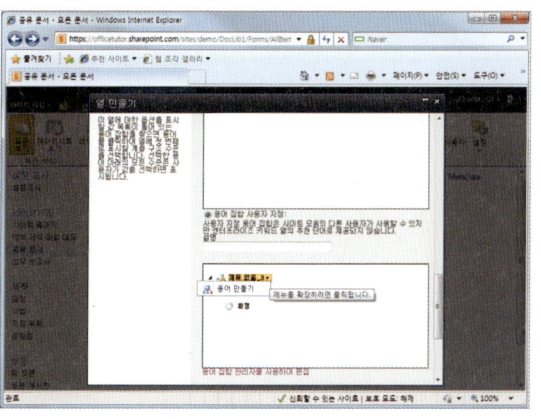

2 기존 용어 집합 또는 용어에 관리되는 메타데이터 사이트 열 만들기

1 관리되는 새 메타데이터 열을 만들기 위해 빠른 실행의 목록이나 라이브러리 메뉴 중 하나를 선택한다. 그 후 라이브러리 도구의 [라이브러리] 탭-[보기 관리] 그룹에서 [열 만들기]를 클릭한다. **2** [열 만들기] 대화상자에서 [이름 및 형식]에 열 이름을 입력한다. **3** 이 열의 정보 형식은 [관리되는 메타데이터]로 선택한다. **4** [추가 열 설정]에서 [설명]을 입력하고 사용자가 이 열에 대해 값을 입력해야 하는지 여부를 지정한다. 열에 대해 고유한 값을 사용하도록 할지 여부도 지정할 수 있다.

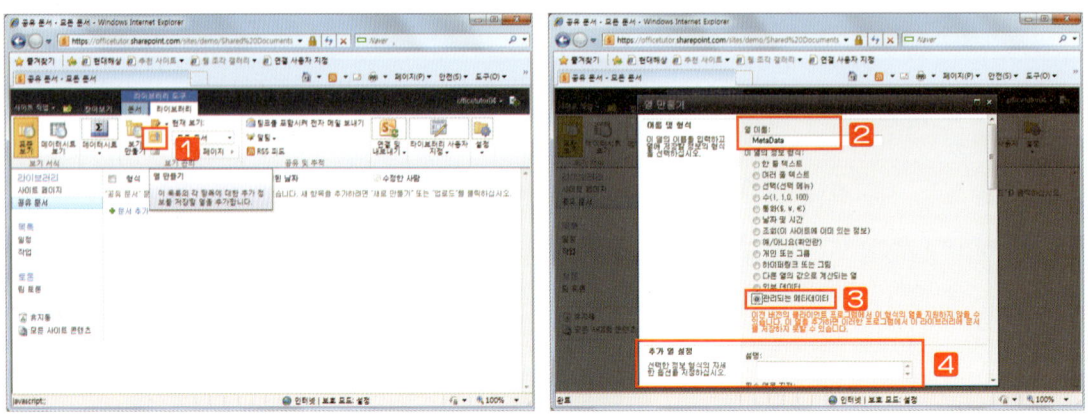

5 [여러 값 필드]에서 열에 여러 값을 포함하도록 허용할지 여부를 지정한다. **6** [표시 형식]에는 열에 용어 레이블만 표시할지 아니면 용어와 용어의 전체 경로를 함께 표시할지를 지정한다. **7** [용어 집합 설정]에서 [관리되는 용어 집합 사용]을 선택하면 검색을 통해서 등록 되어있는 용어 집합을 사용한다. **8** [채우기 선택 허용]을 선택한다. **9** [기본값]에서는 [올바른 선택 찾아보기] 버튼을 눌러 [기본값] 대화상자가 열리면 용어 집합 설정에서 선택한 용어 집합에서 기본값으로 선택할 용어를 선택하고 [선택] 버튼을 누른 다음 [확인] 버튼을 클릭한다. **10** 모든 입력을 마치고 [확인] 버튼을 클릭한다.

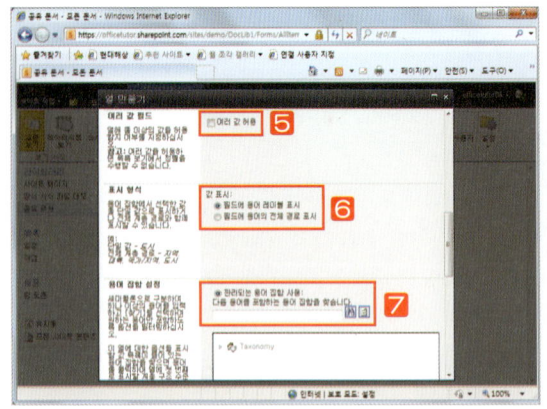
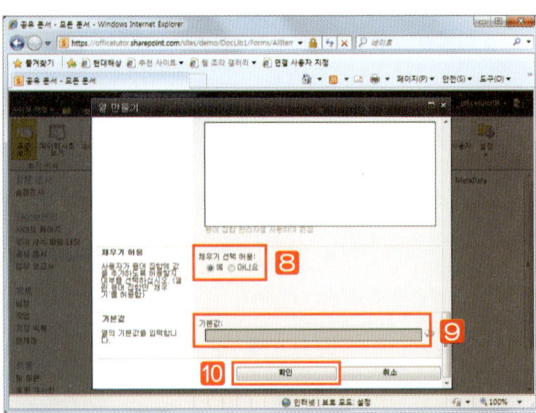

Office Web Apps 23

Office Web Apps 사용하기

Office Web Apps는 Word, PowerPoint, Excel, OneNote 등 익히 알려진 Microsoft Office 프로그램의 환경을 확장하여 어디에서나 액세스하고 손쉽게 공유할 수 있도록 한다. SharePoint 라이브러리에 저장된 Office 문서를 클릭하면 해당 문서가 브라우저에서 바로 열린다. 브라우저에 표시되는 문서는 Office 프로그램의 문서와 모양이 같다.

1 Word Web Apps에서 인쇄하기

1 빠른 실행에서 [공유 문서]를 클릭한 후, 인쇄 할 Word 문서에 마우스를 올리고 드롭다운 버튼을 누른다. **2** 열기 메뉴에서 [브라우저에서 보기]를 클릭해서 Word Web App을 실행한다. **3** [파일]-[인쇄]를 클릭하면 Adobe Reader의 인쇄 페이지로 연결되어 인쇄를 할 수 있다. 만약 인쇄 페이지가 실행되지 않을 때에는 Adobe Reader를 실행하고 Word Web App의 인쇄를 클릭한다. Office Web Apps 중에서 Word의 보기 화면에서만 인쇄가 지원된다.

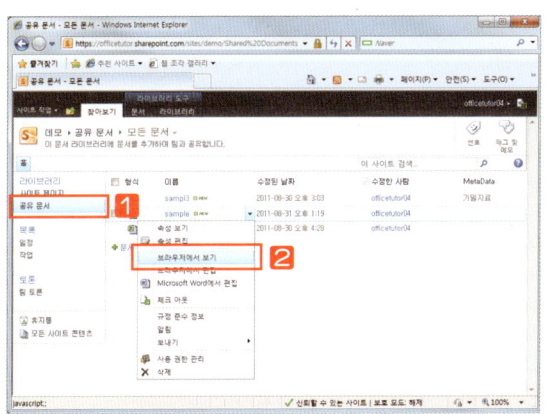 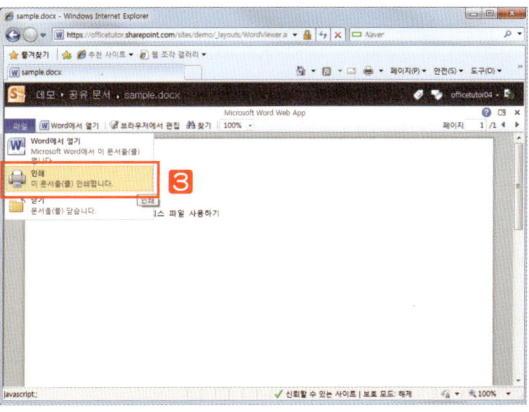

2 Excel Web App에서 여러 사용자가 동시에 작업하기

1 빠른 실행에서 [공유 문서]를 클릭한 후, 편집할 Excel 문서에 마우스를 올리고 드롭다운 버튼을 누른다. **2** 열기 메뉴에서 [브라우저에서 편집]을 선택해 Excel Web App을 실행한다. **3** 웹 브라우저에 표시된 URL을 전자 메일 또는 인스턴트 메시지에 복사하여 함께 작업할 조직원에게 보낸다. 메시지를 받은 조직원은 링크를 클릭하여 메시지를 보낸 사용자가 편집하는 동안 통합 문서를 같이 편집할 수 있으며, 각자 변경한 내용이 상대방에게 표시된다. 편집된 내용은 자동으로 저장된다.

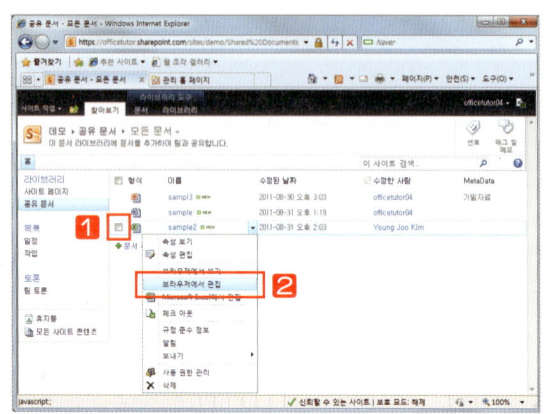
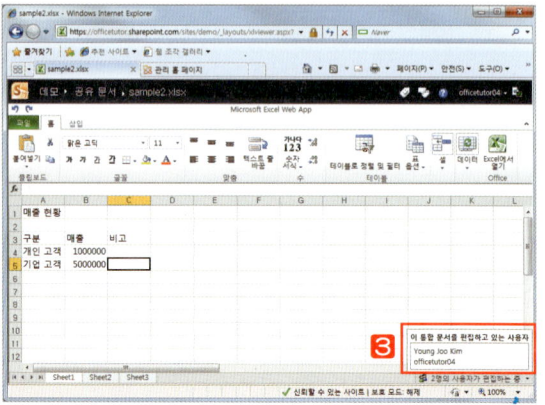

3 여러 사람과 OneNote 공유하기

1 빠른 실행에서 [공유 문서]를 클릭한 후, 편집할 OneNote 문서에 마우스를 올리고 드롭다운 버튼을 누른다. **2** 열기 메뉴에서 [브라우저에서 편집]을 선택해 OneNote Web App을 실행한다. 웹 브라우저에 표시된 URL을 전자 메일 또는 인스턴트 메시지에 복사하여 함께 작업할 조직원에게 보낸다. 메시지를 받은 조직원은 링크를 클릭하여 메시지를 보낸 사용자가 편집하는 동안 통합 문서를 같이 편집할 수 있으며, 각자 변경한 내용이 상대에게 표시된다. **3** OneNote의 어떤 부분을 누가 편집했는지 추적하려면 [보기] 탭의 [작성자 표시]를 클릭한다. **4** 이전 버전의 화면을 보려면 [보기] 탭의 [페이지 버전]을 클릭한 다음 확인할 버전의 타임스탬프를 클릭한다. 수정이 되면 바로 저장이 이루어진다.

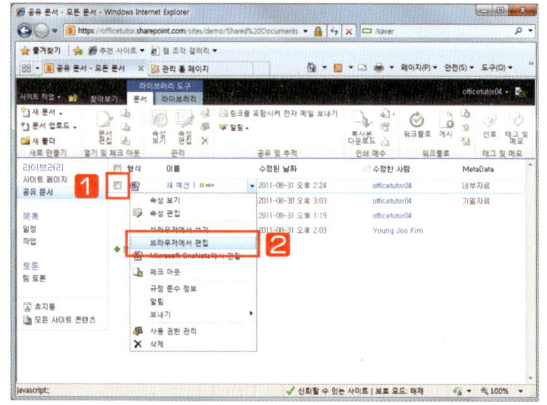
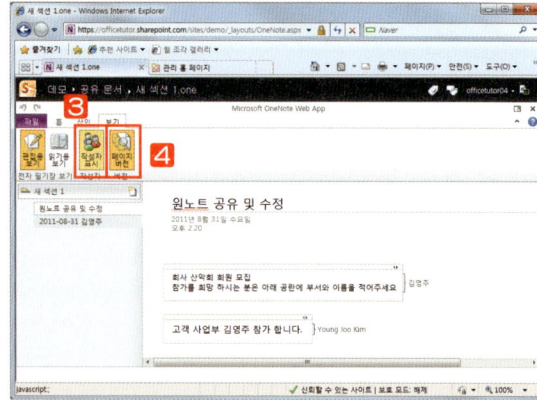

24 체크 아웃, 체크 인

라이브러리에서 파일 체크 아웃, 체크 인 활용하기

사이트 라이브러리에 있는 파일을 변경하려는 경우에는 파일을 체크 아웃하는 것이 가장 안전하다. 이렇게 하면 자신이 파일을 사용하는 동안 다른 사람이 파일을 변경할 수 없게 된다. 편집을 완료하고 파일을 다시 사이트 라이브러리에 체크 인하면 다른 사람이 변경 내용을 볼 수 있다.

1 파일 체크 아웃하기

1 파일이 있는 라이브러리로 이동한 후, 체크 아웃할 문서에 마우스를 올리고 드롭다운 버튼을 누른다. 열기 메뉴가 나타나면 [체크 아웃]을 클릭한다. 또는 문서의 확인란에 체크를 하고 라이브러리 도구의 문서 탭 – [열기 및 체크 아웃] 그룹 – [체크 아웃] 버튼을 클릭한다. **2** 대화상자가 열리면 파일을 로컬 임시 저장 폴더에 사용을 할지 여부를 결정한 다음 [확인] 버튼을 클릭한다. 파일이 체크 아웃되면 파일 이름 옆의 아이콘 일부분에 아래쪽 방향의 녹색 화살표가 표시된다. 이 아이콘 위에 마우스를 놓으면 문서 이름과 체크 아웃 한 사용자의 이름이 표시된다. 다른 사용자가 체크 아웃 한 파일을 편집하려고 하면 문서가 잠겨있다는 경고가 보여지고 편집이 불가능하다고 나타난다. 다만 [브라우저에서 보기]는 가능하다.

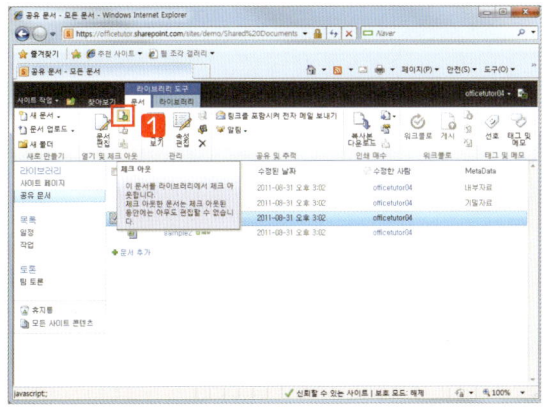
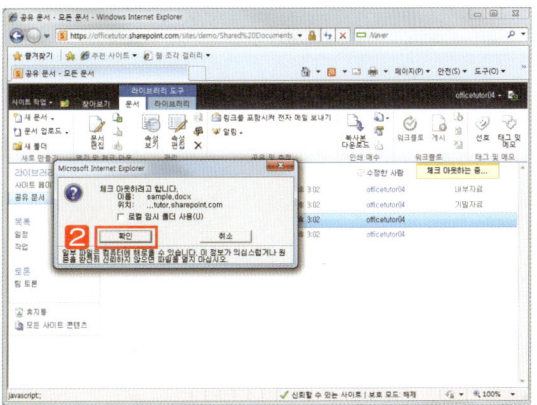

2 파일 체크 인하기

1 빠른 실행에서 라이브러리로 이동한 후, 체크 인을 할 문서에 마우스를 올리고 드롭다운 버튼을 누른다. 열기 메뉴가 나타나면 [체크 인]을 클릭한다. 또는 문서의 확인란에 체크를 하고 라이브러리 도구의 [문서] 탭-[열기 및 체크 아웃] 그룹-[체크 인] 버튼을 클릭한다. **2** [체크 인] 대화상자가 열리면 [체크 아웃 유지]에서 [아니오]를 선택하고, [설명]에는 어디를 수정했는지 혹은 어떤 부분을 추가했는지 적어두는 것이 좋다.

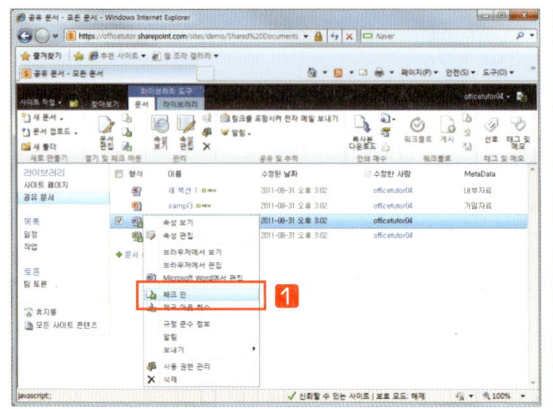 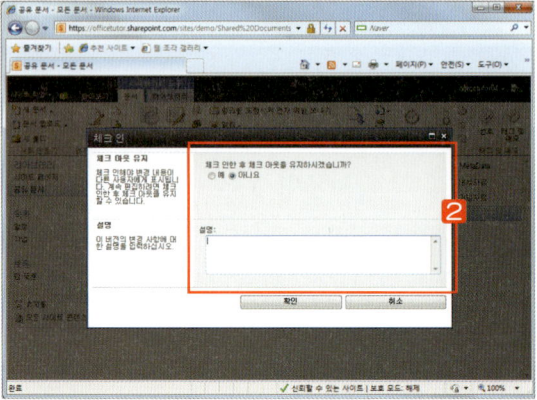

파일을 [체크 아웃] 한 다음 변경을 하지 않았거나 수정을 했지만 저장을 하고 싶지 않은 경우에는 [체크 아웃 취소]를 한다. 체크 아웃 취소는 버전이 만들어지지 않고 변경 내용이 적용되지도 않는다.

InfoPath 2010 **25**

InfoPath 2010 양식 서식 파일 사용하기

InfoPath 2010으로 여러 사용자로부터 쉽고 편리하게 데이터를 수집하는 데 사용할 수 있는 전자 양식을 만들 수 있다. 또한 게시 마법사를 이용하면 서식 파일을 간단하게 SharePoint Online에 게시할 수 있다. InfoPath Forms Services를 이용하면 InfoPath 2010 없이도 양식 데이터를 입력할 수 있다. 양식 서식 파일을 이용하면 XML 기반의 양식 데이터를 효과적으로 관리할 수 있다.

1 서식 파일 다운로드 받기

Microsoft Office의 웹 사이트(http://office.microsoft.com/ko-kr/templates/TC010174858.aspx)에서 서식 파일을 다운로드 받는다. 다운로드 받은 파일을 InfoPath 2010에서 실행한다. [파일]-[게시]-[SharePoint Server]를 클릭한다.

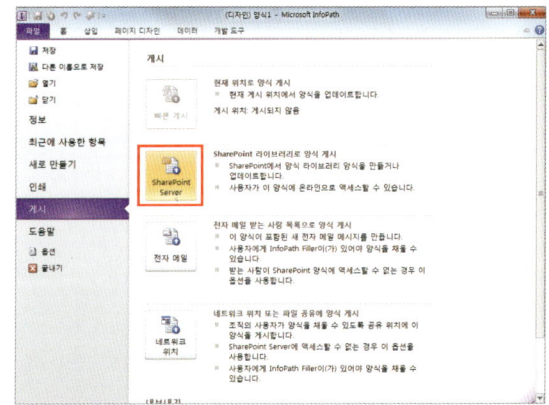

> **POINT** 게시 마법사에서 입력해야 하는 사이트의 위치를 복사하기 위해서는 SharePoint Online에서 양식 서식 파일을 사용할 사이트의 [홈]으로 이동해야 한다. 그 다음 사이트의 이름을 마우스 오른쪽 버튼으로 눌러 메뉴가 나타나면 [바로 가기 복사]를 클릭한다. 게시 마법사의 사이트 위치 입력란에 있던 사이트 위치를 지운 다음 Ctrl + V 를 입력한다.

② InfoPath에서 작성한 서식을 SharePoint Online에 게시하기

1 [게시 마법사] 대화상자가 나타나면 SharePoint Online 사이트의 주소를 입력하고 [다음] 버튼을 클릭한다. 그 다음 [브라우저를 사용하여 이 양식 저장]에 체크하고 [양식 라이브러리]를 선택한 후, [다음] 버튼을 클릭한다. **2** 수행할 작업을 선택한 후 [다음] 버튼을 누르고, [이름]과 [설명]을 입력한다. 입력 후 [다음] 버튼을 누른다. **3** 필드를 [추가]하거나, [제거] 할 수 있고, [수정]도 할 수 있다. 작업을 한 후 [다음] 버튼을 누른다. **4** [게시] 버튼을 누른다.

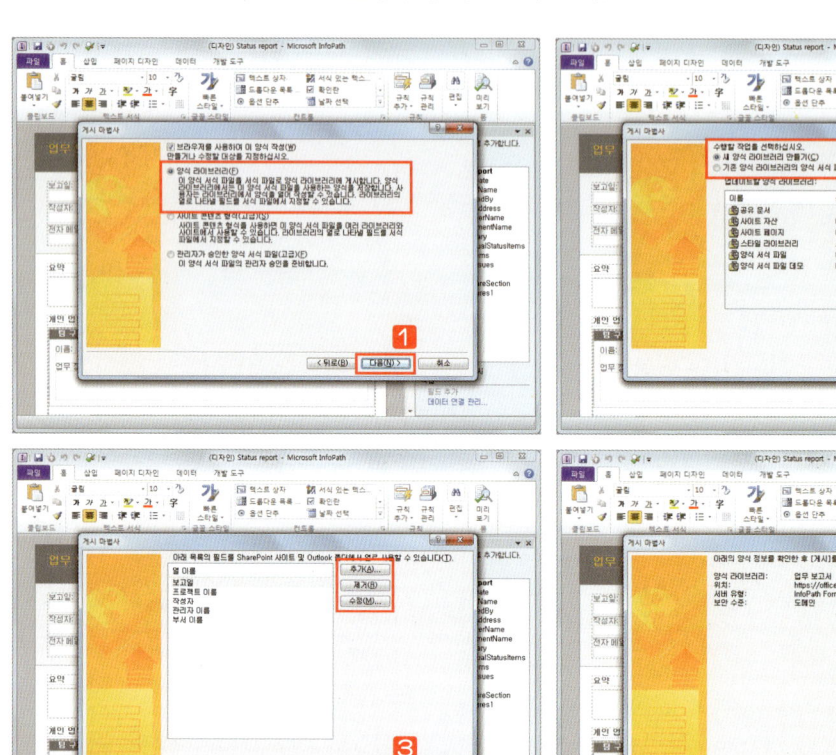

3 양식 파일 추가하기

1 빠른 실행에서 양식 서식 파일을 게시했던 라이브러리를 클릭해 라이브러리 도구의 [문서] 탭에서 [새 문서]를 클릭한다. **2** [새 양식] 화면이 열리면 양식에 맞게 데이터를 입력한 다음 [저장] 버튼을 클릭한다. **3** [다른 이름으로 저장] 대화상자가 열리면 [파일 이름]을 입력하고 [저장] 버튼을 누른다.

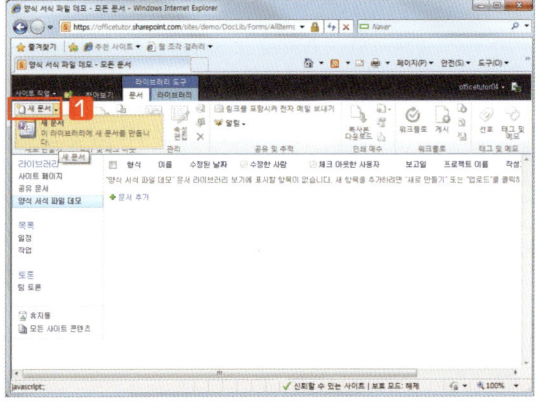

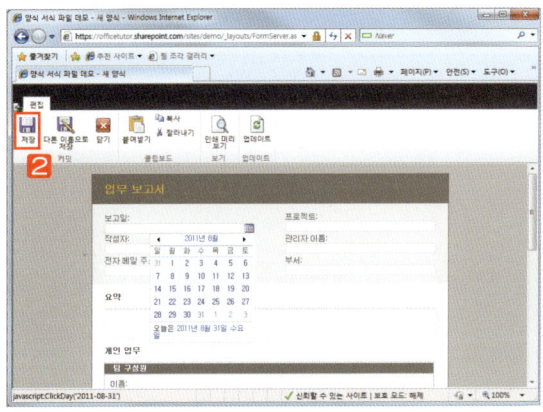

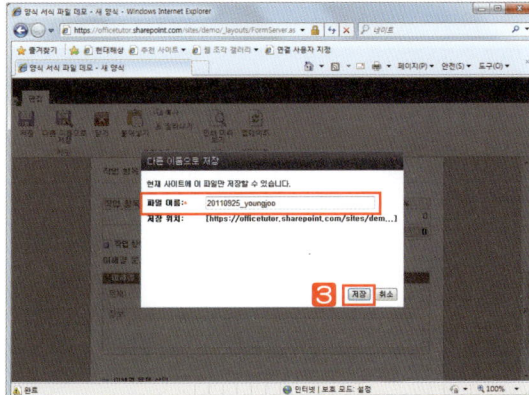

POINT 양식 서식 파일을 게시해서 사용을 하고 있는데 서식 파일을 수정해야 한다면 새로 게시하지 말고 서식 파일을 업데이트 하자.
- InfoPath 2010에서 서식 파일을 수정한 다음 [파일]-[게시]-[SharePoint Server]를 클릭한다.
- 게시 마법사에서 SharePoint Online 사이트의 주소를 입력하고 [다음]을 클릭한다.
- [브라우저를 사용하여 이 양식 저장]의 확인란에 체크하고 [양식 라이브러리]를 선택하고 [다음]을 클릭한다.
- [기존 양식 라이브러리의 양식 서식 파일 업데이트]를 선택하고 업데이트할 양식 라이브러리를 선택한 다음 [다음] 버튼을 클릭한다.
- 계속 진행을 해서 서식 파일을 게시하고 SharePoint Online의 빠른 실행에서 양식 서식 파일을 게시했던 라이브러리로 이동한다.
- [문서 추가]를 클릭해서 [새 양식] 페이지가 열리면 수정된 양식 서식 파일이 적용된 것을 확인할 수 있다.
- 기존에 작성한 파일을 최근 양식으로 변경을 하려면 파일을 열어서 리본 메뉴의 [업데이트]를 실행한다.

4 양식 병합하기

1 라이브러리 도구의 [라이브러리] 탭에서 [현재 보기]에서 [문서 병합]을 선택한다. 보기가 [모든 문서]로 선택되어 있으면 병합이 보이지 않는다. **2** 병합을 할 양식을 체크하고 라이브러리 도구의 [문서] 탭-[작업]에서 [병합]을 클릭한다. **3** InfoPath 2010이 실행되고 병합으로 선택된 문서의 내용이 하나의 화면에 합쳐서 보여진다.

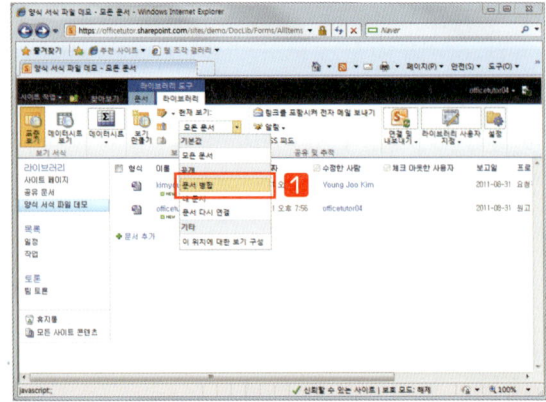

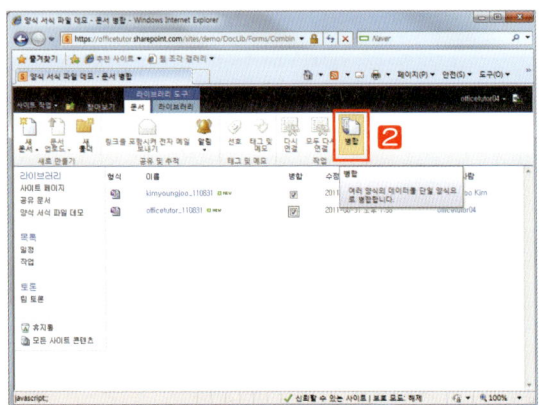

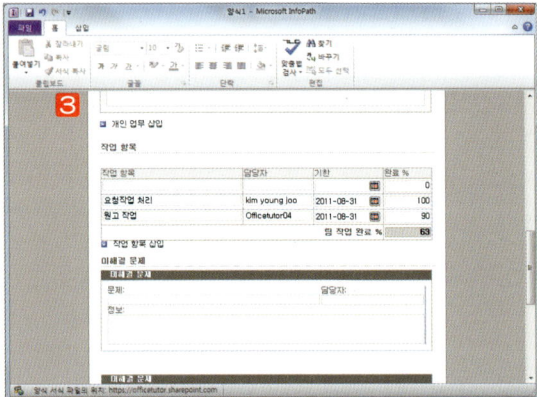

브라우저에서 양식 서식 파일을 사용하려면 SharePoint Online 관리 센터의 [InfoPath Forms Services]-[사용자의 브라우저 사용 양식 서식 파일]에 모두 체크가 되어 있어야 한다.

연동하기 26

Outlook과 SharePoint Online을 연동하기

SharePoint Online의 일정과 작업을 Outlook과 연동 시키면 팀 일정과 작업을 Outlook에서 관리할 수 있다. Outlook에 추가된 팀 사이트의 일정 또한 Outlook의 알림 기능이 적용 되므로 일정을 놓치지 않게 된다. 일정이나 작업 외에도 라이브러리를 Outlook과 연동하면 메일함에 라이브러리 목록이 추가되어 Outlook에서 문서를 바로 열어볼 수 있다.

1 팀 일정을 Outlook과 연동하기

1 일정 도구의 [일정] 탭-[연결 및 내보내기] 그룹-[Outlook에 연결] 버튼을 클릭한다. 보안 관련된 확인 대화상자가 두번 보이면 모두 [허용] 버튼을 클릭한다. **2** SharePoint 일정을 Outlook에 연결할 것인지 묻는 대화상자에서 [예]를 클릭한다. **3** Outlook의 일정에 [다른 일정]으로 추가된 SharePoint Online의 일정을 확인할 수 있다. Outlook이나 SharePoint Online에서 일정을 수정하면 두 곳 모두 표시된다.

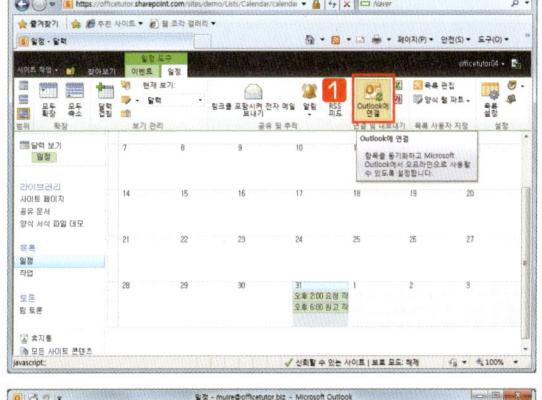

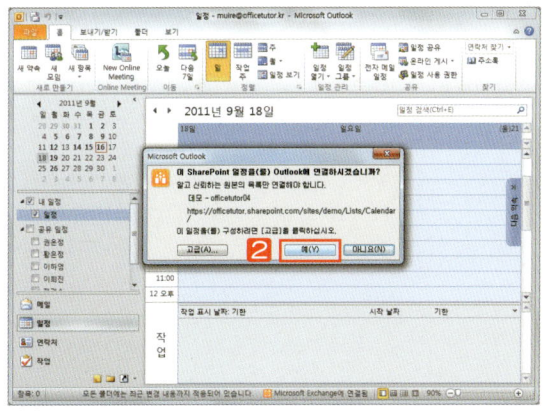

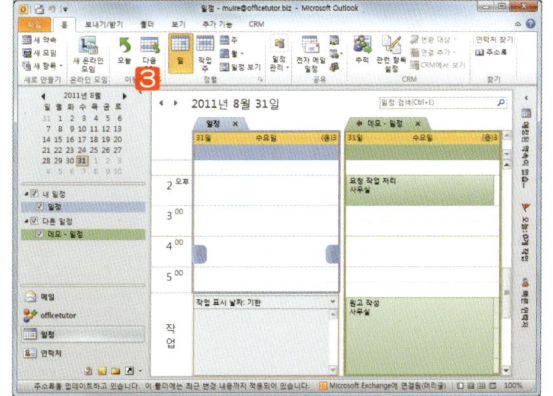

2 작업을 Outlook과 연동하기

1 빠른 실행에서 [작업]을 클릭한다. 2 목록 도구의 [목록] 탭-[연결 및 내보내기] 그룹 -[Outlook에 연결]을 클릭한다. 보안 관련된 확인 창이 두 번 보이면 모두 [허용] 버튼을 클릭한다. 3 SharePoint 작업 목록을 Outlook에 연결 할 것인지 묻는 대화상자에서 [예]를 클릭한다. 4 Outlook의 작업에 [다른 작업]으로 추가된 SharePoint Online의 작업을 확인할 수 있다. Outlook이나 SharePoint Online의 일정을 수정하면 두 곳 모두 표시된다.

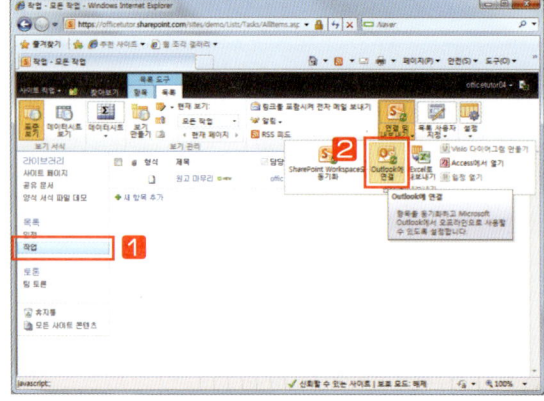

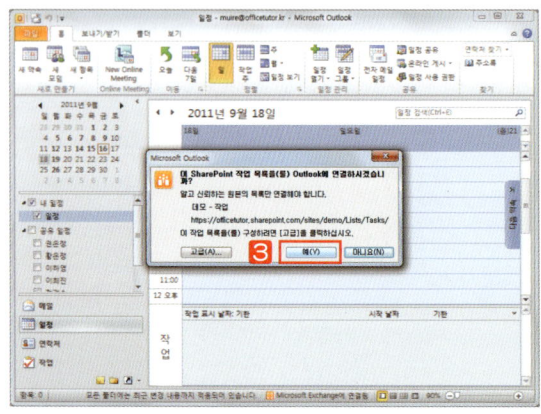

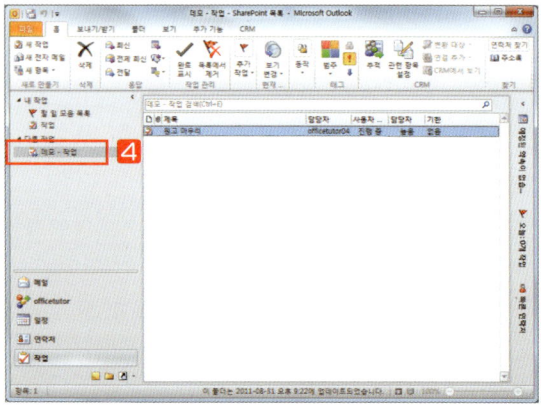

Outlook에 SharePoint의 일정과 작업을 연동 시키면 오프라인 상태일 때 Outlook에서 작성한 일정과 작업이 온라인이 되었을 때 자동으로 업데이트 되므로 수시로 팀의 일정과 작업을 파악하고 수정할 수 있다.

3 라이브러리의 공유 문서를 Outlook과 연동하기

1 빠른 실행에서 [공유 문서]를 클릭한다. 2 라이브러리 도구의 [라이브러리] 탭-[연결 및 내보내기] 그룹에서 [Outlook에 연결]을 클릭한다. 보안 관련된 확인 대화상자가 두번 보이면 모두 [허용] 버튼을 클릭한다. 3 SharePoint 문서 라이브러리를 Outlook에 연결 할 것인지 묻는 대화상자에서 [예]를 클릭한다. 4 Outlook의 메일에서 SharePoint 목록으로 추가된 공유 문서를 확인할 수 있다. 다운로드 된 문서 목록에서 자세히 볼 문서를 더블 클릭하면 해당 프로그램이 열린다.

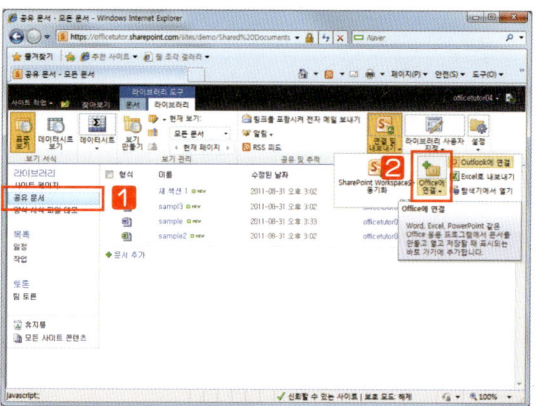

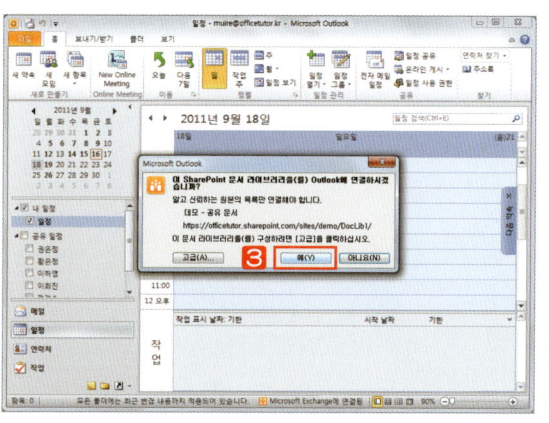

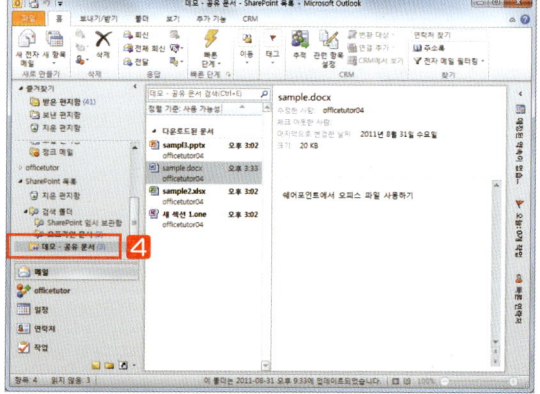

중요한 문서를 실수로 지웠다면 휴지통을 확인하자

휴지통은 SharePoint Online에서 파일, 파일 버전, 목록 항목, 라이브러리, 목록 및 폴더의 삭제 내용을 저장한다. 사이트 모음 관리자나 사이트 방문자가 사이트에서 이러한 항목을 삭제하면 해당 항목은 휴지통으로 이동된다. 휴지통에 있는 항목은 사용자 또는 사이트 모음 관리자가 웹 사이트에서 영구적으로 삭제하도록 결정하거나 설정된 기간이 지나 영구적으로 삭제될 때까지 그대로 유지된다.

| 휴지통에 있는 항목 보기 |

휴지통에는 자신이 삭제한 항목만 표시된다. 사이트 모음 관리자는 다른 사람이 삭제한 항목도 볼 수 있지만 일반 사용자는 다른 사용자가 삭제한 항목을 볼 수 없다. 휴지통에 있는 항목은 복원하거나 삭제할 수도 있다.

빠른 실행에서 휴지통을 클릭한다.

| 휴지통에 있는 항목 복원하기 |

삭제한 목록, 목록 항목, 라이브러리, 파일 또는 파일 버전은 해당 상위 항목을 삭제하지 않았으면 원래 위치로 복원할 수 있지만, 파일 자체를 삭제한 경우에는 파일 버전을 복원할 수 없다. 파일을 삭제하면 파일 버전도 모두 삭제되기 때문이다. 마찬가지로 파일이 속한 라이브러리를 삭제한 경우에는 파일을 복원할 수 없다. 방금 설명한 상황을 해결하려면 먼저 라이브러리를 복원한 다음 파일을 해당 라이브러리로 복원하면 된다.

폴더의 경우에는 이 규칙이 적용되지 않는다. 폴더의 경우 원래 삭제한 폴더에 있던 항목을 복원하면 원래 위치에 폴더가 다시 생성된 다음 해당 폴더에 항목이 복원되지만, 전체 내용이 복원되지는 않는다.

1 빠른 실행에서 휴지통을 클릭한 후 복원 하고자 하는 항목을 선택한다. **2** [선택 항목 복원]을 클릭한다.

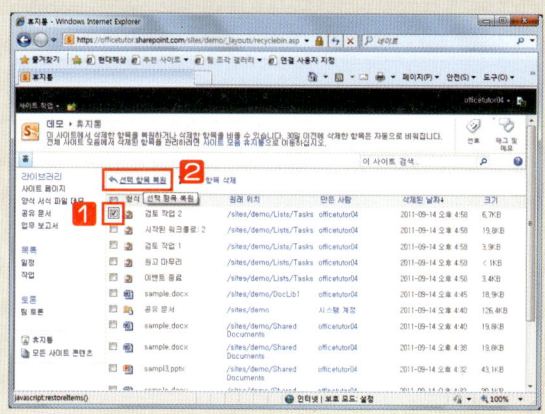

| 휴지통에 있는 항목 삭제하기 |

기본적으로 휴지통에서 삭제한 항목은 사이트 모음 휴지통으로 전송된다. 서버 관리자가 중앙 관리에서 설정한 항목의 만료 날짜가 경과하지 않은 경우에는 사이트 모음 관리자가 해당 항목을 원래 위치로 복원할 수 있다. 파일을 삭제하면 파일의 모든 버전이 함께 삭제되고, 라이브러리를 삭제하면 라이브러리의 모든 파일이 함께 삭제된다.

1 빠른 실행에서 휴지통을 클릭한 후 삭제하고자 하는 항목을 선택한다. **2** [선택 항목 삭제]를 클릭한다.

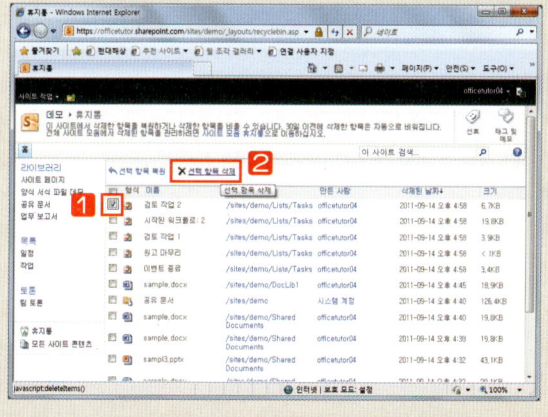

PART 05

Lync로 소통하기

Microsoft Office 365의 구성 중 하나인 Microsoft Lync Online은 최신 통합 커뮤니케이션 서비스로써, 지금까지 다양한 매체를 통해 전달하던 여러 정보들을 가장 손 쉬운 방법으로 한 곳에서 해결할 수 있게 한다. 어떤 조직이든 상호간의 원활한 소통이 이뤄져야만 조직의 능률을 더 높일 수 있다는 것에 모두들 공감할 것이다. 따라서 이러한 매개체 역할을 하는 도구는 가장 편리하면서도 접근이 용이해야 한다. Lync Online은 그동안 익숙했던 수많은 커뮤니케이션 도구들을 하나로 통합했다. 이제는 내 책상에 전화기가 없어도 PC to PC 방식으로 통화할 수 있고, 최신 정보를 실시간으로 공유함으로써 좀 더 명확한 의사를 전달할 수 있다. 또한 작업 상태를 공개함으로써 상대방의 상황을 직접적으로 전달하지 않아도 알 수 있기 때문에 일방적인 대화 시도를 사전에 방지할 수 있다. 그리고 출장 중이거나 해외에 있을 때에도 Lync Online을 통해 언제 어디서든 작업할 수 있는 상태를 유지할 수 있다. 이런 작업 환경이 자연스럽게 형성된다면 원활한 의사소통에서부터 조직의 생산성을 높일 수 있는 업무 환경까지 구축할 수 있을 것이다.

조직에서 가장 중요시 여기는 여러 사람과의 협업 및 명확한 의사 전달 방법을 Lync를 통해 좀 더 편리하게 해결 할 수 있다. Lync를 사용하면 기존의 자료 공유 및 커뮤니케이션 방법 보다 좀 더 새로운 방법들을 구상할 수 있으며, 편리하고 효율적인 작업 환경을 경험하게 될 것이다. Part 05에서 다룰 Lync의 핵심 기능은 다음과 같다.

 대화 상태

대화 상태를 임의로 설정하거나 모임에 참여 또는 통화 중인 경우 자동으로 대화 상태가 변경되어 내 상태를 실시간으로 알려준다. 또한 위치 및 간단한 메모를 남겨둘 수 있어 서로 간의 원활한 커뮤니케이션을 진행할 수 있으며, 일방적인 연락으로 작업에 방해되는 일을 피할 수 있게 된다.

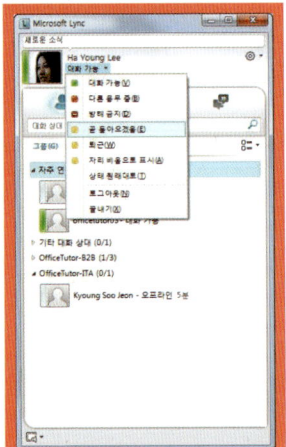

 인스턴트 메시지(IM), 화상 통화

Lync를 통해 인스턴트 메시지(IM) 및 화상 통화로 상대와 대화를 나눌 수 있다. 음성 또는 화상 통화 시 마이크와 스피커가 준비되어야 하며, 웹캠이 있는 경우 상대와 대면하듯 대화가 가능하다. 따라서 번거로운 출장 및 미팅 등을 해결할 수 있게 되어 조직의 생산성을 좀 더 높일 수 있다. Lync를 통해 온라인으로 대화하는 방법들을 알아보도록 한다.

3 데스크톱, 프로그램 공유

Lync에서는 음성 또는 화상 통화 시 필요한 자료를 함께 공유할 수 있다. 데스크톱 및 프로그램, PowerPoint 자료 등을 바로 공유할 수 있어 회의실 또는 강의실에서 발표하듯 진행이 가능하다. 언제 어디서나 작업이 가능하고, 서로의 자료를 손쉽게 공유할 수 있는 방법에 대해 알아본다.

4 화이트보드 작성

Lync에서는 모임에 참여한 모든 참석자가 자유롭게 의견을 제시하고 공유할 수 있는 화이트보드가 제공된다. 창의성을 높일 수 있는 아이디어 회의 또는 자유로운 방식으로 진행되는 모임 시 유용하며 향후 내용을 참고할 수 있도록 저장이 가능하다. 다양한 방식으로 서로간의 의견을 공유할 수 있는 방법에 대해 알아 본다.

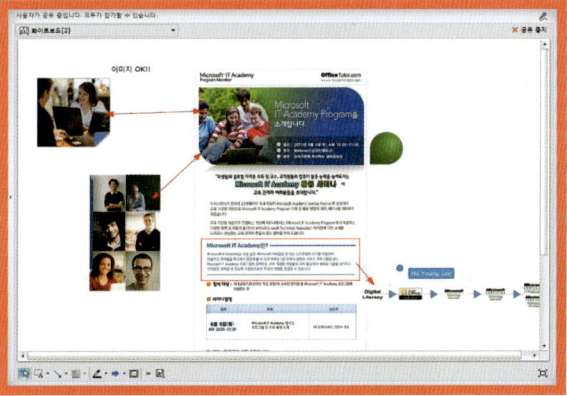

5 Office 2010 즉시 연결

PowerPoint, Excel, Word 사용 중 Lync를 바로 연결하여 인스턴트 메시지(IM) 및 자료를 공유할 수 있다. 또한 Outlook 및 SharePoint에서도 연락처 카드 및 검색 등으로 Lync와 연동할 수 있어 빠른 속도로 커뮤니케이션이 이뤄질 수 있다. Office 2010 작업 시 Lync를 통해 가능한 커뮤니케이션 방법을 살펴보도록 한다.

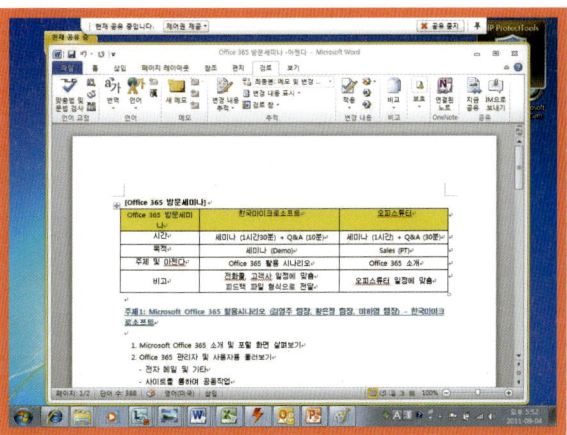

Lync 설치 01

Lync 사용을 위한 기본 환경 구성하기

최신 통합 커뮤니케이션 서비스인 Lync를 통해 음성 및 화상 통화, 정보 공유, 온라인 회의 등을 사용하려면 먼저 내 컴퓨터에 Microsoft Lync 2010 프로그램이 설치되어야 한다. Microsoft Office 365 포털에서 Microsoft Lync 2010을 설치하도록 한다.

1 Lync 설치를 위한 Office 365 시작

1 Office 365를 시작하기 위해 먼저 관리자에게 전달 받은 사용자 계정을 확인한 후, Windows의 [시작]-[Microsoft Office 365]-[Microsoft Office 365 포털]을 클릭하거나 http://login.microsoftonline.com으로 접속한다. **2** [Microsoft Online Services ID]와 [암호]를 입력한 후 [로그인] 버튼을 클릭하여 Office 365 포털 사이트에 접속한다.

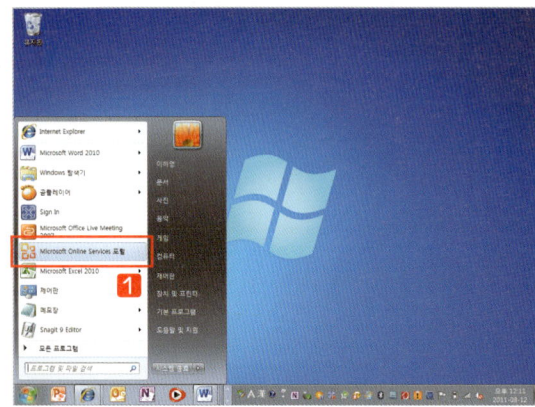
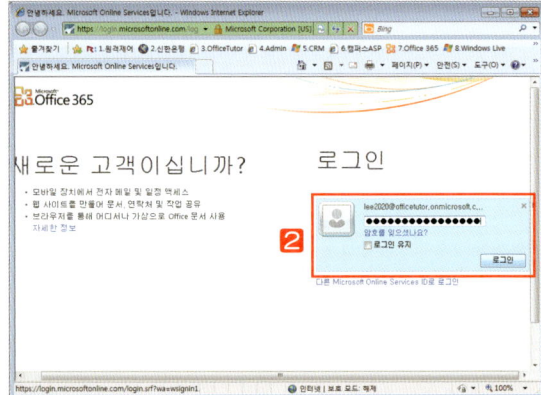

POINT Windows의 [시작]에서 [Microsoft Office 365]-[Microsoft Office 365 포털] 메뉴가 보이지 않는다면 Office 365 포털의 다운로드에서 [Office 데스크톱 응용 프로그램 설치 및 구성]을 설정하지 않은 경우이다. Office 365 시작을 위한 자세한 설명은 Part 01의 내용을 참고하도록 한다.

2 Lync 설치하기

1 Office 365 포털 사이트로 로그인 되었다면 홈 화면 상단의 [홈]을 선택한 후 [Lync]-[Lync 2010 설치]를 클릭한다. **2** [2. Microsoft Lync 2010 설치] 화면에서 [언어]와 [버전]을 선택한 후 [설치] 버튼을 클릭하면 사용자 컴퓨터에 Lync 2010 프로그램이 설치된다. 설치가 성공했음을 알려주는 창이 나타나면 [닫기] 버튼을 클릭한다.

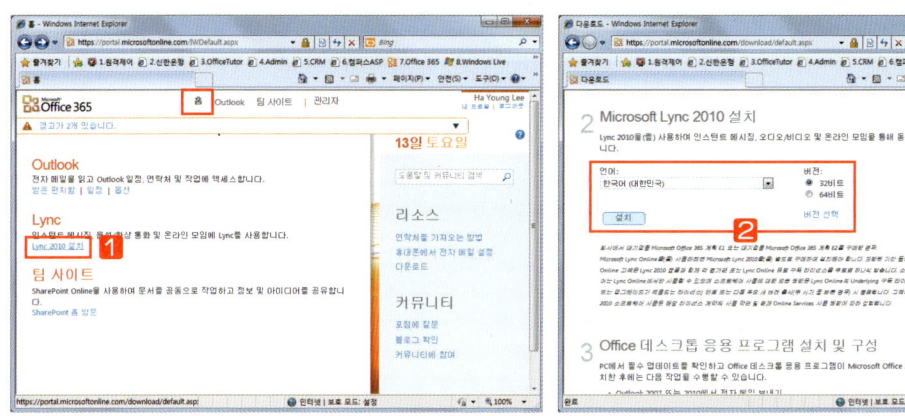

POINT 컴퓨터에서 64비트 버전의 Windows를 사용하고 있어도 32비트 버전의 Office 2010이 설치되는 경우가 있다. 그 이유는 타사의 잠재적인 호환성 문제를 방지하기 위해 대부분의 사용자에게 권장되는 옵션이 32비트이기 때문이다. 그러나 점점 메모리 용량이 늘어나면서 64비트 운영체제를 설치하는 경우가 많아지고 있다. 키보드의 ⊞+[Pause Break]를 눌러 사용자의 시스템 종류를 확인한 후 설치한다.

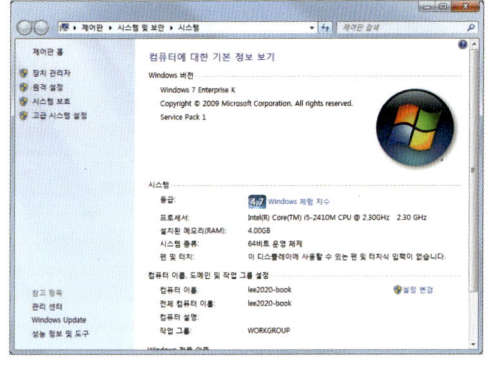

3 Lync 시작하기

1 Lync 2010이 설치되었다면 Windows의 [시작]-[모든 프로그램]-[Microsoft Lync]-[Microsoft Lync 2010]을 클릭하거나, Lync 아이콘이 작업 표시줄 고정이 되어 있다면 아이콘을 선택한다. **2** [Lync] 창이 나타나면 [로그인 주소]와 [사용자 이름]을 확인한 후 [암호]를 입력하고 [로그인] 버튼을 클릭한다. 로그인이 되었다면 작업표시줄의 Lync 아이콘( )에서 로그인 상태를 확인할 수 있으며, 아이콘 및 알림 표시에서도 Lync 아이콘( )으로 상태를 파악할 수 있다.

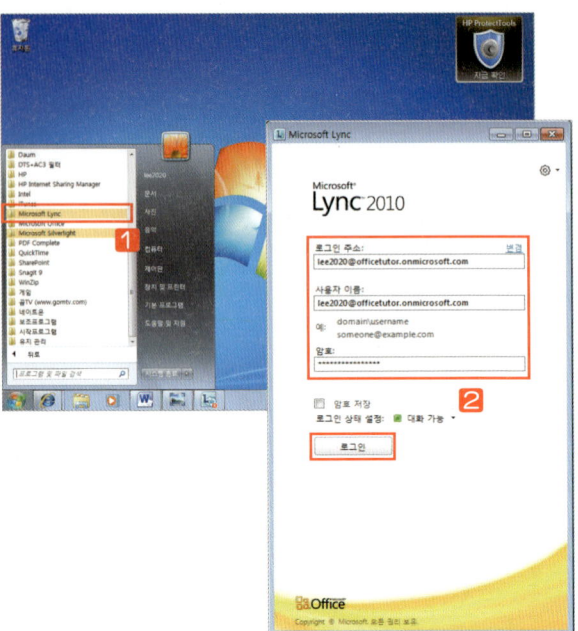

4 Lync 종료하기

1 Lync 2010을 종료하려면 [대화 상태] 드롭다운 버튼을 클릭한 후 [끝내기]를 선택한다. **2** [Lync] 창 및 작업표시줄에 표시된 Lync 아이콘이 모두 종료된다.

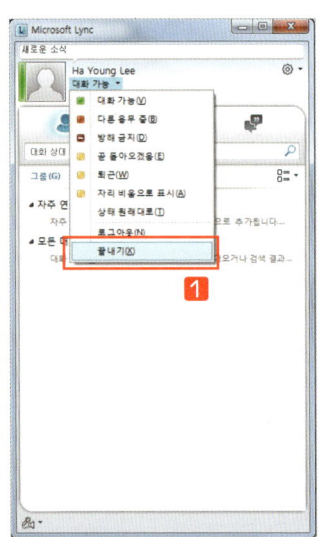

> **POINT** [Lync] 창의 [닫기] 버튼 또는 작업표시줄의 Lync 아이콘에서 마우스 오른쪽 버튼을 클릭했을 때 나타나는 목록의 [창 닫기]는 [Lync] 창을 닫는 버튼이다. 창 닫기를 하더라도 Lync는 실행된다.

Lync 도움말 활용하기

365 100배 즐기기

처음 Lync 2010을 설치하여 실행하는 경우 [Lync 시작] 도움말이 시작된다. 도움말에서는 Lync 사용에 필요한 설정 및 연결 상태를 파악할 수 있으며 흥미로운 영상을 통해 Lync를 좀 더 쉽게 이해할 수 있도록 도움을 준다. 처음 Lync 설치 시 이 부분을 놓쳤다면 [옵션]-[도움말]-[Lync 시작]을 선택하여 다시 볼 수 있다.

| 나만의 Lync 설정, 음성 및 화상 연결하기 |

[나만의 Lync 설정하기]에서 개인 메모, 사진, 위치 및 휴대폰 정보를 바로 입력하거나 확인이 가능하다. Lync 시작에 필요한 가장 기본적인 설정이니 도움말을 통해 체크하도록 한다. 또한, 링크 설치 후 컴퓨터에 연결되어 있는 마이크 및 스피커, 웹캠 등을 연결하여 음성 및 화상 연결 상태를 확인할 수 있다.

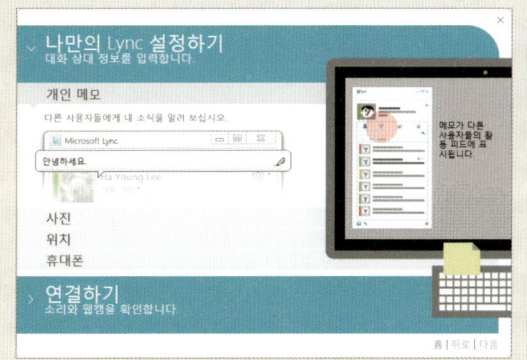 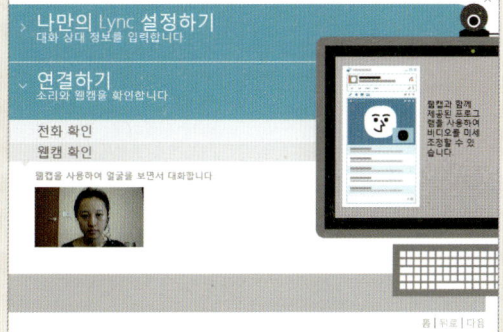

| 비디오 보기에서 Lync 쉽게 이해하기 |

Lync의 비디오 보기는 한 번 살펴보기를 추천한다. 기존의 도움말과는 다르게 재미있는 영상으로 짧은 시간에 Lync를 이해할 수 있으며, Lync 사용에 대한 범위를 영상을 통해 구상할 수 있다.

 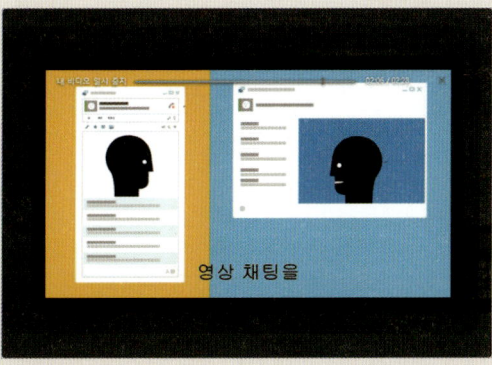

옵션 **02**

Lync 옵션 설정하기

Lync 2010을 시작하기 위한 기본 옵션을 살펴보겠다. Lync를 설치하는 경우 기본값으로 옵션 설정이 되어 있지만 향후 사용자가 설정해야 하는 옵션들에 대해 살펴보고, Lync 사용 시 참고하도록 한다. 효율적인 Lync 사용을 위해 자동으로 Lync 실행하기 옵션은 반드시 설정하도록 한다.

1 자동으로 Lync 실행하기

1 Windows 시작과 동시에 자동 로그인이 되도록 하기 위해 먼저 [Lync] 창에서 [옵션] 아이콘을 클릭한다. **2** [Lync-옵션] 대화상자의 [개인] 탭-[내 계정]에서 'Windows에 로그온할 때 자동으로 Lync 실행'을 체크한 뒤 [확인] 버튼을 클릭한다.

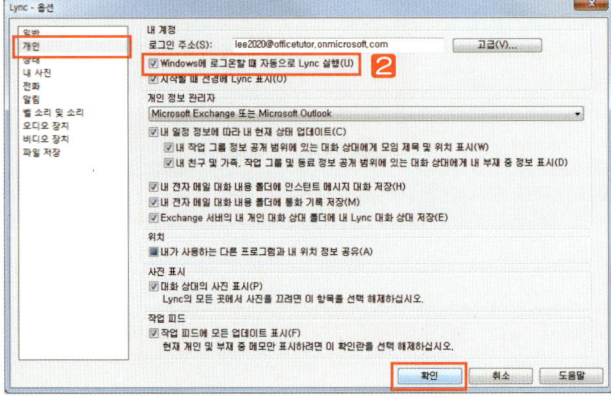

2 사진 표시하기

1 [Lync-옵션] 대화상자의 [내 사진] 탭에서 '웹 주소의 사진 표시'를 선택한다. **2** [Lync] 창에 사진을 표시하려면 Windows Live, facebook 등 웹 앨범의 온라인 사진 위치 주소를 알아야 한다. 해당 웹 앨범의 사진에서 주소(URL)를 복사하여 '웹 주소의 사진 표시' 텍스트 상자에 붙여 넣기 한다. **3** [사진에 연결] 버튼을 클릭하면 사진이 업로드된다.

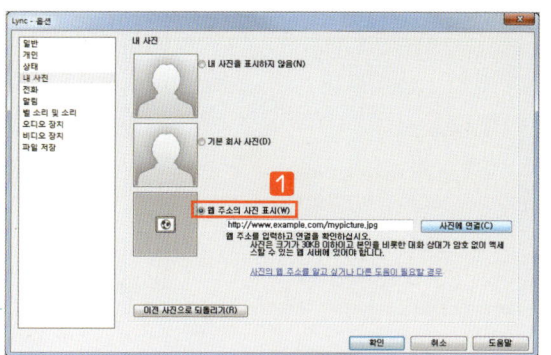 

POINT 업로드 할 수 있는 사진 크기는 최대 30KB이며, 약 2.5~7.5cm이다. 또한 웹 앨범의 사진 주소(URL)는 해당 사진에서 마우스 오른쪽 버튼 클릭 후 [속성] 대화상자에서 확인할 수 있으며, 웹 사이트 주소와 혼동하지 않아야 한다. 사용 중인 웹 사이트는 모든 사용자, 공용 또는 동등한 항목을 선택하여 앨범을 공개적으로 사용할 수 있는지 확인한다.

3 사진 표시 끄기

1 내 사진 옵션에서 설정한 사진을 표시하지 않도록 하기 위해서는 [Lync-옵션] 대화상자의 [내 사진] 탭에서 '내 사진을 표시하지 않음'을 선택한다. **2** [Lync] 창 대화 목록에 나타나는 상대방의 사진을 표시하지 않고 싶다면 [개인] 탭-[사진 표시]의 '대화 상대의 사진 표시'를 체크 해제한다.

 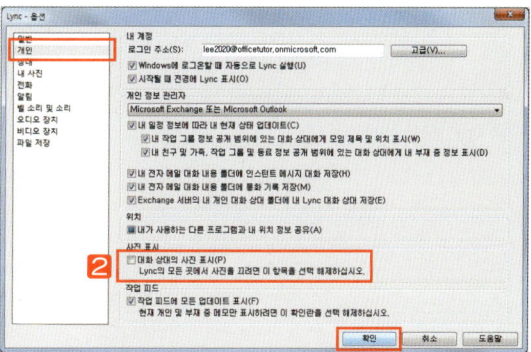

4 작성자 표시 배경색 설정하기

1 [Lync - 옵션] 대화상자의 [일반] 탭-[인스턴트 메시지]의 '대화에서 메시지를 다른 배경색으로 표시'를 체크한다. **2** 인스턴트 메시지 전달 시 상대방과의 대화 영역이 서로 다른 배경색으로 구분되어 표시된다.

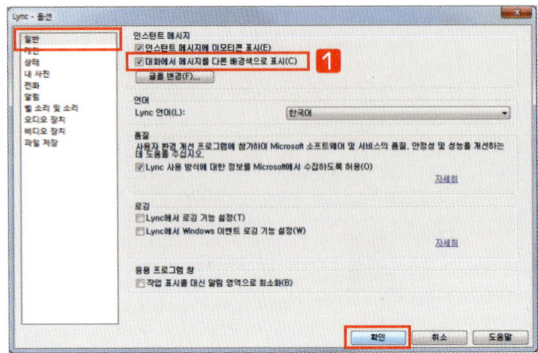 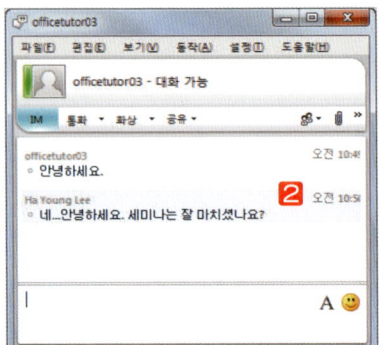

5 대화 상대 추가 시 알림 설정하기

상대방이 나를 대화 상대로 추가할 때 알림 옵션을 설정하여, 내 정보가 누군가에게 추가되는 것을 확인할 수 있도록 한다. [Lync - 옵션] 대화상자의 [알림] 탭-[일반 알림]의 '다른 사람이 대화 상대 목록에서 나를 추가할 때 알림'을 체크한다.

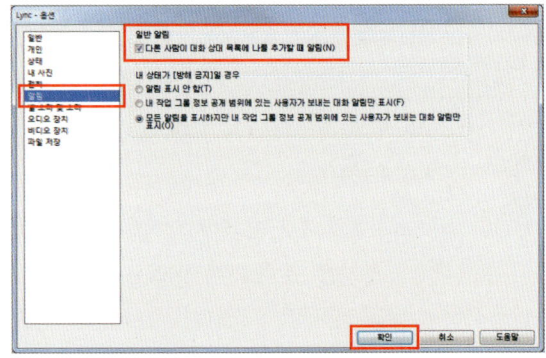

POINT 상대방이 나를 대화 상대로 추가한 경우 [Lync] 알림 창이 열린다. 내 대화 상대 목록에 상대방이 추가되고, 대화 상대 그룹 및 정보 공개 범위를 바로 설정할 수 있다.

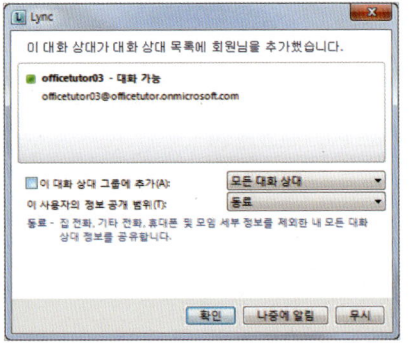

6 Lync 언어 설정하기

Lync 사용 시 다국어를 선택해야 하는 경우 언어 팩을 별도로 설치해야 한다. [Lync-옵션] 대화상자에서 [일반] 탭-[언어]의 [Lync 언어]를 사용하고자 하는 언어로 선택한다.

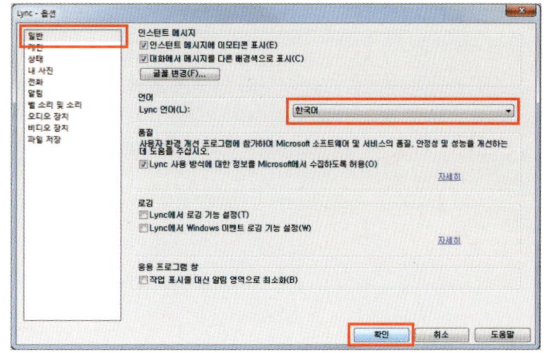

> **POINT** 언어팩을 사용하면 나에게 필요한 언어를 Microsoft Office 프로그램의 표시 언어로 변경하고, 도움말 및 기본 언어로 사용할 수 있다. 또한 Lync 에서도 다국어 서비스를 제공 받을 수 있다.

7 개인 정보 관리자 설정하기

[Lync-옵션]-[개인] 탭의 [개인 정보 관리자]에서는 업데이트된 정보를 선택된 위치에 따라 관리할 수 있다. 만약 'Microsoft Exchange 또는 Microsoft Outlook'을 선택한다면 현재 상태 확인 및 인스턴트 메시지(IM), 통화 기록을 대화 목록에서 편리하게 관리할 수 있다.

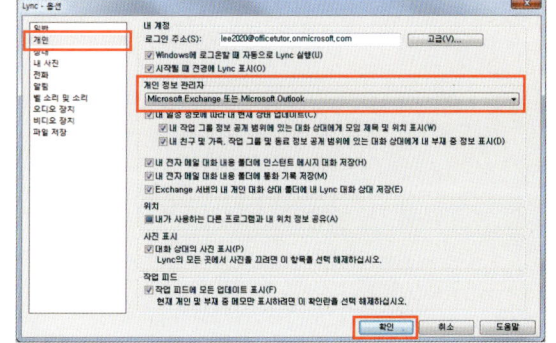

8 파일 저장하기

파일 전송 및 Lync 기록 위치 설정을 [Lync-옵션] 대화상자의 [파일 저장] 탭에서 설정할 수 있다. 진행된 온라인 모임 내용을 기록 및 저장한 후 향후 다시 재생하여 검토가 가능하다. 또한 저장된 파일을 다른 사람에게 보낼 수 있다.

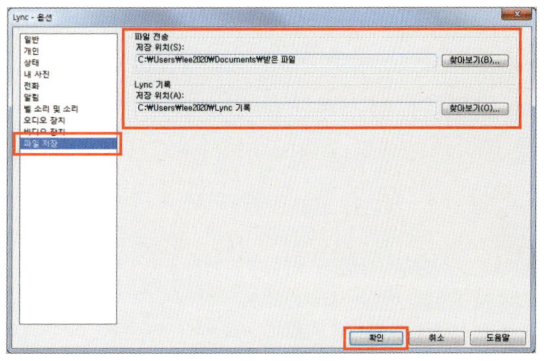

대화 상대 03

커뮤니케이션을 위한 대화 상대 설정하기

Lync에서는 대화하고자 하는 상대 정보를 입력하지 않아도 내부 네트워크에 인식된 연락처 정보를 검색하여 대화 상대를 찾을 수 있으며, 연결 상태를 현재 상태로 유지하여 좀 더 원활한 대화를 나눌 수 있게 한다. 자주 사용되는 대화 상대 또는 그룹별로 대화 상대를 구성하여 나만의 대화 목록을 만들도록 한다.

1 원하는 사람 즉시 찾기

[Lync] 창에서 검색 창을 선택한 후 찾고자 하는 대화 상대의 정보를 입력한다. 이름, 전자 메일 별칭, 전자 메일 주소, 전화 번호 등 연락처에 등록되어 있는 기본 정보를 입력하면, 빠른 검색을 통해 입력한 단어에 해당되는 모든 대화 상대를 쉽게 찾아낸다.

 내부 네트워크에서 인식된 연락처 또는 내부 네트워크에 참가했던 상대방의 연락처를 검색하고 대화 목록에 추가할 수 있다.

2 자주 연락하는 대화 상대 만들기

1 자주 연락하는 대화 상대를 목록에 고정하기 위해 검색된 대화 상대의 [대화 상대에 추가] 드롭다운 버튼을 클릭하고 [자주 연락하는 대화 상대에 고정]을 선택한다. **2** 선택한 대화 상대가 대화 목록에 [자주 연락하는 대화 상대]로 고정된다.

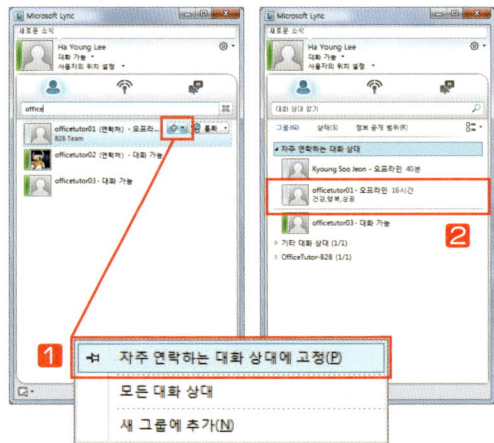

POINT Lync를 통해 5회 이상 PC to PC 방식으로 대화를 한 경우 [자주 연락하는 대화 상대] 그룹에 자동으로 추가된다. 이에 따라 밑줄 위로는 자주 연락하는 대화 상대, 밑줄 아래로는 자동으로 추가된 대화 상대 목록이 표시된다. 자동으로 추가된 [자주 연락하는 대화 상대]는 최대 10명까지 표시되고, 고정으로 설정된 [자주 연락하는 대화 상대]는 제한 없이 추가할 수 있다.

3 정기적으로 연락하는 사람 그룹 만들기

1 새로운 그룹으로 대화 상대를 추가하기 위해 검색 창에서 대화 상대를 검색한 후, [대화 상대에 추가] 드롭다운 버튼을 클릭하고 [새 그룹에 추가]를 선택한다. **2** 대화 상대를 구분할 새 그룹 이름을 입력한 후 Enter 키를 누른다.

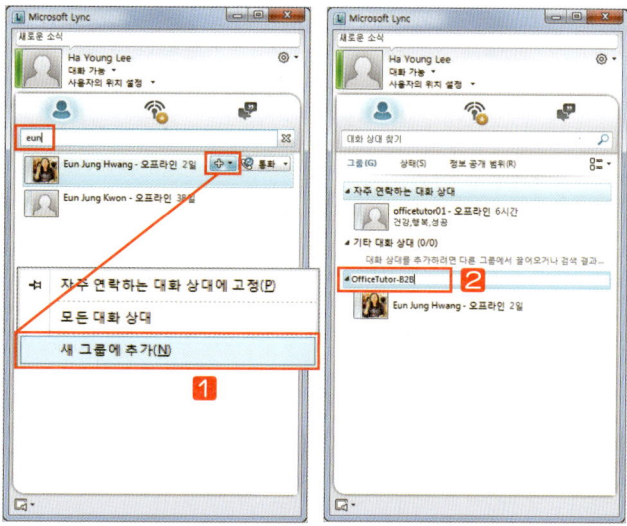

> **POINT** 그룹 간의 이동 시 해당 목록을 마우스로 선택한 후 원하는 그룹으로 드래그하여 간단히 이동할 수 있다.

4 알림 창의 대화 상대 추가하기

1 상대방이 나를 대화 상대 목록에 추가한 경우 알림 창을 통해 나 또한 상대방을 대화 상대로 추가할 수 있다. 상대방이 나를 추가함과 동시에 [Lync] 알림 창이 나타난다. **2** 나의 대화 목록에도 상대방을 추가하기 위해서 '이 대화 상대 그룹에 추가'를 체크한 후 드롭다운 버튼을 클릭하여 대화 상대 그룹 및 정보 공개 범위를 선택한다. **3** [확인] 버튼을 클릭하면 내 목록에도 대화 상대가 추가된다.

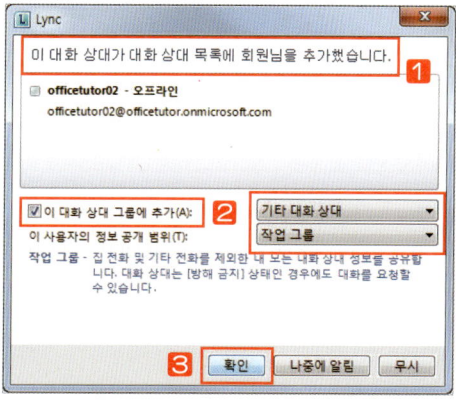

> **POINT** [Lync] 알림 창은 [Lync-옵션] 대화상자에서 [알림] 탭-[일반 알림]에서 [다른 사람이 대화 상대 추가할 때 알림]이 체크되어 있는 경우에만 나타난다. [Lync] 알림 창이 필요하지 않다면 체크를 해제하면 된다.

5 알림 창의 대화 상대 무시하기

상대방이 나를 대화 상대 목록에 추가했을 때, 상대방을 대화 상대로 추가하고 싶지 않다면 [Lync] 알림 창에서 [무시] 버튼을 클릭한다. 이렇게 하면 상대방의 목록에는 내가 대화 상대로 표시되지만, 내 대화 상대 목록에서는 보이지 않는다.

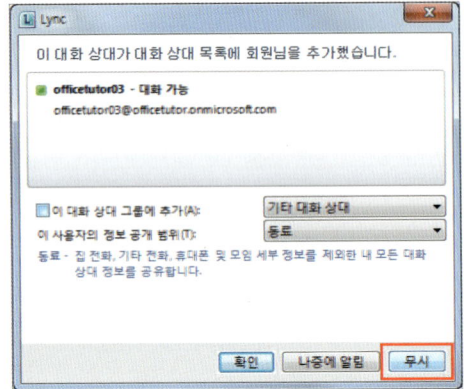

공개 범위 **04**

대화 상대의 공개 범위 설정하기

대화 상대를 구분하여 공개 범위를 설정한다면 링크를 통해 나만의 인맥 관리를 할 수 있다. 대화 상대에 따라 체계적인 관리가 가능하고, 다양한 방식으로 대화 목록을 볼 수 있게 된다. 향후 많은 대화 상대가 추가됨을 대비하여 공개 범위 및 대화 상대를 구분하여 대화 목록을 구성하도록 한다.

1 상대의 정보 공개 범위 변경하기

1 기본적으로 대화 상대 목록을 추가하는 경우에는 [동료] 정보 공개 범위가 할당된다. 이를 변경하기 위해 대화 상대 목록에서 마우스 오른쪽 버튼을 클릭한다. **2** [내 정보 공개 범위 변경]을 선택하고 변경할 범위를 선택한다.

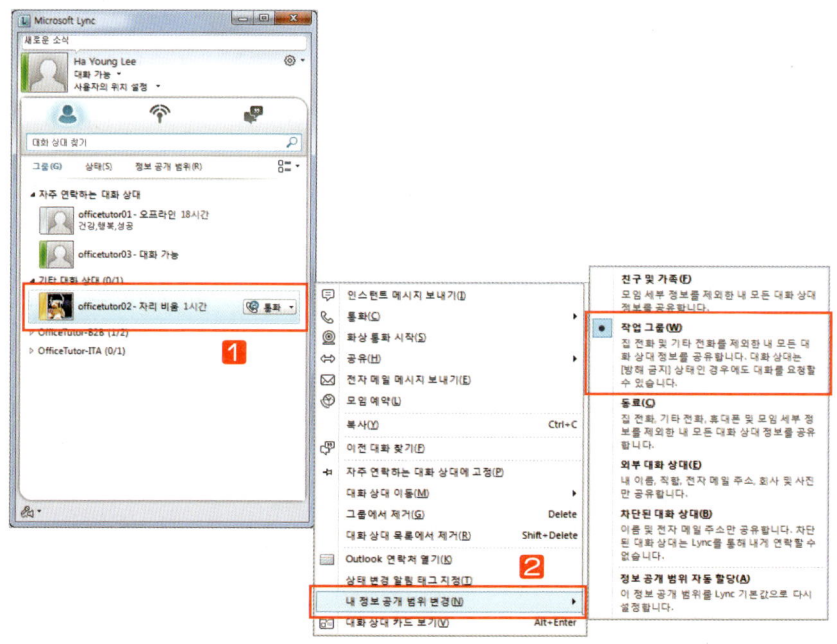

2 대화 상대 차단하기

1 상대방에게 내 정보 공개 범위를 차단하려면 대화 상대 목록에서 차단할 대화 상대를 마우스 오른쪽 버튼으로 클릭한 후 [내 정보 공개 범위 변경]을 선택한다. **2** 목록에서 [차단된 대화 상대]를 선택하면 대화 상대 목록에 [차단됨]으로 표시된다.

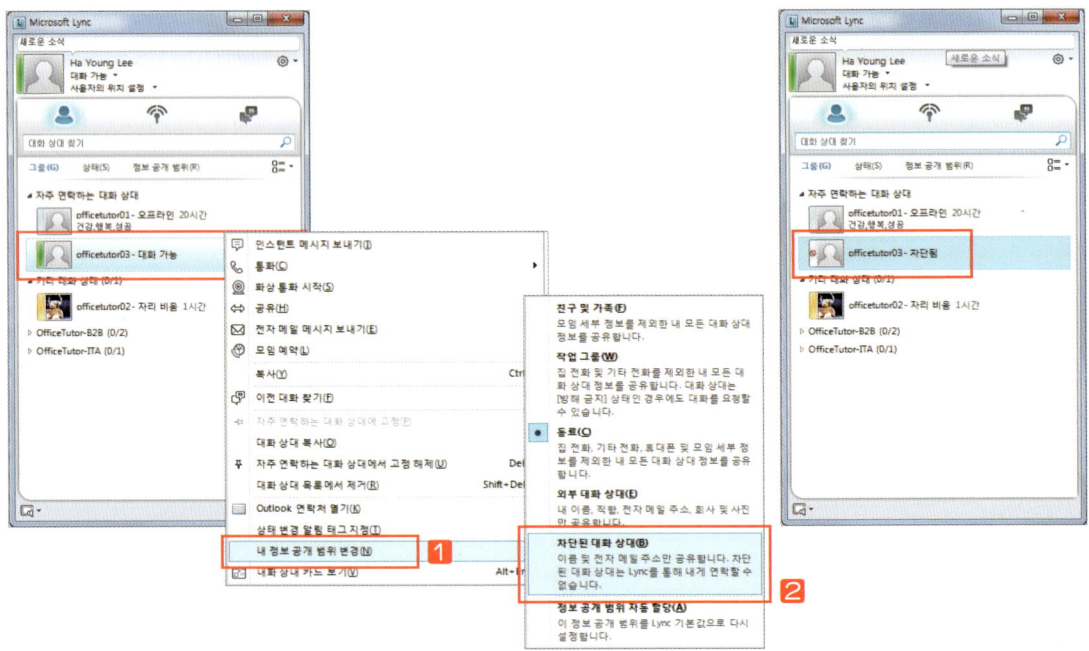

POINT 차단된 상대는 나에게 Lync로 대화를 걸 수 없으며 현재 나의 상태를 확인할 수 없다. 나만이 상대에게 대화 및 통화 요청이 가능하다. 상대의 대화 상대 목록에는 내 상태가 오프라인으로 표시되어 대화를 시도할 수 없게 한다.

3 대화 상대별 공개 범위 살펴보기

현재 상태 정보에는 대화 상태, 현재 상태 표시, 일정 및 위치, 개인 메모와 부재 중 메모 등이 포함되어 있다. 대화 상대 공개 범위에 따라 달리 적용되며, 대화 상대를 체계적으로 관리할 수 있다.

현재 상태 정보	외부 대화 상대	동료	작업 그룹	친구 및 가족
설명	내 이름, 직함, 전자 메일 주소, 회사 및 사진만 공유	집 전화, 기타 전화, 휴대폰 및 모임 세부 정보를 제외한 내 모든 대화 상대 정보 공유	집 전화 및 기타 전화를 제외한 내 모든 대화 상대 정보를 공유 [방해금지] 상태인 경우도 대화 요청 가능	모임 세부 정보를 제외한 내 모든 대화 상대 정보 공유
현재 상태	○	○	○	○
표시 이름	○	○	○	○
전자 메일 주소	○	○	○	○
직함 *	○	○	○	○
회사 전화 *		○	○	○
휴대폰 *			○	○
집 전화*				○
기타 전화				○
회사 *	○	○	○	○
사무실 *	○	○	○	○
회사 주소	○		○	○
SharePoint 사이트*	○	○	○	○
모임 위치 #			○	
모임 제목 #			○	
약속 있음/없음		○	○	○
근무 시간		○	○	○
위치 #		○	○	○
메모 (부재 중 메모)		○	○	○
메모 (개인 메모)		○	○	○
마지막 로그인 시간		○	○	○
개인 사진 웹 주소	○	○	○	○

POINT * 표시된 현재 상태 정보는 회사의 디렉터리 서비스에서 정의된 항목인 경우에 공개되며, 정보 공개 범위에 관계없이 조직의 모든 대화 상대에게 표시된다. # 표시된 현재 상태 정보는 기본적으로 사용되는 항목이다.

대화 상대 카드 05

대화 상대 카드 보기 및 정렬하기

대화 상대 목록을 다양한 방식으로 정렬하여 가장 적합한 레이아웃을 구성하도록 한다. 그룹, 상태, 범위에 따라 정렬하여 보는 것이 가능하고 표시 상태를 선택하여 대화 목록을 정렬할 수도 있다. 작업하기에 편리한 구성으로 대화 목록을 표시하도록 한다.

1 대화 상대 카드 보기

1 대화 상대의 사진이나 이름 위에 마우스를 올려 놓으면 대화 상대 카드가 열린다. **2** 확장/축소 아이콘을 클릭하여 세부 정보를 선택할 수 있고 선택된 대화 상대에게 바로 연락하려면 대화 상대 카드의 [전자 메일], [인스턴트 메시지] 등의 아이콘을 클릭한다. 또는 [상호 작용 옵션] 아이콘을 클릭하여 상대와의 통화 또는 기타 작업들을 수행할 수 있다.

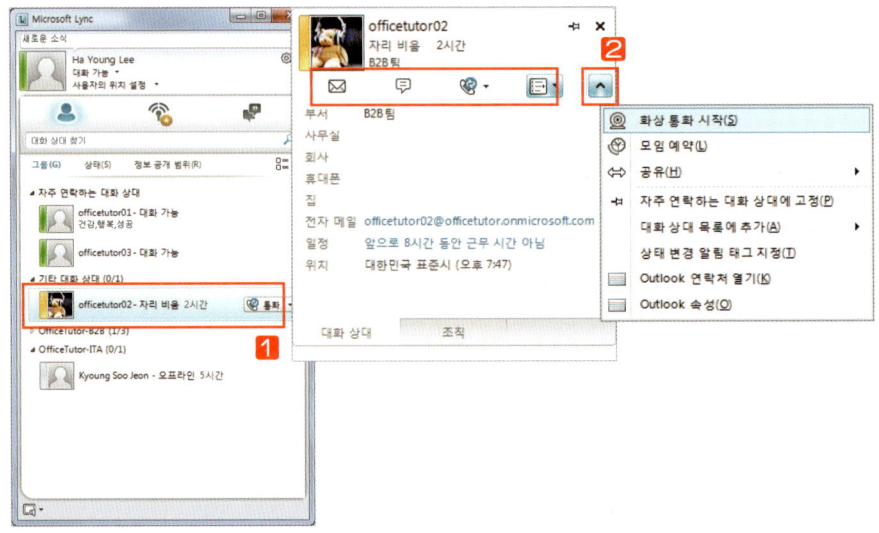

 대화 상대 카드 우측 상단에 위치한 고정 아이콘()을 클릭하면 [Lync] 창을 닫아도 대화 상대 카드는 바탕 화면에 고정된다.

2 그룹별 대화 상대 보기

1 [Lync] 창에서 [그룹] 또는 [상태]나 [정보 공개 범위] 별로 대화 상대를 정렬한다. **2** [표시 옵션] 드롭다운 버튼을 클릭하고 목록에서 원하는 레이아웃 옵션을 선택하여 대화 상대 목록에 필요한 세부 정보를 표시하도록 한다.

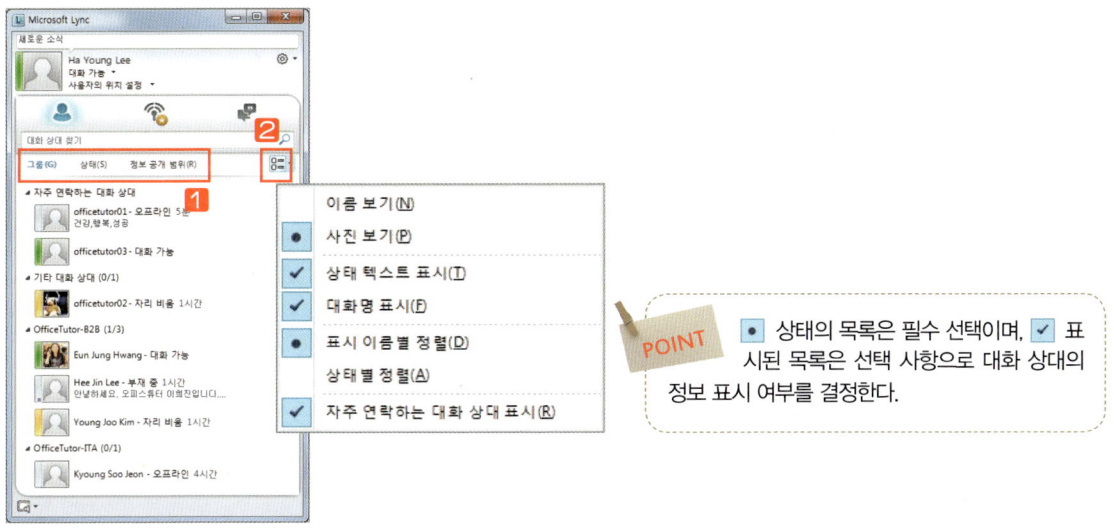

POINT ● 상태의 목록은 필수 선택이며, ✓ 표시된 목록은 선택 사항으로 대화 상대의 정보 표시 여부를 결정한다.

3 대화 상대 보기 변경하기

1 [Lync] 창의 대화 상대 보기는 1줄 또는 2줄로 선택하여 보기가 가능하다. 2줄( )로 표시된 대화 상대 목록에서 [표시 옵션] 아이콘을 클릭한다. **2** 대화 상대 보기가 1줄( )로 변경되어 표시된다.

 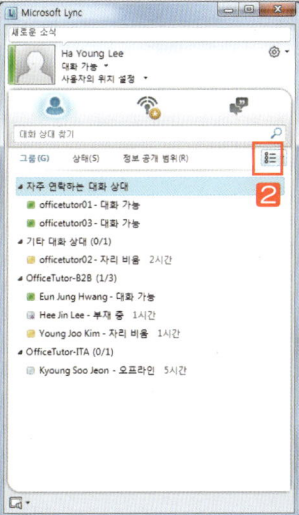

현재 상태 06

현재 상태 상대방에게 알려주기

현재의 내 위치 및 대화 상태를 상대방이 쉽게 파악할 수 있다면 좀 더 원활한 커뮤니케이션이 이뤄질 것이다. 지금까지 일방적인 전화 연락이나 메시지 전달 등으로 업무에 방해를 받았다면, Lync의 향상된 현재 상태 파악으로 불편함이 해소될 것이다. 대화 상태 및 이동 장소, 메시지 등을 직접 확인하지 않아도 상세한 나의 상태를 쉽고 편리하게 전달할 수 있다.

1 대화 상태 변경하기

상대방이 확인할 수 있도록 나의 현재 상태를 직접 변경할 수 있다. 이름 아래에 위치한 [대화 상태] 드롭다운 버튼을 클릭한 후 현재 상태를 선택한다.

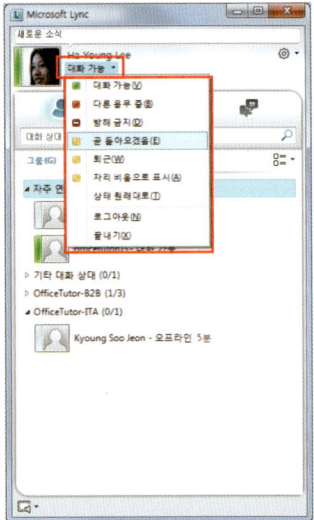

POINT 대화 상태 목록에 표시되는 대화 상태의 의미는 다음 표와 같다.

상태	설명
🟩 대화 가능	온라인 상태이며 대화가 가능
🟥 다른 용무 중	통화 중이거나 모임에 참가 중
⛔ 방해 금지	방해 받고 싶지 않으며 작업 그룹 대화 상대가 보낸 대화 알림만 표시
🟨 곧 돌아오겠음	잠시 자리를 비웠으나 곧 돌아올 예정
🟨 자리 비움	컴퓨터가 잠시 유휴 상태 (기본값 : 15분)
🟨 퇴근	회사에 없으므로 연락을 받을 수 없음
☐ 오프라인	로그인하지 않았거나, 특정인에게 내 현재 상태가 표시되지 않도록 차단한 경우 해당 사용자에게 내 상태가 오프라인으로 표시
☐ 알 수 없음	현재 상태를 알 수 없거나, 인스턴트 메시지 응용 프로그램으로 Lync를 사용하지 않는 다른 사용자에게는 현재 상태가 알 수 없음으로 표시

2 대화 상태 설정하기

일정 시간이 지나면 대화 상태가 자동으로 변경되도록 설정해 놓으면, 급하게 자리를 비우는 경우에도 상태를 변경할 수 있어 편리하다. [Lync-옵션] 대화상자의 [상태] 탭을 선택하고, 내 컴퓨터 유휴 상태 및 자리 비움 상태의 시간(분)을 입력한 후 [확인] 버튼을 클릭한다.

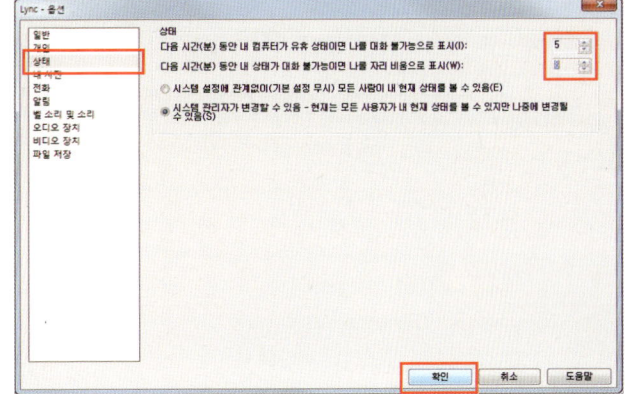

> **POINT** [상태] 탭에서 옵션을 설정하지 않은 경우 컴퓨터의 유휴 상태 및 자리 비움의 기본값은 15분으로 설정된다.

3 방해 금지 설정으로 업무에 집중하기

1 현재 작업하고 있는 일에 집중해야 하거나 현재 대화에 참여할 수 없는 상태라면 [Lync] 창에서 [대화 상태] 드롭다운 버튼을 선택한 후 [방해 금지]를 설정한다. **2** 상대방의 대화 상대 목록에는 내 상태가 빨강색의 [방해 금지]로 표시된다. **3** 상대가 인스턴트 메시지를 보내더라도 방해 받고 싶지 않은 상태임을 알리는 창이 나타나고 그래도 인스턴트 메시지를 전달하는 경우에는 메시지가 바로 전달되지 않음을 알려준다.

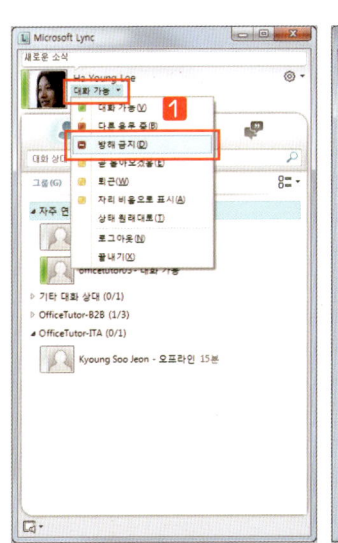

> **POINT** [방해 금지] 상태일 때 전달된 인스턴트 메시지는 나중에 [대화]의 [부재 중 대화]에서 확인할 수 있다.

4 내 위치 알려주기

대화 상태 외에도 내 위치를 텍스트로 입력하여 구체적인 내 위치를 상대방에게 전달할 수 있다. 사진 옆에 위치한 [사용자의 위치 설정]을 클릭하고, 텍스트를 입력할 수 있는 상태가 되면 현재 위치를 입력한다.

 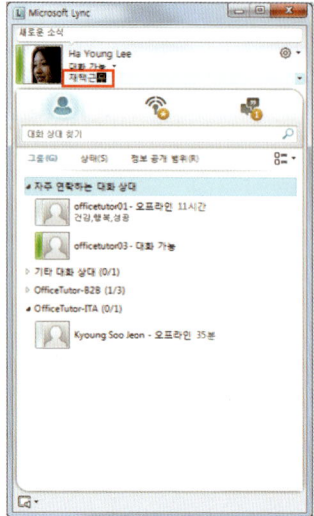

> **POINT** 대화 상태가 [자리 비움], [방해 금지] 등으로 설정되어 있다면 내 위치를 표시하여 상대방에게 내 상태를 알려주도록 한다. 외부 대화 상대로 설정된 상대는 내 위치를 확인할 수 없다.

5 내 위치 상대에게 표시하지 않기

1 [Lync] 창에 표시되는 나의 위치를 상대방에게 표시되지 않게 하려면 [사용자 위치 설정] 드롭다운 버튼을 클릭한 후 [다른 사람에게 내 위치 표시]를 체크 해제한다. **2** 내 위치를 상대방이 확인할 수 없게 된다.

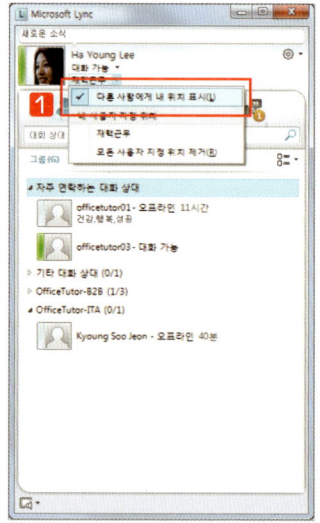 

> **POINT** 입력된 위치를 제거하려면 [사용자 위치 설정]을 선택하여 텍스트를 직접 삭제하거나, [사용자 위치 설정] 드롭다운 버튼을 클릭하고 [모든 사용자 지정 위치 제거]를 선택하여 기록된 모든 위치를 제거한다.

6 새로운 소식 및 메시지 표시하기

1 [Lync] 창 상단의 [새로운 소식] 텍스트 상자를 선택하고, 전체 대화 상대에게 전달하고자 하는 메시지를 입력한다. **2** 상대의 대화 목록 또는 대화 상대 카드에 메시지 내용이 표시된다.

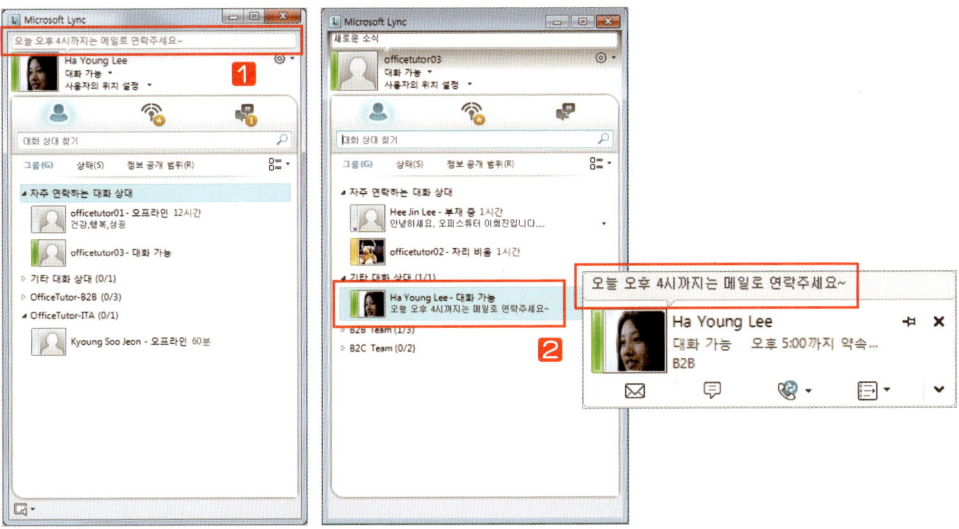

7 Outlook에서 부재 중 알림 메시지 설정하기

1 Outlook의 부재 중 알림 메시지를 설정하면 [Lync] 창에서도 확인할 수 있다. 먼저 Outlook의 [파일] 탭-[정보]에서 [자동 회신]을 클릭한다. **2** [자동 회신] 대화상자에서 부재 중인 정보와 자동 회신할 메시지를 입력하고 [확인] 버튼을 클릭한다.

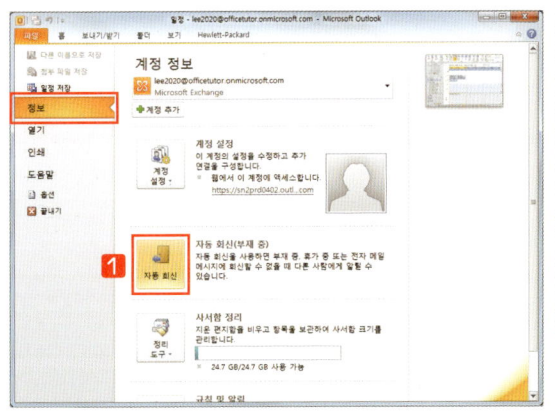
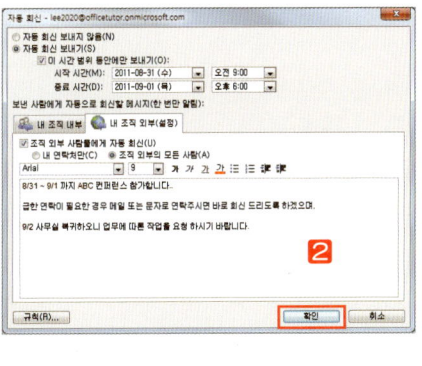

8 Lync에서 Outlook 메시지 확인하기

1 입력된 Outlook의 부재중 메시지는 상대방의 대화 상대 목록에 표시되고 확장/축소 버튼으로 작성된 전체 메시지를 확인 할 수 있으며, 사진에 표시되는 상태 색상 밑에는 별 모양이 표시되어 Outlook 메시지임을 구분 시켜준다. **2** 또한 대화 상대 카드의 메시지는 Outlook에서 설정한 부재 중 알림 메시지로 표시되어 보여진다.

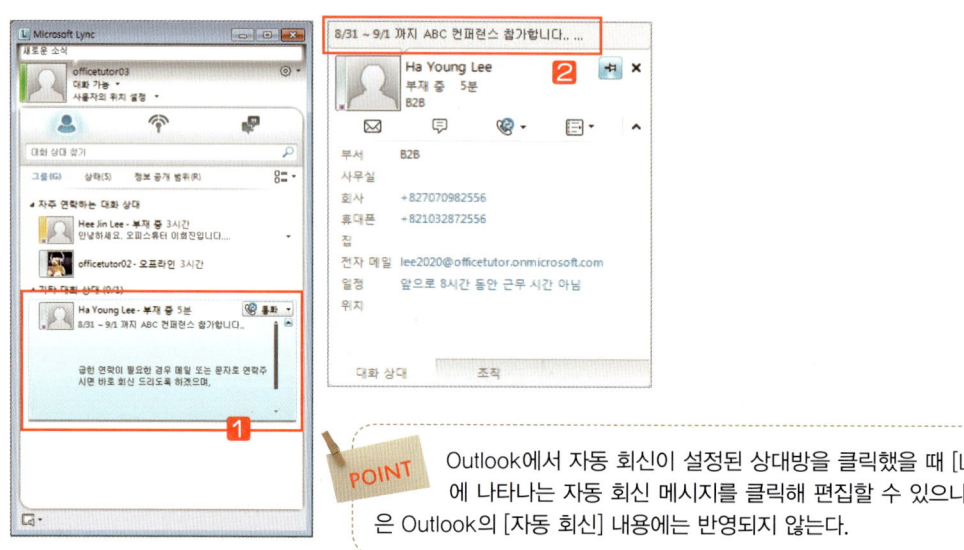

POINT Outlook에서 자동 회신이 설정된 상대방을 클릭했을 때 [Lync] 창 상단에 나타나는 자동 회신 메시지를 클릭해 편집할 수 있으나, 편집한 내용은 Outlook의 [자동 회신] 내용에는 반영되지 않는다.

9 내 일정 알려주기

1 Outlook 사용자라면 Outlook의 [일정]에 등록된 내용이 Lync와도 연동되어 Lync 대화 가능 시간을 체크할 수 있다. **2** Lync 대화 상대 카드에서는 Outlook에 기록된 일정으로 상대의 작업 상태와 시간을 미리 확인할 수 있다.

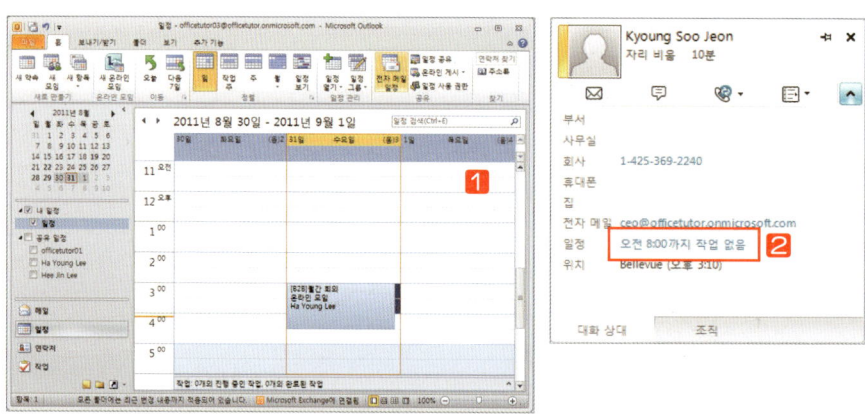

10 대화 가능 상태 알림 설정하기

1 상대방이 현재 대화 가능 상태가 아닌 경우 향후 대화를 시도하기 위해 상대방의 대화 상태가 변경되면 알 수 있도록 지정할 수 있다. 알림을 지정하기 위해 대화 상대 목록에서 마우스 오른쪽 버튼을 클릭하고 [상태 변경 알림 태그 지정]을 선택한다. **2** 상대방의 대화 상태가 [대화 가능]으로 변경되면 내 바탕 화면에 상대방이 온라인 상태가 되었음을 알려주는 메시지 창이 나타나 대화 가능 여부를 알려준다.

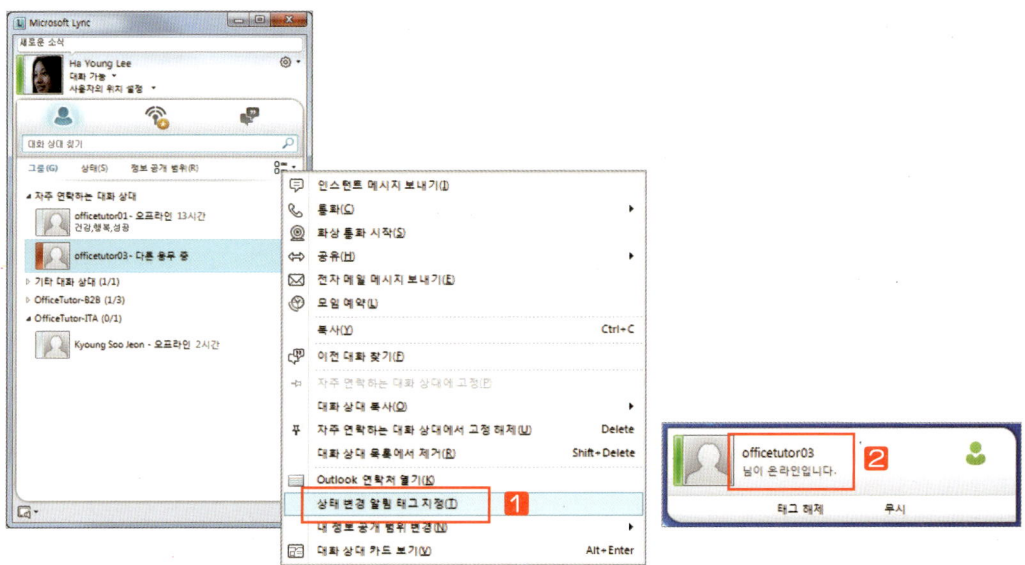

POINT [상태 변경 알림 태그 지정]이 설정되어 있는 경우 상대방이 대화 가능 상태일 때마다 알림 창이 나타나므로 다소 번거로울 수 있다. 알림 창에서 [태그 해제]를 클릭하거나 목록에서 [상태 변경 알림 태그 지정] 선택을 취소하여 필요한 경우에만 사용하도록 한다.

연동하기 07

작업 피드 살펴보기

작업 피드를 사용하면 조직 또는 개인적으로 기록한 메시지 및 Lync 사용자들의 상태 변경 내용 등을 한 눈에 파악할 수 있게 되어 직접 연락을 하지 않아도 간단한 소식들을 작업 피드에서 확인할 수 있다. 작업 피드에서는 차단된 대화 상대 및 외부 대화 상대를 제외한 모든 사용자들의 메시지 및 업데이트된 내용을 확인할 수 있다.

1 작업 피드 보기

1 [Lync] 창에서 [작업 피드] 버튼을 선택한다. **2** 상대방이 기록한 메시지를 확인하기 위해 [모두]를 클릭하여 업데이트된 내용 전체 메시지를 확인한다. [자주 사용하는 항목] 또는 [내 작업] 별로 작업 피드를 확인한다.

2 작업 피드 숨기기

1 현재의 메시지만을 확인하려면 [Lync] 창의 [옵션] 아이콘을 클릭한 후, [Lync – 옵션] 대화상자의 [개인] 탭을 선택한다. **2** [작업 피드]의 '작업 피드에 모든 업데이트 표시'를 체크 해제한 후 [확인] 버튼을 클릭한다. 해제되었다면 현재의 개인 및 부재 중 메시지만을 확인할 수 있다.

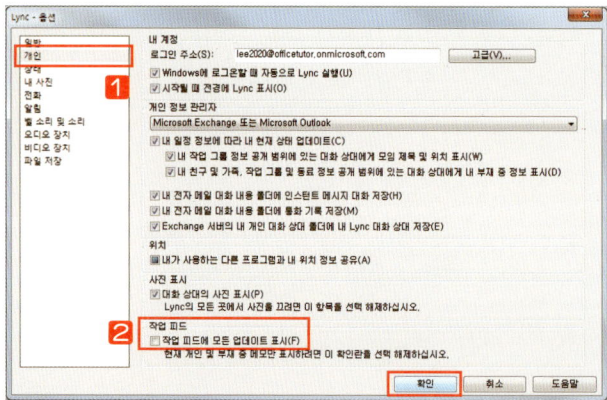

인스턴트 메시지 08

인스턴트 메시지로 의사 전달하기

인스턴트 메시지(IM)는 간편하게 의사를 전달할 수 있는 메시지 창으로써 많은 사람들이 익숙하게 사용하고 있는 방식이다. Lync에서는 대화 상대 상태에 따라 한 명 또는 그룹으로 구성된 대화 상대와 인스턴트 메시지를 주고 받을 수 있으며, 인스턴트 메시지 창에서 화상 및 자료 공유 등 대화 방식을 확장시킬 수 있다.

1 상대방에게 인스턴트 메시지 보내기

1 [Lync] 창에서 대화하고자 하는 대화 상대를 클릭하거나 표시 이름 위에 마우스를 갖다 놓으면 대화 상대 카드가 나타난다. 대화 상대 카드의 [인스턴트 메시지] 아이콘()을 클릭하거나 바로 대화 상대 목록에서 상대방 목록을 두 번 클릭하면 인스턴트 메시지 창이 열린다.
2 상대방과 메시지를 주고 받을 수 있다.

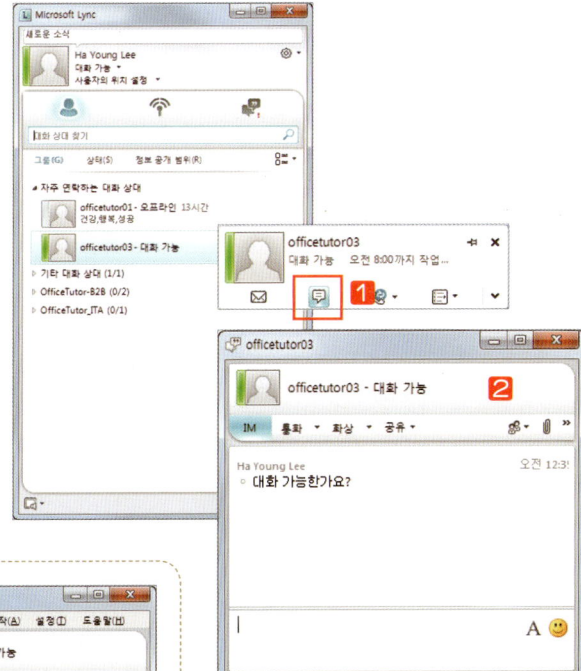

POINT Word 또는 Excel에서 작성된 텍스트나 표를 인스턴트 메시지 창에 붙여 넣어 전달할 수도 있다.

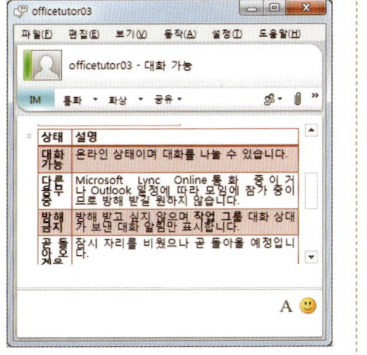

2 인스턴트 메시지 받기

1 상대가 전달한 인스턴트 메시지가 도착하면 컴퓨터 바탕 화면에 대화를 알리는 창이 표시된다. 알림 창을 클릭하거나 제목 표시줄에서 깜박거리는 Lync 아이콘을 선택하면 메시지 창이 나타난다.
2 메시지를 입력하여 상대에게 전달한다.

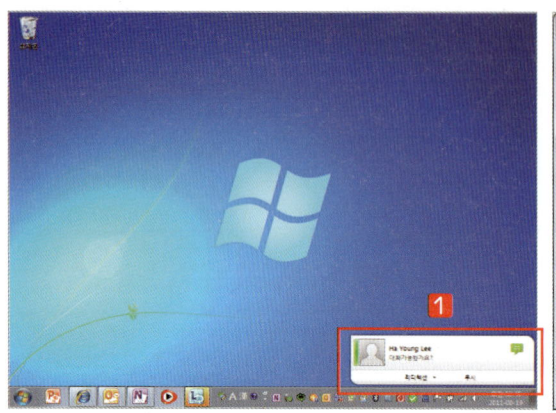
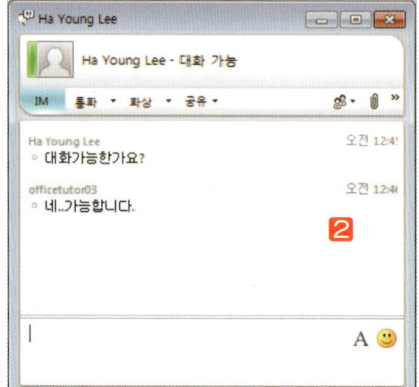

3 여러 사람과 인스턴트 메시지로 대화하기

1 대화 상대의 그룹 목록에서 마우스 오른쪽 버튼을 클릭한 후 [인스턴트 메시지 보내기]를 클릭한다. **2** 그룹 대화 인스턴트 메시지 창이 나타나면 메시지를 전달한다. 그룹에 해당하는 모든 상대에게 메시지가 전달된다.

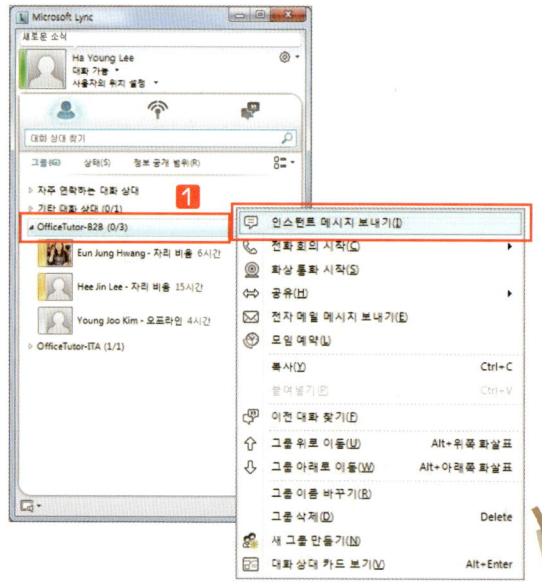

POINT 그룹으로 구성되지 않은 여러 사람과 대화하려면 Ctrl 키를 누른 상태에서 대화 상대를 선택하면 된다.

4 대화 중 다른 상대 초대하기

1 인스턴트 메시지로 대화 하던 중 또 다른 상대를 추가해야 한다면 인스턴트 메시지 창에서 [사람 옵션] 드롭다운 버튼을 클릭하고 [이름 또는 전화 번호로 초대]를 선택한다. **2** [이름 또는 전화번호로 초대] 대화상자에서 대화 상대를 검색하거나 목록에서 선택 한 후 [확인] 버튼을 클릭한다. 또는 대화 상대 목록에서 초대할 상대를 대화 창으로 끌어와 추가할 수도 있다.

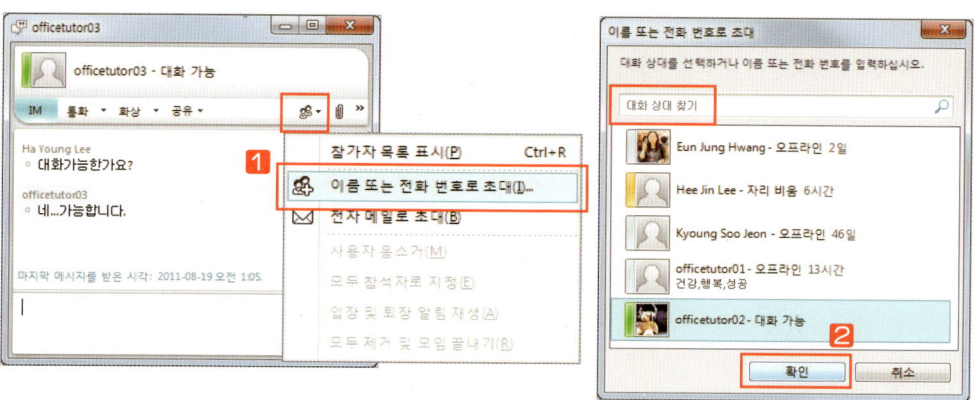

5 대화 주제 표시하기

1 대화 상대가 선택된 인스턴트 메시지 창에서 [다른 옵션] 버튼을 클릭하고 [대화 제목 변경]을 선택한다. **2** [대화 제목 변경] 대화상자가 나타나면 [이 대화의 제목 입력]에 대화 주제를 입력한 후 [확인] 버튼을 클릭한다. **3** 인스턴트 메시지 창 상단에 대화 제목이 표시되어 좀 더 주제에 맞는 메시지를 주고 받을 수 있다.

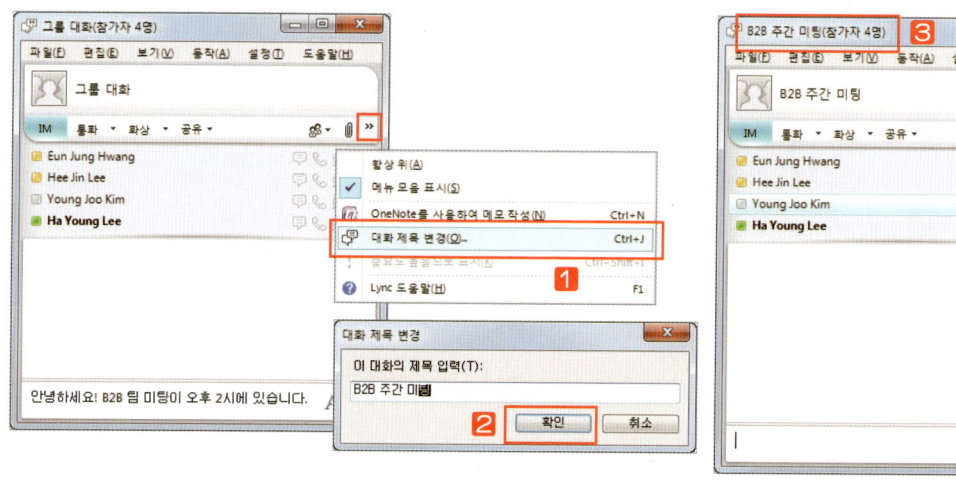

연동하기 09

음성 및 비디오 조정하기

Microsoft Lync Online 통신 소프트웨어는 컴퓨터에서 음성 기능을 사용하기 위해 연결된 헤드셋 및 마이크, 스피커 또는 웹캠 등을 연결함과 동시에 그 위치를 자동으로 감지한다. 그러나 오디오 품질은 사용 중인 네트워크와 장치 상태에 따라 달라질 수 있기 때문에 사전 테스트를 미리 해보도록 한다.

1 오디오 설정하기

1 오디오 품질 및 볼륨 상태를 조정하기 위해 [Lync] 창의 [옵션] 아이콘을 클릭한다. 혹은 [옵션]의 드롭다운 버튼을 클릭하여 [도구]-[옵션]을 선택한다. **2** [Lync - 옵션] 대화상자의 [오디오 장치] 탭-[오디오 장치]에서 [스피커], [마이크], [신호음 장치] 등을 녹색 화살표를 클릭하여 체크한 후 [확인] 버튼을 누른다.

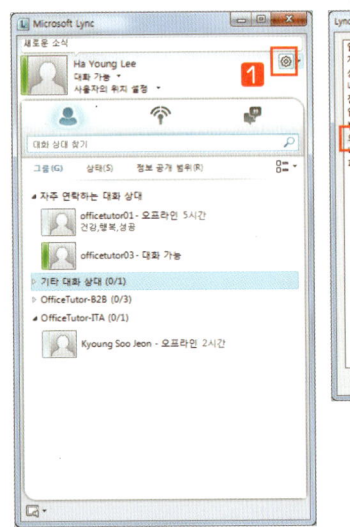
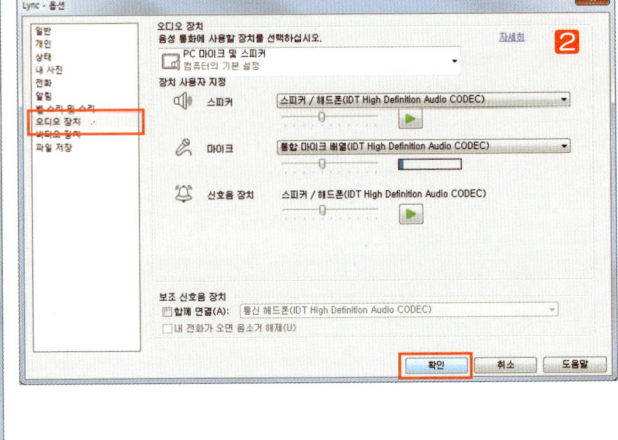

 [Lync] 창 하단에 위치한 [오디오 장치] 아이콘(　)을 클릭하여 기본 장치를 선택할 수도 있다. 만약 여러 개의 장치가 설치되어 있다면 사용하고자 하는 장치가 선택되어 있는지 다시 확인해야 한다.

2 비디오 설정하기

1 화상 통화 시 필요한 비디오 상태를 파악하기 위해 먼저, [Lync-옵션] 대화상자의 [비디오 장치] 탭-[비디오 장치]에서 사용할 장치를 선택한다. **2** 색 밸런스, 대비, 밝기 및 흑백 모드 등을 설정하려면 [웹캠 설정] 버튼을 클릭한 후 [속성] 대화상자에서 [비디오 프로세서 앰프] 탭 또는 [카메라 컨트롤] 탭을 선택하여 조절한다. **3** [속성] 대화상자의 [확인] 버튼과 [Lync-옵션] 대화상자의 [확인] 버튼을 차례로 클릭하여 설정을 저장한다.

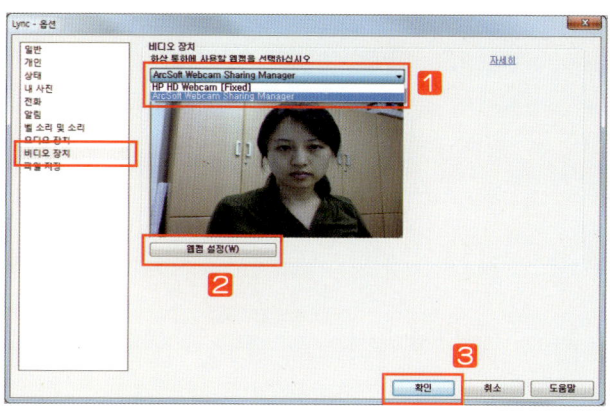
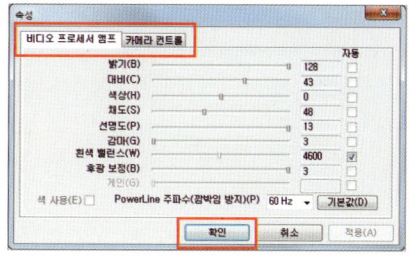

> **POINT** 화상 통화를 상대방에게 시도하는 경우에 웹캠이 필요하며, 화상 통화를 받는 경우에는 반드시 웹캠이 필요하지는 않다. 조직에서 VoIP(Voice over Internet Protocol)를 사용하도록 설정한 경우에만 화상 통화를 시작하고 받을 수 있으니 화상 통화가 안 되는 경우 Office 365 관리자에게 문의하도록 한다.

3 벨 소리 듣기

통화 유형에 따라 다른 소리를 설정하거나 미리 들어보기 위해 [Lync] 창의 [옵션] 아이콘을 클릭하고, [Lync-옵션] 대화상자에서 [벨 소리 및 소리] 탭을 선택한다. 오디오 장치를 통해 벨 소리를 미리 들어보고, 통화 대상 별로 선택한 후 [확인] 버튼을 클릭한다.

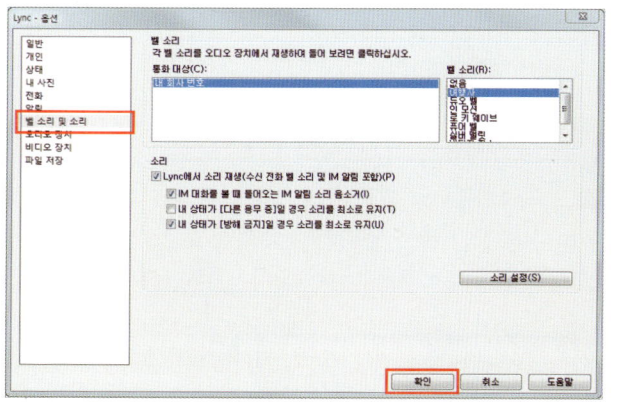

> **POINT** [벨 소리 및 소리] 탭에서 [소리 설정] 버튼을 클릭하면 [제어판]의 [소리]로 이동된다.

통화 10

Lync 통화하기

Lync 통화는 Lync 2010 통신 소프트웨어를 사용하여, 아날로그 전화 회선처럼 컴퓨터에서도 대화 상대와 통화할 수 있게 한다. 즉 PC to PC 방식으로 연결되어 통화하는 것이다. 내 자리에 전화기가 없어도 이제는 컴퓨터에서 음성 통화가 가능하고, 웹캠이 준비되어 있는 경우라면 대면하듯 온라인 상의 화상 대화가 가능하다.

1 Lync 통화하기

❶ [Lync] 창의 대화 상대 목록에서 대화상대를 선택하면 [통화] 버튼이 나타난다. ❷ [통화] 버튼을 클릭하면 상대와 Lync 통화를 시작할 수 있다. 통화 중 [IM] 버튼을 선택하여 음성 통화와 메시지를 동시에 사용하여 대화가 가능하다.

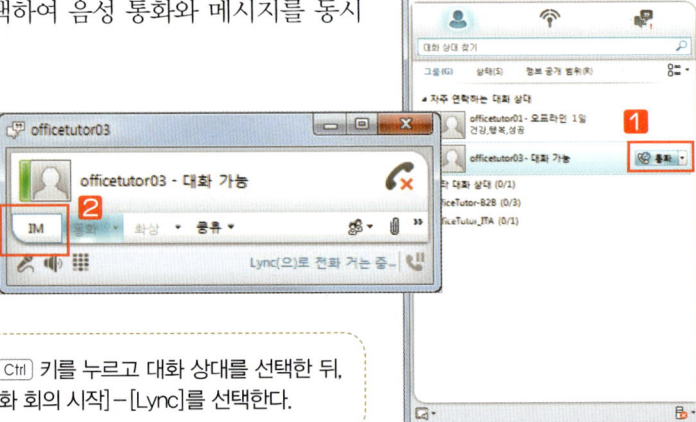

POINT 여러 상대와 통화를 시도하는 경우 Ctrl 키를 누르고 대화 상대를 선택한 뒤, 마우스 오른쪽 버튼을 클릭하고 [전화 회의 시작]-[Lync]를 선택한다.

2 Lync 통화 수락 또는 거절하기

❶ 상대방이 Lync 통화를 시도한 경우 바탕화면 우측 하단에 통화 알림 창이 나타난다. ❷ 통화가 가능하다면 알림 창을 클릭하여 수락하고, 거절해야 한다면 [거절] 버튼을 클릭한다. ❸ 만약 거절한다면 상대방의 대화 창에는 'ㅇㅇ이(가) 응답하지 않습니다.'라는 메시지가 전달된다.

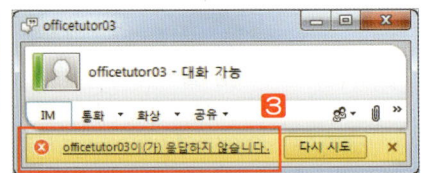

3 대화 제목 입력 및 중요도 알리기

1 대화 상대를 선택하고 [통화] 드롭다운 버튼을 클릭한다. 2 상단에 위치한 [대화 제목 입력]란에 통화 주제를 입력하고 중요도를 높이기 위해 느낌표 버튼을 선택한다. 3 [Lync 통화]를 클릭하면 통화가 연결된다. 4 나의 대화 창과 상대방의 대화 창 상단에 대화 제목이 표시되고, 대화 제목 앞에는 대화의 집중도를 높이기 위한 대화 중요도 표시가 보여진다.

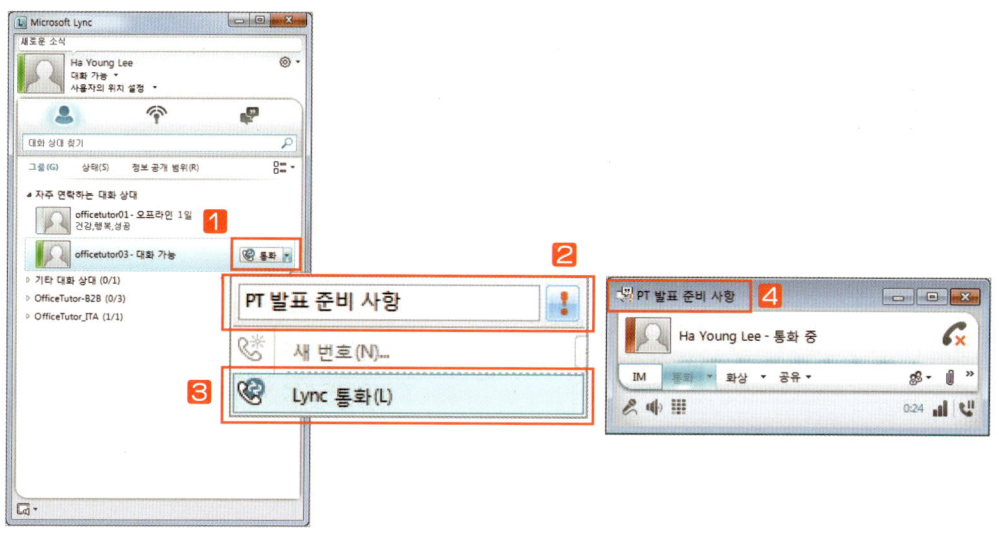

4 걸려온 Lync 통화 방해 금지로 설정하기

1 상대방에게 걸려온 Lync 통화의 알림 창에서 통화를 수락하기 전 [리디렉션] 드롭다운 버튼을 클릭한 후 [방해 금지로 설정됨]을 선택한다. 2 방해 금지 설정을 하게 되면 설정 여부 및 언제까지 추가 통신 요청을 받지 않겠다는 내용의 알림 창이 나타난다. 3 Lync 통화를 시도한 사람에게 [방해 금지]로 응답하지 않음을 알려주며, 다시 통화를 시도하더라도 Lync 통화는 연결되지 않는다.

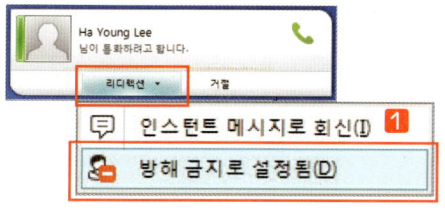
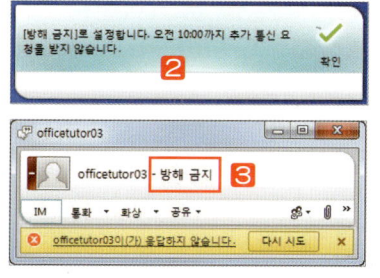

5 화상으로 Lync 통화하기

1 웹캠이 준비되어 있다면 대화 가능한 상대 목록에서 마우스 오른쪽 버튼을 클릭한 후 [화상 통화 시작]을 선택한다. **2** 상대방이 화상 통화를 수락하고 [내 화상 시작] 버튼을 클릭하면 [Lync] 창에 상대방이 보이고, 작은 창에서는 나의 모습을 확인할 수 있다.

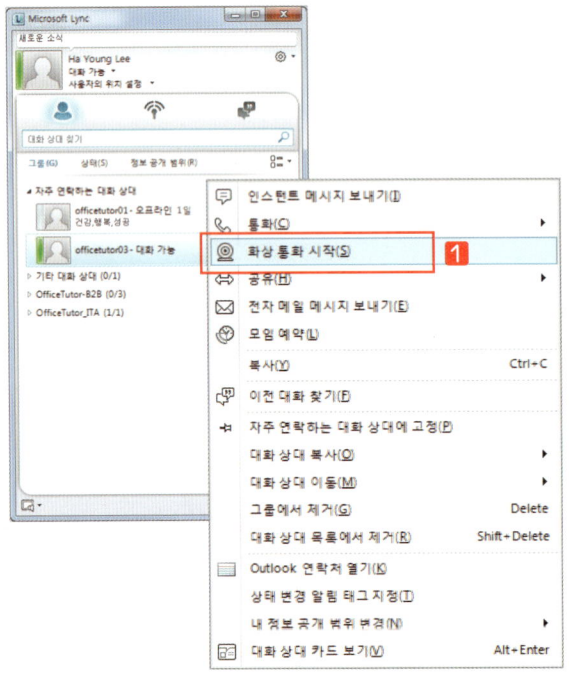

> **POINT** 여러 사람이 모인 경우라면 360도 파노라마 형태의 화면이 보여져 전체 분위기를 이해하고 여러 사람들과 좀 더 친숙하게 소통할 수 있다. 다른 공간이지만 마치 같은 공간에 있는 것과 같이 좀 더 실감나는 화상 회의를 진행할 수 있다. 해당 제품에는 Lync 소프트 웨어가 탑재되어 있어 컴퓨터에 연결만 하면 손쉽게 사용이 가능하다. 이는 타사 제품으로 별도의 준비가 필요하며 상품명은 폴리콤 CX5000이다.

6 화상으로 보이는 창 제어하기

화상 통화 시 상황에 따라 내 화상 화면을 제어할 수 있다. 상대방의 화상 화면과 상관없이 내 화면을 내 상황에 맞게 설정하여 대화가 가능하다.

1 내 얼굴이 보이는 작은 미리보기 창은 화상 화면 중 어디에 든 배치가 가능하다. 미리보기 창을 마우스로 끌어서 내가 원하는 공간에 둘 수 있다.

2 화상 화면에서 마우스 오른쪽 버튼을 클릭한 후 [내 미리 보기 확장]을 클릭하면 내 미리 보기 창이 확장된다. 내 모습을 확장된 화면에서 볼 수 있다.

> **POINT** 대기업용 Office 365 사용자는 일반 전화 및 휴대폰으로 오디오 Microsoft Lync Online 전화 접속 회의를 구성할 수 있다. 타사 업체인 회의 공급자(ACP) 계약을 통해 사용이 가능하며 라이브 번역 및 녹음 등 고품질 서비스를 제공받을 수 있다.

3 화상 화면에서 마우스 오른쪽 버튼을 클릭한 후 [내 미리 보기 숨기기]를 선택하면 내 미리 보기 화면이 사라지고, 상대방의 모습만 보이게 된다.

4 화상으로 통화하고 있지만 화상 화면을 닫고 싶을 때는 마우스 오른쪽 버튼을 클릭한 후 [화상 숨기기]를 클릭한다. 화상 화면이 분리되어 별도로 제어가 가능하고 [닫기] 버튼을 클릭하여 화상 부분 창만 닫을 수 있다. 화상 화면을 닫아도 통화는 계속된다.

부재 중 메시지 **11**

부재 중 메시지 확인하기

Lync의 대화 목록에서 최근 통화 내용 및 부재 중 메시지 등을 확인할 수 있으며 Outlook의 대화 내용 보기에서 좀 더 자세히 기록 내용을 확인할 수 있다. Exchange Server의 동일 계정임을 확인하고, Lync에서 연락된 대화 내용을 Outlook의 대화 내용 폴더에서 관리 하거나 대상 별 또는 날짜 순으로 정렬하여 관리가 가능하다. 향후 자료가 필요한 경우 Outlook에서 키워드를 입력한 후 필요한 자료를 쉽게 찾아 낼 수 있다.

1 대화 내용 확인하기

대화 기록을 확인하기 위해 [Lync] 창의 [대화] 버튼을 클릭한다. [모두]를 선택하면 통화 및 인스턴트 메시지 등의 기록 내역을 확인할 수 있고, 자세한 기록 내용을 확인하려면 해당 목록을 더블 클릭하여 대화 상자의 내용을 확인한다.

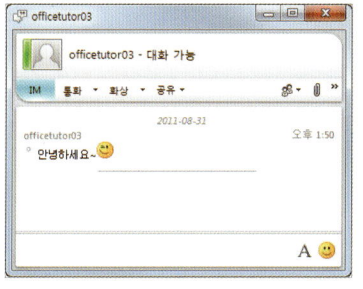

POINT [대화] 버튼의 목록에는 최근 대화 100개가 표시된다.

② 부재 중에 연락 온 대화 내용 회신하기

1 부재 중 상태일 때 대화 또는 메시지가 전달된 경우 [Lync] 창의 [대화]에서 확인이 가능하다. [대화] 버튼에는 부재 중 전달된 메시지 개수가 표시된다. **2** [모두] 또는 [부재 중 전화]에서 기록된 내용을 확인한 후 [통화] 버튼을 클릭하여 통화를 시도하거나, 메시지인 경우 해당 목록을 더블 클릭하여 회신을 보낸다.

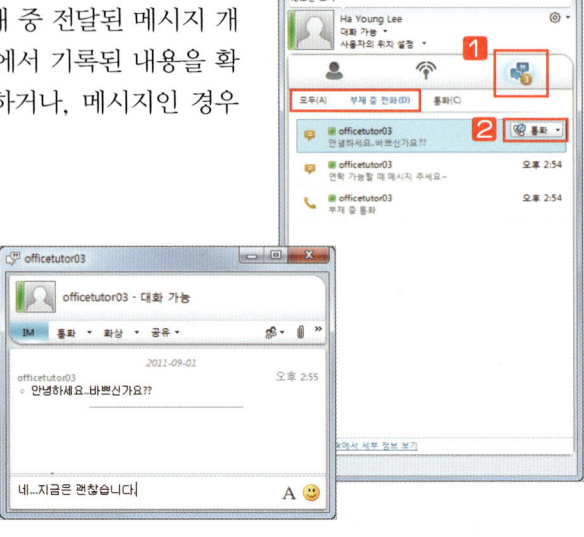

③ Outlook에서 대화 내용 확인하기

1 Lync의 대화 내용을 Outlook에서 확인하려면 [Lync] 창의 [옵션] 드롭다운 버튼을 클릭한 후 [파일]-[대화 내용 보기]를 선택한다. **2** 또는 대화 목록 하단에 표시된 'Outlook에서 세부 정보 보기' 링크를 클릭한다. **3** Outlook이 실행되고 [대화 내용]에서 Lync의 대화 내용을 확인할 수 있다. 또한 Outlook의 정렬 및 검색 기능으로 대화 내용을 관리하고, 즉시 회신 메일을 보낼 수도 있다.

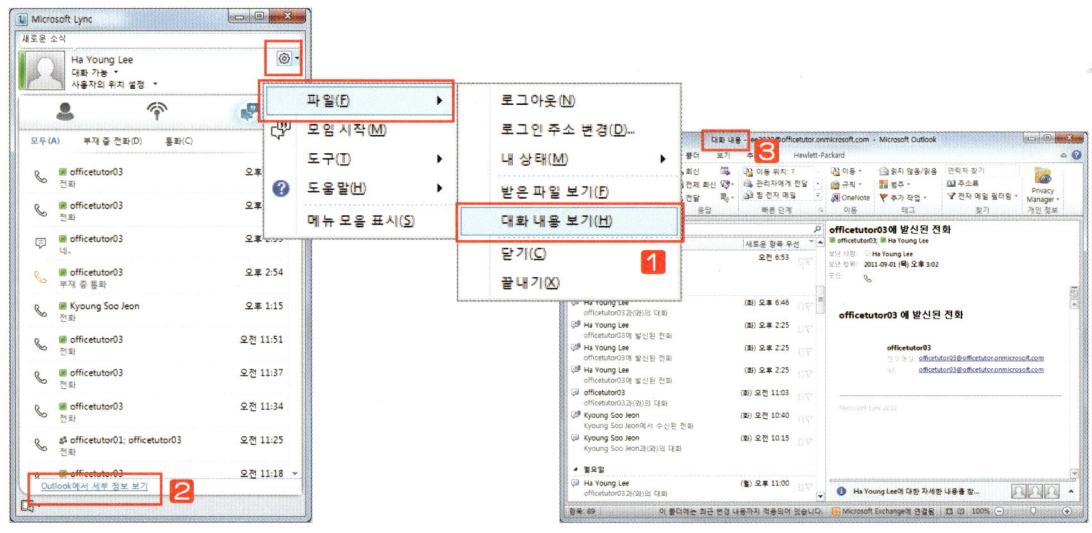

Outlook으로 부재 중 메시지 메일 확인하기

1 Lync의 부재 중 메시지는 Outlook의 메일에서도 확인할 수 있다. Outlook의 [받은 편지함]에 'ㅇㅇ과(와)의 부재 중 대화'라는 제목으로 대화의 내용이 도착되며, Outlook에서 바로 회신 메일을 보낼 수 있다. **2** 인스턴트 메시지인 경우 해당 메일을 선택한 후 [메시지] 탭-[응답] 그룹-[IM]의 [메신저로 회신]을 클릭한 후 인스턴트 메시지를 즉시 보낸다.

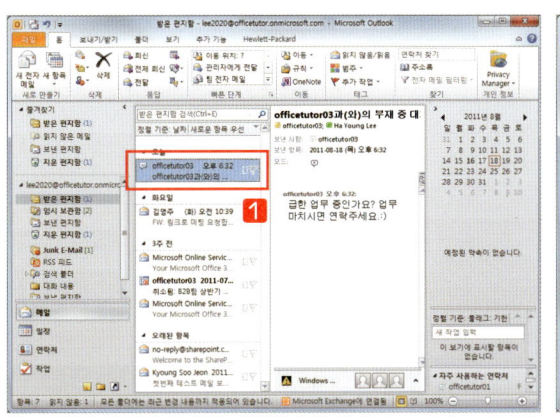
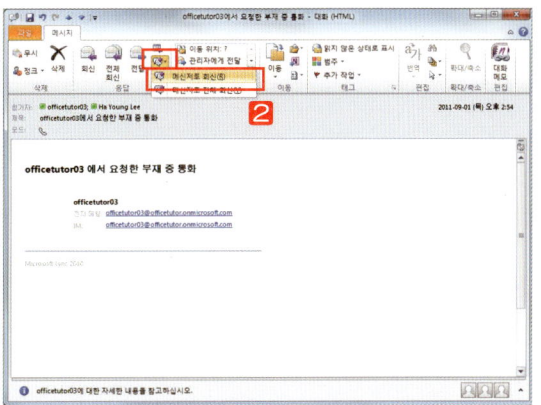

POINT Outlook에서 대화 상태를 확인할 수 있으니 회신 또는 통화를 시도하는 경우 참고하도록 한다. Lync와 동일한 인터페이스의 대화 상대 카드를 Outlook에서도 확인할 수 있다.

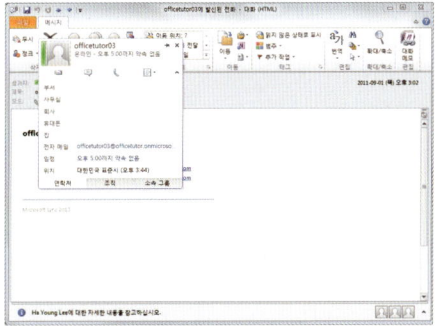

모임 12

온라인 모임 주최하기

온라인으로 회의 또는 세미나 등을 진행하면 시간과 비용이 절감될 뿐만 아니라 만나기 어려운 장소에 있는 사람과도 쉽게 연결이 가능하다. 기존 Office Live Meeting 2007의 다양한 온라인 모임 기능이 통합되어 인스턴트 메시지 및 온라인 모임을 Lync에서 진행할 수 있다. 보다 간편하고 효율적인 모임을 Lync를 통해 주최해보자.

1 온라인 모임 예약하고 초대장 보내기

1 [Lync] 창의 대화 상대 목록에서 회의에 참여할 대상을 선택하고 마우스 오른쪽 버튼을 클릭하여 [모임 예약]을 선택한다. **2** Outlook이 실행되면 Outlook의 [모임] 탭-[온라인 모임] 그룹-[온라인 모임 참가]를 클릭한 후 본문에 '온라인 모임 참가' 문구 및 주소가 자동 기록됨을 확인한다. 위치 또한 '온라인 모임'으로 자동 기록된다. **3** 모임 제목 및 날짜를 입력하고 [보내기] 버튼을 클릭한다.

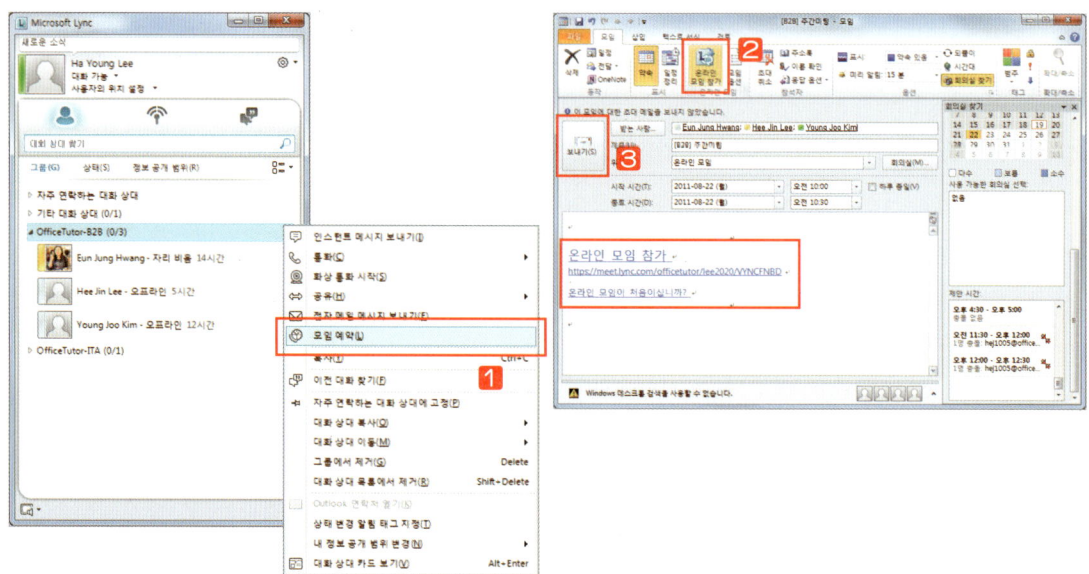

모임 초대장 본문에 자동으로 기록된 내용을 수정하면 상대방이 모임에 참가하지 못할 수 있으니 수정하지 않도록 하고, 본문 빈 칸에 추가 세부 정보를 입력하도록 한다.

2 외부 사람 모임 초대하기

1 [Lync] 창의 대화 상대에 등록되어있지 않은 상대에게 Lync 모임을 요청하기 위해서는 Outlook을 실행해야 한다. Outlook의 [일정] 화면에서 [홈] 탭-[온라인 모임] 그룹 - [새 온라인 모임]을 클릭한다. **2** [모임] 창에서 Lync 모임에 참석할 다른 사람을 선택한 후 세부 정보를 입력하고 [보내기]를 클릭하여 모임을 요청한다.

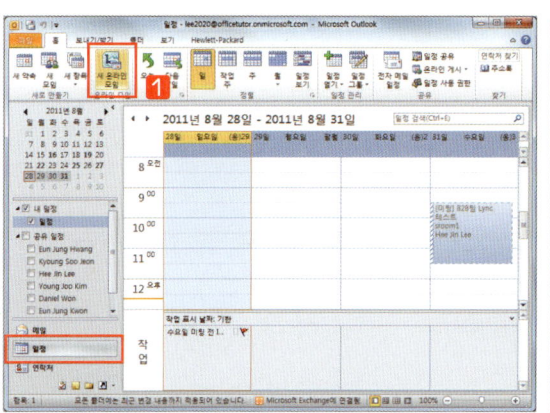
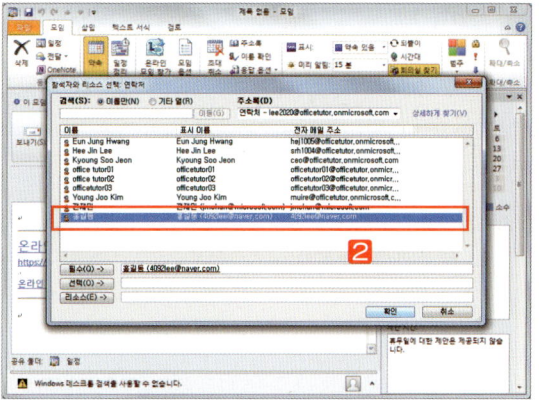

> **POINT** 250명 이상이 참가하는 모임이라면 Microsoft Live Meeting으로 모임 진행이 가능하다.

3 모임 요청 시 충돌되는 일정 체크하기

1 Outlook의 [모임] 창에서 [모임] 탭-[옵션] 그룹-[회의실 찾기]가 선택되었는지 여부를 확인한다. **2** [받는 사람]과 [시작 시간] 및 [종료 시간]을 입력한다. **3** 오른쪽에 고정된 [회의실 찾기] 창의 [제안 시간]에서 여러 사람의 일정을 파악한 후 충돌 여부를 확인한다.

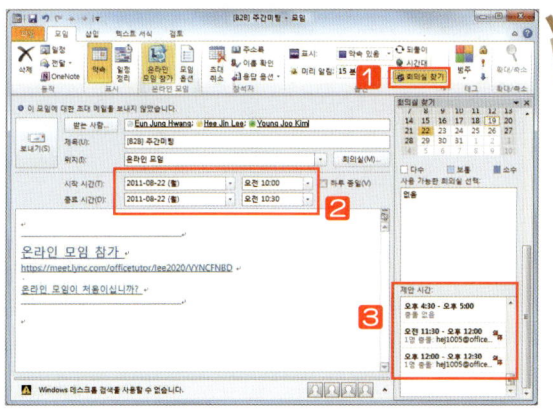

> **POINT** 일정 체크가 되려면 모임 참석자들이 Outlook의 Exchange Server 계정을 사용하고, 각자의 일정을 기록해야한다. Outlook에 일정이 공유된 조직이라면 [모임] 탭-[표시] 그룹-[일정 정리]에서 상대방의 일정을 좀 더 상세하게 파악할 수 있다. 여러 사람의 일정을 한 눈에 파악할 수 있어 가능한 모임 일정을 조율하는데 편리하다.

4 내부 조직의 중요 안건으로 모임 초대하기

1 모임 초대장을 보내기 전에 Outlook의 [모임] 탭 – [온라인 모임] 그룹 – [모임 옵션]을 선택한다. [온라인 모임 옵션] 대화상자의 [액세스 및 발표자] 탭에서 '이 모임에 대한 액세스 및 발표자 사용자 지정'을 체크한다. **2** [액세스]의 '내 회사에서 초대한 사용자'를 선택하고 [발표자]에서 '내 회사의 사용자'를 선택한 후 [확인] 버튼을 클릭한다. 참석자가 내부 네트워크에 계정이 없다면 다시 한 번 발표자의 수락 여부를 기다려야 하고, 내부 네트워크 계정이 있더라도 초대받지 않으면 참여할 수 없다.

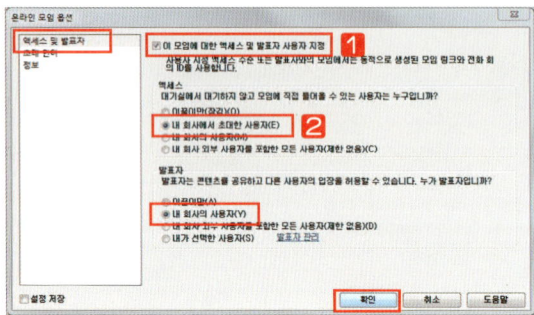

POINT 모임 성격에 따라 [온라인 모임 옵션] 대화상자에서 사용자를 설정할 수 있다. 대기실에서 대기중인 사용자인 경우 모임에 입장하기 전 발표자가 수락 여부를 결정해야만 모임에 참가할 수 있다. [액세스] 옵션에 따른 권한 범위를 알아본다.

액세스 옵션	대기실에서 대기 중인 사용자	이 옵션을 선택하는 경우
이끌이만 (잠김)	모든 사용자	모임 전에 다른 사람이 참고 파일 또는 Microsoft PowerPoint 슬라이드를 볼 수 없도록 하려는 경우
내 회사에서 초대한 사용자	사용자 네트워크에 계정이 없는 사용자 및 초대받지 않은 사용자	중요한 내용 또는 기밀 내용에 대해 논의 중인 경우
내 회사의 사용자	사용자 네트워크에 계정이 없는 사람	모든 참가자에게 조직의 네트워크에 계정이 있는 경우
내 회사 외부 사용자를 포함한 모든 사용자 (제한 없음)	아무도 없음	외부 참가자를 초대한 경우

5 발표자 권한을 부여하여 모임 초대하기

1 모임 요청에 대한 내용을 입력한 후 [모임] 탭 - [온라인 모임] 그룹 - [모임 옵션]을 클릭하고 [온라인 모임 옵션] 대화상자에서 [액세스 및 발표자] 탭을 선택한다. **2** 특정 사람에게 발표자 권한을 부여하기 위해 [발표자]의 '내가 선택한 사용자'를 선택한 후 [발표자 관리]를 클릭한다. **3** [모임 옵션 발표자] 대화상자에서 [참석자] 중 [발표자]를 추가한 후 [확인] 버튼을 클릭하고, 온라인 모임 옵션 창에서도 [확인] 버튼을 클릭한다.

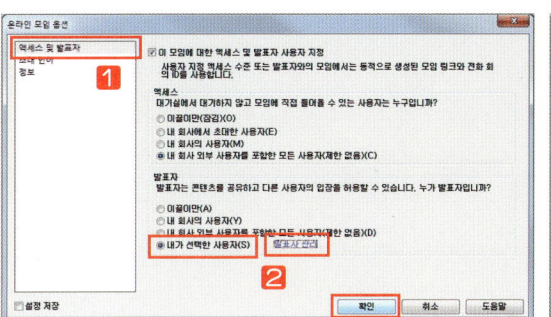 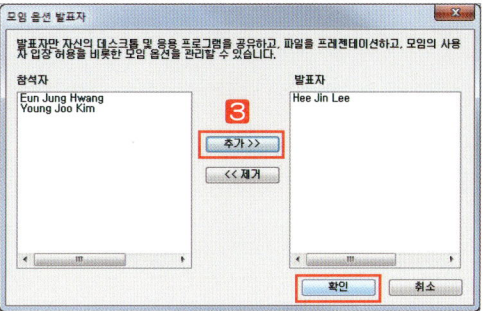

POINT 모임 성격에 따라 발표자의 권한을 [온라인 모임 옵션]에서 설정할 수 있다. [발표자] 옵션에 따른 권한 범위를 알아본다.

발표자 옵션	발표자인 사용자	이 옵션을 선택하는 경우
이끌이만	모임을 예약한 사람만	참가자가 모임 콘텐츠와 상호 작용할 필요가 없는 프레젠테이션, 모임 중 추가 발표자를 지정할 수 있음
내 회사의 사용자	네트워크에 계정이 있는 초대한 모든 사용자	모든 참가자가 모임 콘텐츠를 공유 및 수정할 수 있는 사내 그룹 작업 세션
내 회사 외부 사용자를 포함한 모든 사용자 (제한 없음)	초대한 모든 사용자	사용자 네트워크에 계정이 없는 사용자가 포함된 그룹 작업 세션의 경우
내가 선택한 사용자	본인 및 본인이 선택한 참가자	발표자가 두 명 이상인 프레젠테이션

온라인 모임 **13**

발표자가 예약된 모임 참여하기

모임 이끌이 또는 발표자가 모임을 진행하면서 수행해야 할 작업들이 있다. 모임 중에 발표자가 원활한 모임 진행을 위해서는 대기자들을 제어하거나 발표 권한을 설정한 후 모임에 참여해야 한다. 인원이 많은 경우 초대장을 보내기 전 모임 옵션을 꼼꼼히 체크한다면 좀 더 수월하게 모임이 진행될 것이다.

1 예약된 모임 참가하기

1 모임 예약 시 등록된 Outlook 일정을 더블 클릭하고, [모임] 탭 – [온라인 모임] 그룹 – [온라인 모임 참가]를 클릭하거나 본문의 '온라인 모임 참가' 문구를 클릭한다. **2** [모임 오디오 참가] 대화상자에서 통합된 컴퓨터 오디오를 사용하기 위해 [Lync 사용(음성 및 화상 통합)]을 선택한 후 [확인] 버튼을 클릭한다. 모임 제목을 확인한 후 참가한다.

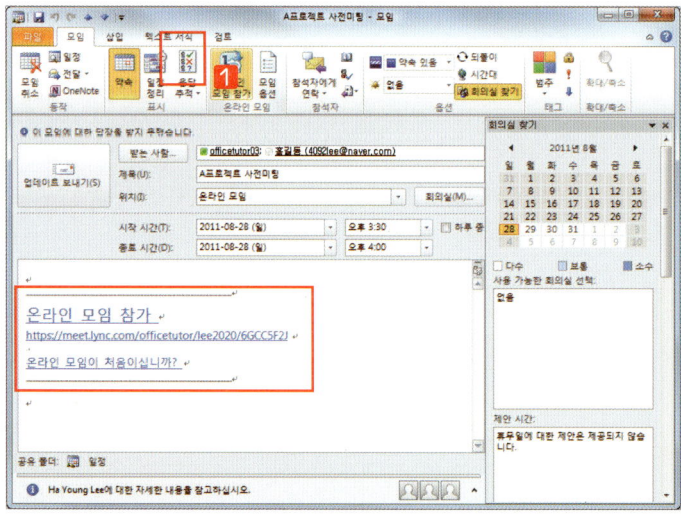
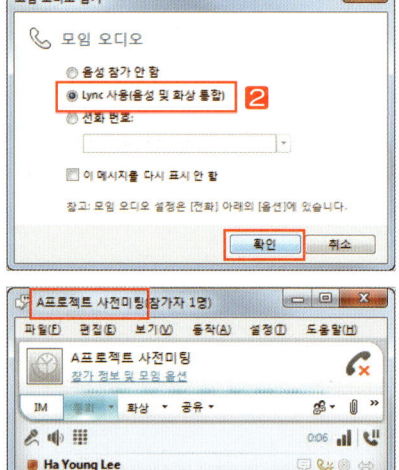

2 대기실에 있는 참석자 수락하기

1 참석자가 대기실에 있는 경우 발표자가 입장 허용을 해야 모임에 참석할 수 있다. 참석자는 모임에 참여하기 위해 대기실에 표시되고 발표자의 대화 창에는 대기실에 기다리는 참가자들이 있다는 메시지가 나타난다. **2** 발표자가 입장 여부를 판단하여 [입장 허용] 버튼을 클릭하게 되면 참석자가 모임에 참여하게 된다.

3 모임 중 발표자 또는 참석자 권한 변경하기

1 발표자 또는 참석자 권한을 변경하기 위해 권한을 변경하려는 상대 목록에서 마우스 오른쪽 버튼을 클릭한 후 [참석자로 지정] 혹은 [발표자로 지정]을 선택한다. **2** 대화 상대 목록에서 변경된 권한을 확인한다.

 모임 중 발표자가 많아 모임 진행이 분산되는 경우 [사람 옵션] 버튼을 클릭하고 [모두 참석자로 지정]을 선택한다.

4 참가자 음소거 설정 및 해제 하기

1 모임의 발언자를 제어하기 위해 음소거 하려는 상대 목록에서 마우스 오른쪽 버튼 클릭 후 [음소거]를 선택한다. **2** 대화 상대 목록에서 음소거로 변경됨을 확인한다.

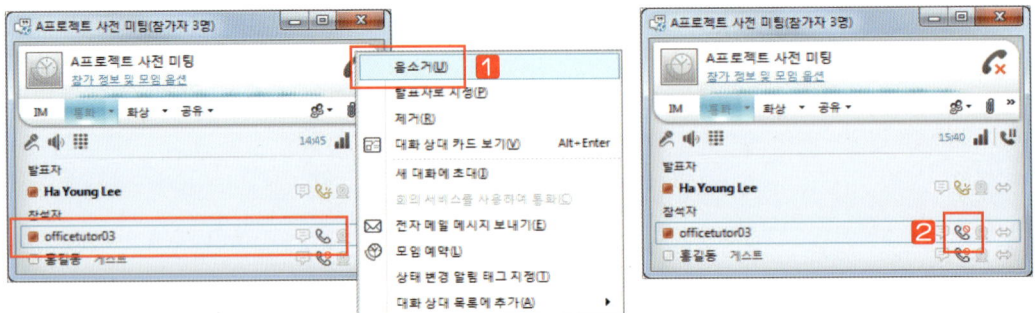

> **POINT** 대규모 모임에서 사용자 모두를 음소거 상태로 설정하려면 [사람 옵션] 버튼을 클릭하고 [사용자 음소거]를 선택한다.

5 참가자 목록 표시 또는 숨기기

1 모임 인원이 모두 파악되었다면 참가자 목록을 숨겨 놓고 모임을 진행할 수 있다. 대화 창에서 [사람 옵션] 버튼을 클릭한 후 [참가자 목록 표시]를 선택한다. **2** 이렇게 하면 발표자 및 참석자 목록이 사라지며, 다시 [사람 옵션] 버튼을 클릭하면 목록이 나타난다.

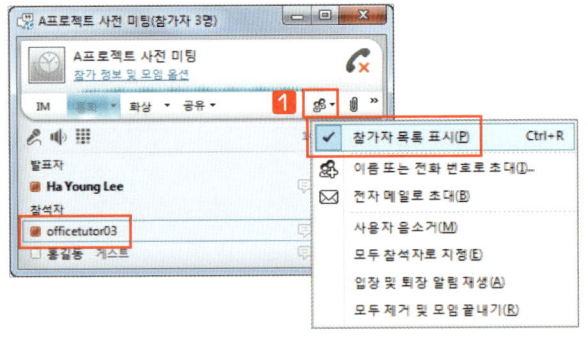
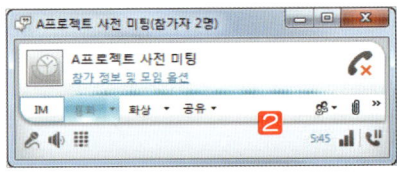

6 모임 중 참가자와 별도로 대화하기

1 대화 목록에서 별도의 메시지를 전달하기 위해 더블 클릭하여 인스턴트 메시지 창을 열고 특정 사람에만 메시지를 전달한다. 또는 이름 위에 마우스를 올려놓았을 때 나타나는 대화 상대 카드에서 [인스턴트 메시지] 아이콘을 선택한다. **2** 인스턴트 메시지 창에서 메시지를 전달한다.

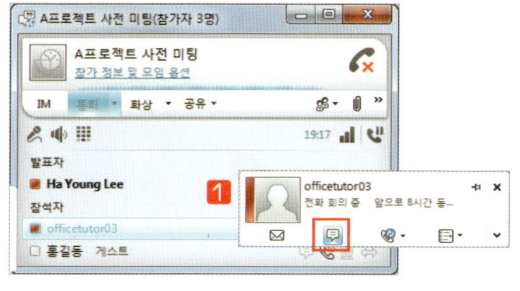 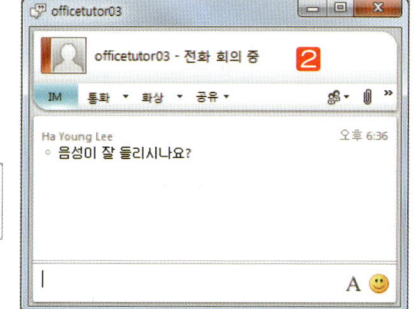

7 화상 통화 전환 및 인스턴트 메시지 전달하기

1 모임 진행 중 화상 통화로 전환하기 위해 대화 창의 [화상] 버튼을 클릭하면 웹캠이 준비된 상태에서 전환이 가능하다. **2** 또한 [IM] 버튼을 클릭하여 인스턴트 메시지를 전달한다. 상황에 맞게 화상 및 음성, 메시지를 동시에 사용할 수 있다.

8 이름 검색으로 다른 대화 상대 초대하기

1 모임 중 다른 대화 상대를 추가하기 위해 대화 창의 [사람 옵션] 버튼을 클릭한 후 [이름 또는 전화 번호로 초대]를 선택한다. **2** [이름 또는 전화 번호로 초대] 대화상자에서 검색 상자에 이름을 입력하거나 목록에서 초대 상대를 선택한 후 [확인] 버튼을 클릭한다.

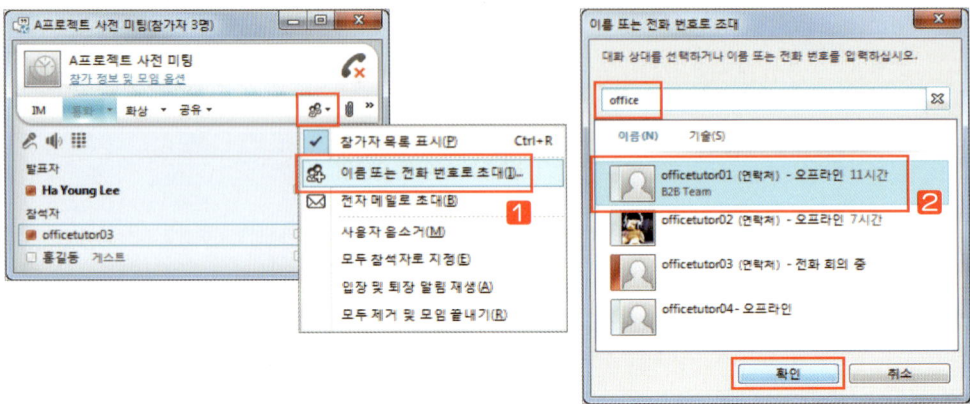

 **POINT** 모임 중 다른 참석자를 제어하기 위해 대화 창의 [참가 정보 및 모임 옵션]에서 발표자 또는 참가자 권한 및 기타 옵션을 선택한 후 초대한다.

9 전자 메일로 다른 대화 상대 초대하기

1 모임 중 다른 대화 상대를 추가하려면 대화 창의 [사람 옵션] 버튼을 클릭한 후 [전자 메일로 초대]를 선택한다. **2** Outlook의 모임 창이 실행되면, 모임에 추가할 상대를 [받는 사람]에서 선택한 후 [보내기] 버튼을 클릭하여 모임을 요청한다.

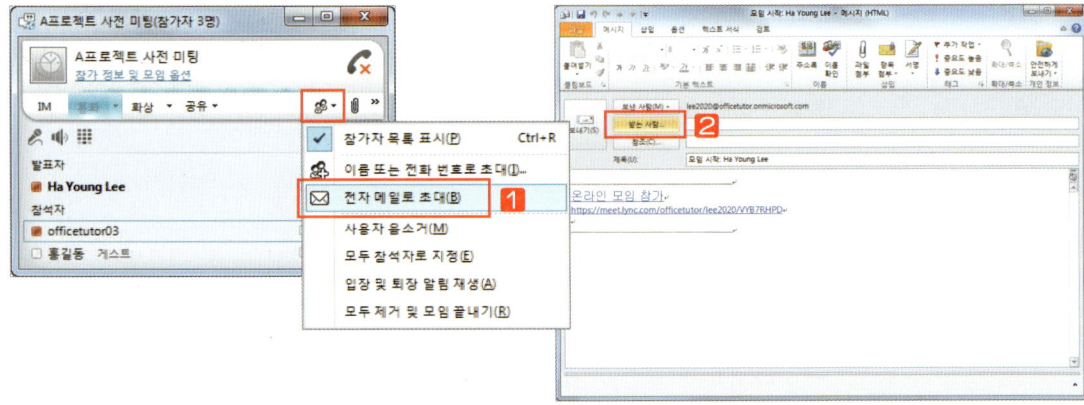

10 모임 나가기 또는 종료하기

1 대규모의 모임인 경우 여러 사람을 제어해야 한다. 모임을 모두 종료하기 위해서 [사람 옵션] 버튼의 [모두 제거 및 모임 끝내기]를 선택하면 나를 포함한 모든 사용자의 모임이 종료된다. 이 경우 상대방에게 발표자가 모임을 종료했음을 알려준다. **2** 그러나 모임 창의 [닫기] 버튼을 클릭하면 대화는 계속 유지된 상태에서 나만 대화 창에서 빠져 나가게 된다. 발표자인 경우 모임을 마무리하기 위해 [모두 제거 및 모임 끝내기]를 선택하여 모임을 종료하는 것이 바람직하다.

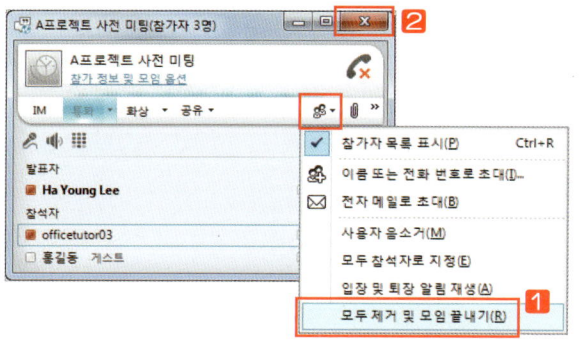

POINT 대화 창에 나타나는 [통화에서 나가기] 아이콘을 선택하면 대화창이 고정된 상태에서 잠시 대화를 중단할 수 있고, [다시 참가]를 통해 모임을 유지할 수 있다.

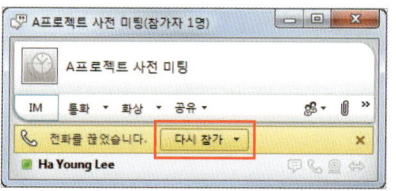

참가자 14

참가자 초대받은 모임 참여하기

모임에 참여하는 참가자가 Lync를 사용하는 경우와 Lync를 사용하지 않는 경우가 있을 것이다. 어떤 경우에도 모임 참석이 가능하도록 초대장이 발송되며, 초대 메일만 있다면 언제 어디서든 모임에 참가할 수 있다. 온라인 모임을 진행하는 경우 참석자들의 시간 및 비용 등을 절감할 수 있어 조직의 생산성을 높일 수 있다.

1 참가자가 예약된 모임 수락하기

❶ 모임 이끌이가 보낸 모임 예약 메일을 확인한 후 읽기 창에서 [수락] 버튼을 클릭한다. ❷ 또는 메일을 더블 클릭하고 [모임] 탭-[수락] 드롭다운 버튼을 누르고 답장 목록을 선택한다. 미정으로 표시되었던 일정이 [약속 있음]으로 변경된다.

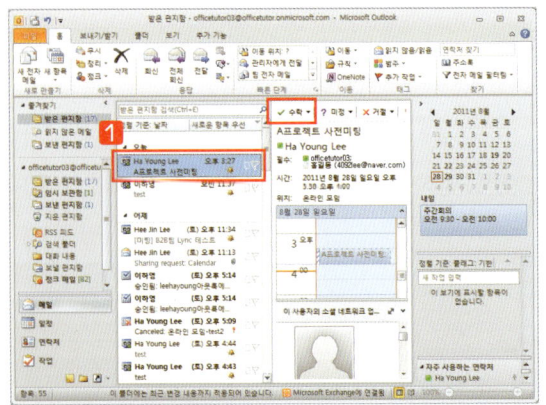
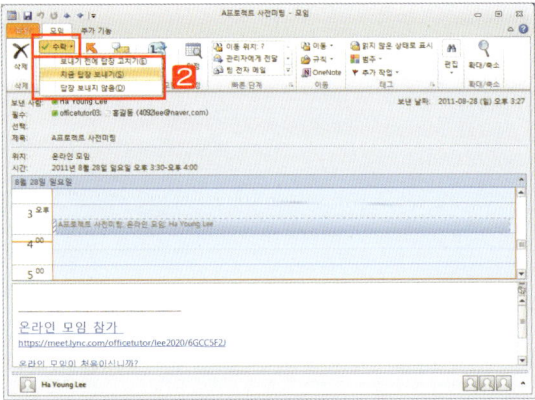

> **POINT** 웹 메일로 모임 예약 메일을 받는 경우에도 해당 메일을 확인한 후 [수락], [미정], [거절] 등을 선택하여 모임 참여 여부를 선택한다.

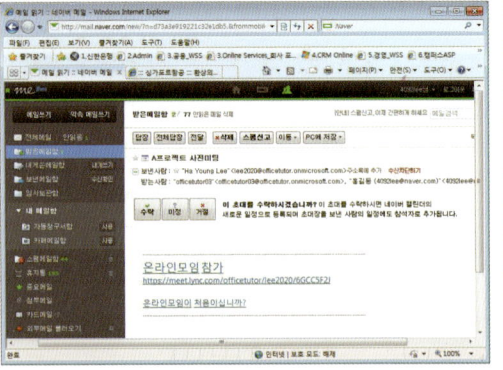

2 Lync 2010이 설치된 컴퓨터에서 모임 참여하기

1 모임 참가자의 컴퓨터에 Lync 2010이 설치되어 있다면 Outlook에서 해당 일정을 더블 클릭한 후 [모임] 탭–[온라인 모임] 그룹–[온라인 모임 참가]를 클릭하거나, 본문의 링크된 '온라인 모임 참가' 문구를 클릭한다. **2** [모임 오디오 참가] 대화상자에서 [Lync 사용(음성 및 화상 통합)]을 선택한 후 [확인] 버튼을 클릭하여 모임에 참가한다.

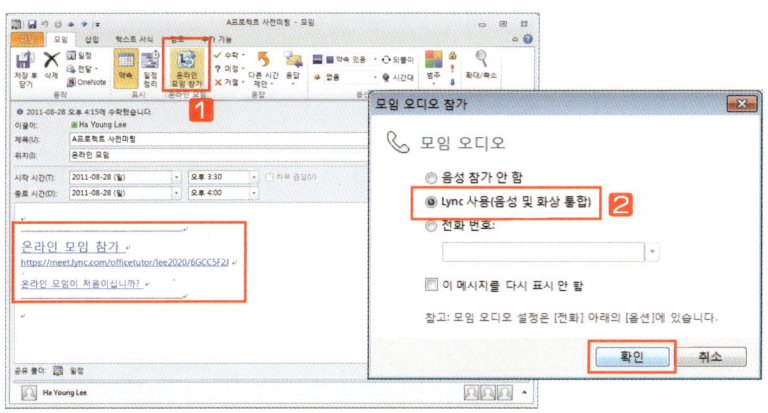

3 Lync Web App으로 모임 참여하기

1 참가자의 컴퓨터에 Lync 2010이 설치되어 있지 않은 경우 모임 초대 메일 본문의 '온라인 모임 참가' 문구를 클릭한다. **2** 웹 브라우저를 통해 Lync Web App이 실행되면 [게스트로 참가]에 이름을 입력하고 [모임 참가] 버튼을 클릭한다. Lync Web App이 실행되어 모임에 참여하게 된다.

POINT Lync Web App은 지원되는 운영 체제와 인터넷 브라우저 조합 중 하나가 설치되어 있어야 하며, Microsoft Silverlight 4.0 브라우저 플러그인 이상이 컴퓨터에 설치되어 있어야 한다.

4 Lync 2010 Attendee로 모임 참여하기

1 참가자의 컴퓨터에 Lync 2010이 설치되어 있지 않은 경우 Microsoft Lync 2010 Attendee를 설치하여 모임에 참여할 수 있다. 모임 초대 메일 본문의 '온라인 모임 참가' 문구를 클릭하게 되면 모임에 참가할 수 있는 다른 방법 보기에 대한 창이 실행된다. **2** Lync 2010 Attendee를 설치하기 위해 [다운로드] 버튼을 클릭한다. 설치된 Lync 2010 Attendee를 통해 게스트 또는 인증된 사용자로 모임에 참여할 수 있다. 모임의 설정 방법에 따라 즉시 참여하거나 대기실에서 대기한 후 발표자 또는 이끌이가 입장을 수락한 경우 모임에 참여하게 된다.

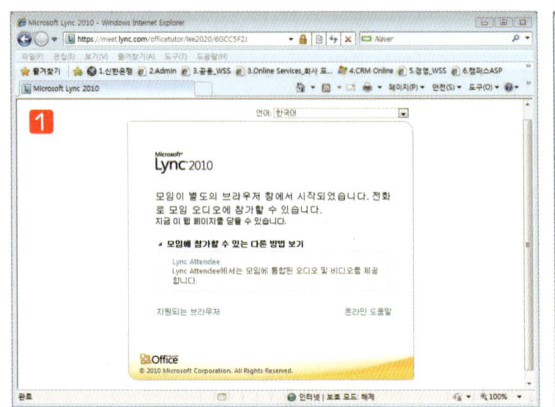 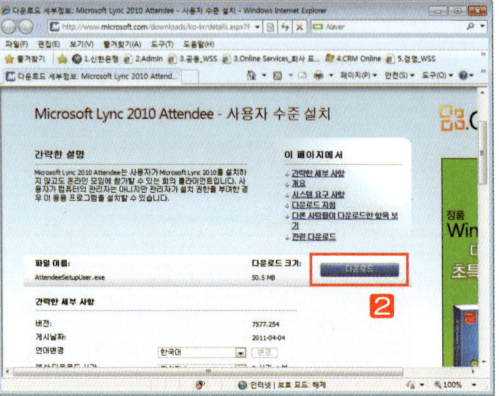

> **POINT** Lync 2010 Attendee를 설치하면 Windows의 [시작]에 [Microsoft Lync 2010 Attendee] 메뉴가 설정되고, 모임에 참여하기 전 Windows의 [시작]-[Microsoft Lync 2010 Attendee]를 선택한 후 [Lync Attendee 옵션]에서 일반, 개인, 벨 소리 및 소리 등의 옵션을 설정할 수 있다.
>
>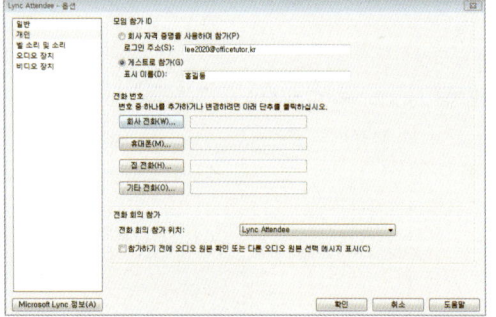

공유 15

내 컴퓨터 및 자료 공유하기

내 컴퓨터 및 실행되고 있는 프로그램을 참가한 사람들과 함께 공유하여 전달하고자 하는 내용들을 다양하게 연출할 수 있다. 인스턴트 메시지, 화상 및 음성으로 전달되는 메시지와 함께 데스크톱 및 프로그램을 상대방과 함께 공유함으로써 작업에 대한 이해도를 좀 더 높일 수 있다.

1 내 컴퓨터 공유하기

1 참여한 모임 창에서 [공유] 드롭다운 버튼을 클릭하고 [데스크톱]을 선택하면 내 컴퓨터 화면을 공유할 수 있다. **2** 내 모임 창에는 화면을 공유하고 있음을 알려 주는 알림창이 나타나고, 상대방은 [공유 요청 수락] 버튼을 클릭해야 화면이 공유된다.

POINT 공유와 동시에 [IM] 버튼 및 [화상] 버튼을 선택하여 작업할 수 있다. 공유된 화면을 크게 보려면 공유 창 경계선에 위치한 화살표를 클릭하거나, 공유 창 하단에 위치한 [전체화면] 아이콘을 클릭한다.

2 컴퓨터 공유 화면 확인하기

1 공유되고 있는 내 데스크톱은 화면 상단에 [현재 공유 중입니다]라는 표시 막대가 나타나며, 공유된 화면 테두리에 표시되는 노란 선으로 공유 범위를 알 수 있다. **2** 상대방은 화상 및 인스턴트 메시지 창과 함께 공유된 화면으로 상대방이 제어하는 데스크톱을 볼 수 있게 된다.

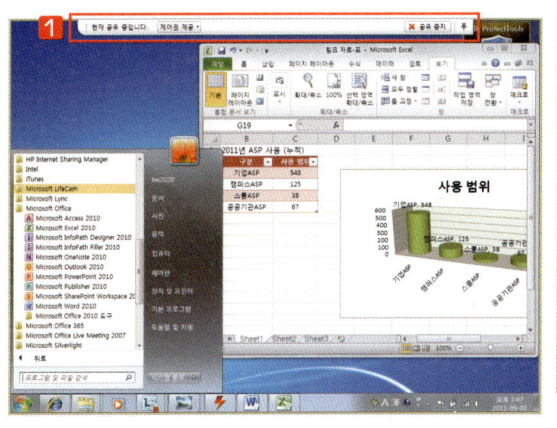

3 실행된 프로그램 공유하기

1 특정 프로그램만을 공유하기 위해서 참여한 모임 창에서 [공유] 드롭다운 버튼을 누르고 [프로그램]을 선택한다. 2 현재 내 컴퓨터에서 실행되고 있는 [프로그램 공유] 대화상자가 나타난다. 공유할 프로그램을 선택한 후 [공유] 버튼을 클릭한다.

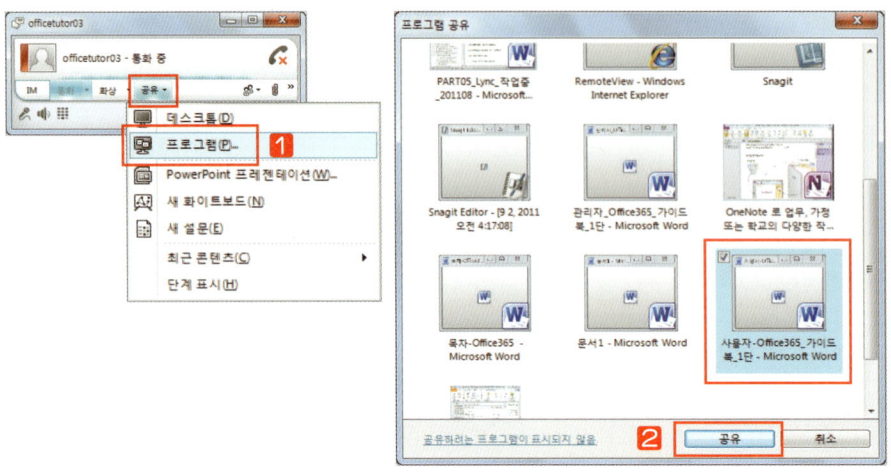

4 프로그램 공유 화면 확인하기

1 프로그램이 공유되면 공유 상태를 알리고, 내 컴퓨터 화면 상단에 [현재 공유 중입니다]라는 표시 막대가 나타난다. 또한 화면 테두리에 노란색으로 표시되어 공유되고 있는 화면을 표시해준다. 2 상대방은 공유된 프로그램을 대화 창과 함께 볼 수 있다.

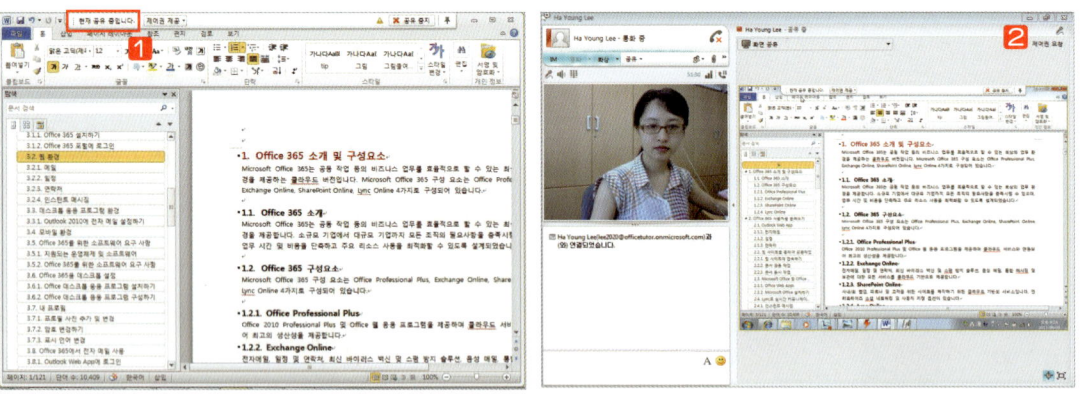

5 제어권 요청 및 수락하기

1 공유된 자료를 직접 제어 하기 위해서 우측 상단에 위치한 [제어권 요청] 버튼을 클릭한다. **2** 현재 제어권을 갖고 있는 사람에게 [제어권 요청 중]이란 메시지가 나타나고 [수락] 버튼을 클릭하게 되면 상대방이 직접 데스크톱 또는 프로그램을 제어하게 된다.

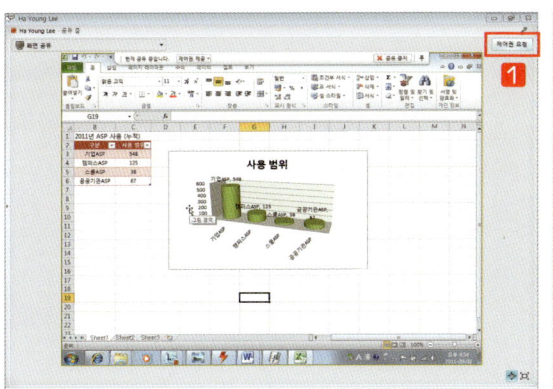 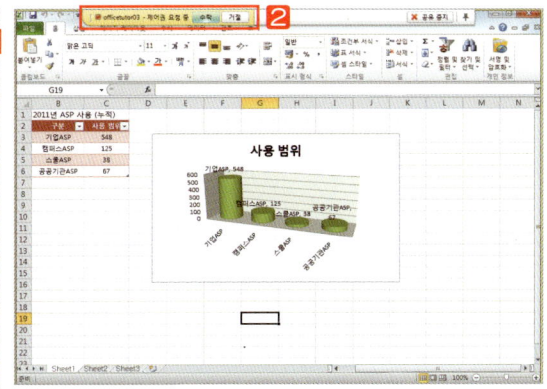

POINT [제어권 제공]의 [제어권 자동으로 수락]을 선택한 경우 상대방이 제어권을 요청함과 동시에 자동으로 제어권이 부여된다.

6 새 콘텐츠 공유

현재 제어권을 갖고 있다면 [화면 공유]의 [새 콘텐츠 공유]에서 본인의 자료를 선택에 따라 공유할 수도 있다. 제어권이 수락된 사람은 자신의 마우스와 키보드를 사용하여 공유 중인 화면을 탐색하고 편집 작업을 할 수 있고, [화면 공유]의 [새 콘텐츠 공유]에서 본인의 자료를 선택에 따라 공유할 수도 있다.

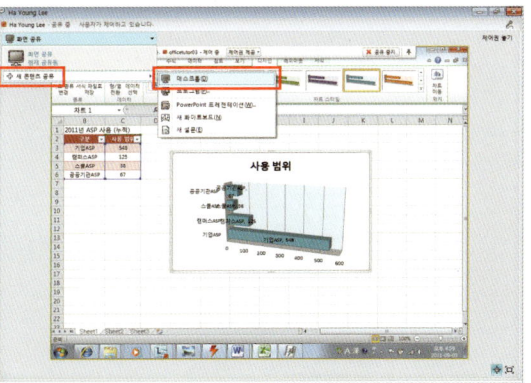

7 제어권 회수 및 놓기

① 현재 제어권을 갖고 있는 사람이 공유 창 우측 상단에 위치한 [제어권 놓기] 버튼을 클릭하면 제어권이 사라진다. ② 제어권을 넘겨 준 사람이 다시 제어권을 갖기 위해서는 상단 표시 막대에서 [제어권 제공] 드롭다운 버튼을 클릭하고 [제어권 회수]를 선택한다. 상대방이 [제어권 놓기] 버튼을 클릭하지 않아도 제어권을 가져온다.

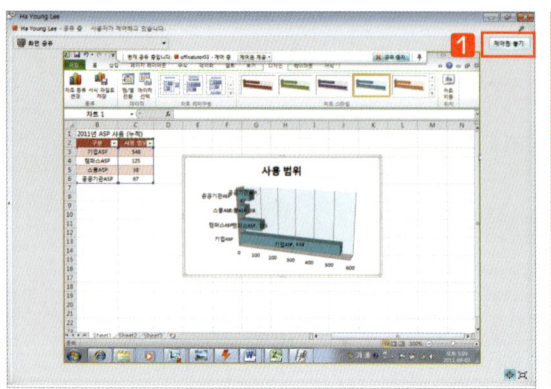 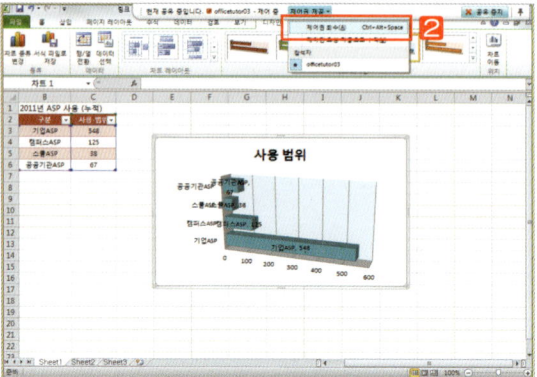

8 공유 종료하기

① 제어권이 있는 사람이 상단에 위치한 표시 막대의 [공유 중지] 버튼을 클릭하게 되면 공유 창이 닫히고, 상대방의 컴퓨터에서도 공유 화면 사라진다. ② 공유가 끝나면 아무도 공유하고 있지 않다는 메시지가 나타나고 [단계 숨기기] 버튼을 클릭하면 공유 창이 사라지게 된다.

프레젠테이션 16

PowerPoint 발표 자료 공유하기

회의 또는 세미나 진행 시 발표 자료로 많이 활용되는 프로그램 중 하나는 아마도 PowerPoint일 것이다. 온라인 모임에서도 발표 자료를 공유한다면 좀 더 효율적으로 의사 전달을 할 수 있게 된다. 발표할 자료를 Lync에서 제어하고 참여한 사람들과 정보를 공유하는 방법에 대해 살펴본다.

1 프레젠테이션 공유하기

1 모임을 예약한 경우에는 사전 업로드가 가능하고, 모임 중에도 발표 자료를 공유할 수 있다. 모임 창에서 [공유]의 [PowerPoint 프레젠테이션]을 선택하고 [PowerPoint 공유] 대화상자에서 모임에서 발표할 PowerPoint 슬라이드 파일을 선택한 후 [열기] 버튼을 클릭한다. **2** 선택된 파일이 공유되고, 발표자인 경우 [새로운 콘텐츠 공유]를 선택하여 또 다른 발표 자료를 업로드 할 수 있다.

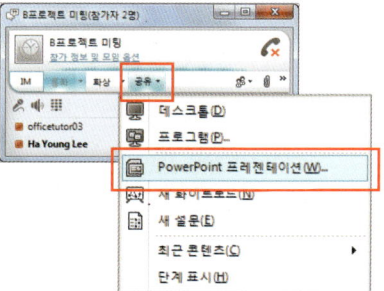

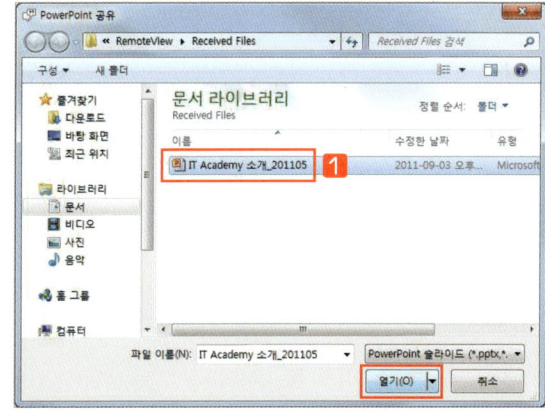

POINT 이미 공유된 파일이라면 [최근 콘텐츠 및 파일 이름]을 선택하여 프레젠테이션 파일을 공유할 수 있다.

2 발표 중 프레젠테이션 제어하기

1 발표자가 자료의 전체적인 흐름을 파악하기 위해 우측 하단에 [미리 보기] 아이콘을 클릭하여 화면을 제어할 수 있다. **2** PowerPoint에서 작성된 슬라이드 노트 내용을 [발표자 메모 표시] 아이콘을 클릭하여 참고 자료로 이용한다. **3** 슬라이드 이동은 우측 하단의 [앞으로 이동], [뒤로 이동] 화살표로 제어하거나, 미리 보기 창에서 해당 슬라이드를 선택하고 Page Up, Page Down 키를 사용하여 이동한다.

POINT 미리 보기 창의 권한은 참가자에게도 부여할 수 있다. [온라인 모임 옵션] 대화상자의 [권한]에서 원하는 권한을 선택한다. [비공개로 보기]의 '모든 사용자'는 일방적인 발표를 해야하는 경우에 지정한다. 모임에 참여한 전원에게 발표자 권한을 부여하려면 [발표자]에서 '내 회사 외부 사용자를 포함한 모든 사용자'를 선택한다.

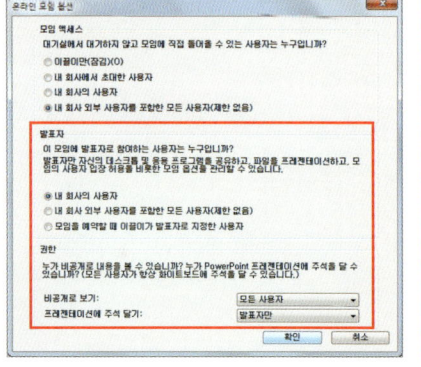

③ 발표 자료에 주석 달기

1 메모, 도형 및 형광색 펜 등으로 발표 자료를 강조하려면 좌측 하단에 위치한 각각의 도구를 사용한다. **2** 발표 자료에 주석 달기 권한은 [온라인 모임 옵션] 대화상자의 [권한]에서 지정한다.

 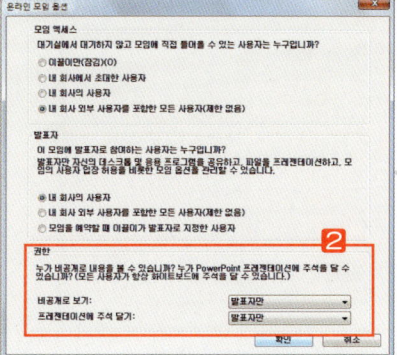

 **POINT** 주석을 사용하는 경우 PowerPoint 프레젠테이션 파일과 상관없이 한 계층 위의 버전으로 사용된다. 즉, 공유되는 자료와는 별도로 표기된다.

④ 프레젠테이션 권한 부여하기

1 참석자가 발표 권한을 갖기 위해서는 먼저 발표자가 참석자 목록에서 마우스 오른쪽 버튼을 클릭하여 [발표자로 지정]을 선택해야 한다. **2** 참석자의 공유 창 우측 상단에 [발표자 권한 획득]이란 문구가 나타나면 발표자로 지정된 사람은 [발표자 권한 획득]을 클릭한 후 발표를 할 수 있게 된다. **3** 다른 발표자 권한이 있는 사람은 [발표자 권한 획득]을 클릭하여 연이어 다시 발표할 수 있으나 여러 사람이 동시에 발표자 권한으로 발표할 수는 없다.

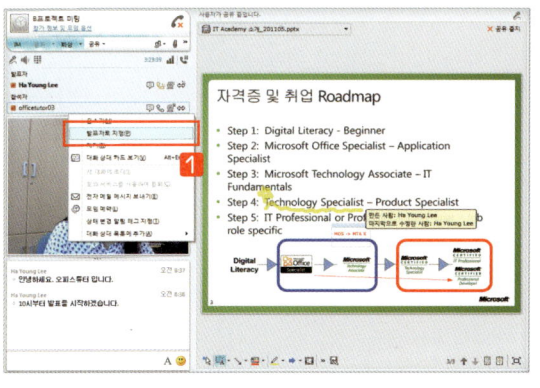 

5 주석 달린 자료 저장하기

1 공유 창 하단에 위치한 [주석과 함께 저장] 아이콘을 클릭한다. **2** [다른 이름으로 저장] 대화상자에서 파일 저장 위치를 선택한 후 [저장] 버튼을 클릭한다.

파일 저장은 발표자 권한이 있는 경우에 가능하며, 파일은 XPS 파일 형식으로 저장된다.

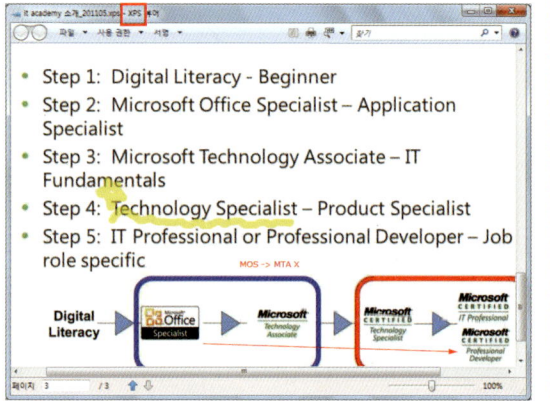

화이트보드 17

화이트보드에서 공동 작업하기

화이트보드는 모임에 참여한 사람이 함께 작업을 할 수 있는 공간으로 아이디어 회의나 공동 작업을 해야 하는 경우에 편리하게 사용된다. 일반적으로 미팅 시 사용되는 판서를 온라인에서도 사용할 수 있도록 되어 있으며 발표자와 참석자 권한과 상관없이 모든 참여자가 화이트보드 작업에 참여할 수 있다.

1 새 화이트보드 열기

발표자 권한이 있는 사람이 모임 창에서 [공유] 드롭다운 버튼을 누르고 [새 화이트보드]를 선택하게 되면 공유 창에 새로운 화이트보드가 열린다.

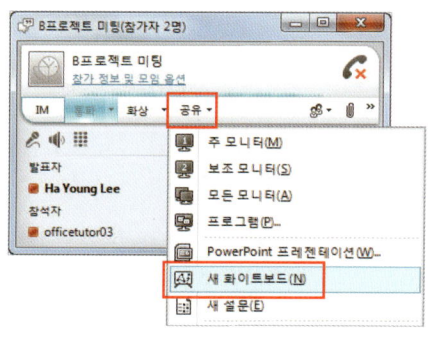 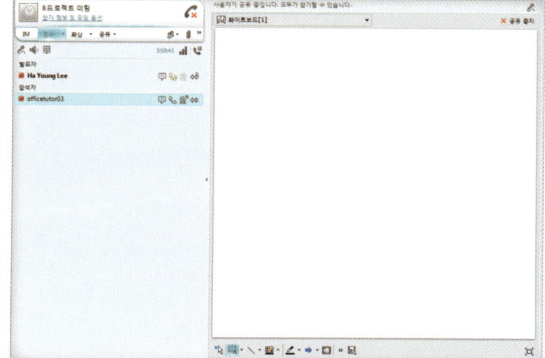

 발표자 권한이 있는 경우에만 새로운 화이트보드 열기가 가능하다. 만약 다른 발표자가 또 다른 화이트보드를 열면 자동으로 닫히게 되며, 다시 보려면 [콘텐츠 목록]에서 선택하여 확인할 수 있다.

2 논의할 내용 보드에 기록하기

내용을 입력하기 위해 좌측 하단에 위치한 각각의 도구를 사용한다. 이미지 삽입, 텍스트 기록, 도형 및 포인터 등을 사용하여 모든 참여자들과 함께 기록된 내용을 공유한다.

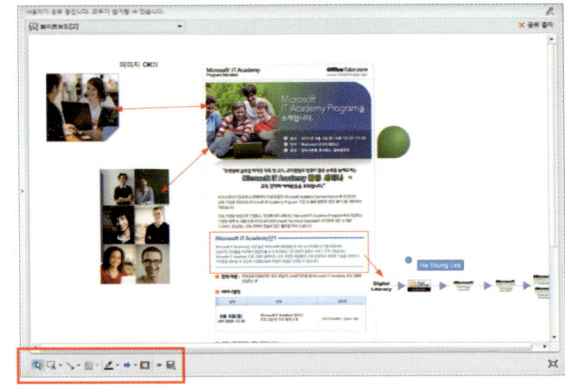

> **POINT** 화이트보드는 모든 참여자가 기록할 수 있다. 원활한 내용을 담아내기 위해 각각의 도구 활용 범위를 살펴본다.

상태	설명
레이저 포인터	발표자의 이름이 표시되고, 마우스 클릭이 안된 상태에는 사라짐
선택 및 입력	다른 도구를 사용하여 표시된 내용의 영역을 선택하여 제어가 가능하고, 텍스트 입력 시 사용되며 드롭다운 버튼을 클릭하여 글꼴과 크기를 지정
선	드롭다운 버튼을 클릭하여 필요한 도형을 사용
색	[선택 및 입력] 또는 [선] 도구를 선택 시 활성화되며 목록에서 색 선택
펜	펜과 형광펜 중 필요한 도구를 선택
스탬프	발표 자료에 표시되며 화살표, 체크, X로 구성
이미지 삽입	발표 중 필요한 이미지 파일을 찾아 열기

3 기록한 사람 확인하기

모든 사람이 참여한 화이트보드에 내용을 만들고 내용을 추가 또는 변경한 사용자를 확인하기 위해서는 해당 자료 위에 마우스를 올려 놓는다. '만든 사람'과 '마지막으로 수정한 사람'의 정보를 바로 확인할 수 있다.

화이트보드 이름 변경하기

공유 창의 좌측 상단에 위치한 콘텐츠 목록 중 이름을 변경하려는 콘텐츠를 클릭한 후 [이름 바꾸기]를 선택한다. 이름을 입력한 후 [확인] 버튼을 클릭하면 화이트보드의 이름이 바뀐다.

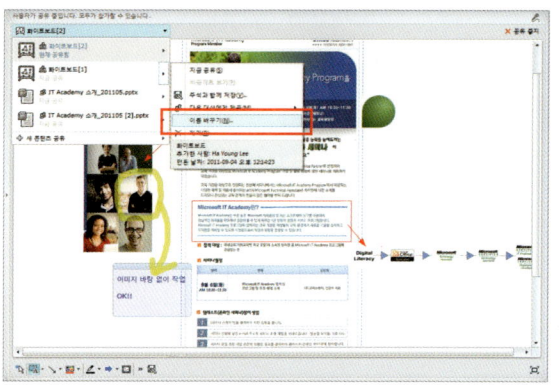
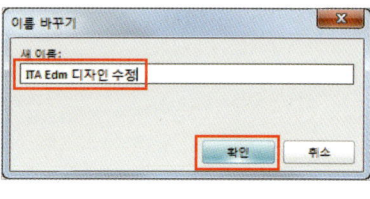

POINT 여러 화이트보드를 전환하며 사용해야 하는 경우 이름을 부여하면 좀 더 편리하게 선택할 수 있다.

5 다시 화이트보드 실행하기

1 모임 창에서 [공유] 드롭다운 버튼을 클릭하고 [단계 표시]를 선택하면 우측에 공유 창이 나타난다. 만약 공유 창이 열려 있다면 이 단계를 생략해도 된다. **2** 공유 창에서 콘텐츠 목록을 선택한 후 [지금 공유]를 선택한다.

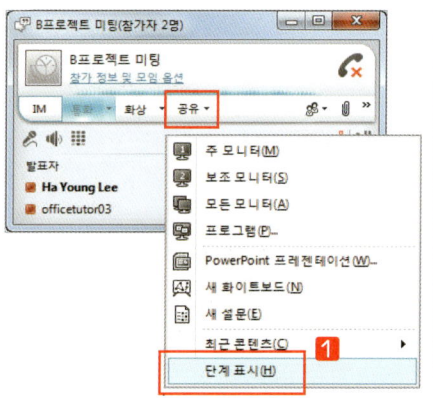
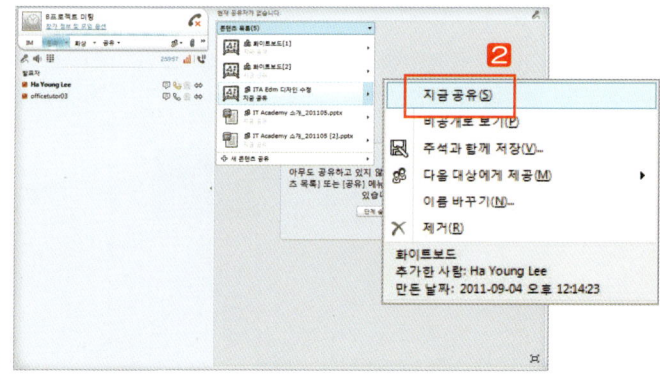

6 비공개로 화이트보드 보고 닫기

1 다른 참석자와 공유하지 않고 화이트보드를 보려면 콘텐츠 목록을 선택한 후 [비공개로 보기]를 클릭한다. **2** 비공개 화면은 노란색 테두리가 표시되고, 다시 콘텐츠 목록에서 비공개 화이트보드를 클릭한 후 [내 보기 닫기]를 클릭하면 비공개 보기가 종료된다.

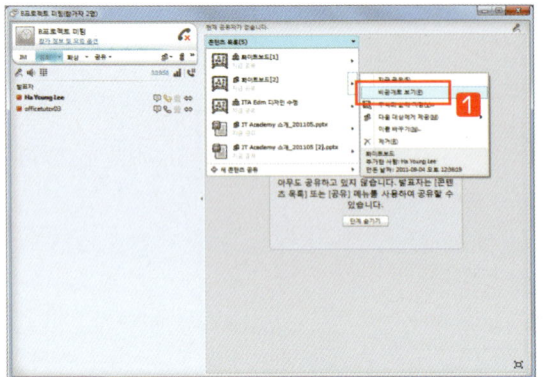
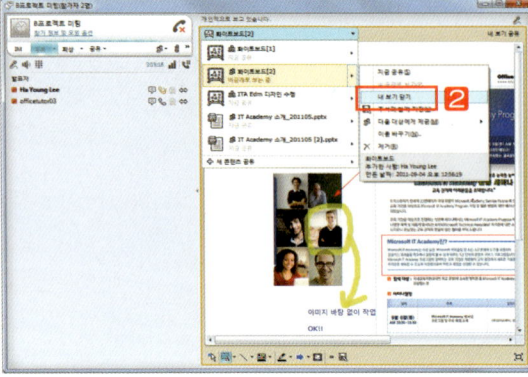

 비공개로 열린 화이트보드를 다시 모두에게 공유하려면 공유 창 우측 상단의 [내 보기 공유] 버튼을 클릭한다.

7 화이트보드 저장과 제거하기

1 해당 화이트보드를 저장하려면 공유 창 하단에 위치한 [주석과 함께 저장] 아이콘을 클릭한 후 저장될 위치를 선택한 후 [저장] 버튼을 클릭한다. **2** 다음으로 화이트보드를 제거하기 위해서는, 콘텐츠 목록에서 해당 화이트보드를 선택한 후 [제거]를 클릭하면 화이트보드가 영구적으로 제거된다.

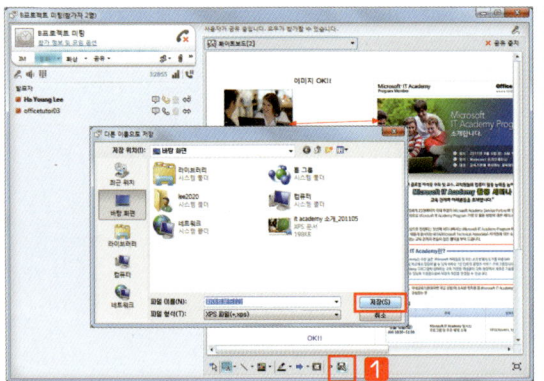
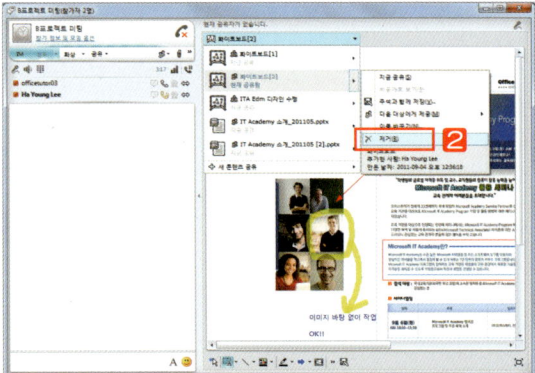

자료 수집 18

설문지 활용하기

모임 참석자를 통해 설문 자료를 받으면 모임에 대한 의견을 수렴할 수 있다. Lync에서는 모임 종료 후 바로 설문 작성을 할 수 있게 되며 자료를 공유하는 방식으로 쉽게 설문 자료를 만들고 자료를 수집할 수 있다. 설문 기능에 대해 알아본다.

1 설문 자료 만들기

1 온라인 세미나 또는 모임에 따른 설문을 받기 위해 모임 발표자는 모임 창에서 [공유] 드롭다운 버튼을 클릭하고 [새 설문]을 선택한다. **2** [설문 만들기] 대화상자에서 [설문 이름]과 [질문]을 선택한다. 설문의 답변은 최대 7개까지 입력하는 것이 가능하며, 입력이 완료 되었다면 [확인] 버튼을 클릭한다.

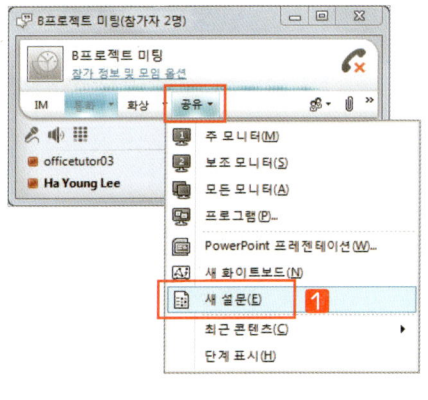
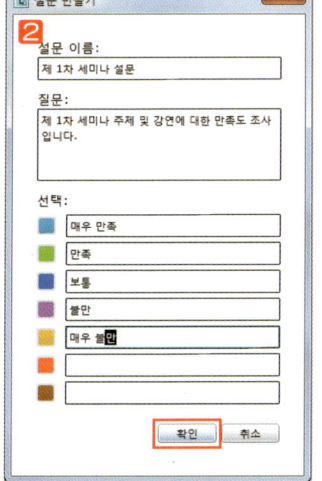

POINT 모임 발표자만이 설문을 만들 수 있으며 여러 개의 질문으로 설문지를 작성한다.

2 설문지 표시하고 결과 보기

1 여러 개의 설문지가 준비 되어 있는 경우 공유 창에서 해당 설문지를 선택하여 참석자들의 설문을 진행한다. **2** 발표자는 결과 내용을 바로 볼 수 있으며, 하단에 위치한 [모든 사람에게 결과 표시]를 선택하면 모든 참석자들과 결과를 함께 볼 수 있다.

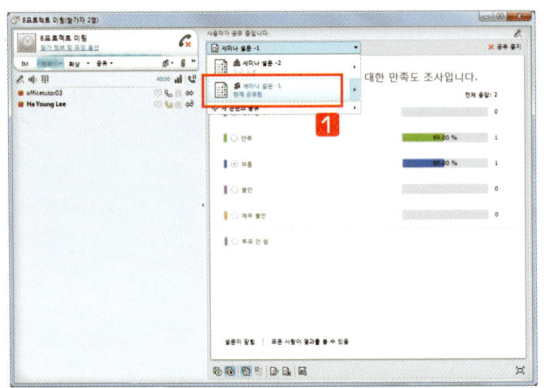 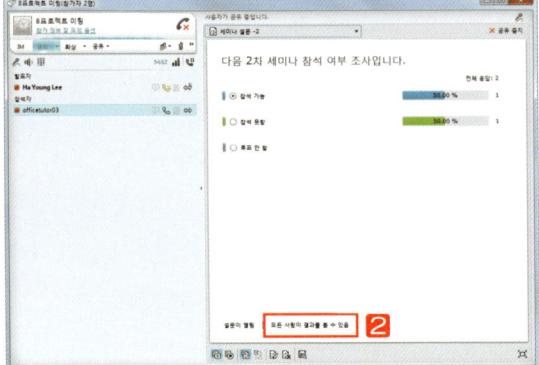

3 진행 중인 설문지 편집하기

1 잘못된 내용을 수정하거나 추가하려면 현재 열린 설문 위치에서 하단에 위치한 [설문 질문 및 선택 편집] 아이콘을 클릭한다. [설문 편집] 창이 나타나면 내용을 수정 및 추가한 후 [확인] 버튼을 클릭한다. **2** 편집된 내용으로 설문을 진행할 수 있다.

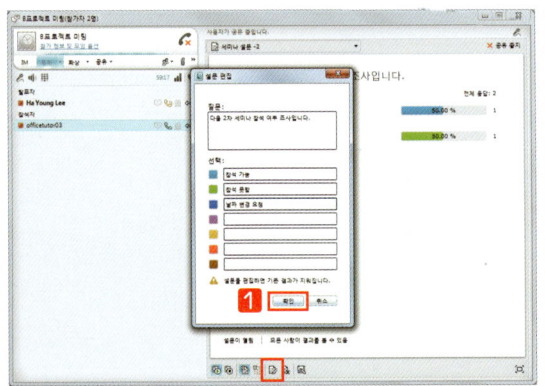 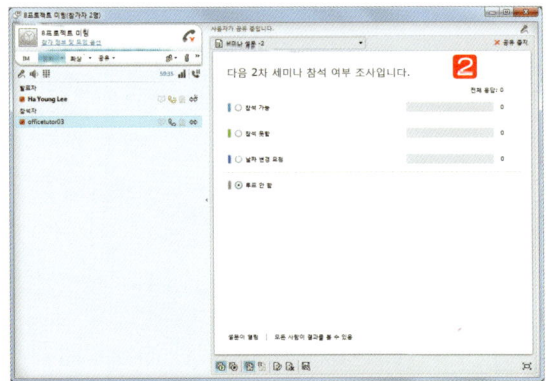

> **POINT** 잘못된 설문을 다시 진행을 하기 위해서는 하단에 위치한 [모든 사람의 투표 지우기] 아이콘을 클릭한다.

설문지 닫고 저장하기

1 모든 참석자가 설문을 마쳤다면 하단에 위치한 [설문 닫기] 아이콘을 클릭한다. 참석자들 창에도 [설문이 닫힘]으로 표시되어 설문이 종료되었음 확인할 수 있다. **2** 설문을 저장하기 위해서는 [설문 저장] 아이콘을 클릭한 후 저장 위치를 선택하고 [저장] 버튼을 클릭한다.

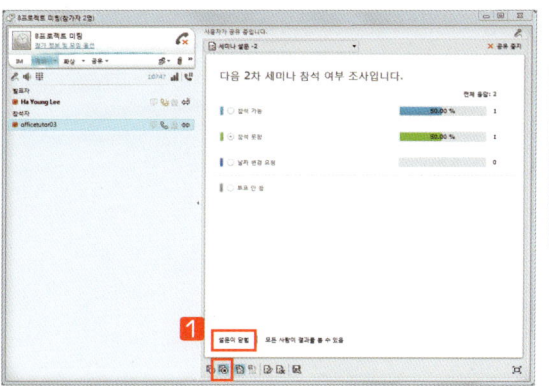

 설문 저장 파일은 PNG 이미지 파일 또는 CSV 파일로 선택하여 저장한다.

검토 19

Office 2010에서 Lync 사용하기

Lync를 사용하게 되면 PowerPoint, Word, Excel 및 SharePoint 등 Office에서 작업된 내용을 바로 공유하거나 메시지를 전달할 수 있다. 마치 작업 중 궁금한 사항에 대해 옆 사람과 대화를 나누듯 소통할 수 있어 작업에 대한 해결책을 좀 더 빠르게 찾아낼 수 있게 된다.

1 Office에서 바로 자료 공유하기

1 Lync에 로그인이 되어 있다면 사용 중인 Office 프로그램의 [검토] 탭-[공유] 그룹-[지금 공유]를 클릭한다. **2** [지금 공유] 대화상자가 나타나면 대상을 선택한 후 [확인] 버튼을 클릭한다. **3** 공유하고자 하는 프로그램 상단에 '현재 공유 중입니다.'라는 메시지가 표시된다.

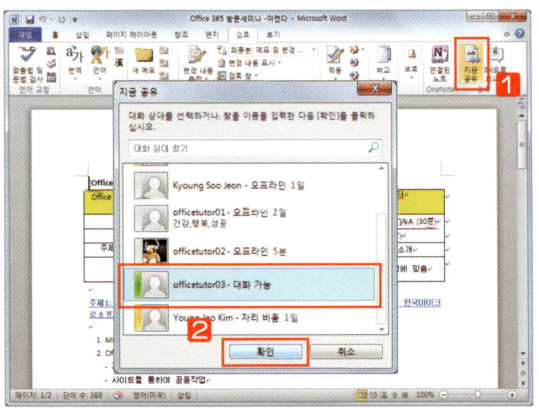
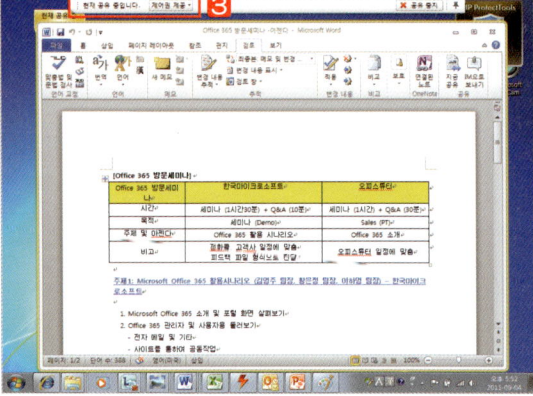

2 Office에서 인스턴트 메시지 연결하기

1 Office 프로그램의 리본 메뉴에서 [검토] 탭-[공유] 그룹-[IM으로 보내기]를 클릭한다. **2** 공유 대상을 검색하기 위해 [파일 보내기] 대화 상자에서 대상을 선택한 후 [확인] 버튼을 클릭한다. 작업 중인 Office 파일이 인스턴트 메시지를 통해 전송된다.

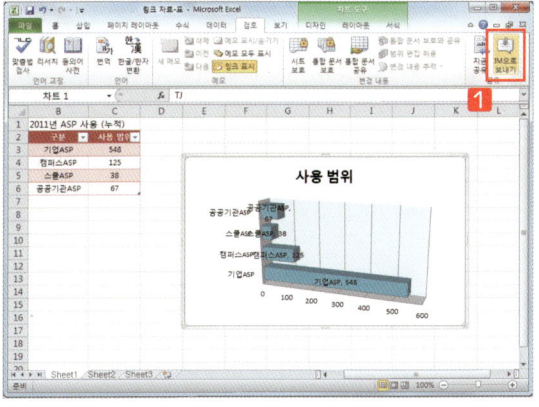

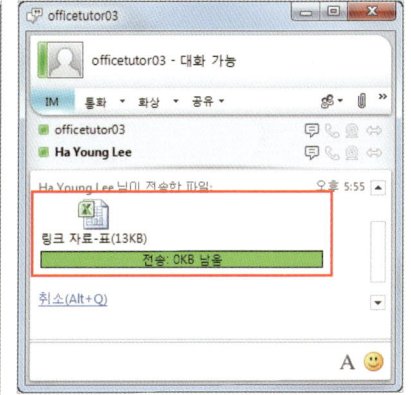

POINT SharePoint의 표시 이름을 선택하면 링크 대화 카드가 나타나고 이를 통해 인스턴트 메시지 및 통화, 메일 보내기가 가능하다.

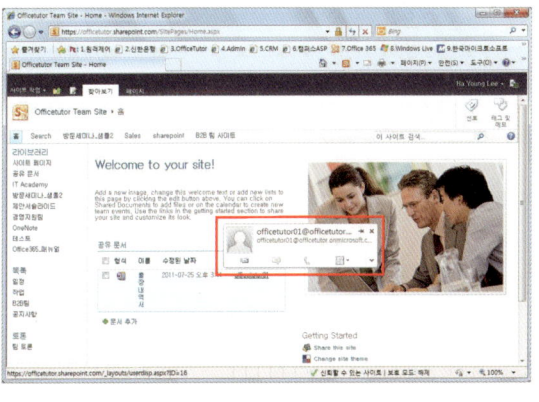

③ Outlook에서 Lync 연결하기

Outlook의 연락처 카드는 Lync의 대화 상대 카드와 동일하게 작동되어 표시 이름 위에 마우스를 올려 놓으면 카드가 나타난다. 연락처 카드에서 상대방의 상세 정보를 파악하고 제어할 수 있으며 [전자 메일], [인스턴트 메시지], [전화 걸기] 아이콘을 클릭하여 대화를 할 수 있다.

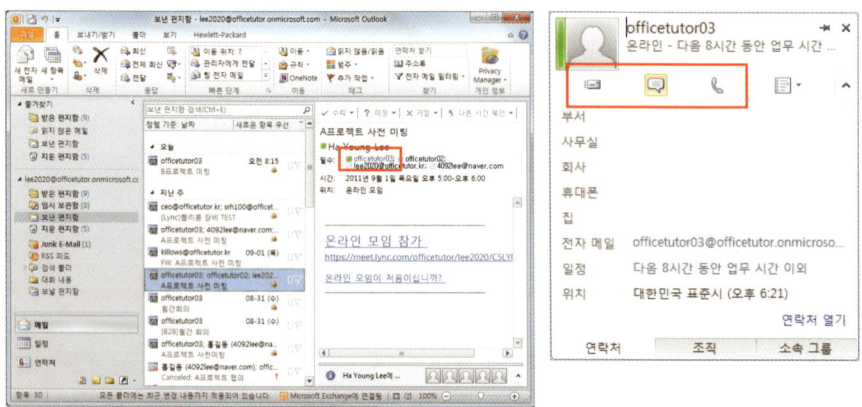

> **POINT** 연락처 카드의 [전화 걸기]는 Lync 통화로, PC to PC 간의 연결로 통화된다.

④ Outlook에서 모임 요청하기

❶ Lync가 아닌 Outlook에서 바로 모임 요청이 가능하다. Outlook의 일정을 확인한 후 [홈] 탭-[새 온라인 모임]을 클릭한다. ❷ 모임 창에서 받는 사람 및 옵션 등을 확인한 후 [보내기] 버튼을 클릭한다.

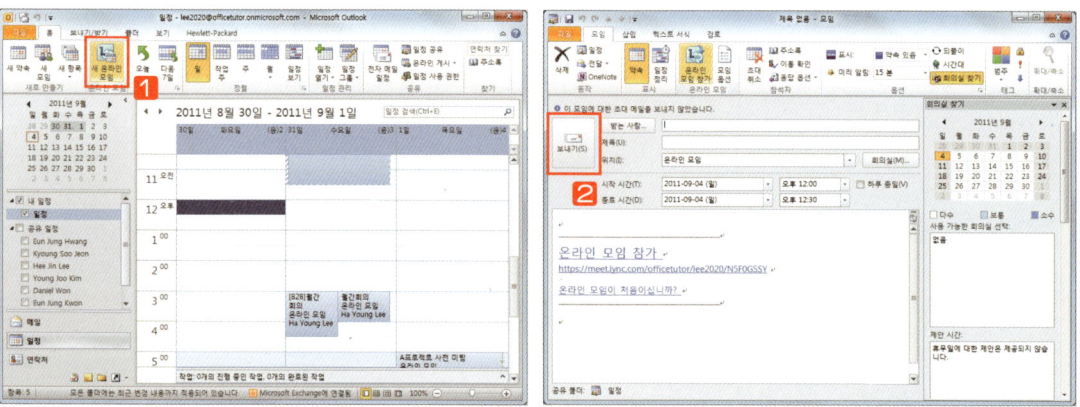

Lync 관리자 20

Lync Online 관리자 구성 살펴보기

Office 365 관리자 권한이 있으면 홈페이지에 관리자라고 표시된다. 관리자는 Office 365 관리에서 새로운 사용자 계정 및 서비스 설정 등 관리 전반에 대해 작업을 수행할 수 있다. 또한 Lync Online 제어판에서는 도메인 페더레이션 및 공용 IM 연결에 대한 액세스가 가능하다.

1 관리자 역할을 위해 Office 365 포털 사이트 연결하기

❶ Windows의 [시작]-[모든 프로그램]-[Microsoft Office 365]-[Microsoft Office 365 포털]을 클릭한다. ❷ [Microsoft Online Services ID]와 [암호]를 입력한 후 [로그인] 버튼을 클릭하여 Office 365 포털 사이트로 접속한 후, 포털의 홈 화면 상단의 [관리자]를 클릭한다.

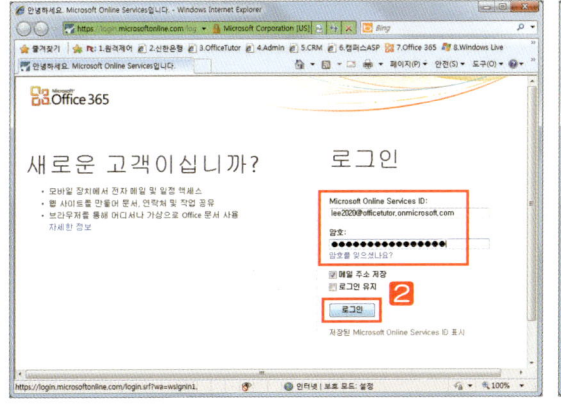

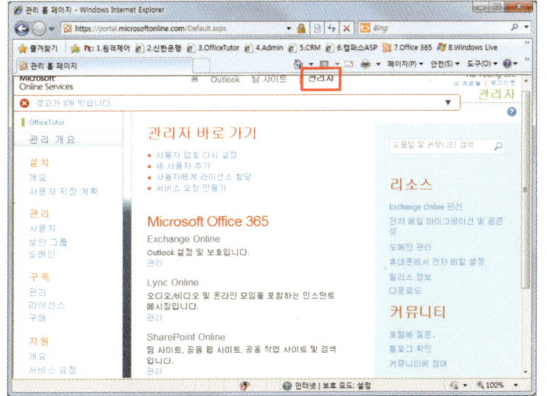

2 회사의 Lync Online 설정 확인하기

1 [관리자] 화면이 나타나면 [Lync Online]의 [관리]을 클릭하고 현재 설정 상태를 확인한다. **2** 도메인 페더레이션 및 공용 IM 연결 등을 확인한 후 사용 여부를 결정할 수 있다.

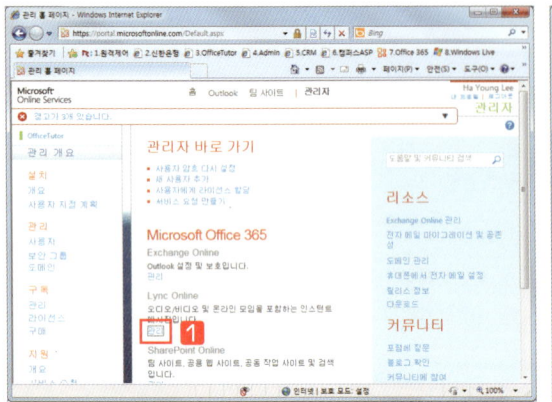 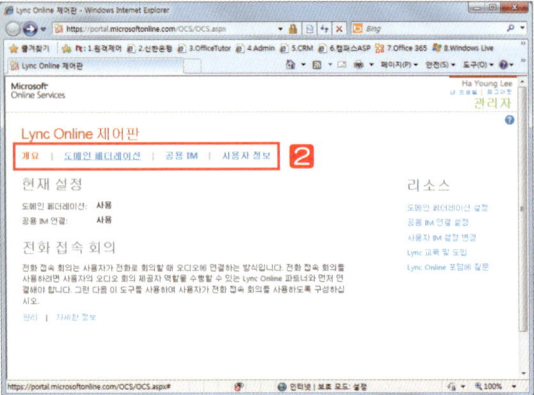

POINT 도메인 페더레이션과 공용 IM이란?

상태	설명
도메인 페더레이션	도메인 허용 또는 차단 등을 설정하고 불필요한 인스턴트 메시지를 방지하거나 원하는 도메인을 허용하여, 회사 네트워크 밖의 기업이나 파트너가 사용자들과 통신할 수 있도록 제어
공용 IM	공용 IM 서비스 공급자를 사용하는 외부 사용자와의 IM 통신을 허용하게 되면 Windows Live를 사용하는 외부 조직과의 작업 진행 시 자유롭게 통신이 가능하도록 연결

도메인 페더레이션 옵션에 대한 알아본다.

상태	설명
차단하는 도메인 이외의 모든 도메인과 페더레이션 허용	특별히 차단되도록 선택한 도메인을 제외하고 모든 도메인과의 통신을 허용
허용하는 도메인 이외의 모든 도메인과 페더레이션 차단	특별히 허용되도록 선택한 도메인을 제외하고 모든 도메인과의 통신을 차단
페더레이션 사용 안 함	다른 모든 도메인과의 통신을 금지

3 도메인 페더레이션 설정하기

1 [Lync Online 제어판] 화면에서 [도메인 페더레이션]을 클릭한다. **2** 도메인 페더레이션을 편집하기 위해 [도메인 페더레이션 상태]의 [편집] 버튼을 클릭한다. **3** [모든 사용자에 대한 도메인 페더레이션 설정 선택]에서 항목을 선택한 후 [확인] 버튼을 클릭한다.

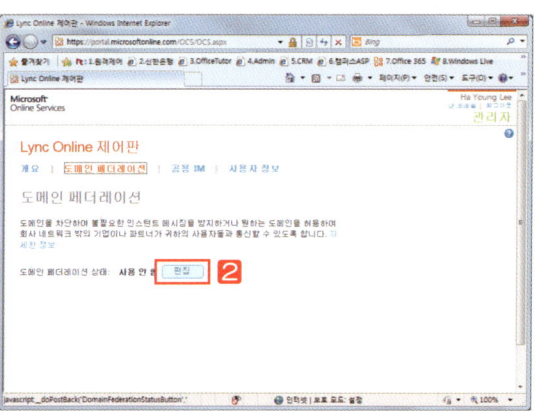

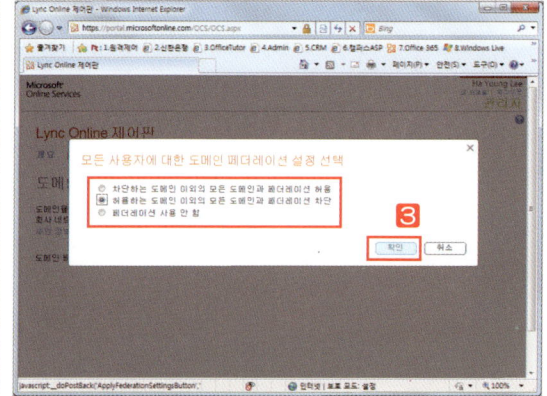

POINT 여러 사람의 정보를 편집해야 하는 경우 사용자를 전체 선택하거나, 변경해야 하는 여러 사용자들을 선택한 후 동시에 편집한다.

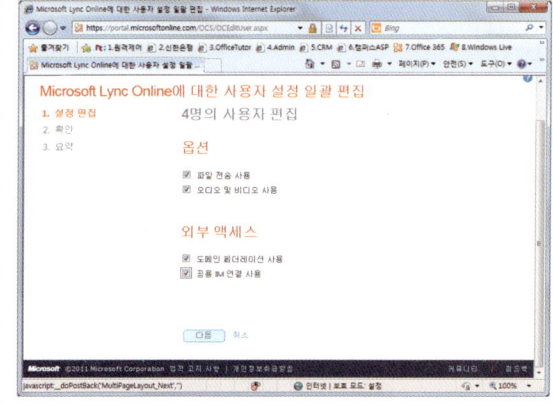

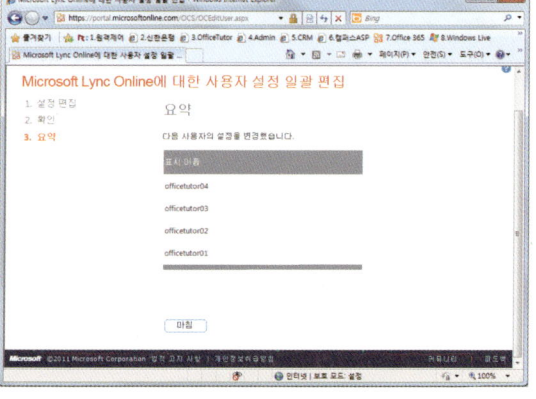

4 도메인 추가 또는 제거하기

1 도메인 페더레이션에 도메인을 추가하기 위해 [Lync Online 제어판]의 [도메인 페더레이션]에서 [도메인 추가]를 클릭한다. **2** 회사 네트워크에 대한 액세스를 부여할 도메인 이름을 입력한 후 [확인] 버튼을 클릭하면 해당 도메인에 대한 상태를 확인할 수 있다. 추가된 도메인을 제거하려면 제거할 도메인 이름을 선택한 후 [도메인 제거] 버튼을 클릭하여 제거한다.

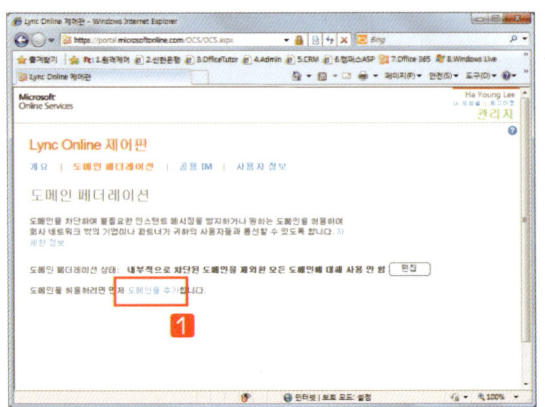
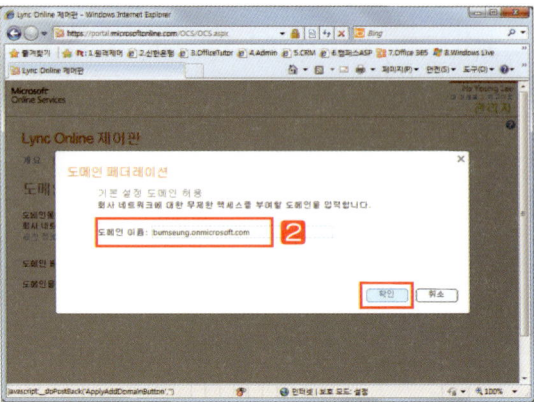

5 공용 IM 연결 설정 또는 해제하기

1 [Lync Online 제어판]에서 개요 탭의 [공용 IM] 메뉴를 클릭하면 공용 IM 연결 상태를 확인할 수 있다. **2** 공용 IM 연결을 사용하기 위해서 [사용] 버튼을 클릭한 후 확인 창의 [예]를 선택한다. 만약 이를 해제 하고 싶다면 [사용 안 함] 버튼을 클릭하여 공용 IM 연결을 해제한다.

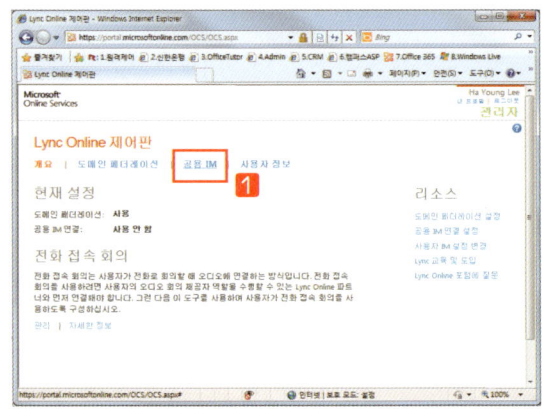
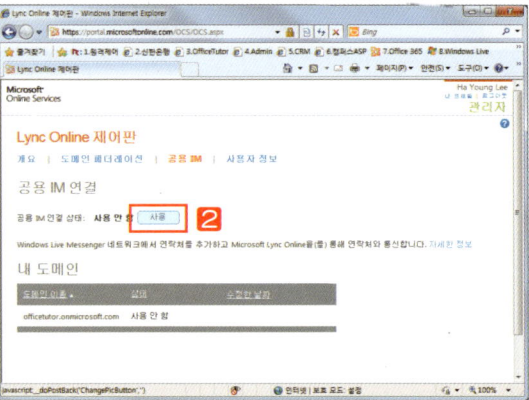

> **POINT** 공용 IM 연결은 기본적으로 해제되어 있으며, 공용 IM 연결을 사용하기 전 도메인 페더레이션을 사용하도록 설정해야 한다. 도메인 페더레이션이 해제되면 공용 IM 연결도 해제된다. 공용 IM 연결은 Windows Live Messenger에서 지원 되며, PC to PC 방식으로 음성/화상 통화도 가능하다. 단, 공용 IM 대화 상대와의 Lync 오디오/비디오 회의 및 데스크톱 공유는 지원되지 않는다.

6 사용자 정보 편집하기

1 [Lync Online 제어판]에서 [사용자 정보]를 클릭하면 조직에서 사용되고 있는 Lync Online 사용자 목록을 확인할 수 있다. **2** 각각의 사용자 설정을 제어하기 위해 변경하려는 사용자를 선택한 후 목록 위에 위치한 [사용자 편집]을 클릭한다. **3** 설정 편집 페이지에서 옵션 및 외부 액세스 사용 여부를 확인한 후 [다음] 버튼을 클릭하고 변경됨을 확인한다.

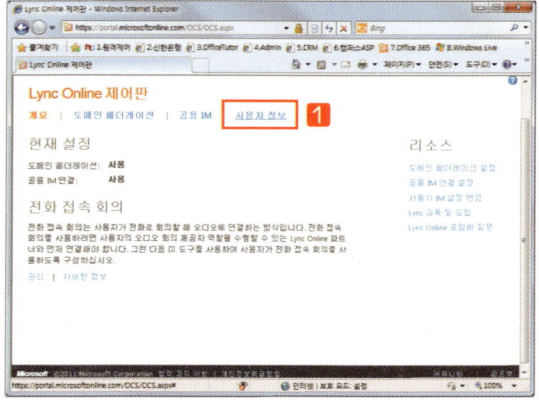

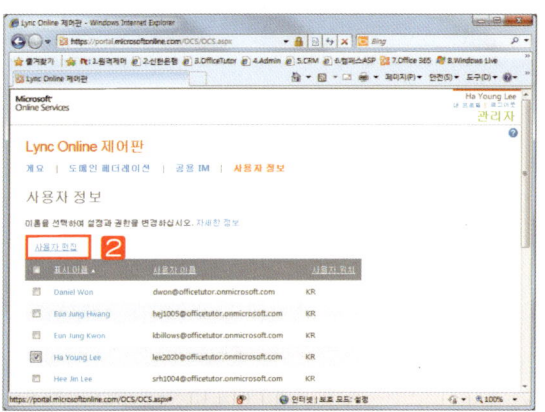

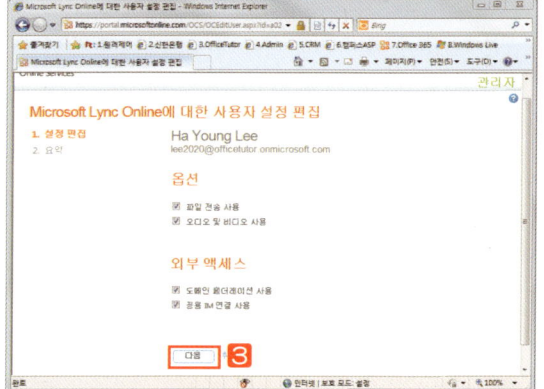

POINT Lync Online 사용자 정보 편집에서 다음과 같은 내용을 설정할 수 있다.

- 파일 전송 : 사용자가 Lync 2010을 사용하여 파일을 전송할 수 있다.
- 오디오 및 비디오 : 사용자가 오디오/비디오 기능을 사용하도록 설정하거나 해제한다. 이 기능의 사용 가능 여부는 사용자 위치에 따라 다르다.
- 도메인 페더레이션 : 사용자와 페더레이션 도메인 사용자 간의 통신을 허용 또는 차단하려면 도메인 페더레이션을 사용하도록 설정하거나 해제한다.
- 공용 IM 연결 : 사용자와 Windows Live Messenger 사용자 간의 통신을 허용 또는 차단하려면 공용 IM 연결을 사용하도록 설정하거나 해제한다.

Lync Web App 및 Lync 2010 Attendee 살펴보기

온라인 모임에 초대 받았을 경우 당황해 하지 말고 모임에 참여해보자. 컴퓨터에 Microsoft Lync 2010 통신 소프트웨어가 설치되어 있지 않아도 참여할 수 있는 방법이 있으며 그 방법 또한 간단하다. Lync Web App 및 Lync 2010 Attendee 기능 및 요구 사항에 대해 살펴본다.

● Lync Web App

Lync 계정이 없고 프로그램도 깔려 있지 않은 사용자가 Windows 등의 운영체제를 사용하여 Lync 모임에 참가할 수 있도록 허용하는 웹 브라우저 기반의 Lync 2010 버전이다. Lync Web App은 하드 드라이브 공간을 거의 차지하지 않고 상대적으로 빠르게 작동하는 가벼운 프로그램이며, 일상적으로 사용하지 않는 컴퓨터를 사용해야 하는 경우 유용하다.

● Lync 2010 Attendee

Lync 2010이 설치되어 있지 않은 경우 모임에 참여할 수 있는 클라이언트이다. 조직에서 Attendee를 설치하거나 모임 참가 프로세스의 일부로 Attendee를 선택적으로 다운로드하여 설치할 수 있다.

| 기능 및 요구 사항 |

구분	Lync Web App	Lync 2010 Attendee (Windows 전용)
웹 응용 프로그램	예	아니오
설치 요구 사항	Silverlight 설치 (관리자 권한 필요)	Silverlight 설치 필요 없음
통합된 오디오 및 비디오	아니오	예
네트워크 자격 증명을 사용하여 참가	아니오	아니오

활용 범위

구분	Lync Web App	Lync 2010 Attendee	메뉴 위치
모임 참가 시	IM, 오디오를 사용하여 발표 및 공유 중인 내용을 볼 수 있음 인증된 사용자가 아니라 게스트 사용자로 참가한 경우 일부 모임 기능이 제한됨	IM, 음성 및 화상을 사용하여 발표 및 공유 중인 내용을 볼 수 있음 인증된 사용자가 아니라 게스트 사용자로 참가한 경우 일부 모임 기능이 제한됨	
인스턴트 메시지(IM) 보내기	예	예	[Lync] 창-[IM]
음성 및 화상 통화 연결	아니오(모임 중 보고 듣기 가능)	예(마이크와 스피커 또는 웹캠이 있는 경우 온라인 모임 중 음성 및 화상 통화가 가능함)	[Lync] 창-[통화] or [화상]
첨부 파일 배포	예(발표자로 권한이 부여된 경우 가능)	예(발표자로 권한이 부여된 경우 가능)	[Lync] 창-[첨부 파일 추가 또는 보기]
첨부 파일 저장	예	예	[Lync] 창-[첨부 파일 추가 또는 보기]
데스크톱 또는 프로그램 공유	예(발표자로 권한이 부여된 경우 가능)	예(발표자로 권한이 부여된 경우 가능)	[Lync] 창-[공유]-[데스크톱] or [프로그램]
PowerPoint 프레젠테이션	예(발표자로 권한이 부여된 경우 가능)	예(발표자로 권한이 부여된 경우 가능)	[Lync] 창-[공유]-[PowerPoint 프레젠테이션]
화이트보드 참여	예(발표자 권한이 있는 경우 화이트보드 개설 가능)	예(발표자 권한이 있는 경우 화이트보드 개설 가능)	[Lync] 창-[공유]-[새 화이트 보드]
설문 수행	예(발표자 권한이 있는 경우 설문지 작성 가능)	예(발표자 권한이 있는 경우 설문지 작성 가능)	[Lync] 창-[공유]-[새 설문]
모임 옵션	예(발표자로 권한이 부여된 경우 가능)	예(발표자로 권한이 부여된 경우 가능)	[Lync] 창-[참가 정보 및 모임 옵션]

| 지원되는 Lync Web App용 플랫폼 |

Microsoft Lync Web App 통신 소프트웨어를 사용하려면 지원되는 운영 체제 및 인터넷 브라우저 조합 중 하나가 설치되어 있어야 한다. 64비트 브라우저에서는 Lync Web App이 지원되지 않는다.

운영 체제	Internet Explorer 8 (32비트)	Internet Explorer 7 (32비트)	Internet Explorer 6 (32비트)	Firefox 3.x (32비트)	Safari 5.x (32비트)	Safari 4.x (32비트)
Windows 7 (32비트 및 64비트)	O	O	×	O	×	×
Windows Vista 서비스 팩 2(32비트 및 64비트)	O	O	×	O	×	×
Windows XP 서비스 팩 3 (32비트)	O	O	O	O	×	×
Windows XP 서비스 팩 2 (64비트)	O	O	O	O	×	×
Windows Server 2008 R2	O	O	×	×	×	×
Windows Server 2008 서비스 팩 2	O	O	×	×	×	×
Windows Server 2003(Intel 아키텍처 64비트[IA-64]에서는 예외)	O	O	O	×	×	×
Windows Server 2000 서비스 팩 4	×	×	O	O	×	×
Macintosh OS 10.4.8 버전 이상 (Intel 기반)	×	×	×	O	O	O

Index

ㄱ
감사 143
계정 암호 변경 106
계정 정보 105
계정 정보 편집 106
고지사항 139
공동 작업 21
공용 IM 294
공용 웹 사이트 163
공유 권한 변경 119
공유 요청 수락 273
공유 중지 276
관리자 291
관리자 둘러보기 37
관리자 역할 94, 141
구독 구매 45
규칙 94, 138
그림 변경 180

ㄴ
내 계정 105
내 사이트 설정 173
내 정보 공개 범위 변경 235
내 프로필 30

ㄷ
다시 참가 269
대상 그룹 171
대화 가능 245
대화 내용 보기 258
대화 무시 111
대화 사용 110
대화 상대 무시 234
대화 상대 차단 236
대화 상대 카드 238

대화 상태 240
대화 제목 249
도메인 및 보호 94
도메인 추가 39, 294
도메인 페더레이션 293
도움말 48
도움말 및 커뮤니티 검색 49
되풀이 117

ㄹ
라이브러리 만들기 153
라이브러리 설정 186
라이선스 제거 133
라이선스 할당 41, 132
리본 메뉴 151

ㅁ
메시지 서식 지정 108
메시지 회신 또는 전달 108
메일 그룹 93, 136
메타데이터 205
모임 수락 270
모임 요청 20, 120
모임 응답 121
목록 만들기 152
문서 업로드 154
문서 집합 201

ㅂ
받은 편지함 규칙 114
발표자 262, 263
발표자 권한 획득 279
발표자로 지정 265
발표자 옵션 263
방해 금지 241, 253

배달 보고서 94, 140
버전 관리 187
벨 소리 및 소리 251
보기 만들기 196
부재 중 메시지 257
부재 중 전화 258
블로그 정보 47
비디오 장치 251
빠른 시작 가이드 34
빠른 실행 151, 183

ㅅ
사용 권한 44
사용자 계정 151
사용자 및 그룹 93
사용자 사서함 134
사용자 암호 40
사용자 역할 94, 142
사용자 음소거 266
사용자의 위치 설정 242
사용자 일괄 추가 131
사용자 추가 38
사용자 프로필 168
사이트 모음 161
사이트 사용 권한 189
사이트 작업 151
사이트 콘텐츠 형식 199
상태 정보 237
새로운 소식 243
새 메시지 작성 107
새 사이트 178
설문지 285
설문 편집 286

ㅅ

액세스 옵션 262
약속 있음 270
언어 변경 35
연락처 123
연락처 가져오기 126
연락처 카드 290
열 편집하기 194
오디오 장치 250
온라인 모임 260
외부 연락처 93, 137
용어 저장소 175
워크플로 설정 191
인쇄 207
인스턴트 메시지 247
일정 116
일정 공유 118
일정 도우미 122
입장 허용 265

ㅈ

자동 회신 243
자동 회신 설정 113
작업 피드 246
저널링 94
전자 메일로 초대 268
전자 메일 마이그레이션 93
전자 메일 서명 128
정크 메일 129
제어권 275
제어권 놓기 276
제어권 요청 275
제어권 제공 275
제어권 회수 276
주석과 함께 저장 280
지금 공유 288
지원되는 브라우저 96

ㅊ

차단된 보낸 사람 129
차단 또는 허용 129
참석자로 지정 265
첨부 파일 109
체크 아웃 209
체크 인 209
초대 249
추적 121
커뮤니티에 가입하기 46
커뮤니티 정보 47

ㅌ

통화에서 나가기 269
팀 사이트 20, 150
팀 사이트 관리 43

ㅍ

페이지 편집 180
포럼에 질문 48
프로그램 공유 274

ㅎ

화면 공유 275
화면 구성 151
화상 254, 267
화상 숨기기 256
화이트보드 281
회의실 찾기 261
휴지통 218

A

ActiveSync 액세스 95
ActiveSync 장치 정책 95

C

CSV 파일 131

D

DNS 정보 165

E

Exchange Online 관리 화면 93

I

IM으로 보내기 289
InfoPath 2010 양식 211
InfoPath Forms Services 166

L

Lync Web App 271
Lync 설정 42
Lync 설치 224
Lync 통화 252

O

Office 365 10
Office 365 평가판 28
Outlook Web App의 변경된 기능 100
Outlook Web App의 새로운 기능 97

P

PowerPoint 공유 277

U

UM IP 게이트웨이 95
UM 다이얼 플랜 95

V

VoIP 251

OfficeTutor.com

지식근로자의 배움과 나눔터 - 오피스튜터 (www.officetutor.co.kr)

오피스튜터는 마이크로소프트 오피스 프로그램에 대한 콘텐츠 개발 및 교육, 온라인 서비스를 위해 1999년에 설립된 회사로서 오피스 제품 분야별 최고 전문가들이 쌓아온 노하우와 오피스 사용자들의 지식과 정보를 통합하는데 노력을 기울이고 있습니다. 총1만 페이지가 넘는 무료 강좌를 비롯하여 제품별 커뮤니티, 온라인 교육 과정, 사이버 아카데미 서비스 등을 통해 오피스 사용자들에게 최신의 정보를 제공할 수 있는 지식포탈 사이트를 구축하고 있습니다.

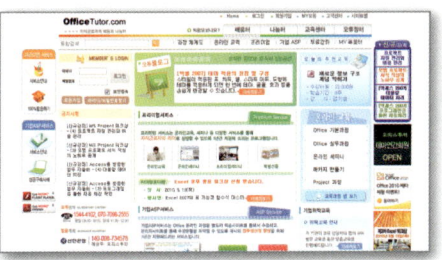 

오피스튜터 사이트 (www.officetutor.co.kr)

단일 사이트로는 전세계 최대의 Office 콘텐츠 및 커뮤니티 확보
- 강좌 : 10,000페이지 이상, Q&A : 35 만건
- 커뮤니티 : 가입회원 35만명, 일 페이지뷰 1만5천 페이지(2010. 4월 기준)

E-learning 업체 중 최대 마이크로소프트 오피스 콘텐츠 개발 실적
- 마이크로소프트 오피스 97 · 2000 · XP 교재, 제품 매뉴얼 및 콘텐츠 다수 납품
- 배움닷컴 오피스 강좌 공동 개발 및 국내 주요 기업 사이버 연수 진행
- 국민은행, 하나은행, 조흥은행, 현대중공업 등 기업용 콘텐츠 제작 및 납품
- 마이크로소프트 오피스 제품에 대한 Daily Tip 제작
- 마이크로소프트 오피스 2003 · 2007 콘텐츠 다수 제작

오피스튜터의 교육 서비스 방식

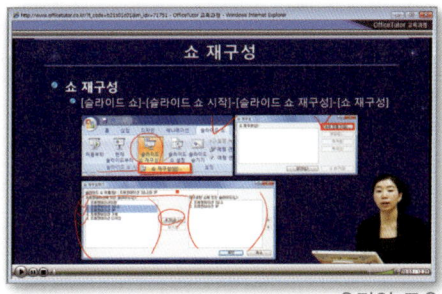 

온라인 교육   기업출강 교육

개인 및 기업의 업무 생산성 향상을 위한 오피스튜터의 특별한 서비스

개인을 위한 프리미엄 서비스
온라인 교육 및 최신의 정보와 다양한 서비스를 통해 Microsoft Office Power User로 성장할 수 있도록 1년 동안 지원해 드리는 서비스 입니다. 지금까지 약 1,060여명의 회원님들께서 프리미엄 서비스를 통해 Office 활용 능력을 업그레이드 하셨습니다.

기업을 위한 기업ASP 서비스
1년간 귀사의 업무 생산성 향상을 위해 오피스튜터의 Office 온라인 과정을 수강할 수 있는 별도의 학습 사이트와 수강생들의 수강 현황을 파악할 수 있는 관리자 사이트를 제공해 드리는 서비스 입니다. 2010년 4월 29일 현재 오피스튜터 기업ASP서비스 고객사는 621개, 회원은 35,967명입니다.

대표번호 : 1544-4102   이메일 : edu@officetutor.com

Microsoft Office 365

Office 365를 사용해야 하는 이유

이유 ❶
서비스 안정성 데이터 센터를 활용한 **대용량 서비스**

이유 ❷
보안 12개월의 서비스 요금 보장은 물론, 다계층 클라우드 보안 관리

이유 ❸
365일 24시간 글로벌 스마트워크 인프라 제공

이유 ❹
서비스 수준 15년의 클라우드 운영 경험에 바탕을 둔 **99.9% SLA** 보장

Microsoft

클라우드 환경의
모바일 오피스, Office 365

"**저렴한 비용**으로 **스마트 워크 솔루션**을 사용하세요"

비용절감

고정비용의 절감과
합리적인 IT 투자 지원

별도의 소프트웨어 구매, 하드웨어 구매, 개발 비용 등 초기 투자 비용이 필요없습니다. 사용자 수 또는 사용량에 따라 합리적인 IT 자원 사용이 가능합니다.

스마트 오피스

10년 이상 글로벌 시장에서 검증된
클라우드 기반 모바일 오피스

SK 텔레콤, 호남 석유화학, 아시아나 IDT 등 국내 굴지의 대기업과 글로벌 시장에서 검증된 협업 솔루션, 통합 커뮤니케이션, 전자 메일 시스템을 저렴한 비용으로 사용해 보세요.

관리의 편리성

문서 호환성 100%,
변화 관리 필요성 0%

외부 공격에 대한 보안 및 데이터 보호를 제공하므로 별도의 시스템 관리자가 필요 없으며 99.9% Service Level을 보장합니다

Microsoft